जनसंख्या नियन्त्रण एवं नियोजन-
समकालीन ग्रामीण परिदृश्य

जनसंख्या नियन्त्रण एवं नियोजन

समकालीन ग्रामीण परिदृश्य

रजनीकान्त नीरज

GYAN

The publication of this book was finacially supported by ICSSR and the responsibility for the facts stated, opinions expressed or conclusions reached are entirely that of the author and ICSSR accepts no responsibility for them

ICSSR Consults

Prof. K.L. Sharma, Formerly Vice-Chancellor, Rajasthan University, has evaluated the thesis and his name should be printed at the appropriate place (i.e. copyright page).

जनसंख्या नियन्त्रण एवं नियोजन-समकालीन ग्रामीण परिदृश्य

रजनीकान्त नीरज

ISBN:978-81-212-1247-2

मूल्य : 675

भारत में सन् 2015 में प्रकाशित

ज्ञान पब्लिशिंग हाउस

23, अंसारी रोड, दरियागंज,

दिल्ली - 110002

Phone : 23282060, 23261060

ई-मेल : books@gyanbooks.com

टंकण कार्यः शुभम् प्रिन्टर्स, दिल्ली

मुद्रितः जी. प्रिंट प्रोसेस, दिल्ली

समर्पण

पूज्यनीय माता-पिता एवं दादा जी के
श्रीचरणों में जिनके वात्सल्य की शीतल
छाया में इस योग्य बन सका . . .

विषयानुक्रमणिका

प्राक्कथन

डॉ. रजनीकान्त नीरज द्वारा लिखित **'जनसंख्या नियंत्रण एवं नियोजन-समकालीन ग्रामीण परिदृश्य'** का मैंने अवलोकन किया। पुस्तक अपने समग्र रूप में सैद्धान्तिक एवं अनुभवात्मक तथ्यों से समायोजित है। इससे समकालीन ग्रामीण परिवारों में जनसंख्या के नियंत्रण एवं परिवार में नियोजित स्वरूप को कायम रखने में लोगों की मनोवृत्तियों, दृष्टिकोणों, अभिरुचियों एवं नियोजन के वांछित चिकित्सकीय औषधीय और शल्य परक विभिन्न संसाधनों एवं उनकी ग्राह्यता की प्रकृति का विवेचन संलग्न है, साथ ही ग्रामीण परिवारों में पुरुषों और स्त्रियों के सामयिक चेतना एवं जागरुकता को भी विभिन्न परिवर्त्यों के साथ जोड़कर देखने का प्रयास किया गया है।

सैद्धान्तिक स्तर पर इस पुस्तक में डॉ. रजनीकान्त ने विस्तृत रूप से साहित्य सर्वेक्षण की प्रस्तुति की हैं जिनका एक जगह पर समावृष्टि करना एक प्रशंसनीय कदम है। जनसंख्या के नियंत्रण एवं नियोजन के सन्दर्भ में विभिन्न जाति, धर्म, आयु वर्ग स्थिति से जुड़े विभिन्न मनोवृत्तियों का चित्रण एवं सामयिक स्वरूप को लेखक ने बड़े ही समालोचनात्मक ढंग से प्रस्तुत करने और दिखलाने का प्रयास किया है कि नियोजित परिवारों के विकास एवं जनसंख्या पर अपेक्षित नियंत्रण के दृश्य और श्रव्य माध्यमों अथवा सरकारी आंकड़ों के हेरा फेरी से सम्भव नहीं है बल्कि पारिवारिक स्तर पर ही महिलाओं और पुरुषों के संकल्पिक जागरूकता और वैयक्तिक आत्मसंयम दूरगामी अपेक्षित परिणामों के लिए आवश्यक है। मुझे विश्वास है कि यह पुस्तक जनसंख्या सम्बन्धी अध्ययनों से जुड़े पाठकों, उच्चशोध, संलग्न छात्र-छात्राओं एवं जनसंख्या नियंत्रण से जुड़े सरकारी अभिकरणों के लिए विशेष उपयोगी होगी।

प्रोफेसर पी.एन. पाण्डेय
पूर्व संकाय प्रमुख
सामाजिक विज्ञान संकाय
काशी हिन्दू विश्वविद्यालय
वाराणसी, उत्तर प्रदेश

अभिस्वीकृति

प्रस्तुत शोध 'ग्रामीण परिवारों में जनसंख्या नियंत्रण एवं नियोजन कार्यक्रमों का समाजशास्त्रीय अध्ययन' है। यह वाराणसी जनपद के हरहुआ विकासखण्ड में अवस्थित तीन गाँवों मुर्दहाँ, बेलवरिया, चौका (भुसौला) की विवाहित महिलाओं में परिवार नियोजन के प्रति उनकी उन्मुखता तथा जनसंख्या वृद्धि के प्रति जागरूकता का तथ्यपरक विश्लेषणात्मक अध्ययन है। शोध के अन्तर्गत जनसंख्या समस्या को ग्रामीण परिदृश्य में विवेचित करने का प्रयास किया गया है। भारतीय समाज में जनसंख्या की तीव्र वृद्धिदर ने विकास के अधिकांश लाभांशों को प्रगतिहीन बना दिया है। स्वतंत्रता के उपरान्त जनसंख्या वृद्धिदर को देखते हुए केन्द्र सरकार द्वारा जनसंख्या नियंत्रण के लिए विभिन्न कार्यक्रमों का संचालन प्रारम्भ किया गया था। प्रथम पंचवर्षीय योजना के साथ ही जनसंख्या वृद्धिदर को सीमित करने की दिशा में परिवार नियोजन के विभिन्न कार्यक्रमों और परियोजनाओं का केन्द्रीय स्तरपर संचालन प्रारम्भ किया गया था। सन् 1970 के दशक में आपातकाल में अति उत्साही केन्द्रीय कर्मचारियों ने सरकार की नीति का दुरूपयोग करते हुए जनसामान्य के समक्ष परिवार नियोजन की परियोजनाओं को संकट एवं त्रासदी के रूप में प्रस्तुत किया। अविवाहित युवा और वृद्ध दोनों प्रताड़ित किए गये। सन् 1976 के बारह महीनों में 80 लाख लोगों का बन्ध्याकरण किया गया था। परिणामतः सरकार द्वारा इस योजना को रद्द करके परिवार कल्याण कार्यक्रमों को प्रारम्भ किया गया जिसका मुख्य उद्देश्य परिवार नियोजन के साथ-साथ महिलाओं और शिशुओं के स्वास्थ्य देख-रेख को सुनिश्चित करना था। विगत दो दशकों के अन्तराल में विभिन्न प्रयासों के बावजूद जनसंख्या नियंत्रण की दिशा में वांछित उपलब्धि प्राप्त नहीं की जा सकी है जिसका मूल कारण निरक्षता, अज्ञानता और निर्धनता आदि स्वीकार की जाती है। यह स्थिति ग्रामीण क्षेत्र में विशेष रूप से महिलाओं में अधिक निराशाजनक है। इसे दृष्टि में रखते हुए यह शोध प्रस्तावित किया गया था। शोध के अन्तर्गत किसी समाजशास्त्रीय सिद्धान्त की रचना का प्रयास नहीं किया गया था, अपितु ग्रामीण परिदृश्य में जनसंख्या समस्या का तथ्यपरक विवेचन करने का प्रयास किया गया है।

इस शोध कार्य में जिन-जिन व्यक्तियों ने प्रत्यक्ष एवं परोक्ष रूप से बहुमूल्य सहयोग एवं सुझाव प्रदान किया है उनके प्रति आभार प्रकट करना हमारा नैतिक कर्त्तव्य है। सर्वप्रथम मैं अपने शोध निर्देशक श्रद्धेय गुरुवर प्रोफेसर पी.एल. सिंह के प्रति सहृदय आभार प्रकट करता हूँ जिनके निर्देशन, सहयोग और सतत प्रेरणा से यह शोध ग्रन्थ सम्पन्न हुआ है। शोध समस्या के निरूपण से लेकर निर्वचनात्मक विश्लेषण तक इनके उचित निर्देशन, सुझाव तथा परामर्श से उपकृत हुआ हूँ। साथ ही शोध समस्या को समाजशास्त्रीय परिवेश में समझने और समाजशास्त्रीय पद्धति तथा मानकों के अनुरूप प्रस्तुत करने में सफल हुआ हूँ।

समाजशास्त्र के विभागाध्यक्ष डॉ. श्रीमती संगीता सिन्हा के प्रति मैं कृतज्ञ हूँ जिन्होंने शोध कार्य हेतु विभाग की पूर्ण सुविधाएँ प्रदान कर अध्ययन को सम्पन्न कराने में योगदान दिया है। साथ ही कालेज के गुरुजनों का हृदय से आभारी हूँ, जिन्होंने बहुमूल्य सुझाव, प्रोत्साहन एवं उत्साहवर्धन किया है।

मेरी स्नेहमयी माताजी श्रीमती रेखा सिंह एवं दादी माँ श्रीमती सीता सिंह, पूज्य पिताजी डॉ. डी.के. सिंह एवं दादा श्री श्यामनारायण जी का स्नेह एवं आशीर्वाद मेरे लिए प्रेरणा का स्त्रोत रहा है। मेरी अभिलाषा है कि उनका स्नेहाशीष मुझे सदैव प्राप्त होता रहे। मैं अपनी पत्नी श्रीमती सुनीता नीरज के सहयोग के प्रति आभारी हूँ, जिन्होंने शोध कार्य के दौरान अपना अमूल्य समय प्रदान किया और और पारिवारिक दायित्व से मुक्त रखते हुए मेरा उत्साहवर्धन किया। शोध कार्य की अवधि में बाल सुलभ प्रेम से तनाव को सदैव दूर करने की सक्रिय भूमिका का निर्वाह करने वाली अपनी पुत्री अनन्या का भी मैं कृतज्ञ हूँ। मैं अपने दादा तुल्य प्रो. पी.एन. पाण्डेय जी, पूर्व विभागाध्यक्ष एवं संकाय प्रमुख, सामाजिक विज्ञान संकाय, काशी हिन्दू विश्वविद्याल का सदैव आभारी रहूँगा, जिन्होंने तथ्य संकलन और उनके समायोजन में उल्लेखनीय योगदान दिया है।

पुस्तक लेखन में काशी हिन्दू विश्वविद्यालय के समाजशास्त्र विभाग के सभी अध्येताओं एवं वरिष्ठ गुरुजनों के प्रति धन्यवाद ज्ञापित करता हूँ जिन्होंने लेखन के दौर में बौद्धिक टिप्पणीयाँ देकर इसे समृद्ध किया है। मैं पुस्तकालयाध्यक्ष सयाजीराव गायकवाड़ केन्द्रीय ग्रन्थालय, काशी हिन्दू विश्वविद्यालय एवं चिकित्सा विज्ञान संस्थान, काशी हिन्दू विश्वविद्यालय का आभारी हूँ, जिन्होंने शोध हेतु आवश्यक सामग्री प्रदान करने में सहयोग दिया है।

प्रस्तुत पुस्तक भारतीय सामाजिक विज्ञान अनुसंधान परिषद्, मानव संसाधन विकास मंत्रालय, भारत सरकार के वित्तीय सहयोग से प्रकाशित की जा रही है, जिसके लिए मैं आई.सी.एस.एस.आर. (ICSSR) के उपनिदेशक श्री अजय कुमार गुप्ता का आभारी रहूँगा।

शोध से सम्बन्धित तथ्यों को उपलब्ध कराने में सक्रिय सहयोग प्रदान करने वाली उत्तरदात्रियों (ग्रामीण महिलाओं) का भी मैं आभारी हूँ। उन लेखकों एवं सहलेखकों के प्रति भी हार्दिक कृतज्ञता प्रकट करता हूँ जिनकी कृतियों और शोध पत्रों से मैं स्वतंत्रतापूर्वक लाभान्वित हुआ हूँ। शोध ग्रन्थ में सहयोग प्रदान करने हेतु मैं श्री ईश्वर स्वरुप सहाय के प्रति आभार प्रकट करना भी अपना दायित्व समझता हूँ।

दिनांक : 25-7-2014 **रजनीकान्त नीरज**

प्रथम अध्याय

विषय सम्बोध

प्रस्तुत शोध भारत के ग्रामीण परिवेश में जनसंख्या नियन्त्रण एवं नियोजन कार्यक्रम के सन्दर्भ में किया गया विवरणमूलक समाजशास्त्रीय अध्ययन है। किसी भी देश के सर्वांगीण विकास के लिए यह आवश्यक है कि उस देश में निहित प्राकृतिक संसाधन, कुल उत्पादन क्षमता और जनसंख्या के मध्य संतुलन बना रहे। जनसंख्या में असमायोजित वृद्धि के कारण विकास की गति अवरूद्ध होती है और आर्थिक प्रगति के स्थान पर अवनति की सम्भावनायें अधिक प्रवाहमान होती हैं। आधुनिक भारत में विकास के समक्ष सबसे बड़ी समस्या जनाधिक्य और जनसंख्या के हीन किस्म का होना है। योजनाबद्ध विकास के निर्धारित लक्ष्यों की प्राप्ति के लिए जनसंख्या नियन्त्रण के साथ-साथ जनसंख्या के विशिष्ट प्रकृति में सुधार की अत्यन्त आवश्यकता है। जनाधिक्य की समस्या को यदि अन्य समस्याओं की जननी की संज्ञा दी जाये तो अतिश्योक्ति न होगी। योजना आयोग ने स्वीकार किया है कि भारत जैसी स्थिति वाले देश के लिए जनसंख्या की अधिक वृद्धि दर का आर्थिक विकास एवं प्रति व्यक्ति जीवन स्तर पर विपरीत प्रभाव पड़ा है।[1] इस सन्दर्भ में जनसंख्या नियन्त्रण को प्रोत्साहित करने के लिए भारत सरकार द्वारा जिस जनसंख्या नीति को अपनाया गया है उसे परिवार नियोजन के रूप में प्रस्थापित किया गया है।

भारत 32,87,263 वर्ग किलोमीटर क्षेत्र में फैला हुआ है। यह विश्व का 7वाँ सबसे बड़ा देश है और विश्व के कुल क्षेत्र में 2.42 प्रतिशत क्षेत्रफल में अवस्थित है। जनसंख्या की दृष्टि से यह देश विश्व में चीन के बाद दूसरा सबसे बड़ा राष्ट्र है जहाँ विश्व की कुल जनसंख्या की 15 प्रतिशत जनसंख्या निवास करती है और जिसमें आस्ट्रेलिया के बराबर जनसंख्या प्रतिवर्ष बढ़ रही है। जनसंख्या के भौगोलिक वितरण एवं समायोजन की दृष्टि से इस देश के लिये वर्तमान क्षेत्रफल की तुलना में छः गुना भौगोलिक क्षेत्रफल वांछित था।

परन्तु निर्धारित सीमाओं के अन्तर्गत निवास करने की राजनीतिक बाध्यता और सामाजिक, आर्थिक तथा सांस्कृतिक विकास को दृष्टि में रखते हुये जनसंख्या नियंत्रण नितांत आवश्यक है। स्वतंत्रता प्राप्ति के बाद योजनाबद्ध विकास के लिये अपनायी गयी पंचवर्षीय योजनाओं के अंतर्गत जनसंख्या को नियंत्रित करने के लिए विविध प्रयास किए जा रहे हैं। प्रथम पंचवर्षीय योजना से ही भारत सरकार द्वारा जनसंख्या की तीव्र वृद्धि को रोकने के लिये जो उपाय किये गये हैं, उनका संक्षिप्त विवेचन आवश्यक है। इस दिशा में केन्द्रीय और स्थानीय स्तर पर विभिन्न प्रयास किये जा रहे हैं। जनसंख्या को नियंत्रित रखने के लिये परिवार कल्याण से सम्बन्धित विभिन्न परियोजनाओं और कार्यक्रमों का संचालन किया जा रहा है।

परिवार नियोजन कार्यक्रम की पृष्ठभूमि

भारत के ग्रामीण क्षेत्रों और विशेष रूप से अविकसित क्षेत्रों में जनसंख्या नियन्त्रण की दिशा में सामान्यतः उदासीनता की स्थिति दिखलायी देती है। परिणामतः 20वीं शताब्दी में भारत की जनसंख्या अन्य देशों की अपेक्षा तीव्र गति से बढ़ी है। इस सम्बन्ध में सन् 1916 में प्यारे किशन वाटल द्वारा भारत में जनसंख्या समस्या पर एक पुस्तक लिखी गयी थी।[2] प्रोफेसर कर्वे द्वारा सन् 1925 में बम्बई (मुंबई) में जन्म नियन्त्रण क्लीनिक खोला गया था जिसके कारण उन्हें नौकरी से हाथ धोना पड़ा था।[3] इसके कुछ वर्ष बाद मद्रास (चेन्नई) माल्थेसियन लीग का गठन किया गया।

सन् 1930 में मैसूर सरकार की देख-रेख में बंगलोर में प्रथम जन्म नियन्त्रण क्लीनिक खोला गया जिसका अत्यधिक विरोध किया गया था।[4] सन् 1932 में अखिल भारतीय महिला सम्मेलन में जन्म नियन्त्रण क्लीनिकों के खोले जाने का स्वागत करते हुए एक प्रस्ताव पारित किया गया। सन् 1932 में ही मद्रास विश्वविद्यालय के सीनेट और मद्रास सरकार द्वारा परिवार को नियोजित रखने के लिए जन्म नियन्त्रण के समर्थन करने का प्रस्ताव पारित किया गया था।[5] सन् 1935 में भारतीय राष्ट्रीय कांग्रेस द्वारा पं. जवाहरलाल नेहरु की अध्यक्षता में राष्ट्रीय योजना समिति गठित की गयी थी जिसने भारत में परिवार नियोजन के विचार का समर्थन किया था। तदनुरुप सन् 1938 में इस समिति की एक उप समिति डा. राधाकमल मुखर्जी की अध्यक्षता में गठित की गयी जिससे यह

कहा गया था कि भारत की जनसंख्या समस्या के सम्बन्ध में वह अध्ययन करके एक प्रतिवेदन प्रस्तुत करे।[6]

डॉ. राधाकमल मुखर्जी समिति[7] ने सन् 1940 में जनसंख्या की समस्या के सम्बन्ध में अपना प्रतिवेदन प्रस्तुत किया था। इस प्रतिवेदन के अन्तर्गत यह स्पष्ट उल्लेख किया गया था कि जनसंख्या की समस्या आर्थिक विकास के बहुआयामी समन्वित प्रयास की अनुपलब्धता में सृजित हुई है। समिति का सुझाव था कि जनसंख्या की गुणवत्ता में सुधार के लिए जहां विभिन्न उपाय सुनिश्चित किये जाने चाहिए, वहीं देश के आर्थिक विकास के साथ-साथ जनसंख्या के सामान्य जीवन स्तर में निहित भिन्नता को भी कम करने का प्रयास किया जाना चाहिए तथा जनसंख्या दबाव की बढ़ती हुई क्षमता को सीमित करना चाहिए। इस प्रतिवेदन के अन्तर्गत सामान्य जन में जन्म दर पर नियन्त्रण के लिए आवश्यक विधियों का ज्ञान फैलाने के लिए कुछ सुझाव भी दिये गये थे। समिति का दृष्टिकोण यह था कि उच्च आय वर्ग के लोग जहां परिवार नियोजन की प्रविधियों का उपयोग करते हैं, वहीं कम आय वर्ग समूहों में इस सम्बन्ध में आवश्यक जानकारी उपलब्ध नहीं है। समिति द्वारा जो प्रमुख संस्तुतियां प्रदान की गयी उनके अन्तर्गत यह स्पष्ट किया गया था कि चिकित्सकीय महाविद्यालय को गर्भ निरोधक विषय अपने पाठ्यक्रम के अन्तर्गत सम्मिलित करना चाहिए। पूरे भारत में महिला चिकित्सकों एवं नर्सों को प्रशिक्षित किया जाना चाहिए जिससे वे लोगों को गर्भ निरोध प्रविधियों के विषय में समुचित जानकारी प्रदान कर सकें। गर्भ निरोधक सामग्री की निःशुल्क आपूर्ति सुनिश्चित करने के लिए जन्म नियन्त्रण केन्द्र खोले जाने चाहिए जो सामान्यतः मातृत्व कल्याण केन्द्रों, चिकित्सालयों और स्वास्थ्य इकाईयों में अवस्थित होनी चाहिए। गर्भ निरोधक वस्तुओं और सामग्रियों का निर्माण भारत में किया जाना चाहिए जिससे उनका मूल्य कम-से-कम हो। पंचायतों, जनपद परिषदों और नगर महापालिकाओं के माध्यम से परिवार नियोजन को बढ़ावा देने के लिए समुचित प्रचार सुनिश्चित किया जाना चाहिए। यह भी सुझाव दिया गया था कि परिवार में अधिकतम चार बच्चों की सीमा सुनिश्चित की जाय और माताओं के अच्छे स्वास्थ्य के लिए दो बच्चों के जन्म के मध्य निहित वर्तमान अवधि में वृद्धि की जानी चाहिए।[8]

सन् 1935 में पारिवारिक स्वच्छता में वृद्धि और तत्सम्बन्धी अध्ययन के लिए एक परिवार स्वच्छता संस्था गठित की गयी थी। इस सम्बन्ध में सन् 1936 में डा. ए.पी. पिल्लई द्वारा परिवार नियोजन पर एक प्रशिक्षण कार्यक्रम आयोजित किया गया था। सन् 1939 में कर्नल बी.एन. रैना द्वारा उज्जैन, मध्य प्रदेश में मातृ सेवा संघ प्रारम्भ किया गया।[9] इसके साथ ही उत्तर प्रदेश और मध्य प्रदेश में जन्म नियन्त्रण स्वास्थ्य केन्द्र खोले गये। सन् 1940 में पी0एन0 सप्रू द्वारा राज्य परिषद में जन्म नियन्त्रण के लिए जन स्वास्थ्य केन्द्र स्थापित करने के सम्बन्ध में एक प्रस्ताव प्रस्तुत किया गया। इसी वर्ष लंदन के परिवार संघ के सदस्य के रुप में श्रीमती रीना दत्ता ने देश का भ्रमण किया। परिवार स्वच्छता संस्था का नामकरण परिवार नियोजन समिति के रुप में करते हुए इसके अन्तर्गत बम्बई (मुंबई) में कार्यरत भगिनी समाज जन्म नियन्त्रण क्लीनिक को भी सम्मिलित कर लिया गया। सन् 1943 में भारत सरकार द्वारा गठित स्वास्थ्य संरक्षण और विकास समिति की संस्तुतियों के आधार पर जन्म नियंत्रण सेवाओं को स्वास्थ्य सेवाओं में सम्मिलित कर लिया गया। सन् 1949 श्रीमती धनवन्ती रामाराव की अध्यक्षता में बम्बई (मुंबई) में भारतीय परिवार नियोजन संघ का गठन किया गया।[10] जुलाई सन् 1951 में हैदराबाद के तत्कालीन मुख्यमंत्री की पत्नी श्रीमती के. बेल्लोरी की अध्यक्षता में हैदराबाद राज्य के लिए परिवार नियोजन संघ का गठन किया गया।[11]

स्वतन्त्रता के बाद लोकतान्त्रिक व्यवस्था में भारत द्वारा पंचवर्षीय योजना पर आधारित विकास की रणनीति अपनायी गयी। योजना आयोग के अन्तर्गत जनसंख्या नियंत्रण हेतु एक समिति का भी गठन किया गया था। परिवार नियोजन पर गठित उपसमिति ने यह संस्तुत किया कि परिवार नियोजन को सरकारी मान्यता प्रदान की जाय। तद्नुसार सन् 1951 में ही प्रथम पंचवर्षीय योजना के अन्तर्गत परिवार नियोजन को राष्ट्रीय कार्यक्रम के रुप में अपनाया गया और भारत विश्व में पहला ऐसा देश बन गया, जहां सरकारी देखरेख में इस कार्यक्रम को प्रारम्भ किया था।

प्रथम पंचवर्षीय योजना के अन्तर्गत राष्ट्रीय जनस्वास्थ्य कार्यक्रम के अभिन्न अंग के रुप में प्रजननता को कम करने के उद्देश्य से विभिन्न उपायों के अपनाये जाने पर बल दिया गया।[12] सन् 1951 में की गयी जनगणना के अवलोकन से यह स्पष्ट होता है कि 36 करोड़ से भी अधिक भारतीय जनसंख्या

में तत्कालीन वृद्धि दर 2.16 प्रतिशत थी। इसे दृष्टि में रखते हुए सन् 1953 में योजना आयोग द्वारा जनसंख्या नियन्त्रण हेतु 4 सूत्रीय कार्यक्रम प्रस्तुत किया गया।[13]

1. जनसंख्या वृद्धि में योगदान देने वाले कारकों की पहचान करना।
2. मानव प्रजननता को अच्छी तरह समझना और उसे नियमित करने के उपायों की खोज करना।
3. लोगों को शिक्षित करने के उपायों की खोज करना।
4. चिकित्सालयों की सेवाओं के अभिन्न अंग के रूप में परिवार नियोजन सलाह एवं सेवा को सम्मिलित करना।

प्रथम पंचवर्षीय योजना में भारतीय जनसंख्या में वृद्धि के लिये उत्तरदायी विभिन्न कारकों तथा पारिवारिक संरचना, जनसंख्या वृद्धि दर और जनसंख्या संरचना के सम्बन्ध में आंकड़े एकत्र करने के लिए कुछ विशिष्ट अध्ययन किये गये। इस योजना के अन्तर्गत परिवार नियोजन के लिए बजट में मात्र 65 लाख रूपये का प्रावधान किया गया था जिसमें से योजनावधि में केवल 14.5 लाख रूपया अथवा 22 प्रतिशत ही व्यय किया जा सका। फिर भी योजनाकार इस सम्बन्ध में हुई प्रगति से संतुष्ट थे। क्योंकि इस कार्यक्रम का न तो किसी संगठन ने और न ही समुदाय ने संगठित रूप से विरोध किया अपितु इस कार्यक्रम के प्रति लोगों की अभिरूचि में वृद्धि पायी गयी। इसे दृष्टि में रखते हुए द्वितीय पंचवर्षीय योजना के अन्तर्गत आवश्यक धनराशि में वृद्धि की गयी। द्वितीय पंचवर्षीय योजना में परिवार नियोजन के सम्बन्ध में जिन महत्त्वपूर्ण उद्‌देश्यों को प्रस्थापित किया गया था वे निम्नलिखित हैं।[14]

1. संचार सम्प्रेषण के माध्यमों का उपयोग करके लोगों को शिक्षित किया जाय और ऐसी पृष्ठभूमि तैयार की जाय जिसमें लोग गर्भ निरोधक उपायों को अपनाने के लिए तैयार हों।
2. ग्रामीण और नगरीय क्षेत्रों में क्लीनिक खोले जायें और लोगों को सम्बन्धित सेवाएं उपलब्ध करायी जायें।
3. इस कार्य में संलग्न लोगों को प्रशिक्षित किया जाय।
4. गर्भ निरोधकों की आपूर्ति सुनिश्चित की जाय और परिवार नियोजन के लिए बन्ध्याकरण का उपयोग सुनिश्चित किया जाय।

5. जनसंख्या के स्वरूप, पुर्नरूत्पादक शरीर विज्ञान और संचार के सम्बन्ध में अनुसंधान किये जायें तथा क्रियात्मक अनुसंधान कार्यक्रम किए जायें।
6. बम्बई (मुंबई) में जनसंख्या अध्ययन के लिए अन्तर्राष्ट्रीय संस्था के रूप में अनुसंधान केन्द्र प्रस्थापित किया गया।

सन् 1956 में केन्द्रीय परिवार नियोजन बोर्ड स्थापित किया गया और परिवार नियोजन के लिए एक निदेशक की नियुक्ति की गयी, साथ ही साथ राज्य स्तर पर परिवार नियोजन प्रशिक्षण केन्द्रों की स्थापना की गयी तथा अधिकारियों की नियुक्ति की गयी। राज्यों द्वारा भी विभिन्न चिकित्सालयों एवं स्वास्थ्य केन्द्रों पर स्वास्थ्य केन्द्र स्थापित किये गये। तृतीय पंचवर्षीय योजना के अन्तर्गत इस सम्बन्ध में आबंटित धनराशि 2.5 करोड़ रूपये कर दी गयी थी।[15] चिकित्सकीय और अर्द्धचिकित्सकीय सेवाओं के लिए लोगों को प्रशिक्षित किया गया। सन् 1965 में लिप्पे लूप कार्यक्रम चलाया गया। सन् 1971 में गर्भपात के सम्बन्ध में चिकित्सकीय अधिनियम पारित किया गया जिसे गर्भ निरोधक उपायों के असफल होने पर स्वास्थ्य के आधार पर प्रयोग में लाये जाने की स्वीकृति प्रदान की गयी थी। यह उपाय सामान्यतः गर्भ धारण के प्रथम तीन माह तक ही प्रयोग में लाया जा सकता था। केन्द्र सरकार द्वारा बच्चों की संख्या के सम्बन्ध में कोई नियम पारित नहीं किया गया था परन्तु राज्यों से यह आशा की गयी थी कि तीन बच्चों के बाद आवश्यक बन्ध्याकरण अधिनियम पारित करें। राष्ट्रीय जनसंख्या नीति के अन्तर्गत आदर्श लघु परिवार और बन्ध्याकरण की स्थिति में कुछ सहायता धनराशि प्रदान किये जाने का कार्यक्रम भी चलाया गया। प्रथम बार जनसंख्या में कमी लाने के उद्‌देश्य से सन् 1973 में जन्म दर को प्रति हज़ार 40 से घटाकर 25 तक लाने का उद्‌देश्य सुनिश्चित किया गया। राज्य स्तर पर चतुर्थ पंचवर्षीय योजना में परिवार नियोजन कार्यक्रम को अधिक सघनता से चलाया गया था।

16 अप्रैल सन् 1976 को स्वास्थ्य और परिवार कल्याण मंत्रालय द्वारा राष्ट्रीय जनसंख्या नीति पहली बार घोषित की गयी और परिवार नियोजन के लिए आबंटित धनराशि 497.36 करोड़ कर दी गयी थी।[16] इस योजना में यह उद्‌देश्य सुनिश्चित किया गया था कि प्रति हजार 35 बच्चों के जन्म दर को घटाकर छठीं योजना के अन्त तक इसे 25 जन्म प्रति हज़ार कर दिया जाय और

जनसंख्या वृद्धि दर 1.4 प्रतिशत सुनिश्चित की जाय। इस सम्बन्ध में लड़कों एवं लड़कियों की विवाह की आयु को बढ़ाकर क्रमशः 21 वर्ष और 18 वर्ष कर दिया गया। महिलाओं में साक्षरता वृद्धि और उनकी सामान्य प्रस्थिति को बढ़ाने के प्रयास भी प्रारम्भ किये गये। बच्चों के पोषण स्तर और प्रत्याशित माताओं के स्वास्थ्य और देख-रेख के सम्बन्ध में भी कार्यक्रम सुनिश्चित किये गये थे।

सन् 1975 से लेकर सन् 1977 की अवधि में आपातकाल के दौरान परिवार नियोजन कार्यक्रम को अत्यधिक उत्साह के साथ लागू किया गया। उत्तरी भारत में इसे लगभग युद्ध स्तर पर लागू किया गया था। जनसंख्या में हो रही तीव्र वृद्धि को रोकने के उद्देश्य को प्राप्त करने की दिशा में किये गये प्रयासों के परिणामस्वरूप कुछ क्षेत्रों में इसके दुष्परिणाम भी सामने आये। उदाहरण के लिए अविवाहित लड़कों या वृद्ध लोगों का भी बन्ध्याकरण किया गया। परिणामतः इस कार्यक्रम के प्रति लोगों में क्षोभ उत्पन्न होना स्वाभाविक था।

सन् 1977 में कांग्रेस सरकार के पतन और जनता सरकार के आगमन के साथ ही संशोधित जनसंख्या नीति लागू की गयी। परिवार नियोजन का नाम बदल कर परिवार कल्याण कार्यक्रम रखा गया और एक स्वैच्छिक कार्यक्रम के रूप में प्रस्तुत किया गया। इस कार्यक्रम के अन्तर्गत परम्परागत दाईयों को प्रशिक्षित किया गया। मातृत्व और शिशु स्वास्थ्य के सम्बन्ध में नयी योजनाएं परिवार कल्याण कार्यक्रम के अन्तर्गत सम्मिलित की गयी। राष्ट्रीय शैक्षिक अनुसंधान परिषद द्वारा जनसंख्या शिक्षा के सम्बन्ध में कार्यक्रम प्रारम्भ किया गया। इसके अतिरिक्त विद्यालयों के पाठ्यक्रमों में भी जनसंख्या शिक्षा को सम्मिलित किया गया। इस सम्बन्ध में यह उल्लेखनीय है कि परिवार नियोजन संघ द्वारा 1971 से ही युवाओं के लिए जनसंख्या शिक्षा कार्यक्रम चलाया जा रहा था।

छठीं पंचवर्षीय योजना के अन्तर्गत परिवार कल्याण के लिए रूपया 1010 करोड़ धनराशि आबंटित की गयी। इसके अतिरिक्त परिवार कल्याण विभाग को ग्रामीण स्वास्थ्य गाइडों को भी प्रशिक्षित करने की जिम्मेदारी सौंपी गयी और उन्हें दिये जाने वाले मानदेय भी बढ़ाये गये जिससे योजना में कुल परिव्यय बढ़कर 1130 करोड़ हो गया था। छठीं और सातवीं पंचवर्षीय योजना में सन्

2000 तक के लिए परिवार नियोजन के लिए जो उद्देश्य प्रस्थापित किये गये थे, वे निम्नलिखित हैं:

1. स्वैच्छिक आधार पर जनान्दोलन के रूप में परिवार नियोजन को प्रोत्साहित करना।
2. सन् 1981 में प्रति हज़ार 33 जन्म दर को घटाकर सन् 2000 तक 21 प्रति हज़ार किया जाना।
3. सन् 1981 में 22.6 प्रतिशत पुनरूत्पादन योग्य युगलों की दर में वृद्धि करके सन् 1986 तक 36.3 प्रतिशत और सन् 2000 तक 60 प्रतिशत करना।
4. सन् 1981 में प्रति हज़ार शिशु मृत्यु दर 120 थी जिसे घटाकर 60 करने का उद्देश्य रखा गया था। कुल मृत्यु 12.5 से घटाकर 9 और जनसंख्या वृद्धि दर 1.2 प्रतिशत किया जाना था। सन् 1991-1992 तक केरल, तमिलनाडु और आन्ध्र प्रदेश तथा सन् 1996-97 तक कर्नाटक जैसे राज्यों में उपर्युक्त उद्देश्यों को प्राप्त कर लिया गया था।

आठवीं पंचवर्षीय योजना (1992-1997) का प्रमुख उद्देश्य जन्मदर में कमी लाना था। इस योजना के अन्त तक जन्मदर 26 प्रतिशत तक घटा लेने का लक्ष्य रखा गया था। इस लक्ष्य को प्राप्त करने के लिये सरकार द्वारा एक कार्य योजना तैयार की गयी थी। इस योजना के अन्तर्गत परिवार कल्याण कार्यक्रम की गुणवत्ता में सुधार तथा दूर-दराज़ के क्षेत्रों में प्रसार करना, स्वैच्छिक को प्रोत्साहित करना आदि प्रमुख था। नवीं पंचवर्षीय योजनाओं में जनसंख्या नियन्त्रण कार्यक्रम के अर्न्तगत परिवार कल्याण कार्यक्रम संचालित किये गये। इस सम्बन्ध में स्वैच्छिक आधार पर लोगों को विभिन्न कार्यक्रमों में सहभागिता को बढ़ावा देने के लिए प्रोत्साहित किया गया। नवीं दसवीं एवं ग्यारहवीं पंचवर्षीय योजनाओं के प्रमुख उद्देश्यों के अन्तर्गत जनसंख्या नियन्त्रण को सम्मिलित करते हुए जनसंख्या वृद्धि दर को सीमित करने का उद्देश्य प्रस्थापित किया गया है। नवीं पंचवर्षीय योजना के अंतर्गत ही राष्ट्रीय जनसंख्या आयोग का गठन मई 2000 में किया गया। इसका उद्देश्य राष्ट्रीय जनसंख्या नीति की समीक्षा, निगरानी और कार्यक्रमों के क्रियान्वयन पर नज़र

रखने के लिये किया गया ताकि इस नीति के उद्देश्य पूरे हो सकें, जिससे 2045 तक जनसंख्या वृद्धि दर को 2.5 तक लाया जा सके।

भारतीय जनसंख्या का स्वरूप

किसी भी देश की जनसंख्या उसकी सबसे बड़ी पूंजी होती है। जनसंख्या जहाँ एक ओर उत्पादन का सर्वप्रमुख साधन है, वहीं दूसरी ओर उनकी जीवन दशाओं में सुधार करना अर्थव्यवस्था के समस्त कार्यों का अंतिम उद्देश्य भी हैं। आर्थिक विकास की नीतियों के अन्तर्गत जनसंख्या के संख्यात्मक और गुणात्मक दोनों पक्षों पर ध्यान दिया जाता है। वास्तव में जनसंख्या के उपर्युक्त आकार और श्रेष्ठ गुणात्मक विशेषताओं के आधार पर ही कोई देश विकसित हो सकता है। इनके अभाव में कुपोषण, अल्पपोषण, भुखमरी, भ्रष्टाचार, बेरोज़गारी, अल्पविकास आदि समस्याएं उत्पन्न होती हैं और देश का विकास अवरूद्ध हो जाता है।

भारत जनसंख्या के वृहद् आकार और उसकी तीव्र वृद्धि दर से त्रस्त है। विकास के लिये किये गये उसके अधिकांश प्रयास जनसंख्या की अधिकता के कारण विफल होते जा रहे हैं।[17] वास्तव में भारत वर्तमान में जनसंख्या विस्फोट की अवस्था से गुज़र रहा है। सन् 2011 तक भारत की कुल जनसंख्या 1.21 अरब से भी अधिक हो चुकी है और इसमें निरन्तर वृद्धि भी हो रही है। जनसंख्या के स्वरूप के सम्बन्ध में संकलित आंकड़े यह स्पष्ट करते हैं कि स्वतन्त्रता प्राप्ति के उपरान्त जनसंख्या में तीव्र वृद्धि दर निम्न आय समूहों में अधिक पायी गयी है। भारतीय जनसंख्या के स्वरूप को स्पष्ट करने के लिए भारतीय संस्कृति और प्रजननता की विभिन्न स्थितियों का विवेचन किया जा रहा है।

संस्कृति मानव की एक अद्वितीय निधि है और जिसके कारण मानव दुनिया के अन्य जीवधारियों की तुलना में उच्च और प्रगतिशील सामाजिक जीवन प्राप्त कर सका है। इस दृष्टि से मानव को सामाजिक-सांस्कृतिक प्राणी भी कहा जाता है। मानव जीवन का कोई भी पक्ष ऐसा नहीं है जो संस्कृति से प्रभावित व निर्धारित न होता हो। मानव का समस्त इतिहास उसकी संस्कृति और सभ्यता के ही उत्थान और पतन का इतिहास है। अतः संस्कृति मानव जीवन का अभिन्न अंग है। मानव जीवन की समस्त विशेषताएं जिसमें प्रजनन दर की भी गणना की जा सकती है, संस्कृति से प्रभावित व निर्धारित होती है।

प्रजनन दर बहुत बड़ी सीमा तक समुदाय विशेष के सांस्कृतिक कारकों से प्रभावित होती है।[18] लेकिन केवल संस्कृति ही प्रजनन दर के निर्धारण में एकमात्र कारण नहीं है।

आज की प्रगतिशील वैज्ञानिक दुनिया की भौगोलिक पृथकता की समाप्ति के साथ-साथ सांस्कृतिक पृथकता तथा दूरी भी समाप्त होती जा रही है और सम्पूर्ण मानव एक वैश्विक संस्कृति की ओर बढ़ता जा रहा है। यही कारण है कि धीरे-धीरे विभिन्न समुदायों के मध्य सांस्कृतिक भिन्नता से उत्पन्न प्रजनन दर की भिन्नता समाप्त होती जा रही है। इस सन्दर्भ में विश्व में सामान्य आदर्शों तथा वैज्ञानिक मान्यताओं का विकास होता जा रहा है। अन्त में यह निश्चित रूप से कहा जा सकता है कि जनाधिक्य की समस्या ऊंची प्रजननदर से काफ़ी सीमा तक सम्बन्धित है जिसका समाधान बिना सामाजिक-सांस्कृतिक परिवेश के परिवर्तन के कारण सम्भव नहीं होगा।

जनाधिक्य एवं समस्याएं

जनाधिक्य से तात्पर्य किसी भी देश में जनसंख्या की उस अवस्था से है जिसमें जनसंख्या के लिए आवश्यकतानुसार खाद्य सामग्री भरण-पोषण, आवास, शिक्षा, स्वास्थ्य एवं चिकित्सा के समुचित सुलभता का अभाव हो। किसी भी देश में खाद्य सामग्री की उपलब्धता से उपभोक्ताओं का अधिक होना किसी भी दृष्टि से श्रेष्ठ नहीं कहा जा सकता है। आवश्यकता से कम जनसंख्या जिससे देश में उपलब्ध साधनों का उचित विदोहन सम्भव न हो सके, इस स्थिति को भी ठीक नहीं कहा जा सकता। वास्तव में आदर्श जनसंख्या ही किसी भी देश के लिए उचित और उपयुक्त होती है। जैसा कि श्रीण गिलिन और साथियों ने लिखा है "यह उचित माना जा सकता है कि किसी भी पद्धति के स्तर में किसी निश्चित भौगोलिक क्षेत्र में इतने व्यक्तियों की पूर्ति होनी चाहिये जिससे कि वे पूर्ण क्षमता के अनुसार कार्य करें और जिससे सभी को अधिकतम लाभ मिले।[19] वस्तुतः सर्वोत्तम जनसंख्या किसी भी देश की वह जनसंख्या है जो अन्य साधनों की दी हुई मात्रा के सहयोग से अधिकतम उत्पादन कर सके"। उपरोक्त कथनों के आधार पर यदि किसी देश की जनसंख्या आदर्श बिन्दु से (जिस पर अधिकतम उत्पादन, अधिकतम प्रति व्यक्ति आय तथा अधिकतम आर्थिक कल्याण सम्भव हो सके।) कम है तो वह न्यून जनसंख्या की स्थिति कही जाती है क्योंकि इस स्थिति में आर्थिक साधनों

की तुलना में जनसंख्या की कमी रहती है जिससे प्राकृतिक साधनों का उचित ढंग से पूर्ण शोषण नहीं हो पाता। फलतः उत्पादन और प्रति व्यक्ति आय कम होती है। इस स्थिति में जनसंख्या में वृद्धि लाभदायक और आवश्यक होती है। इसके विपरीत जनाधिक्य से तात्पर्य आदर्श जनसंख्या बिन्दु से देश में जनसंख्या का अधिक होना है जिससे प्राकृतिक साधनों के अभाव में उत्पादन, प्रति व्यक्ति आय और अन्त में देश के आर्थिक कल्याण में कमी आती है। अतः जनसंख्या के आदर्श बिन्दु से अधिक जनसंख्या में वृद्धि किसी भी देश के लिए किसी भी दृष्टि से उपयुक्त व लाभकारी नहीं होती। यह जनाधिक्य की समस्या का प्राथमिक परिणाम है।

भारत में जनाधिक्य है या नहीं, यह विवाद का विषय है। एक ओर जहां देश में प्राकृतिक और औद्योगिक साधनों का अभी भी उचित और पूर्ण विदोहन नहीं हो पाया है और इसके निरन्तर नियोजित प्रयत्न देश में विशेषकर स्वतन्त्रता के बाद किये जा रहे हैं। अपनी इन्हीं विशेषताओं के कारण भारत एक विकासशील देश की श्रेणी में आता है। पर दूसरी ओर देश में जनसंख्या की तीव्र वृद्धि, ऊंची मृत्यु-दर, खाद्य समस्या, बेरोज़गारी, रहन-सहन के निम्न स्तर, प्रति व्यक्ति व राष्ट्रीय आय का कम होना, अकाल, दुर्भिक्ष तथा अनेक प्राकृतिक विपदायें न केवल देश की अर्थव्यवस्था को अस्त-व्यस्त किये हुये है वरन् देश की प्रगति के मार्ग में बाधक भी है।

उपर्युक्त दोनों तथ्यों को ध्यान में रखते हुये भारतीय जनसंख्या के बारे में काफ़ी लम्बे समय से दो प्रकार की विचारधारायें पाई जाती हैं–प्रथम मत, जिसे निराशावादी विचारधारा की संज्ञा दी जाती है, के अनुसार भारत में जनाधिक्य है। इस विचारधारा के समर्थक प्रो. ज्ञान चन्द्र डा. चन्द्रशेखर, प्रो. वातल व किंग्सले डेविस आदि हैं। दूसरा मत, जिसे आशावादी विचारधारा की संज्ञा दी जाती है, के अनुसार भारत में जनाधिक्य नहीं है। देश में आर्थिक विकास ठीक तरह से नहीं हो पाया क्योंकि प्राकृतिक साधनों का समुचित विदोहन अभी भी नहीं हो सका है। अतः देश में प्राकृतिक साधनों के समुचित उपयोग की समस्या है, न कि जनाधिक्य की। इस विचारधारा के प्रमुख समर्थक डा0 हट्टन, डा. थामस, डा. कर्वे, श्री पी.सी. वयनशील, बी.टी. रणदिवे, आदि हैं। दोनों विचारधाराओं के समर्थक विद्वानों ने अपने-अपने मत के पक्ष में सटीक तर्क प्रस्तुत किये हैं।[19]

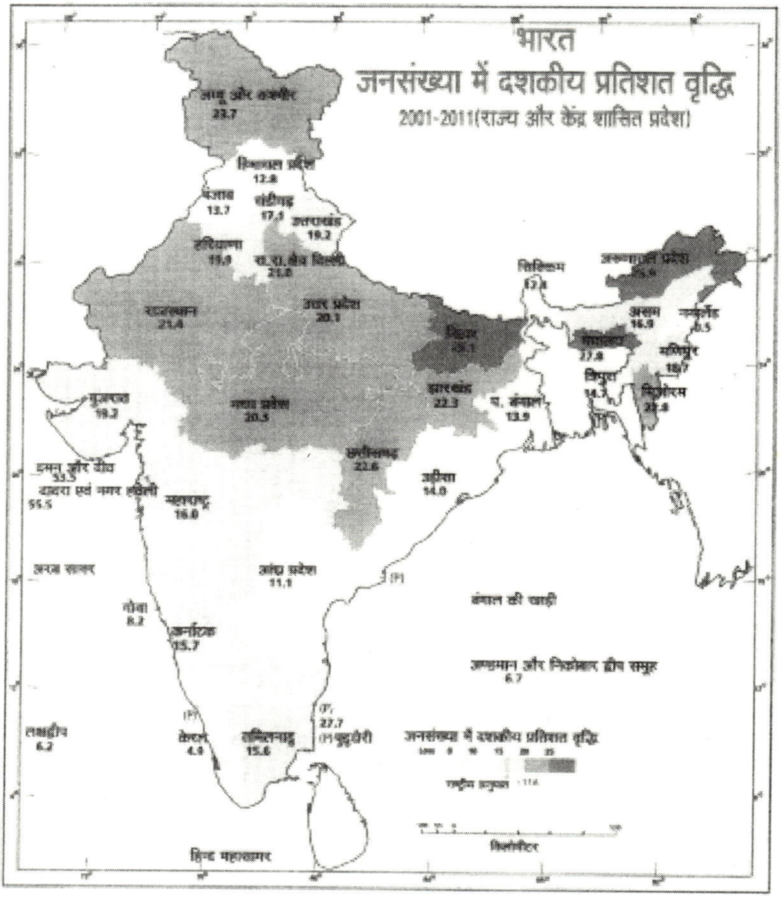

प्रो. ज्ञान चन्द्र, डा. चन्द्रशेखर व अनेक अनेक अर्थशास्त्री, समाजशास्त्री जनांकिकीशास्त्री, समाज सुधारक और मनोवैज्ञानिक यह मानते हैं कि भारत में निश्चित रूप में जनाधिक्य है। अपनी इस विचारधारा के समर्थन में जनाधिक्य के पक्ष में यह मत है कि भारत की जनसंख्या निरन्तर तेजी से बढ़ रही है। जनसंख्या की वृद्धि दर न केवल अन्य देशों से अधिक है वरन् देशों के खाद्यान्न तथा अन्य साधनों की उत्पादन वृद्धि दर से भी अधिक रही है जैसा निम्न सारणी से स्पष्ट है।

सारणी संख्या 1.1: भारतीय जनसंख्या औसत वृद्धि दर

वर्ष	जनसंख्या (करोड़ में)	प्रति दशक वृद्धि दर (प्रतिशत)
1901	23.83	-
1911	25.20	5.73
1921	25.12	-0.30
1931	27.88	11.00
1941	31.85	14.23
1950	36.09	13.31
1961	43.90	21.64
1971	54.79	24.80
1981	68.8	24.75
1991	84.63	23.85
2001	102.87	21.65
2011	121.02	17.64

Source: Year Book, Family Welfare Planning 1972-73, p.9 and Census of India 1981 and 1991, 2001-2011.

उपर्युक्त सारणी में दिये गये समांकों से स्पष्ट है कि 1901 से 2011 तक की अवधि में भारतीय जनसंख्या में तेज़ी से वृद्धि हुई है और आज भी इस वृद्धि दर में उल्लेखनीय कमी प्राप्त नहीं की जा सकती। यदि जनसंख्या वृद्धि इसी दर से होती रही तो विकास के समस्त प्रयत्न बेकार हो जायेंगे। इस तीव्र जनसंख्या वृद्धि के कारण ही देश की विभिन्न समस्याओं का समाधान नहीं हो पा रहा है। प्रति व्यक्ति आय व राष्ट्रीय आय में उल्लेखनीय वृद्धि नहीं हो पायी है।

भारत में खाद्यान्न की तुलना में जनसंख्या वृद्धि की दर अधिक रही है। लाखों टन अनाज प्रतिवर्ष आज भी विदेशों से आयात करना पड़ता है। सन् 1900 से सन् 1934 के मध्य जनसंख्या में 21 प्रतिशत वृद्धि हुई है जबकि खाद्यान्न में केवल 11 प्रतिशत की वृद्धि रही है। यद्यपि स्वतन्त्रता के बाद भारतीय कृषि में काफ़ी उन्नति हुई है लेकिन यह उन्नति जनसंख्या की बाढ़ में समा जाती है। जनसंख्या में हो रही तीव्र वृद्धि खाद्यान्न संकट को बनाए हुए है। योजना आयोग की राय में, हमारी खाद्यान्न समस्या का प्रमुख कारण

खाद्यान्न की अपेक्षा जनसंख्या की निरन्तर अत्यधिक वृद्धि है। कृष्णमाचारी समिति और अशोक मेहता समिति ने भी समान मत व्यक्त किये हैं।

जनाधिक्य के पक्ष में तीसरा तर्क यह दिया जाता है कि भारत में जनसंख्या वृद्धि के साथ-साथ बेरोज़गारी में निरन्तर वृद्धि हो रही है। सतत प्रयत्नों के बाद भी प्रचलित मज़दूरी पर काम करने के इच्छुक और योग्य व्यक्तियों को काम उपलब्ध कराना सम्भव नहीं हो पाया है। देश में कुल श्रमशक्ति का 10 से 15 प्रतिशत भाग बेरोज़गारी का शिकार है। यद्यपि योजनाओं के अन्तर्गत विभिन्न परियोजनाओं के माध्यम से रोज़गार उपलब्ध कराने के निरन्तर प्रयास हो रहे हैं। बीस सूत्रीय कार्यक्रम के अन्तर्गत बेरोज़गारी उन्मूलन से सक्रिय व व्यापक प्रयत्न हो रहे हैं पर अभी तक इस समस्या का समाधान न कर पाने का आधारभूत कारण जनसंख्या में हो रही तीव्र वृद्धि के परिणामस्वरूप कार्य के इच्छुक व्यक्तियों की संख्या में प्रतिवर्ष हो रही अतिरिक्त वृद्धि है।

सामान्य भारतीय का जीवन स्तर विश्व के अन्य विकासशील देशों के निवासियों की तुलना में गिरा हुआ है। इसका मूल कारण आर्थिक विकास की तुलना में जनसंख्या में हो रही तीव्र वृद्धि ही है। यह अनुमान लगाया गया है कि लगभग 20 प्रतिशत जनसंख्या ग़रीबी की रेखा के नीचे जीवन व्यतीत करते हुए भूख व कुपोषण का शिकार है। राष्ट्रीय नमूना सर्वेक्षण के अनुसार गरीबी की रेखा के नीचे उस व्यक्ति को माना गया हैं जो 1970-71 के मूल्यों पर 40 रू. प्रतिमाह या प्रतिदिन 1.33 रू. का उपभोग भी नहीं कर पाता है।

स्वतंत्रता के उपरान्त देश में राष्ट्रीय आय व उत्पादन में यद्यपि निरन्तर वृद्धि हुई है लेकिन जनसंख्या वृद्धि के प्रवाह ने इस वृद्धि को नगण्य बना दिया है। यही कारण है कि जहां पूर्व में खाद्यान्न की उपलब्धि 480 ग्राम प्रति व्यक्ति प्रतिदिन थी और दालों की उपलब्धि 60 ग्राम प्रति व्यक्ति थी, वह अब घटकर 455 ग्राम व दाल 49 ग्राम प्रति व्यक्ति प्रतिदिन हो गयी है। योजना मंत्रालय के राष्ट्रीय सांख्यिकी संगठन द्वारा जारी तात्कालिक अनुमानों के अनुसार 1981-82 में प्रति व्यक्ति आय (वास्तविक) 720 रू. रही जबकि 1980-81 में केवल 700 रू0 थी। इसी तरह 1970-71 के आधार वर्ष के मूल्यों पर 1981-82 में कुल राष्ट्रीय आय 49,887 करोड़ रूपये आंकी गयी थी जबकि 1980-81 में

यह 47,490 करोड़ थी। इस प्रकार छठीं योजना के प्रथम दो वर्षों में ही वास्तविक राष्ट्रीय आय में 6.6 प्रतिशत औसत वार्षिक वृद्धि दर पायी गयी है। इसी तरह प्रति व्यक्ति आय में 2.8 प्रतिशत की वृद्धि हुई। शेष 2.2 प्रतिशत वृद्धि जनसंख्या की वृद्धि में समाहित हो गयी थी। इतना ही नहीं दुनिया के अन्य देशों से भारत में प्रति व्यक्ति औसत आय और उपभोग स्तर की तुलना करें तो उससे स्पष्ट होता है कि यहाँ स्थिति गम्भीर और दयनीय बनी हुई है। विकास अत्यधिक विषमतापूर्ण है और अधिकांश ग्रामीण क्षेत्र अविकसित स्थिति में हैं।

जनसंख्या वृद्धि के साथ-साथ ग्रामीण क्षेत्रों में कृषि भूमि पर जनसंख्या का दबाव निरन्तर बढ़ रहा है। भारत की जनसंख्या में लगभग 2.5 प्रतिशत की दर से वार्षिक वृद्धि हो रही है। फलस्वरूप प्रति व्यक्ति भूमि का औसत घटता जा रहा है। सन् 1911 में प्रति व्यक्ति 0.44 हेक्टेयर कृषि क्षेत्र था जो 1961 में घटकर 0.29 हेक्टेयर, 1971 में 0.26 हेक्टेयर और वर्तमान में 0.24 हेक्टेयर तक पहुँच गया है। सन् 1975 की कृषि गणना रिपोर्ट के अनुसार देश के आधे से अधिक किसानों के पास 1 हेक्टेयर भूमि ही कृषि के लिए उपलब्ध है। सन् 1901 से लेकर सन् 1991 तक की अवधि में जनसंख्या वृद्धि के अवलोकन से यह स्पष्ट होता है कि भारत की जनसंख्या तीव्र गति से बढ़ रही है। जनाधिक्य का एक प्रमाण यह भी है कि भारत में अकाल, बाढ़, अनावृष्टि, भूकम्प, महामारियों व अन्य संक्रामक बीमारियों की बहुलता है। इन प्राकृतिक विपदाओं व प्रकोपों की बहुलता से स्पष्ट होता है कि माल्थस की भविष्यवाणी भारत में शत-प्रतिशत क्रियाशील हो रही है जो जनाधिक्य का स्पष्ट प्रमाण है। प्रतिवर्ष इन प्राकृतिक प्रकोपों से लाखों लोग काल-कवलित हो जाते हैं। सन् 1948 में बंगाल का भयंकर अकाल, सन् 1965-66 व सन् 1977 में निरन्तर सूखे की स्थिति, सन् 1976-78 की भयानक बाढ़ व सन् 1982 में देश का लगभग 1/3 भाग सूखे की चपेट से बुरी तरह त्रस्त था। तदनन्तर आने वाले वर्षों में भी बाढ़ और सूखे की विभीषिका से आपदाओं में वृद्धि हुई है। जनसंख्या के सामाजिक विकास के प्रमुख संकेतकों का विवरण निम्न सारिणियों में दिया गया है।

सारणी संख्या 1.2: भारतीय जनसंख्या वृद्धि दर 1901-2001

अवधि	अवधि के अन्त तक जनसंख्या (1 मार्च की स्थिति के अनुसार)		वृद्धि दर		जन्म मरण दर प्रति 1000 जनसंख्या		
	कुल (मिलियन)	शहरी %	दस वर्षीय	वार्षिक	जन्मदर	मृत्युदर	वृद्धिदर
1901-11	252.09	10.29	5.75	0.56	49.20	42.60	6.60
1911-21	251.32	11.28	-0.31	-0.03	48.10	48.60	-0.50
1921-31	278.98	11.99	11.00	1.04	46.40	36.30	10.10
1931-41	318.66	13.86	14.22	1.33	45.20	31.20	14.00
1941-51	361.09	17.29	13.31	1.25	39.90	27.40	12.50
1951-61	439.23	17.97	21.51	1.96	41.70	22.80	18.90
1961-71	648.16	19.91	24.80	2.20	41.20	19.00	22.20
1971-81	683.33	23.34	24.66	2.22	37.20	15.00	22.20
1981-91	844.32	25.72	23.56	2.12	32.50	11.40	21.10
1991-2001	1027.01	28.00	21.10	2.10	22.2	6.40	81.10

स्त्रोतः भारत की जनगणना-2001, 2011.

सारणी संख्या 1.3: सामाजिक-आर्थिक सूचक : मुख्य राज्य

राज्य	जन्मदर (1990)	मृत्युदर (1990)	शिशु मृत्यु दर (1990)	दम्पति संरक्षण दर (1.4.2011)	जनन क्षमता का योग (1985)
आन्ध्र प्रदेश	25.60	8.70	70	44.30	3.70
बिहार	32.90	10.60	75	26.00	5.40
गुजरात	29.50	8.90	72	57.80	3.90
हरियाणा	31.80	8.50	69	56.60	4.60
कर्नाटक	27.80	8.10	71	46.90	3.60
केरल	19.00	5.90	17	55.60	2.40
मध्य प्रदेश	36.90	12.50	111	40.30	4.60
महाराष्ट्र	27.50	7.30	58	56.20	3.50
उड़ीसा	29.90	11.60	123	41.00	3.80
उत्तर प्रदेश	35.70	12.00	98	35.50	5.60

स्त्रोतः भारत की जनगणना 2001, 2011.

देश में भू-सुधार भू-क्षरक रोक, चकबन्दी व भूमि वितरण के बावुजूद 552 लाख व्यक्ति भूमिहीन हैं। ये तथ्य देश में जनाधिक्य की स्थिति को प्रमाणित करते हैं। भारत की बढ़ती हुई जनसंख्या का अनुमान इस शताब्दी में हुए परिवर्तन के आधार पर लगाया जा सकता है। जनसंख्या की प्रकृति और गुणवत्ता के सम्बन्ध में प्रस्थापित सूचकों के आधार पर भारतीय जनसंख्या का विवरण निम्न सारणी में दिया गया है।

सारणी संख्या 1.4: सामाजिक-आर्थिक सूचकः मुख्य राज्य

राज्य	जीवन सम्भाव्यता (1986-91)	महिला साक्षरता दर (2011)	विवाह की आयु का माध्य (1981)	संगठित क्षेत्र में महिला कर्मचारियों का प्रतिशत
आन्ध्र प्रदेश	62.23	67.66	12.26	12.47
बिहार	57.00	63.82	16.55	6.73
गुजरात	61.49	79.31	19.52	12.44
हरियाणा	61.97	76.64	17..84	11.39
कर्नाटक	63.31	75.60	19.21	17.06
केरल	73.80	93.91	21.82	38.97
मध्य प्रदेश	54.71	70.63	16.56	10.24
महाराष्ट्र	64.30	82.91	18.77	13.24
उड़ीसा	55.15	73.45	19.08	8.80
उत्तर प्रदेश	49.64	69.72	16.71	7.92

स्त्रोतः भारत की जनगणना, 2011.

भारत में जनाधिक्य का एक प्रमाण मृत्यु दर की अपेक्षा जन्म दर की तुलनात्मक अधिकता भी है। सन् 1901 से सन् 1921 के मध्य मृत्यु दर जहाँ 42.6 से 47.2 व्यक्ति प्रति हज़ार के मध्य रही थी, वहीं सन् 1991 में घटकर 12 व्यक्ति प्रति हज़ार रह गयी थी। भारत में मृत्युदर में गिरावट निश्चय ही एक उपलब्धि है, फिर भी अन्य देशों की तुलना में नगण्य ही कही जा सकती है। उदाहरण के लिए फ्रांस में 11.3, कनाडा में 7.3, लंका में 8.0, मलेशिया में 8.0, जर्मनी में 12.0 प्रति हज़ार है, इन देशों की तुलना में हमारे देश में मृत्यु दर आज भी ऊंची पाई जाती है।

भारत में अन्य यूरोपीय विकसित देशों की तुलना में जनसंख्या का घनत्व बहुत अधिक है। संयुक्त राष्ट्र संघ द्वारा प्रकाशित जनसंख्या वार्षिकी पुस्तिका सन् 2010 के अनुसार विश्व के प्रमुख देशों के संदर्भ में भारत में जनघनत्व की सापेक्षिक स्थिति दयनीय है। ब्रिटेन, पश्चिमी जर्मनी एवं जापान तथा इटली भारत की तुलना में औद्योगिक दृष्टि से काफ़ी विकसित राष्ट्र हैं, अतः उनकी तुलना में भारत की स्थिति काफ़ी कमजोर है। कृषि प्रधान आस्ट्रेलिया, अर्जेन्टाइना व विकसित देश केन्या, इण्डोनेशिया, चीन आदि की तुलना में भारत में जनघनत्व बहुत अधिक है तथा इसमें निरन्तर वृद्धि हो रही है। उदाहरण के लिए सन् 1901 में भारत में जनघनत्व केवल 77 व्यक्ति प्रति वर्ग कि.मी. था जो सन् 1911 में 82, सन् 1931 में 90, सन् 1941 में 103, सन् 1951 में 117, सन् 1961 में 142, सन् 1971 में 178, सन् 1981 में 221 व्यक्ति प्रतिवर्ग किलोमीटर सन् 1991 में 273 प्रतिवर्ग किलोमीटर था। 2001 में 329 व्यक्ति प्रतिवर्ग किलोमीटर हो गया था। वहीं 2011 में 382 व्यक्ति प्रतिवर्ग किलोमीटर दर्शायी गयी है।

भारत में जनाधिक्य के प्रमाण के रूप में कुछ निम्न अन्य तथ्य भी प्रस्तुत किये जाते हैं यथा खाद्यान्नों व अन्य वस्तुओं के बढ़ते हुए मूल्य एवं कृषि जोतों का बढ़ता हुआ विभाजन और बिखराव तथा घटता हुआ आकार और आवास समस्या एवम् अन्य साधनों का अभाव आदि। अनेक विद्वानों का विचार है कि भारत में जनाधिक्य नहीं है। भारत एक विकासशील देश है, यहां प्राकृतिक साधनों का काफ़ी भंडार आज भी विद्यमान है। यह भी कहा जाता है कि भारत प्राकृतिक संदर्भ में एक सम्पन्न देश है जहाँ ग़रीब लोग निवास करते हैं। अर्थात भारत की ग़रीबी का कारण जनसंख्या की वृद्धि नहीं है बल्कि, प्राकृतिक संसाधनों का पूर्ण शोषण, देश के विभिन्न भागों का असन्तुलित विकास और औद्योगिक विकास के अभाव में जनसंख्या अधिक प्रतीत होती है। यदि उपरोक्त कमियों को ठीक ढंग से दूर किया जाये तो देश में आज जनाधिक्य की कोई समस्या नहीं रहेगी। इस प्रकार इस विचारधारा के विद्वान भारत में जनाधिक्य की स्थिति को नहीं मानते। वे अपने मत के समर्थन में विभिन्न तर्क प्रस्तुत करते हैं।

भारत में राष्ट्रीय आय का वितरण भी समान नहीं है तथा देश के प्राकृतिक साधनों का अभी तक पूर्ण नियोजन नहीं हो पाया है, फिर भी विकास के लिए

किये जा रहे प्रयत्नों से राष्ट्रीय आय व प्रति व्यक्ति आय में निरन्तर वृद्धि हो रही है। जहां सन् 1950-51 में राष्ट्रीय आय 9,050 करोड़ रूपये थी, वहीं सन् 1976 में 63,293 करोड़ (आधार वर्ष 1970-71 के स्थिर मूल्यों, सन् 1980-81 में 47,490 करोड़, सन् 1981-82 में 49,887) करोड़ रूपये आंकी गयी है। वर्तमान मूल्यों पर राष्ट्रीय आय सन् 1990-91 में 1,06,509 करोड़ थी जो सन् 1991-92 में बढ़कर 1,21,242 करोड़ रूपये हो गयी थी। औद्योगिक विकास के साथ-साथ भारत में प्रति व्यक्ति आय में भी निरन्तर वृद्धि हो रही है।

जनाधिक्य के कारण

आधुनिक भारत में अनेक सामाजिक समस्याओं में जनसंख्या वृद्धि की समस्या सबसे महत्त्वपूर्ण है। इसका कारण है कि भारत में जनसंख्या वृद्धि की दर अत्यन्त ही तीव्र है। सन् 1971 की जनगणना रिपोर्ट से यह बात स्पष्ट हो जाती है कि भारत में 1 करोड़ 30 लाख जनसंख्या प्रतिवर्ष बढ़ जाती है।

यद्यपि भारत की अन्य परिस्थितियाँ जनसंख्या वृद्धि के लिए उत्तरदायी हैं। किन्तु भारत में जन्म दर का अधिक होना और मृत्यु दर में निरन्तर कमी जनसंख्या वृद्धि का मुख्य कारण है। भारत कृषि प्रधान परम्परात्मक देश है और भारत का यह परम्परा प्रेम भी जनसंख्या वृद्धि के प्रमुख कारणों में मूल कारण है। जनसंख्या वृद्धि के प्रमुख कारणों का विवेचन अग्रलिखित है।

जन्म दर का अधिक होना

प्राप्त जनगणना रिपोर्टों के आधार पर भारत में निरन्तर जन्म दर में वृद्धि होती जा रही है। यद्यपि वर्तमान समय में जन्म दर में कुछ कमी आयी है किन्तु जन्म दर की यह कमी मृत्यु दर में भी निरन्तर होने वाली कमी के कारण नगण्य साबित हुई है। मूलभूत प्रश्न यह है कि भारत में जन्म दर इतना अधिक क्यों है? विभिन्न अध्ययनों से यह स्पष्ट हुआ है कि भारत का धर्म, समाज-व्यवस्था, विवाह और परिवार की प्रथाएं तथा आर्थिक जीवन जन्म दर की वृद्धि के मूल कारणों में से है। संक्षेप में जन्म दर अधिक होने के प्रमुख कारण इस प्रकार गिनाये जा सकते हैं।

1. भारत विश्व का एक ऐसा देश है जहाँ बालक और बालिकाओं के जन्म लेने से पूर्ण उन्हें विवाह बन्धनों में बाँध देने की प्रथा रही है। इसके अतिरिक्त कम अवस्था में विवाह करना भारत में आम बात है। अनेक स्थानों पर तो 15 वर्ष से कम आयु में लड़के और लड़कियों के

विवाह होते पाये गये हैं। भारत सरकार द्वारा पारित अनेक अधिनियमों के बावुजूद भी बाल विवाह की प्रथा में कोई विशेष अन्तर नहीं आया है। बाल-विवाह की यह प्रथा जन्म दर में वृद्धि का मूल कारण है।

2. भारतीय समाज में बहुपत्नी विवाह की भी प्रथा का प्रचलन है। बहुपत्नी विवाह के कारण सन्तानों की उत्पत्ति बहुत अधिक है। यद्यपि इन विवाहों पर सरकार ने रोक लगायी है किन्तु इसके कोई प्रभावशाली परिणाम सामने नहीं आये हैं।
3. भारत में महिलाओं की शिक्षा का प्रतिशत वर्तमान में सिर्फ 65.46 है। इसके साथ ही साथ अज्ञानता की प्रकृति भी भारत में बहुत अधिक है। अज्ञानता और शिक्षा के कारण लोग सन्तानोत्पत्ति को ईश्वर की कृपा मानते हैं। इसके साथ ही प्राचीन धारणा के अनुसार अधिक सन्तानों का होना भाग्यशाली होने का सूचक माना जाता है। वह अज्ञानता और अशिक्षा जन्म दर का मूल कारण है।
4. भारत में विवाह अनिवार्य सामाजिक एवं धार्मिक घटना है। अविवाहित स्त्री और पुरुषों को समाज में विवाहित स्त्री और पुरुषों की तुलना में निम्न स्थान प्राप्त होता है तथा उन्हें शंका की दृष्टि से देखा जाता है। विवाह से पहले लड़के और लड़कियों का साथ-साथ रहना अधर्म और पाप कहा जाता है। विवाह की यह अनिवार्यता भी जन्म दर वृद्धि के कारणों में प्रमुख है।
5. आदिकाल से भारत में सामान्यतः अधिकांश क्षेत्रों में संयुक्त परिवार की प्रथा पायी जाती है। संयुक्त परिवार की प्रथा का सबसे बड़ा दुष्परिणाम यह है कि इसमें माता-पिता को अपने बच्चों के पालन-पोषण के उत्तरदायित्व का निर्वाह नहीं करना पड़ता है। वे सन्तान उत्पन्न करते जाते हैं, मुखिया उनके पालन-पोषण की ज़िम्मेदारी वहन करता है। इस प्रकार संयुक्त परिवार बच्चों को पैदा करने वाले एक कारखाने के रूप में कार्य कर रहा है।
6. भारत निर्धन बाहुल्य देश है और इस निर्धनता के कारण आम भारतवासी का जीवन स्तर निम्न कोटि का होता है। निर्धन व्यक्ति सन्तान को उत्पादन का एक साधन मानते हैं। मनोवैज्ञानिक दृष्टि से

भी निर्धन व्यक्ति को कम सन्तानों से सन्तोष नहीं होता है। इन विचारधाराओं के परिणामस्वरूप भी भारत में जन्म दर की मात्रा अधिक है।

उपर्युक्त प्रथाओं एवं रीतियों के अतिरिक्त जाति, धर्म, सम्प्रदाय आदि के बच्चों के सम्बन्ध में अलग-अलग सामाजिक और पारिवारिक मान्यताएं हैं। परम्परागत मान्यताओं के कारण भी जन्म दर की मात्रा अधिक होती है। इसके अतिरिक्त मुख्य रूप से दो धार्मिक विचारधारायें भी अधिक जन्मदर के लिये उत्तरदायी हैं—मोक्ष प्राप्ति की अवधारणा जिसके लिये सन्तान होना अत्यन्त आवश्यक है और "दूधो नहाओ, पूतो फलो" की अवधारणा के कारण भी अधिक सन्तानों को मान्यता प्राप्त होती है।

भारत में परिवार नियोजन कार्यक्रम को लोगों ने अभी भी पूर्ण स्वीकृति प्रदान नहीं की है। सरकारी कार्यक्रम कहकर इसकी उपेक्षा भी की जाती है। भारत ग्राम्य प्रधान देश है। परम्परा के प्रति ग्रामीणों की प्रतिबद्धता के कारण सुदूर गांवों में गर्भ निरोध सामग्रियों का वांछित प्रचार और प्रसार नहीं हुआ है। परिणामस्वरूप उन क्षेत्रों में जन्म दर की मात्रा अधिक पायी जाती है।

मृत्यु दर का निम्न होना

स्वतन्त्रता के बाद आधुनिक चिकित्सा सेवाओं का अत्यधिक विस्तार हुआ है। विभिन्न सरकारी कार्यक्रमों के माध्यम से अनेक संक्रामक बीमारियों पर नियंत्रण स्थापित कर लिया गया है। परिणामतः शिशु मृत्यु दर में कमी आयी है। इसके साथ ही साथ केन्द्र तथा राज्य सरकारों ने बीमारियों की रोकथाम करने के लिये तथा बीमार व्यक्तियों को तत्काल चिकित्सा सुविधा प्रदान करने के लिये अनेक चिकित्सालयों तथा प्राथमिक स्वास्थ्य केन्द्रों की स्थापना की है, इससे भी भारत में मृत्यु दर में कमी आयी है।[20]

सरकार ने संक्रामक बीमारियों का निदान करने के लिए कुछ स्वास्थ्य केन्द्रों की स्थापना की है। जहां योग्य और प्रशिक्षित डाक्टर चिकित्सा के लिये नई पद्धतियों की खोज कर रहे हैं। भारत सरकार ने देश के विभिन्न भागों में अनेक चिकित्सा महाविद्यालयों की स्थापना की है। जिनमें आयुर्वेदिक, अंग्रेजी, होम्योपैथिक तथा अन्य प्रकार की चिकित्सालयों से सम्बन्धित शिक्षा प्रदान की जाती है। देश में हैजा, प्लेग, मलेरिया, चेचक, लाल बुखार आदि अनेक महामारियों से अधिकांश जनसंख्या की मृत्यु हो जाती थी, सरकार ने अपने

प्रयासों के द्वारा इन महामारियों पर नियन्त्रण स्थापित कर लिया है। इस कारण भी देश में मृत्यु की औसत दर कम हो रही है। देश में शिक्षा का प्रतिशत निरन्तर बढ़ रहा है। शिक्षा के कारण देशवासियों में स्वास्थ्य और परिवार के बारे में जागरूकता विकसित हो रही है। इस जागरूकता के कारण भी देश में मृत्यु दर कम होती है।

विकास के प्रारम्भिक चरण में यातायात और संचार साधनों की कमी के कारण अकाल और दुर्भिक्ष की स्थिति में लाखों व्यक्ति काल कवलित हो जाते थे। यातायात और संचार साधनों में वृद्धि के कारण सरकार ने अकाल और दुर्भिक्ष पर भी नियन्त्रण प्राप्त कर लिया है। इससे भी भारत में मृत्यु की औसत दर कम हो रही है। जीवनोपयोगी वस्तुओं का न्यायोचित तथा उपलब्धि में यातायात और संचार साधनों का योगदान महत्त्वपूर्ण है। जैसे-जैसे देश में इन साधनों का विकास होता जा रहा है, वैसे-वैसे जीवनोपयोगी साधनों की क्षेत्रीय और अन्तर्राज्यीय विषमता दूर होती जा रही है जिससे भारतीयों के जीवन स्तर में सुधार हुआ है और मृत्यु दर घटी है।

भारतीय जलवायु उष्ण है। जलवायु की उष्णता से जनसंख्या में सन्तानोत्पादन की शक्ति अधिक होती है। उदाहरणार्थ जलवायु के कारण कम आयु में ही बच्चे पैदा करने की शक्ति विकसित हो जाती है। इस कारण भी भारत में जनसंख्या बढ़ रही है। आवास भी एक ऐसा कारण है जो किसी देश में जनसंख्या वृद्धि को प्रोत्साहित कर सकता है। भारत में प्रतिवर्ष कई लाख व्यक्ति अन्य देशों से आते हैं। दूसरे देशों से इन व्यक्तियों के आने का कारण भी जनसंख्या में वृद्धि होती है। भारत की लगभग 40 प्रतिशत जनसंख्या निर्धन है किन्तु जो लोग मध्यम श्रेणी के हैं और जिनकी आय के साधन अच्छे हैं, वे अधिक सन्तान की कामना करते हैं। यह भी एक मूल कारण है जिससे भारत की जनसंख्या में वृद्धि हो रही है।

जनाधिक्य के दुष्परिणाम

जनसंख्या में वृद्धि देश के सामाजिक एवम् आर्थिक परिवर्तन को प्रभावित करती है। यदि जनसंख्या की वृद्धि आवश्यकता से अधिक हो अर्थात देश में जनाधिक्य की स्थिति हो तो उससे देश को भारी हानि उठानी पड़ती है। भारत एक विकासशील देश है जिसमें बढ़ती हुई जनसंख्या केवल आर्थिक विकास में ही बाधक नहीं बल्कि देश की अनेक समस्याओं का मूल कारण है। जनसंख्या में असाधारण वृद्धि राष्ट्र के समक्ष गम्भीर समस्याएं उत्पन्न कर रही है। यह

लोगों के जीवन स्तर को निम्न बना रही है, बेकारी में वृद्धि कर रही है तथा देश के विकास में बाधा उत्पन्न कर रही है। ग्रामीण परिवारों का जीवन स्तर इतना नीचा है कि निर्धन परिवारों की संख्या में और अधिक वृद्धि घातक सिद्ध हो सकती है। इन परिवारों की संख्या देश में इतनी अधिक है कि यह साधारणीकरण किया जा सकता है कि सभी व्यक्तियों के लिये जनसंख्या में वृद्धि एक गम्भीर समस्या होगी।[21]

भारत की बढ़ती हुई जनसंख्या के कारण देश में अनेक समस्याएं उत्पन्न हो रही हैं। दिनों-दिन इसके दुष्परिणाम देश के सामने उभर कर आ रहे हैं। जनसंख्या वृद्धि के विभिन्न आर्थिक एवं सामाजिक दुष्परिणाम प्राप्त हो रहे हैं। बढ़ती हुई जनसंख्या, न केवल अनेक समस्याओं को उत्पन्न कर विकास के मार्ग में बाधक है बल्कि विकास से प्राप्त प्रतिफलों को नगण्य बना रही है। भारत एक विकासशील निर्धन देश है, जहाँ प्रति व्यक्ति आय अन्य देशों की तुलना में बहुत कम है तथा लोगों में बचत की क्षमता भी कम है जिससे पूँजी का संचय आवश्यक मात्रा में नहीं हो पाता है। ऊंची जन्म दर और मृत्यु दर इस पर और कुठाराघात करती है। ऊंची जन्म दर से जहाँ निर्धनता बढ़ती है और प्रति व्यक्ति आय तथा बचत की क्षमता निरन्तर कम होती जाती है वहीं 10 से 14 वर्ष के आयु समूह में मृत्यु दर सर्वाधिक होने के कारण इस आयु समूह की अधिक जनसंख्या केवल उपभोक्ता के रूप में ही जीवित रहती है, वह उत्पादक के रूप में पूँजी निर्माण में सहयोग नहीं दे पाती। पूंजी निर्माण के अभाव में देश का पर्याप्त विकास नहीं हो पा रहा है।[22]

भारत में खाद्यान्न उत्पादन की तुलना में जनसंख्या अधिक तेजी से बढ़ रही है जिसके कारण लगातार देश को खाद्यान्न संकट का सामना करना पड़ रहा है और निरन्तर नियोजित प्रयासों के बाद भी हम खाद्यान्न के मामले में आत्मनिर्भर नहीं हो पाये हैं। आज भी देश के अधिकांश लोगों को पेट भर भोजन प्राप्त नहीं होता जबकि प्रत्येक वर्ष भारी मात्रा में खाद्यान्न लगातार विदेशों से आयात किया जा रहा है। एक औसत भारतीय का आहार परिमाणात्मक तथा गुणात्मक दोनों दृष्टि से अपर्याप्त तथा हीन किस्म का है जिसका प्रभाव लोगों की कार्यक्षमता पर पड़ता है।[23]

भारत में निरन्तर जनसंख्या वृद्धि से उत्पन्न जनाधिक्य के कारण बेरोज़गारी की समस्या गम्भीर होती जा रही है। जनसंख्या बढ़ने के साथ-साथ जिस स्तर

से काम चाहने वालों की संख्या बढ़ रही हैं, उसी अनुपात से देश में रोज़गार के अवसर उपलब्ध कराना, सम्भव नहीं हो पा रहा है। रोजगार के नियोजित प्रयत्नों के बाद भी बेरोज़गारों की संख्या निरंतर बढ़ती जा रही है। वर्तमान समय में देश में लगभग 4 करोड़ से भी अधिक लोग बेरोज़गार हैं। इस बेरोज़गारी के अनेक सामाजिक व आर्थिक दुष्परिणाम देश के लिए घातक सिद्ध हो सकते हैं। देश में जनसंख्या वृद्धि के कारण आर्थिक विकास से प्राप्त प्रतिफल नगण्य होते जा रहे हैं। फलतः वास्तविक जीवन स्तर में कोई विशेष सुधार दृष्टिगत नहीं होता।

बढ़ती हुई जनसंख्या के कारण निर्धनता की स्थिति में कोई उल्लेखनीय सुधार नहीं हो पा रहा है। अन्य देशों की तुलना में देश की राष्ट्रीय आय और प्रति व्यक्ति आय दोनों ही बहुत कम है और यह कमी एक कुचक्र के रूप में क्रियाशील होकर जीवन-स्तर को गिरा रही है। राष्ट्रीय आय और प्रति व्यक्ति आय की कमी का मूल कारण आर्थिक विकास के अनुपात में जनसंख्या में अधिक वृद्धि है। आय कम होने से पूंजी निर्माण कम होता है जिससे देश का आर्थिक विकास और जीवन-स्तर दोनों प्रभावित होते हैं। विकास के अनेक प्रयत्नों के बाद भी निर्धनता का अंधकार और कुचक्र जनसंख्या की तीव्र वृद्धि का कारण बना हुआ है। भारतीय जनसंख्या में वार्षिक चक्रवृद्धि दर के अवलोकन से यह स्पष्ट होता है कि स्वतंत्रता के बाद लगभग जनसंख्या में तीव्र वृद्धि हुई है। इस सम्बन्ध में जनगणना प्रतिवेदन के अन्तर्गत दिये गये तथ्यों का विवरण सारणी संख्या 1.5 में दिया गया है। साथ ही साथ औसत जन्म और मृत्यु दर का भी विवरण सारणी संख्या 1.6 के अन्तर्गत दिया गया है।

सारणी संख्या 1.5: जनसंख्या में वार्षिक चक्रवृद्धि दर

अवधि	वृद्धि दर
1891-1921	0.19
1921-1951	1.22
1951-1981	2.15
1981-1991	2.11
1991-2001	2.10
2001-2011	1.54

स्रोतः भारत की जनगणना 2011.

सारणी संख्या 1.6: भारत में औसत वार्षिक जन्म दर और मृत्यु दर

दशक	जन्म प्रति हज़ार	मृत्यु प्रति हज़ार
1891-1900	45.8	44.4
19011-910	48.1	42.6
1911-1920	49.2	38.6
19211-930	46.4	36.3
19311-940	45.2	31.2
19411-950	39.9	27.4
19511-960	40.0	18.0
1961-1970	41.0	19.2
1971-1980	37.2	15.0
1985-1986	32.6	11.1
1991-2001	24.34	8.3
2001-2011	22.22	6.4

स्रोतः भारत की जनगणना 1971, 1981, 1991, 2001, 2011.

जन्म दर की उच्चता निश्चित रूप से चिन्तनीय है। यदि इसके कारणों की व्याख्या की जाय, तो कई सामाजिक तथा आर्थिक कारक इसके लिए उत्तरदायी स्वीकार किये जा सकते हैं। आज भी भारत में विवाह की आयु विकसित देशों की तुलना में काफ़ी कम है। यूरोपीय देशों में पुरूष औसत रूप से 26-28 वर्ष की उम्र में स्त्रियां 23-25 वर्ष की उम्र में विवाह करती हैं, जबकि भारत में पुरूष 23.3 वर्ष और स्त्रियां 18.3 वर्ष की आयु में औसत रूप से विवाह करती हैं। अतः विवाह की वर्तमान आयु में वृद्धि की नितान्त आवश्यकता है।

शीघ्र विवाह के कारण न केवल बच्चों का जन्म शीघ्र प्रारम्भ हो जाता है अपितु विवाहित महिलाओं के लिये लम्बा प्रजनन काल भी उपलब्ध होता है। परिणामतः औसत रूप से एक परिवार में 4-5 बच्चे पाये जाते हैं। जन्म दर की उच्चता के अन्य कारणों में देश की कृषि कार्य की प्रधानता और व्यापक ग़रीबी का पाया जाना, शिक्षा का अभाव, परिवार नियोजन की प्रणालियों से अनभिज्ञता आदि भी उल्लेखनीय है। भारतीय राज्यों और केन्द्र शासित प्रदेशों

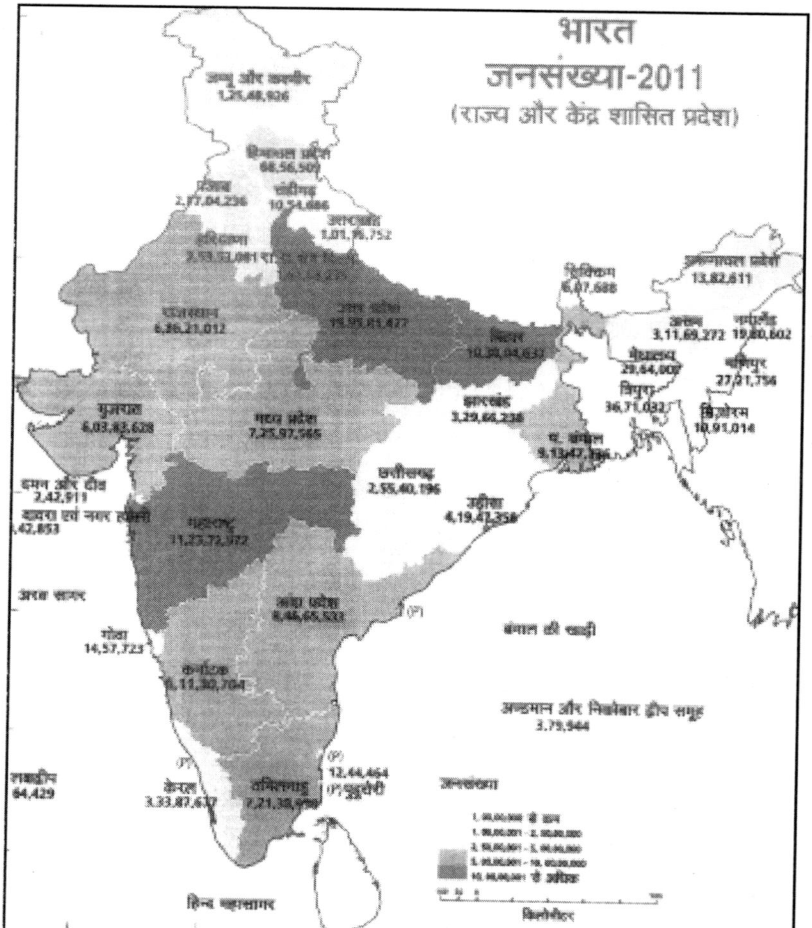

की विशिष्ट संरचना के कारण इन राज्यों की भौगोलिक और सामाजिक विविधताओं में जनसंख्या में भी भिन्नता पायी जाती है। साथ ही साथ जनसंख्या की गुणवत्ता और संगठनात्मक प्रकृति भी इन राज्यों में अलग-अलग है। इस सम्बन्ध में यह उल्लेखनीय है कि भारत के अलग-अलग राज्यों में जनसंख्या की प्रकृति और वृद्धि दर में भी भिन्नता पायी जाती है जिसके कारण उन राज्यों की विशिष्ट स्थिति हो सकती है।

भारत के राज्यों में उत्तर प्रदेश सर्वाधिक जनसंख्या वाला राज्य है, जिसकी जनसंख्या सन् 2011 में 19.95 करोड़ दर्शायी गयी है अर्थात देश की कुल जनसंख्या का 16.44 प्रतिशत भाग उत्तर प्रदेश में निवास करता है। इसके पश्चात् महाराष्ट्र, बिहार, पश्चिम बंगाल, आन्ध्र प्रदेश आदि राज्यों का स्थान है। राज्यों में न्यूनतम जनसंख्या सिक्किम (6.07 लाख) की है। केन्द्र शासित प्रदेशों में सर्वाधिक जनसंख्या दिल्ली की (1 करोड़ 67 लाख) तथा सबसे कम लक्षद्वीप की (64,429) है। सन् 2011 की जनगणना के अनुसार विभिन्न प्रदेशों की जनसंख्या, उनका कुल जनसंख्या से प्रतिशत और पूर्व की जनगणना के आँकड़ों के आधार पर उनका स्थान सारणी संख्या 1.7 के अन्तर्गत दिया गया है। जनसंख्या के सम्बन्ध में दिये गये तथ्यों से यह स्पष्ट होता है कि उत्तर प्रदेश बहुल जनसंख्या वाला राज्य है। जनसंख्या वृद्धि दर भी इस प्रदेश में अन्य प्रदेशों की तुलना में अधिक पायी जाती है। परिणामतः परिवार नियोजन की परियोजनाएं वांछित परिणाम प्रदान नहीं कर पातीं हैं।

सारणी संख्या 1.7: राज्य और केन्द्र शासित प्रदेश (जनसंख्या के क्रम से)

क्रम	राज्य/केन्द्र शासित प्रदेश	जनसंख्या	दशकीय वृद्धि दर
1.	उत्तर प्रदेश	199581477	20.09
2.	महाराष्ट्र	112372972	15.99
3.	बिहार	103804637	25.07
4.	पश्चिम बंगाल	91347736	13.93
5.	आन्ध्र प्रदेश	846655333	11.10
6.	मध्य प्रदेश	72597565	20.30
7.	तमिलनाडु	72138958	15.60
8.	राजस्थान	68621012	21.44
9.	कर्नाटक	61130704	15.67
10.	गुजरात	60383628	19.17
11.	उड़ीसा	41947358	13.97
12.	केरल	33387677	4.86
13.	झारखण्ड	32966238	22.34
14.	असम	31169272	16.93

15.	पंजाब	27704236	13.73
16.	छत्तीसगढ़	25540196	22.59
17.	हरियाणा	25353081	19.90
18.	दिल्ली	16753235	20.96
19.	जम्मू और कश्मीर	12548926	23.71
20.	उत्तराखण्ड	10116752	19.17
21.	हिमांचल प्रदेश	6856509	12.81
22.	त्रिपुरा	3671032	14.75
23.	मेघालय	2964007	27.82
24.	मणिपुर	2721756	18.65
25.	नागालैण्ड	1980602	-0.47
26.	गोवा	1457723	8.17
27.	अरूणाचल प्रदेश	1382611	25.92
28.	पांडिचेरी	1244464	27.72
29.	मिजोरम	1091014	22.78
30.	चण्डीगढ़	1054686	17.10
31.	सिक्किम	607688	12.36
32.	अंडमान और निकोबार द्वीप	379944	6.68
33.	दादर और नागरहवेली	34285	55.50
34.	दमन और दीव	242911	53.54
35	लक्षद्वीप	64429	6.23
	कुल	**1,210,193,422**	**17.64**

स्रोतः भारत की जनगणना, 2011.

जनसंख्या घनत्व

प्रति वर्ग कि.मी. क्षेत्रफल में रहने वाले लोगों की संख्या को जनसंख्या घनत्व कहा जाता है। जनसंख्या घनत्व की दृष्टि से भारत विश्व के कुछ सर्वाधिक सघन बसाव वाले देशों में से है। साथ ही शताब्दी के प्रारम्भ से आज तक इस संदर्भ में वृद्धिमान प्रतिरूप देखने को मिलता है। जहाँ 1901 में केवल 77 व्यक्ति प्रति वर्ग कि.मी. में रहते थे, वहीं 2011 में 382 व्यक्ति प्रति वर्ग

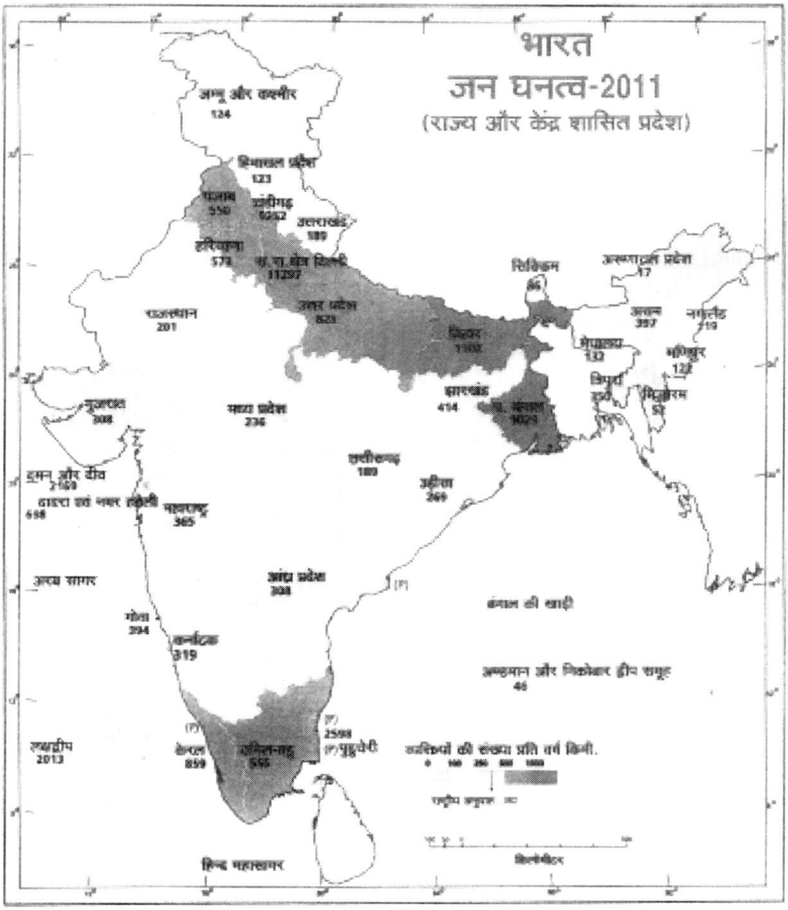

कि.मी. में रहते हैं। राज्यवार बिहार देश का सर्वाधिक घनत्ववाला राज्य है (1102 व्यक्ति/वर्ग कि.मी.)। इसके पश्चात् पश्चिम बंगाल, केरल, उ.प्र., हरियाणा, तमिलनाडु, पंजाब आदि का स्थान आता है। अरूणाचल प्रदेश का जन घनत्व सबसे कम है (17 व्यक्ति/वर्ग कि.मी.)। केन्द्र शासित प्रदेशों में सर्वाधिक घनत्व दिल्ली का (11297 व्यक्ति/वर्ग कि.मी.) और सबसे कम अंडमान एवं निकोबार द्वीप समूह का (46 व्यक्ति/वर्ग कि.मी.) है। अन्य राज्यों व केन्द्र शासित प्रदेशों का जनसंख्या घनत्व तालिका 1.8 में दर्शाया गया है।

सारणी संख्या 1.8: राज्यों और केन्द्र शासित प्रदेशों की जनसंख्या सघनता (2011)

क्रम	राज्य/केन्द्रशासित प्रदेश	सघनता (2011)
1.	दिल्ली	11297
2.	चण्डीगढ़	9252
3.	पांडिचेरी	2598
4.	दमन एवं द्वीप	2169
5.	लक्षद्वीप	2013
6.	बिहार	1102
7.	पश्चिम बंगाल	1029
8.	केरल	859
9.	उत्तर प्रदेश	828
10.	दादर एवं नगर हवेली	698
11.	हरियाणा	573
12.	तमिलनाडु	555
13.	पंजाब	550
14.	झारखण्ड	414
15.	आसाम	97
16.	गोवा	394
17.	महाराष्ट्र	365
18.	त्रिपुरा	350
19.	कर्नाटक	319
20.	आन्ध्र प्रदेश	308
21.	गुजरात	308
22.	उड़ीसा	269
23.	मध्य प्रदेश	236
24.	राजस्थान	301
25.	छत्तीसगढ़	189
26.	उत्तराखण्ड	189

27.	मेघालय	12
28.	जम्मू और कश्मीर	124
29.	हिमाचल प्रदेश	123
30.	मणिपुर	122
31.	नागालैण्ड	119
32.	सिक्किम	86
33.	मिजोरम	52
34.	अण्डमान और निकोबार	46
35.	अरूणाचल प्रदेश	17
	कुल	**382**

स्रोतः भारत की जनगणना, 2011.

स्त्री-पुरुष अनुपात (लिंगानुपात)

जनसंख्या की गुणात्मकता तथा समाज में स्त्रियों के महत्त्व की जानकारी लिंग अनुपात से भी देखी जा सकती है। लिंग अनुपात का तात्पर्य प्रति हज़ार पुरूष पर स्त्रियों की संख्या से है। यह देखा गया है कि विकास के साथ-साथ स्त्रियों की संख्या में वृद्धि होती जाती है। विकसित देशों में स्त्री-पुरूष अनुपात उच्च होता है जबकि अल्प विकसित या पिछड़े देशों में कम। यूरोपीय देशों में स्त्रियों की संख्या पुरूषों से अधिक देखने को मिलती है। जैसे-भूतपूर्व सोवियत संघ में 1070, ब्रिटेन में 1060, और संयुक्त राज्य अमेरिका में 1050 है, जबकि भारत में स्त्रियों की आनुपातिक संख्या बहुत कम है और वह निरन्तर घटती गयी है। सन् 1901 में प्रति 1000 पुरूषों पर 972 स्त्रियाँ थी, जो 1991 में घटकर 929 हो गयी है। निश्चित रूप से यह एक चिन्तनीय स्थिति है। आज भी भारत में स्त्रियों को पुरूषों की तुलना में निम्नतर समझा जाता है और उन्हें कम स्वतन्त्रता प्राप्त है। साथ ही स्त्री की स्वास्थ्य रक्षा पर अपेक्षाकृत कम ध्यान दिया जाता है। प्रसव सम्बन्धी सुविधाओं की आज भी कमी है। हाल के वर्षों में स्त्री भ्रूण हत्या की घटनाओं में वृद्धि हुई है। केरल में सर्वोच्च लिंगानुपात (1000 : 1084) पाया जाता है। केरल ही भारत का एकमात्र राज्य है, जहाँ स्त्रियों की संख्या पुरूषों से अधिक है। तमिलनाडु, मणिपुर, मेघालय, छत्तीसगढ़, उत्तराखण्ड, मिजोरम, त्रिपुरा, आसाम, पश्चिम बंगाल, झारखण्ड,

उड़ीसा, कर्नाटक, गोवा राज्यों में प्रति हजार पुरूषों पर स्त्रियों का अनुपात राष्ट्रीय स्तर से ऊंचा है। हरियाणा, पंजाब, सिक्किम, जम्मू और कश्मीर, उत्तर प्रदेश आदि राज्यों की दशा अत्यन्त शोचनीय है।

भारतीय जनगणना के लिंग अनुपात सम्बन्धी आंकड़े जीव वैज्ञानिक सिद्धान्तों के साथ गम्भीर विरोधाभास दर्शाते हैं। जीव वैज्ञानिक दृष्टि से यह सत्य है कि स्त्री भ्रूण पुरूष भ्रूण की तुलना में अधिक मज़बूत होता है, अतः स्त्रियों की जीवन प्रत्याशा पुरूषों से अधिक होनी स्वाभाविक है। पश्चिमी विकसित देशों के उदाहरण से यह सिद्ध भी होता है, परन्तु भारत में इसके विपरीत दृश्य देखने को मिलता है।

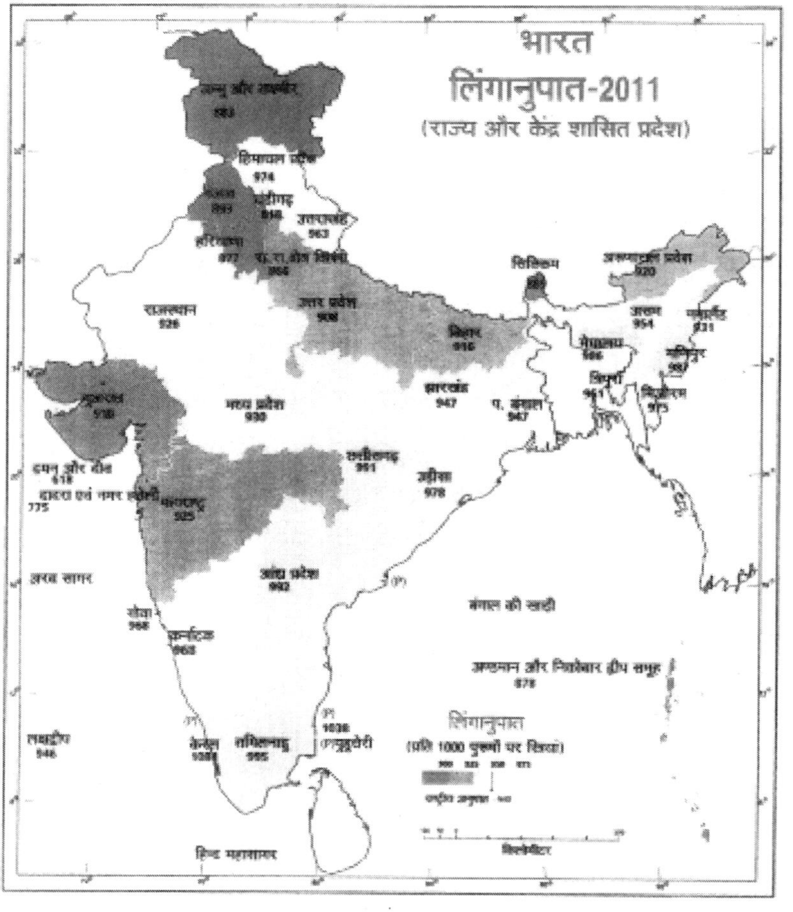

सारणी संख्या 1.9: भारत में स्त्री-पुरूष अनुपात (1901 से 2011 तक)

जनगणना वर्ष	प्रति हज़ार पुरूषों पर स्त्रियों की संख्या
1901	972
1911	964
1921	955
1931	950
1941	945
1951	946
1961	941
1971	930
1981	934
1991	929
2001	933
2011	940

स्रोतः भारत की जनगणना, 2011.

आयु संरचना के अन्तर्गत विभिन्न आयु वर्ग के लोगों की संख्या दर्शायी जाती है। इसके आधार पर कुल जनसंख्या में कार्यक्षम तथा आश्रित जनसंख्या का विवरण प्रस्तुत किया जा सकता है। प्रायः 15-60 वर्ष के आयु वर्ग को कार्यक्षम माना जाता है, अतः 15 वर्ष से कम और 60 वर्ष से अधिक आयु वाले लोग आश्रित माने जाते हैं। भारत में 1991 की जनगणना के अनुसार 57.5 प्रतिशत जनसंख्या ही कार्यक्षम आयु में थी, जबकि 0-4 आयु वर्ग में 12.85 प्रतिशत 5-14 आयु वर्ग में 23.15 प्रतिशत और 60 से ऊपर 6.5 प्रतिशत जनसंख्या थी। इस प्रकार स्पष्ट है कि देश में बच्चों की संख्या अधिक है, अतः उनकी शिक्षा और भरण-पोषण पर अधिक धन व्यय करना पड़ता है। आयु संरचना से यह भी स्पष्ट होता है कि देश में स्वास्थ्य तथा दैनिक जीवन की सुविधाएं अपर्याप्त हैं, परिणामतः केवल 6.5 प्रतिशत लोग ही 60 वर्ष से अधिक आयु तक जीवित रह पाते हैं।

सारणी संख्या 1.10: आयु संरचना (प्रतिशत विवरण)

आयु वर्ग	1980	1985	1990	2000
0-4	14.18	13.19	12.85	10.67
5-14	25.54	24.34	23.15	20.96
15-59	50.07	55.51	57.50	60.79
60 वर्ष से ऊपर	6.21	6.24	6.50	7.58
योग	**100.00**	**100.00**	**100.00**	**100.00**

स्रोतः सातवीं एवं नवीं पंचवर्षीय योजना, भारत सरकार।

जनसंख्या और जीवन निर्वाह के साधन

किसी भी देश की जनसंख्या का स्वरूप उसके भौगोलिक, सामाजिक और आर्थिक परिवेश पर निर्भर करता है। वस्तुतः व्यक्ति के निवास क्षेत्र का प्रभाव उसके स्वास्थ्य, सम्पदा, उसके कार्य, उसके अवसरों और जीवन ढंगों पर पड़ता है। साथ ही उनकी संख्या के लिए वांछित परिवेश और जीवन निर्वाह के उपयुक्त दशाओं की उपलब्धता भी अधिक महत्त्वपूर्ण होती है। भारतीय समाज में जनसंख्या के आकार और संरचना के सम्बन्ध में प्राप्त किये गये तथ्यों के विवेचन से जनसंख्या की प्रकृति के विषय में महत्त्वपूर्ण जानकारी प्राप्त हो सकती है।

1. जनसंख्या का असमान वितरण

पृथ्वी के कुछ ऐसे भाग हैं जहाँ जनसंख्या बिखरी हुई और कम है और दूसरे ऐसे भाग है जहाँ जनसंख्या लगातार और घनी बसी हुई है। विश्व की लगभग 20 प्रतिशत जनसंख्या दक्षिणी पूर्ण एशिया, पश्चिमी और केन्द्रीय यूरोप और पूर्वी तथा केन्द्रीय उत्तरी अमेरिका में बसी हुई है। इन क्षेत्रों में घनी जनसंख्या पाई जाती है। संसार की आधी से भी अधिक जनसंख्या एशिया में बसती है। जनसंख्या के वितरण में यह असमानता स्पष्ट रूप से भौगोलिक कारकों से सम्बन्धित है। क्योंकि मनुष्य क्षेत्र विशेष की उत्पादकता पर अपने जीवन निर्वाह के साधनों को प्राप्त करता है जिसमें केवल भूमि की उर्वरता ही सम्मिलित नहीं है परन्तु खनिज साधनों की उपलब्धि भी सम्मिलित है। संसार के विशाल भूखण्ड अत्यधिक शुष्क अथवा अत्यधिक ठंडे होने के कारण विशाल जनसंख्या का पोषण नहीं कर सकते। पृथ्वी की भूमि का लगभग 80 प्रतिशत

भाग फ़सलों के उगाने अथवा पशुओं को चराने के काम के लिए अनुपयुक्त माना गया है और शेष 20 प्रतिशत भूमि में से केवल 1/3 भाग ही खाद्य पदार्थों के उत्पादन के लिए प्रयुक्त किया जाता है। यदि हम जनसंख्या, भूमि और आर्थिक उत्पादन के दृष्टिकोण से विचार करें तो पृथ्वी को चार भागों में विभाजित किया जा सकता है। (1) घने बसे हुये औद्योगीकृत यूरोपीय राष्ट्र, (2) प्राच्य देशों के कृषि प्रधान और अत्यधिक जनसंख्या वाले भाग, (3) बहुत कम आबादी वाले देश जैसे कनाडा व आस्ट्रेलिया, और (4) संयुक्त राज्य अमेरिका और सोवियत रूस जहाँ जनसंख्या, क्षेत्रफल और उत्पादन में संसार के अन्य सभी देशों की तुलना में अधिक अनुकूल संतुलन पाया जाता है।[24] एक विशिष्ट जनसंख्या का आकार अथवा सम्पूर्ण पृथ्वी का आकार और इन विभिन्न क्षेत्रों की भौतिक उन्नति का स्तर स्पष्ट रूप से प्रकृति द्वारा प्रदत्त स्थितियों और साथ ही स्वयं मनुष्य के प्रयत्नों से स्पष्ट रूप से सम्बन्धित है।

2. जीवन निर्वाह वाली जनसंख्याएँ

कुछ क्षेत्रों में मानव जनसंख्या तब तक बढ़ती रहती है जब तक कि उनको भोजन की पर्याप्त मात्रा मिलती रहती है। प्रकृति द्वारा भी जनसंख्या को नियंत्रित करने का निरन्तर प्रयास किया जाता है। यह प्रयास भौतिक एवं प्राकृतिक आपदाओं के रूप में दिखाई देता है। पर्यावरण से भौतिक अनुकूलन करके समाज अपनी निरन्तरता बनाये हुए है। प्राकृतिक निरोधों द्वारा मुख्यतया जिन समाजों का आकार नियन्त्रित होता है, उन्हें जीवन निर्वाह वाली जनसंख्याएं कहा जाता है। उनके सामने ऐसी दुःखद परिस्थिति मौजूद रहती है कि खाद्य पदार्थों के उत्पादन में जो वृद्धि होती है, वह शीघ्र ही जनसंख्या में नयी वृद्धि के कारण व्यर्थ हो जाती है। ऐसे समाजों में भौतिक निर्धनता सामान्य रूप से पायी जाती है। अनेक शताब्दियों से अधिकांश जनसंख्या जीवन निर्वाह करने वाले जनसमुदायों की सदस्य रही है। 19वीं शताब्दी से कृषि उत्पादन के अत्यधिक लाभों से भी परिस्थिति में कोई सुधार नहीं हुआ, क्योंकि कृषि उत्पादन की वृद्धि के साथ स्वयं जनसंख्या में काफ़ी संख्या में वृद्धि हुई थी।[25]

आधुनिक सभ्यता से पहले तथा आदिम समूहों में जनसंख्या में कमी करने की कुछ प्रथाओं का उल्लेख मिलता है जिनमें समाज द्वारा स्वीकृत शिशु हत्या, अक्षम और वयोवृद्धों का विनाश आदि प्रमुख है। जनसंख्या को सीमित करने

में प्रमुख कारक प्रकृति के क्रूर निरोध ही थे, और लोगों की एक विशाल बहुसंख्या में जीवन निर्वाह के स्तर पर रहना एक नियम था। (श्रीवास्तव, 1970)[26]

माल्थस का सिद्धान्त

19वीं शताब्दी के आरम्भ में माल्थस (1958)[27] ने जनसंख्या समस्या के सम्बन्ध में एक विशिष्ट सिद्धांत का प्रतिपादन किया। माल्थस की दृष्टि में विज्ञान उन्नति भले ही करे, किन्तु मनुष्य की प्राथमिक आवश्यकताओं की पूर्ति करने की भूमि की क्षमता सीमित है। पुनरूत्पादन की प्राकृतिक गति से बढ़ती हुई जनसंख्या के लिए अन्न प्रदान करने की पृथ्वी की क्षमता से अधिक बहुत अधिक नहीं होती, जब तक कि किसी प्रकार विचारपूर्ण नियन्त्रण से उसे रोका न जाय।

माल्थस ने मानव जाति की जनन क्षमता और खाद्य पूर्ति और क्षमता के बीच की विषमता को सूक्ष्मता से प्रदर्शित किया है। उसके जीवन निर्वाह वाले जन समुदाय की जीवन प्रक्रिया का वर्णन किया, साथ ही जीवन निर्वाह की सीमा तक तथा उससे परे वृद्धि करती हुई जनसंख्या का, भुखमरी तथा बीमारियों की रूकावटों द्वारा प्रकृति के प्रभाव का और जीवन स्तर की उन्नति में रूकावट डालने वाली लगातार वृद्धि (जनसंख्या की) के सदैव पड़ने वाले दबाव का भी वर्णन किया है। उन्होंने तर्क दिया कि वैज्ञानिक तथा तकनीकी उन्नति तब तक मानव जाति के स्तर को उन्नत नहीं कर सकती जब तक कि मानव जाति में अपनी संख्या को बढ़ाने की मूल प्रवृत्ति को नियन्त्रित करने वाली शक्तिशाली उत्तेजना का आरम्भ नहीं किया जाता है। इसकी पूर्ति के लिए माल्थस ने प्रकृति के नैसर्गिक अवरोधों के विरूद्ध नैतिक संयम का निरोधक अवरोध प्रस्तुत किया किन्तु उसे यह विश्वास नहीं था कि नैतिक संयम प्रजनन की लालसा को गम्भीरता से नियन्त्रित करने में पर्याप्त रूप से समर्थ होगा। कुछ लेखकों की धारणा यह है कि मानव जाति ऐसे चौराहे पर खड़ी है, जहाँ उसे निम्नतर प्रजननक्षमता और निम्नतर सभ्यता दो में से एक को चुनना है।[28]

आधुनिक जनसंख्या में वृद्धि

जीवन निर्वाह के साधनों की वृद्धि किसी भी जन समुदाय की शारीरिक पुनरूत्पादन क्षमता के साथ सम्भवतः समान गति से नहीं चल सकती। पृथ्वी के

उपजाऊ क्षेत्रों का एक बहुत बड़ा भाग कृषि के उपयोग में आ चुका है। अनेक भू-भागों जैसे चीन और भारत में जनसंख्या इतनी घनी बसी हुई है कि वहाँ की विशाल जनता विद्यमान कृषि पद्धतियों के अन्तर्गत जीवन निर्वाह के सीमान्त पर रहती है। किन्तु आधुनिक सभ्यता के प्रदेशों में नयी घटनाएं विकसित हुई हैं जो बहुत महत्त्वपूर्ण हैं और जिनसे जनसंख्या की समस्या सम्पूर्णतः एक नवीन प्रकाश में आ गयी है।

माल्थस ने अपना सिद्धान्त अनेक तात्कालिक परिस्थितियों, प्रचलित आशावादी विचारों, अपने यूरोपीय देशों के भ्रमण के दौरान विभिन्न देशों में जनसंख्या के विकास का गहन अध्ययन कर प्रतिपादित किया था। उन्होंने यूरोपीय देशों की बढ़ती हुई जनसंख्या तथा इससे उत्पन्न दुष्परिणाम से आतंकित होकर, जिस जनसंख्या सम्बन्धी विचार का प्रतिपादन किया, उसे ही माल्थस का जनसंख्या का सिद्धान्त कहा जाता है। माल्थस द्वारा प्रतिपादित जनसंख्या के सिद्धान्तों में निम्न मान्यताएं पायी जाती हैं।

1. स्त्री-पुरूष में काम वासना स्वाभाविक ही नहीं, यथा स्थिर है, इसका प्रत्यक्ष सम्बन्ध सन्तानोत्पत्ति से है। मनुष्य के जीवन का निर्वाह व अस्तित्व की रक्षा के लिये खाद्य-सामग्री अनिवार्य है। आर्थिक सम्पन्नता और सन्तानोत्पत्ति के मध्य सीधा और घनिष्ठ सम्बन्ध है और कृषि में उत्पादन का ह्रास नियम क्रियाशील होता है।
2. जनसंख्या ज्यामितिक अनुपात से बढ़ती है। अनियन्त्रित जनसंख्या ज्यामितिक दर से बढ़ती है। स्त्रियों और पुरूषों के मध्य सदा से यौन आकर्षण रहा है और रहेगा। यौन इच्छा स्वाभाविक और अत्यन्त प्रबल है। फलतः सन्तान उत्पत्ति भी स्वाभाविक परिणाम है। यदि जनसंख्या को नियंन्त्रित नहीं किया गया तो वह प्रत्येक 25 वर्षों में दुगूनी हो जायेगी। जनसंख्या के ज्यामितिक अनुपात को इस प्रकार दर्शाया जा सकता है : 2, 4, 8, 16, 32, 64, 128, 256 आदि इसी क्रम से बढ़ती है। जनसंख्या वृद्धि के इस अनुपात को गुणोत्तर वृद्धि कह सकते हैं।
3. खाद्य सामग्री में वृद्धि अंकगणितीय अनुपात में होती है। मानव के जीवन और अस्तित्व के लिये भोजन आवश्यक है लेकिन जिस दर से जनसंख्या में वृद्धि होती है, उस दर से खाद्य सामग्री में वृद्धि नहीं

होती है। खाद्य-सामग्री में तो समानान्तर अर्थात गणितीय अनुपात में ही वृद्धि होती है क्योंकि कृषि उपज में उत्पत्ति ह्रास नियम लागू होता है अथात जैसे-जैसे खेत में फ़सल उगाने का क्रम बढ़ता जाता है वैसे-वैसे क्रमानुसार कृषि उत्पादन घटता जाता है। खाद्य सामग्री के गणितीय अनुपात को इस प्रकार रखा जा सकता है: 1, 2, 3, 4, 5, 6, 7, 8, 9 आदि क्रम से।

4. यद्यपि जनसंख्या और खाद्य सामग्री दोनों में वृद्धि होती है। परन्तु वृद्धि दर में अन्तर होने के कारण दोनों के मध्य असंतुलन की स्थिति उत्पन्न हो जाती है। चूंकि जनसंख्या में वृद्धि ज्यामितीय दर से होती है अतः इसकी तुलना में गणितीय दर से बढ़ने वाली खाद्य सामग्री पीछे रह जाती है। यह असंतुलन भयंकर कष्टदायी परिणामों को उत्पन्न करता है। खाद्य सामग्री और जीवन स्तर में वृद्धि के साथ जनसंख्या बढ़ती है।
5. माल्थस ने जनसंख्या नियन्त्रण के दो प्रकार के प्रतिबन्धों का उल्लेख किया है:

(अ) नैसर्गिक या प्राकृतिक अवरोधः ये वे प्रतिबन्ध हैं जो प्रकृति की ओर से लगाये जाते हैं, इनके द्वारा मृत्यु दर बढ़ जाती है। फलतः खाद्य सामग्री से अतिरिक्त जनसंख्या भार कम होकर उसके बराबर हो जाती है। इन अवरोधों में युद्ध, बीमारी, अकाल, भूकम्प, अतिवृष्टि, बाढ़ आदि अनेक प्राकृतिक प्रकोपों के साथ माल्थस ने खराब कार्य, बच्चों के असन्तोषजनक पालन-पोषण एवं नागरिक जीवन की अस्वस्थ्यप्रद परिस्थितियों आदि को भी सम्मिलित किया है। माल्थस के अनुसार प्रकृति की मेज़ सीमित अतिथियों के लिये ही लगी है, इसलिये जो बिना निमन्त्रण के आयेगा, उसे भूखों मरना पड़ेगा।[28] उसने प्राकृतिक अवरोध को अत्यन्त दुःखद और कष्टमय कहा है। यद्यपि इससे मृत्यु दर बढ़ने के कारण जनसंख्या घटकर खाद्यान्न पूर्ति के संतुलित अनुपात में आ जाती है। पर यह संतुलन स्थायी न होकर अल्पकालिक ही होता है। यद्यपि ये प्राकृतिक शक्तियाँ जनसंख्या पर नियन्त्रण तो लगाती हैं पर ये अतिकष्ट कर हैं, इनसे बचना चाहिए। माल्थस का मत था कि किसी देश में नैसर्गिक अवरोध क्रियाशील हो जाते हैं तो यह इस बात का परिचायक है कि उस देश में खाद्य पूर्ति की तुलना में जनसंख्या अधिक है अर्थात जनाधिक्य की स्थिति मौजूद है।

(ब) प्रतिबन्धक अवरोधः माल्थस ने जनसंख्या नियन्त्रण का दूसरा प्रतिबन्ध मानवीय प्रयत्न को माना है। चूंकि प्राकृतिक प्रतिबन्ध मानव के लिए अत्यन्त दुःखद एवं कष्टकर हैं। अतः मनुष्य को स्वनिर्मित प्रतिबन्धक अवरोधों से जनसंख्या पर नियन्त्रण बनाये रखना चाहिए।

(i) नैतिक प्रतिबन्धः वास्तव में नैतिक प्रतिबन्ध को ही माल्थस ने प्रतिबन्धक अवरोध के रूप में मान्यता दी है। इनमें वे सब प्रतिबन्ध (उपाय) सम्मिलित हैं जो मनुष्य अपने विवेक से जन्म दर को रोकने के लिए करता है जैसे—संयम, ब्रह्मचर्य, व विलम्ब विवाह आदि। माल्थस ने केवल नैतिक प्रतिबन्धों को ही उचित माना है तथा इन्हें ही अपनाकर जन्मदर पर नियन्त्रण रखने की सलाह दी है। उसके अनुसार नैतिक प्रतिबन्ध (ब्रह्मचर्य) ही एक ऐसा तरीका है जिससे मानव जाति प्राकृतिक अवरोध की मार (कष्ट) से बच सकती है। माल्थस ने पुरूषों को अधिक कामुक मानते हुए महिलाओं से अपील की थी कि उन्हें पुरूषों के बहकावे में नहीं आना चाहिए, बल्कि संयम के साथ 28 वर्ष तक अविवाहित रहना चाहिए।

(ii) कृत्रिम साधनों से अवरोधः इसके अन्तर्गत जन्म नियंत्रण के उन समस्त मानव निर्मित कृत्रिम साधनों को सम्मिलित किया जाता है जिन्हें आज संतति निग्रह के साधन कहा जाता है, परन्तु माल्थस इन्हें अधर्म और पाप मानता था और इनके प्रयोग का घोर विरोधी था।

एक पादरी होने के नाते माल्थस ने केवल नैतिक प्रतिबन्धों को अपना कर जनसंख्या (जन्म दर) को कम करने का सुझाव दिया है। उसने सुझाव रखा था कि जनसंख्या बढ़ाने में लोगों को हतोत्साहित किया जाना चाहिए, उनसे अनुरोध किया जाये कि वे संयम से रहें। विशेष रूप से ग़रीबों को आदेश दिया जाना चाहिए कि वे विवेक से काम लें, भविष्य पर बिना गम्भीरता से विचार के विवाह के लिए आतुर न हों।

मार्शल ने अपनी पुस्तक अर्थशास्त्र के सिद्धांत में माल्थस के जनसंख्या के सिद्धांत की व्याख्या करते हुए लिखा है कि माल्थस का कथन है कि श्रम की माँग उपलब्ध खाद्यान्न की मात्रा द्वारा निर्धारित होती है। चूंकि कृषि में उत्पत्ति ह्रास नियम क्रियाशीलता होता है। फलतः श्रम की मांग में होने वाली वृद्धि श्रम की पूर्ति से कम रहती है। श्रम की मांग के विचार को स्पष्ट करते हुए मार्शल ने लिखा है कि प्रकृति मनुष्य को उसके कार्य की वृद्धि में उत्पादन प्रदान

करती है जो कि जनसंख्या के लिए मांग है। जनसंख्या में तेज़ी से वृद्धि होने पर भी श्रम की मांग में आनुपातिक वृद्धि नहीं होगी।[29] यदि जीवन निर्वाह के साधन सीमित न होते और महामारी, बीमारी, युद्ध, शिशुओं का वध और संयम द्वारा जनसंख्या को नियन्त्रित न किया जाता तो जनसंख्या में बहुत तेज़ी से वृद्धि होती क्योंकि मनुष्य अधिक उपजाऊ रहा है।

मार्शल के अनुसार जनसंख्या वृद्धि का भूतकालीन इतिहास भविष्य में भी अपने आपको दोहराता रहेगा और निर्धनता, भुखमरी तथा अन्य अत्यन्त कष्टकारक प्राकृतिक अवरोधों द्वारा जनसंख्या नियन्त्रित होगी यदि उसे संयम, विलम्ब विवाह जैसे ऐच्छिक एवं नैतिक साधनों द्वारा नहीं रोका गया। थामस राबर्ट माल्थस वह पहला व्यक्ति था जिसने अपने निबन्ध के माध्यम से सम्पूर्ण विश्व का ध्यान जनसंख्या वृद्धि की समस्या की ओर आकर्षित किया। अपने जनसंख्या सम्बन्धी विचारों के कारण माल्थस ने काफ़ी ख्याति प्राप्त की है। पर इसके साथ ही यह भी सत्य है कि शायद ही आज तक किसी भी जनसंख्याशास्त्री व अर्थशास्त्री की इतनी कटु शब्दों में तीव्र आलोचना न की गयी हो जितनी कि इस संदर्भ में माल्थस की हुई है। माल्थस की आलोचना के सम्बन्ध में ग्रे ने लिखा है, यह सरलतापूर्वक कहा जा सकता है कि अभी तक किसी भी सम्मानीय नागरिक की इतनी बदनामी और आलोचना नहीं हुई जितनी की माल्थस की हुई है। गाडविन ने तो माल्थस की आलोचना करते हुए यहां तक कह डाला है कि यह काले भयानक राक्षस की भांति मानव जाति की आशाओं का गला घोटने के लिये सदैव तत्पर है।

माल्थस के जनसंख्या सिद्धान्त की आलोचना निम्न आधारों पर विशेष रूप से की जाती है। प्रथम तो यह कि माल्थस के सिद्धांत की आधारभूत मान्यतायें सत्य नहीं है। जीड एवं रिस्ट ने कहा कि कामेच्छा जीवधारियों की एक प्राकृतिक इच्छा है जो कि सभी मनुष्यों में पाई जाती है, जबकि सन्तानोत्पत्ति की इच्छा जन्म, विभिन्न स्थान और समयों में सामाजिक एवं धार्मिक परिस्थितियों के अनुसार होती है। कुछ देशों में विशेषतया फ्रांस में जनसंख्या धीरे-धीरे बढ़ी है। अन्य देशों में जनसंख्या में काफ़ी वृद्धि रही है पर वहां जनसंख्या में वृद्धि के साथ-साथ राष्ट्रीय आय भी बढ़ी है। आधुनिक कृषि की उन्नत प्रविधियों एवं अन्य साधनों के द्वारा खाद्यान्न उत्पादन में तीव्र गति से वृद्धि हो रही है। फलतः खाद्य संकट का खतरा नहीं है। माल्थस ने अपने

सिद्धांत में जनसंख्या की तुलना कुल उत्पादन से न कर केवल खाद्यान्न उत्पादन से की है, जो किसी देश की सही आर्थिक स्थिति का परिचायक नहीं है। हर जन्म लेने वाला बालक केवल उपभोक्ता ही नहीं होता, बल्कि वह उत्पादक भी होता है।[30] अतः जनसंख्या की वृद्धि के साथ-साथ देश की श्रम शक्ति व उत्पादन दोनों में वृद्धि होती है। जन्म लेने के साथ ही बच्चा अपने साथ केवल मुँह ही नहीं लाता वरन् काम करने के लिए दो हाथ भी लाता है। माल्थस ने जनसंख्या के गुणात्मक पक्ष और न्यायोचित वितरण पर ध्यान नहीं दिया है। सेलिगमैन के अनुसार जनसंख्या की समस्या केवल आकार की समस्या नहीं है बल्कि कुशल उत्पादन और न्यायोचित वितरण की भी है।[31]

जनसंख्या में वृद्धि किसी देश के लिए सदैव हानिकारक ही होगी ऐसा माल्थस का कहना न्यून जनसंख्या वाले अर्थात इस देश में जनसंख्या आदर्श जनसंख्या बिन्दु से कम है, के सन्दर्भ में सही नहीं है। बल्कि आदर्श जनसंख्या बिन्दु के पूर्व होने वाली जनसंख्या में वृद्धि देश पर हानिकारक प्रभाव न डालकर आर्थिक विकास की दर और प्रति व्यक्ति आय में वृद्धि करती है। अति जनसंख्या की स्थिति में प्राकृतिक अवरोध (प्राकृतिक विपत्तियां) अनिवार्य रूप से क्रियाशील होते हैं—व्यावहारिक जगत में ऐसे कोई प्रामाणिक तथ्य नहीं हैं जिनके आधार पर यह कहा जा सकता है कि अति जनसंख्या की स्थिति में प्राकृतिक अवरोध क्रियाशील होकर मृत्यु दर में वृद्धि करते हों। इन अवरोधों की क्रियाशीलता तो न्यून जनसंख्या वाले देशों में भी पाई जाती है। चिकित्सा विज्ञान की प्रगति तथा राज्य की कल्याणकारी क्रियाओं से मृत्यु दर दिनों-दिन घटती जा रही है।

आज विश्व के अधिकांश देशों में कृत्रिम उपायों एवं परिवार नियोजन के विभिन्न विषयों को अपनाकर ही जनसंख्या वृद्धि को रोकने में सफल हो रहे हैं। स्वयं भारत में इसका प्रयोग बहुतायत मात्रा में पाया जाता है। सभ्यता, संस्कृति, रहन-सहन के स्तर एवं भोजन में प्रोटीन की मात्रा में वृद्धि के साथ-साथ प्रजनन की शक्ति तथा इच्छा दोनों में उत्तरोत्तर कमी होती है। इस दृष्टि से माल्थस का निराशावादी विचार व जनसंख्या वृद्धि के प्रति भय तथ्यहीन होता है।

माल्थस के सिद्धांत के प्रति की गयी उपरोक्त आलोचनायें यद्यपि सिद्धान्त की अनेक कमियों को स्पष्ट करती हैं परन्तु इसका यह तात्पर्य नहीं कि उसके

सम्पूर्ण विचार पूर्ण काल्पनिक या निरर्थक हैं, बल्कि यदि हम गहराई से देखें तो उसके विचारों में आज भी इतनी यथार्थता है, कि उनके आधार पर उसकी त्रुटियां क्षम्य हैं। जैसा कि होने ने लिखा है निःसन्देह माल्थस की कुछ कमियाँ क्षम्य है क्योंकि वे कथन की स्पष्ट और प्रभावपूर्ण बनाने के सन्दर्भ में हुई हैं। बाकर ने माल्थस के सिद्धांत की व्याख्या करते हुए लिखा है कटु वाद-विवाद के बीच भी माल्थस का सिद्धांत अडिग खड़ा है।[32]

माल्थस के सिद्धांत की जितनी अधिक आलोचनायें की गयी हैं उतनी ही अधिक दृढ़ता उसमें आई है। माल्थस का जनसंख्या सिद्धांत आज भी अर्द्धविकसित देशों के सम्बन्ध में अजेय है और उतना ही स्वयंसिद्ध है जितना भूतकाल में था। स्मिथ के विचारों का उल्लेख करते हुए जॉन बेबन ने लिखा है कि माल्थस के सिद्धान्त के विरूद्ध जो कुछ भी तर्क हो सकते हैं उन्हें सार्वजनिक रूप से और हमेशा अत्यन्त तीखेपन से हेजलिट, बूथ, प्लेस, ग्राह्म वेलैण्ड तथा अन्य व्यक्ति ने व्यक्त किया है लेकिन आज सभी उनकी आलोचनाओं के स्थान पर माल्थस के सिद्धान्त को ही याद रखते हैं।[33]

जनसंख्या वृद्धि की भविष्यवाणी आज भी अर्द्धविकसित देशों में सत्य प्रमाणित होती है। भारत की बढ़ती हुई जनसंख्या इस बात का स्पष्ट प्रमाण है। बर्स्ट्रेन्ड रसेल के अनुसार माल्थस का जनसंख्या का विचार उसके लिखते समय तक बहुत सही था पर यह आज भी जंगली, अर्द्धसभ्य और सभ्य जाति में निम्न श्रेणी के मनुष्यों के लिए सत्य है।[34]

माल्थस का यह निष्कर्ष आज भी सत्य है कि यदि मानव द्वारा प्रतिबन्धों का प्रयोग न किया गया तो जनसंख्या तीव्र गति से बढ़ेगी जो अनेक समस्याओं को जन्म देगी। भारत तथा संसार के अन्य भाग जहां खाद्य सामग्री की पूर्ति और जनसंख्या के मध्य असन्तुलन एक महत्त्वपूर्ण समस्या है, जनसंख्या का व्यवहार समझने के लिए माल्थस के सिद्धांत महत्त्वपूर्ण हैं।[35]

जनसंख्या के घनत्व में वृद्धि के साथ-साथ प्रजनन दर या जन्म दर कम होती जाती है। वे देश जहाँ जनसंख्या का घनत्व कम है, प्रजनन दर अधिक है और जहाँ जनसंख्या का घनत्व अधिक है प्रजनन कम है।[36] जनसंख्या के सम्बन्ध में सेडलर का दृष्टिकोण आशावादी है। उसके अनुसार जनसंख्या के बढ़ने से प्रजनन दर कम हो जायेगी। जैसे-जैसे प्रजनन दर में वृद्धि होगी, खाद्य सामग्री में भी वृद्धि होगी। उसने लिखा है कि जब मनुष्य की प्रजनन दर में

वृद्धि होगी तो वे अपने लिए स्वयं ही खाद्य सामग्री पैदा कर लेंगे। इस प्रकार वह मानता है कि जनसंख्या और खाद्य सामग्री में समान दर से वृद्धि होती है। सेडलर के विचार में यदि मृत्यु दर अधिक होगी तो जन्म दर भी अधिक होगी क्योंकि मृत्युदर और जन्मदर का सम्बन्ध प्रत्यक्ष रूप से जनसंख्या के घनत्व से है। सेडलर के अनुसार अन्य बातें समान रहें तो मनुष्यों में सन्तानोत्पादन क्षमता उसकी सघनता के विपरीत दिशा में जाती है तथा प्रचलित माल्थस के विचारों से प्रत्यक्ष रूप से विपरीत दिशा में अग्रसर होती है। सन्तानोत्पान क्षमता में वृद्धि जर्जरता एवं पीड़ा से नहीं अपितु आनन्द एवं खुशहाली से बढ़ती है।

सेडलर के अनुसार प्रजननता के दो मुख्य तत्व हैं शारीरिक श्रम एवं एकान्त। विश्व में विज्ञान व सभ्यता के विकास के साथ-साथ मानव का शारीरिक श्रम घटता जा रहा है क्योंकि अधिकांश कार्य मशीने करने लगी हैं। अब तो विकसित राष्ट्रों में मानव का कार्य मात्र बौद्धिक रह गया है। दूसरी तरफ जनसंख्या में हो रही तीव्र वृद्धि से आवास समस्या निरन्तर बढ़ी है, जगह का अभाव होता जा रहा है। इन दोनों के परिणामस्वरूप जन्म दर का घटना अनिवार्य हो गया है। इस प्रकार माल्थस ने जिस प्राकृतिक नियम के आधार पर जनसंख्या की तीव्र वृद्धि के साथ-साथ मानव के अंधकारमय भविष्य की कल्पना की है। सेडलर ने उसी प्राकृतिक नियम के आधार पर मानव कल्याण की कल्पना की है। सेडलर का मत है कि जनसंख्या स्वयमेव वातावरण के साथ सामंजस्य स्थापित कर लेती है। सेडलर के जनसंख्या सिद्धांत में थाम्पसन एवं लुइस (1965)[37] ने इस प्रकार अभिव्यक्त किया है किसी भी स्थान विशेष में उन्हीं समान परिस्थितियों में मानव की प्रजनन शक्ति जहाँ पर जनसंख्या वृद्धि के विपरीत अनुपात में होती है।

सेडलर का सिद्धान्त आशावादी है। निराशावाद के मध्य आशावादी जनसंख्या सिद्धान्त का प्रतिपादन निश्चय ही सेडलर की एक बहुत बड़ी उपलब्धि है। परन्तु उसका सिद्धान्त दोषरहित नहीं है। सेडलर ने यह कहा कि जैसे -जैसे जनसंख्या का घनत्व बढ़ता जाता है वैसे-वैसे प्रजनन क्षमता घटने से जन्म दर घट जाती है और मृत्यु दर बढ़ जाती है। वहीं दूसरी तरफ यह भी कहा है कि जहां मृत्यु दर अधिक होगी वहाँ जन्म दर बढ़ जायेगी। सेडलर का यह कथन भी आज सत्य प्रमाणित नहीं होता कि बिना मनुष्य के प्रयत्न के ही जनसंख्या संतुलित रहेगी। सेडलर का सिद्धान्त व्यावहारिक जगत में अपने को सत्य प्रमाणित नहीं

करता, यदि हम विश्व के देशों में जनसंख्या के घनत्व में वृद्धि होने से जन्मदर कम हो जाती है तो अफ्रीका की तुलना में चीन, भारत; जापान व इण्डोनेशिया में जनसंख्या का घनत्व अधिक है और प्रजनन दर भी अधिक है। भारत में ही दिल्ली, बिहार व केरल में घनत्व अधिक है पर जन्मदर अन्य क्षेत्रों की तुलना में कम न होकर अधिक ही है। साथ ही उनका यह निष्कर्ष भी सही नहीं प्रतीत होता कि जनसंख्या के घनत्व में वृद्धि होने से मृत्यु दर बढ़ जायेगी। स्वास्थ्य, चिकित्सा, शिक्षा व जीवन स्तर में सुधार और वृद्धि से मृत्यु दर घटी है, बढ़ी नहीं है।[38]

डबुल डे[39] इंग्लैण्ड में जन्मे एक प्रसिद्ध अर्थशास्त्री एवं सामाजिक विचारक थे। इनके आहार का सिद्धान्त एक जैविक एवं नैसर्गिक सिद्धान्त है। डबुल डे जनसंख्या और खाद्य पूर्ति के मध्य विपरीत प्रवृत्ति मानता था। उसके अनुसार जनसंख्या की प्रजनन दर उसके घनत्व पर आधारित न होकर आहार एवं पूर्ति पर निर्भर है, जितनी ही खाद्य पूर्ति बढ़ेगी उतनी ही जनसंख्या की वृद्धि दर घटेगी। इसके सिद्धांत को प्रतिपादित करते हुए कहा है कि (1) जनसंख्या का सीधा सम्बन्ध उसके आहार से है। यही आहार जनसंख्या की प्रजनन दर को निश्चित करता है। (2) उसने जनसंख्या के आहार की दो निम्नवत् स्थितियाँ बताई हैं बहुलता की स्थिति एवं रिक्तता की स्थिति। रिक्तता की स्थिति से तात्पर्य उस स्थिति से है जबकि जनसंख्या को आहार आवश्यक मात्रा में उपलब्ध नहीं होता अर्थात उसे अच्छे खाने की कमी रहती है। रिक्तता की स्थिति में जनसंख्या को पर्याप्त और उचित मात्रा में आहार उपलब्ध नहीं हो पाता है। इसका अभाव रहता है अतः प्रजनन क्षमता बढ़ती है फलतः जनसंख्या भी बढ़ जाती है। यह स्थिति पिछड़े व अर्द्ध विकसित देशों में पाई जाती है अतः वहीं जन्मदर ऊंची है। दूसरी ओर बहुलता की स्थिति में तात्पर्य जनसंख्या के आहार की उस स्थिति से है जबकि पौष्टिक आहार यथेष्ट मात्रा में उपलब्ध होता है अर्थात अधिक व अच्छा आहार उसे मिलता है जिससे प्रजनन क्षमता घटती है। अतः इस स्थिति में जनसंख्या कम हो जाती है। यह स्थिति विकसित और समृद्ध देशों में पाई जाती है। (3) समस्त जीवधारियों की प्रजनन क्षमता उनके मोटेपन और दुबलेपन पर निर्भर करती है। यह केवल मानव और पशु पक्षियों पर ही लागू नहीं होता बल्कि समस्त वनस्पति जगत में भी लागू होता है। मोटे जीवधारी कम बच्चे देते हैं जबकि

दुबले अधिक बच्चे देते हैं। (4) जहाँ लोग मांस खाते हैं, वहां प्रजनन क्षमता कम पाई जाती है और जहाँ वनस्पतियों का अधिक प्रयोग होता है वहाँ प्रजनन दर अधिक रहती है। डे[40] ने समाज में तीन प्रकार की जनसंख्या का उल्लेख किया है–

(अ) वे व्यक्ति जो धनी हैं अच्छा आहार लेते हैं और जिनके पास विलासिता के साधन पर्याप्त मात्रा में उपलब्ध हैं। उनकी जनसंख्या निरन्तर कम हो रही है। परन्तु यदि ऐसे व्यक्ति शारीरिक और मानसिक परिश्रम करते हुए व्यस्त जीवन बिताते हैं तो इनकी प्रजनन शक्ति अधिक हो जायेगी।

(ब) निर्धन जनसंख्या अर्थात वे व्यक्ति जिन्हें पर्याप्त और पौष्टिक आहार उपलब्ध नहीं है, खाद्य पूर्ति की दृष्टि से जिनकी स्थिति सबसे खराब है, उनकी प्रजनन शक्ति सबसे अधिक होती है। फलतः इनकी संख्या में निरन्तर वृद्धि होती है।[41]

(स) मध्य स्थिति की जनसंख्या में वे व्यक्ति आते हैं जो न तो बहुत अच्छा ही खाते हैं, न बहुत खराब ही अर्थात जिन्हें सामान्य मात्रा और गुण का आहार उपलब्ध होता है साथ ही न अधिक व्यस्त न बेकार ही होते हैं, इनकी प्रजनन क्षमता लगभग स्थिर होती है। अतः जनसंख्या भी स्थिर रहती है।

किसी समाज में जनसंख्या घटती है या बढ़ती है अथवा स्थिर है। यह उस समाज में इन तीनों जनसंख्या के वर्गों के संतुलन स्वरूप पर निर्भर है। जिस समाज में इन तीनों जनसंख्या के वर्गों के संतुलन स्वरूप पर निर्भर हैं। जिस समाज में जीवन-यापन कठिन हो, जीवित रहना संघर्षमय हो, वहाँ प्रकृति जन्मदर बढ़ाकर क्षति की पूर्ति कर देती है। इसके विपरीत यदि जीवन-यापन सरल है, मृत्यु का दबाव कम है तो वहाँ प्रकृति प्रजननता घटाकर स्वयं में संतुलन कायम करती है। यह नियम मनुष्य पशु एवं वनस्पति सभी में लागू होता है। यद्यपि डबुल डे ने अनेक महत्त्वपूर्ण तथ्यों के साथ अपने सिद्धांत से अन्तिम निष्कर्ष यह निकाला है कि घटती हुई प्रजनन शक्ति से अपने आप देश में समान वितरण हो जायेगा जैसा कि उन्होंने स्वयं लिखा है कि धनी व्यक्ति अपनी सम्पत्ति को अपनी सन्तान तक नहीं पहुँचा पायेंगे क्योंकि उनकी प्रजनन

दर कम रहेगी। धीरे-धीरे निर्धन परिवारों के बच्चे इनकी इस सम्पत्ति के मालिक बन जायेंगे, फिर कालान्तर में इनके बच्चे नहीं होंगे और इन व्यक्तियों की सम्पत्ति भी (जो अब धनी बन गये हैं) गरीबों को मिल जायेगी। लेकिन उनके इस निष्कर्ष और अन्य तथ्यों की विद्वानों द्वारा आलोचना की गयी—(1) यद्यपि डबुल डे ने मानव के आहार और प्रजनन क्षमता के (दर में) मध्य महत्वपूर्ण सह-सम्बन्ध को स्पष्ट किया है लेकिन उनका यह निष्कर्ष कि प्रजनन शक्ति घटने से देश में स्वयं वितरण की असमानता समाप्त हो जायेगी, झूठे आशावाद के अलावा के अतिरिक्त और कुछ नहीं है। (2) हर्बर्ट स्पेन्सर के अनुसार डबुल डे का यह कथन कि धनी व्यक्ति मोटा होता है, व्यवहारिक नहीं दिखता। वास्तव में मोटापा अच्छे आहार से नहीं आता बल्कि यह पाचन क्रिया की खराबी से ही प्रायः होता है। इस तरह वह कथन भले ही सत्य हो कि मोटापे से प्रजनन दर घटती है, पर यह आवश्यक नहीं कि धनी व्यक्ति मोटा ही हो (3) डबुल डे के सिद्धान्त से तो यही प्रतीत होता है कि कालान्तर में मानव जाति समाप्त हो जायेगी क्योंकि उन्होंने यह स्पष्ट किया है कि रिक्तता की स्थिति में जनसंख्या आहार की कमी के कारण, खत्म हो जायेगी तथा बहुलता की स्थिति में जनसंख्या प्रजनन क्षमता के कम होने से धीरे-धीरे समाप्त हो जायेगी। लेकिन यह विचार पूर्णतया असत्य है क्योंकि न तो भूतकाल में इसका प्रमाण मिलता है और न ही भविष्य में इसके सत्य होने की सम्भावना ही की जा सकती है। (4) डबुल डे का यह कथन भी सही नहीं है कि धनी व्यक्तियों के कम बच्चे होते हैं और गरीबों के अधिक। व्यवहारिक जगत में तो कभी-कभी ठीक इसके विपरीत स्थिति भी देखने को मिलती है। इस दृष्टि से यही कहना उचित होगा कि डबुल डे का कथन नियम न होकर मात्र सम्भावना ही है। (5) डबुल डे ने सन्तानोत्पादन शक्ति और वास्तविक प्रजननता को एक ही समझने की भूल की है। वास्तव में प्रजननता को सन्तानोत्पादन शक्ति के स्थिर रहने पर भी कृत्रिम उपायों से रोका जा सकता है।[42]

केस्टरों का जनसंख्या सिद्धान्त

इस सिद्धान्त को प्रोटीन उपभोग के सिद्धान्त के नाम से जाना जाता है। श्री आर.जे. स्लोन्कर ने सन् 1920 में चूहों पर प्रयोग कर जो निष्कर्ष निकाले थे, उस निष्कर्ष को केस्टरों ने मान्यता प्रदान करते हुए डबुल डे के इस मत

का समर्थन किया कि जन्मदर आहार पर निर्भर है। केस्टरों ने कहा कि भोजन में प्रोटीन की मात्रा बढ़ने से मनुष्य का मोटापा भी बढ़ता है फलतः उसमें सन्तानोत्पादन शक्ति का ह्रास होता है। इसके विपरीत भोजन में प्रोटीन की मात्रा कम होने से सन्तानोत्पादन शक्ति बढ़ती है शायद इसका कारण यह है कि स्त्रियों के शरीर में आस्ट्रोजन पौष्टिक भोजन के अभाव में निष्क्रिय नहीं हो पाते। फलतः सन्तानोत्पादन शक्ति अधिक होती है। इस दृष्टि से ग़रीबों के भोजन में प्रोटीन की मात्रा को बढ़ाकर उनकी सन्तानोत्पादन शक्ति को कम किया जा सकता है। केस्टरों के अनुसार प्रोटीन उपभोग और प्रजनन दर में घनिष्ठ सह सम्बन्ध है।[43] ग़रीबों को प्रोटीनयुक्त संतुलित भोजन नहीं मिल पाता जिससे उनका जिगर ख़राब हो जाने के कारण ठीक से कार्य नहीं करता और स्त्रियों के शरीर में पाये जाने वाले आस्ट्रोजन निष्क्रिय नहीं हो पाते। आस्ट्रोजन की मात्रा बढ़ने से प्रजनन शक्ति बढ़ जाती है। यही कारण है कि गरीबों के यहाँ अधिक बच्चे पैदा होते हैं।[44] ग़रीब देशों की बढ़ती जनसंख्या का कारण उनके भोजन में प्रोटीन की मात्रा का कम होना है, साम्राज्यवादियों ने अपने अधीन देशों में आहार पोषण पर ध्यान न देकर उनका शोषण ही किया। आहार में प्रोटीन की कमी के कारण प्रजनन दर अधिक रही, फलतः ग़रीबी में और वृद्धि हुई। पुनः यही क्रम एक कुचक्र की भांति चलता रहा।

केस्टरों के मतानुसार पूंजीपति, धनीवर्ग, साम्राज्यवादी तथा वैज्ञानिकों आदि ने सन्तुलित आहार (भूख की समस्या) पर पर्याप्त मात्रा में ध्यान नहीं दिया। इसी तरह दुनियाँ के उत्पादकों तथा व्यापारियों ने उत्पादन, विनिमय, वितरण तथा उपभोग को मात्र आर्थिक क्रियाएं मानकर व्यापार का विषय ही बनाए रखा, किसी ने इनके सामाजिक पहलू पर ध्यान नहीं दिया।

केस्टरों का कहना है कि भूख के कारण अर्थात सन्तुलित आहार के अभाव में जो मानव क्षरण हो रहा है, उस पर विचार नहीं किया जाता पर हम भू-क्षरण पर प्रायः विचार करते हैं। आपके अनुसार सारे विश्व की आधी से अधिक जनसंख्या अपर्याप्त और असन्तुलित भोजन का शिकार बनी हुई है। भारत के संदर्भ में आपने लिखा है, भारत में पैदा होने वाले आधे बच्चे केवल भुखमरी आहार पाते हैं और वे स्वयं कुछ पैदा करने से पहले ही मौत का शिकार हो जाते हैं। आपका कथन है कि जब मानव के पेट की ज्वाला शान्त नहीं हो पाती तो वह दूसरी शारीरिक (सम्भोग) भूख मिटाता है। फलतः गरीबी में जन्मदर भी

बढ़ जाती है। केस्टरों का सुझाव था कि यदि प्रजनन दर को कम करना है तो मानव के आहार (सन्तुलित आहार-प्रोटीन युक्त) की समस्या का समाधान करना होगा और पेट की भूख को मिटाना होगा। खेती में विस्तार और सुधार का सुझाव आप प्रदान करते हैं। अतः आपका कहना था कि आर्थिक विकास द्वारा जन्मदर को कम कर सकते हैं। देश के खाद्यान्न के उत्पादन तथा आर्थिक विकास की गति में वृद्धि के साथ सन्तुलित आहार जनता को उपलब्ध कराकर जन्म दर को कम किया जा सकता है।[45]

(1) यद्यपि केस्टरों ने प्रोटीन और प्रजनन क्षमता के मध्य सह-सम्बन्ध को सुन्दर ढंग से स्पष्ट किया है, साथ ही इस सन्दर्भ में विश्व की गतिविधियों को भी स्पष्ट किया है परन्तु यह कहना कि उनका सिद्धान्त दोष रहित है वास्तविकता को अस्वीकार करने के समान होगा। यह तो स्वीकार किया जा सकता है कि भोजन की प्रकृति का सन्तानोत्पादन शक्ति (प्रजनन दर) पर प्रभाव होता है परन्तु इस तथ्य को नियम के रूप में कदापि स्वीकार नहीं किया जा सकता। (2) विश्व के अनेक देश इस बात का स्पष्ट प्रमाण हैं कि उनमें आर्थिक विकास के साथ प्रजनन दर बढ़ी है, घटी नहीं (3) जिन देशों में प्रजनन दर घटी है उसका मात्र कारण भोजन में प्रोटीन की मात्रा की वृद्धि ही नहीं बल्कि परिवार नियोजन तथा सन्तति निग्रह के साधनों को अपनाया जाना, शिक्षा और मनोरंजन के साधनों में वृद्धि है। (4) इसी तरह जिन ग़रीब देशों में प्रजनन दर अधिक है, इसका कारण असन्तुलित आहार (प्रोटीन का भोजन का अभाव) ही नहीं है बल्कि अन्य कारण भी हैं जैसे, शिक्षा एवं मनोरंजन के साधनों का अभाव, धार्मिक-सांस्कृतिक मान्यताऐं, बाल विवाह, संयुक्त परिवार व्यवस्था तथा कृषि व श्रम प्रधान अर्थव्यवस्था है। जैसा कि भारत में पाया जाता है। (5) लीविन्सटीन[46] ने केस्टरों के इस विचार की आलोचना की है कि विकास की ओर पहले ध्यान दिया जाय तो प्रजनन दर स्वयं कम हो जायेगी परन्तु आपका कहना है कि बिना जन्म दर में कमी किये विकास सम्भव ही कैसे होगा। (6) कुन्टूज[47] के अनुसार हम यह मान सकते हैं कि ग़रीबी के कारणों में सामाजिक आर्थिक परिस्थितियाँ प्रमुख योगदान करती है परन्तु हम यह नहीं मान सकते कि मानव उत्पादन क्षमता भोजन पर निर्भर करती है। व्यापार चक्रों के समय में जन्मदरों में परिवर्तन को हम भोजन से किसी तरह सम्बन्धित नहीं कर सकते हैं।

रेमण्ड पर्ल एवं लावेल रीड द्वारा सेडलर के जनसंख्या घनत्व के सिद्धांत को ही संशोधित रूप में वृद्धिघात वक्र रेखा सिद्धांत के नाम से प्रतिपादित किया गया है। क्वेटनेट ने 1935 में इस चक्र का सूत्रपात किया था तथा वृद्धि घात वक्र रेखा का सर्वप्रथम प्रस्तुतीकरण 1838-1844 में किया, पर उसे कोई विशेष मान्यता नहीं मिल सकी। बाद में श्री पर्ल ने अपनी पुस्तक The Biology of Population Growth 1925 में बड़े प्रभावशाली ढंग से इसे प्रस्तुत किया। इस सिद्धान्त के चित्र में बनने वाला वक्र अंग्रेजी के अक्षर? से मिलता-जुलता है जिसके माध्यम से जनसंख्या के विकास के स्वरूप को प्रदर्शित किया गया है। पर्ल का जनसंख्या का यह सिद्धान्त मधु-मक्खियों पर किये गये प्रयोगों के निष्कर्षों पर पहुँचा कि मधु-मक्खियों की संख्या में पहले तीव्र गति से वृद्धि होती है फिर यह गति मन्द पड़ जाती है। तत्पश्चात् वह धीरे-धीरे घटने लगती है और अन्त में तीव्रता से घटकर स्थिर हो जाती है। पुनः उसमें वृद्धि होने लगती है। इस प्रकार मधु-मक्खियों की संख्या में वृद्धि और ह्रास का क्रम एक चक्र की भांति चलता रहता है लेकिन इसकी सबसे बड़ी विशेषता यह है कि जब वृद्धि के बाद मधु-मक्खियों की संख्या घटकर स्थिर हो जाती है तो भी उनकी संख्या उस संख्या से अधिक ही रहती है, जहाँ से उनकी संख्या में वृद्धि शुरू हुई थी। अपने इन निष्कर्ष के आधार पर पर्ल[48] का कथन है कि जो वृद्धि और ह्रास का नियम मधु-मक्खियों पर लागू होता है, वही नियम मनुष्यों पर भी लागू होता है।

आपका यह मत है कि जनसंख्या सदैव तीव्र गति से नहीं बढ़ती। प्रारम्भ में वृद्धि की गति तेज़ होती है फिर यह गति मन्द पड़ जाती है और इसके पश्चात् जनसंख्या में धीरे-धीरे कमी होने लगती है और अन्त में तेज़ी से घटकर भी उस बिन्दु से ऊंची रहती है जिस बिन्दु से उसमें वृद्धि प्रारम्भ हुई थी। इस प्रकार जनसंख्या में भी मधु-मक्खियों की तरह वृद्धि और ह्रास का क्रम निरन्तर चलता रहता है परन्तु कुल मिलाकर जनसंख्या की प्रवृत्ति बढ़ने की ही रहती है। इस सिद्धांत की प्रमुख बातें इस प्रकार हैंः जनसंख्या ज्यामितीय अनुपात में नहीं बढ़ती। बल्कि कभी तेजी से कभी धीमी गति से बढ़ती है। तत्पश्चात् घटने लगती है उसमें वृद्धि-ह्रास का क्रम निरन्तर चलता रहता है। पर्ल ने जो वक्र दिया है उसकी मान्यतायें इस प्रकार हैंः (अ) हमारे पास असीमित मात्रा में भूमि नहीं है, बल्कि सीमित है अतः सीमित भूमि में असीमित जनसंख्या नहीं

हो सकती है। (ब) न तो जनसंख्या घटक शून्य हो सकती, न ही बढ़कर अनन्त हो सकती है। (स) जनसंख्या में वृद्धि और ह्रास एक चक्र के रूप में चलता रहता है। (द) जनसंख्या में वृद्धि धीमी गति से प्रारम्भ होकर तेज़ हो जाती है और एक सीमा तक पहुंचने के बाद वृद्धि दर कम हो जाती है और अन्त में जनसंख्या वृद्धि वक्र लगभग समतल-सा हो जाता है। पर्ल औरी रीड ने विश्व के अनेक देशों और नगरों की जनसंख्या का अध्ययन कर पाया कि जनसंख्या में वृद्धि, आर्थिक विकास चक्र की तरह होती है। प्रत्येक देश में जनसंख्या वृद्धि की अवस्थाओं के काल में समय में भिन्नता रही है। अतः यह नियम का मानदण्ड निश्चित नहीं किया जा सकता कि एक देश कब और कितने समय बाद एक अवस्था से दूसरी अवस्था में चला जाता है। पर्ल ने अपनी पुस्तक Biology of Population Growth में जनसंख्या वृद्धि का प्राणिशास्त्रीय विश्लेषण किया है। आपके अनुसार प्रति मादा (जिसके साथ सम्भोग किया गया हो) की प्रजनन दर जनसंख्या के घनत्व बढ़ने के साथ घटती जाती है। पहले यह धीरे-धीरे घटती है। फिर बहुत तेजी से घटती है। पर्ल ने उपरोक्त निष्कर्ष प्रदान करने के पूर्व दो प्रयोग किये थे (1) मधु-मक्खियों पर अध्ययन में यह पाया गया कि मधु-मक्खियों के घनत्व में वृद्धि के साथ उनकी संख्या कम होने लगती है अर्थात उनकी प्रजनन दर गिरने लगी थी। इस प्रकार का प्रयोग आपने बंद बोतलों में मक्खियों का घर बनाकर किया था। (2) मुर्गियों पर भी आपने इसी तरह का प्रयोग किया और इस निष्कर्ष पर पहुंचे कि यदि मुर्गियों-मुर्गों को दड़बे (रहने की जगह) में जगह अधिक होती है मुर्गियां अर्थात घनत्व कम रहता है तो मुर्गियों की प्रजनन दर अधिक रहती है अर्थात अधिक अण्डे देती हैं। इसके विपरीत जैसे-जैसे उनकी संख्या बढ़ती जाती है, जगह कम हो जाती है और क्योंकि घनत्व बढ़ जाता है तो अण्डों की मात्रा कम हो जाती है यानी उनकी प्रजनन दर घटने लगती है। इन्हीं दो अध्ययनों के आधार पर ही पर्ल ने अपना जनसंख्या का सिद्धान्त दिया है। निर्धनों के अधिक बच्चे पैदा होते हैं क्योंकि उनमें सम्भोग की मात्रा अमीरों से अधिक पायी जाती है। सिर्फ इतना ही नहीं पर्ल ने युद्ध और द्वेष के प्राणिशास्त्रीय कारणों का उल्लेख करते हुए मृत्यु की भी प्राणिशास्त्रीय व्याख्या की है। यदि अति संक्षेप में सिद्धान्त का निष्कर्ष देना हो तो इस प्रकार कहा जा सकता है, जनसंख्या घटती-बढ़ती है, ऊपर नीचे जाती है, तेजी के साथ बढ़ती है अथवा नीचे गिरती है, परन्तु

अन्ततः जनसंख्या में वृद्धि ही होती है। यह सिद्धांत माल्थस के सिद्धांत से निम्न प्रमुख आधारों पर भिन्न है–

(1) माल्थस जहाँ यह मानता है कि जनसंख्या सदैव बढ़ती ही है वहाँ पर्ल का कथन है कि प्रारम्भ में जनसंख्या बढ़ती है फिर स्थिर रहती है और पुनः घटने लगती है। जनसंख्या में वृद्धि एवं ह्रास का क्रम निरन्तर चलता रहता है।

(2) माल्थस जनसंख्या में वृद्धि ज्यामितीय अनुपात से मानता है जब कि पर्ल का कहना है कि अन्ततः जनसंख्या बढ़ती है क्योंकि यह लौटकर अपनी पूर्व की स्थिति में नहीं आती है पर यह वृद्धि ज्यामितीय अनुपात से नहीं होती।

(3) माल्थस के अनुसार सभ्यता और आर्थिक विकास के साथ जनसंख्या बढ़ती है जबकि पर्ल का कथन है कि विकास के उच्च स्तर पर पहुँचने के बाद जनसंख्या कुछ समय के लिये स्थिर रहती है, फिर गिरने लगती है।

(4) इस दृष्टि से माल्थस जहाँ निराशावादी है, वहाँ पर्ल मानव के भविष्य के प्रति आशावादी है।

विभिन्न आलोचनाओं के बावुजूद विश्व में होने वाली जनसंख्या परिवर्तन की स्थितियाँ पर्ल के सिद्धांत के सत्यांश को प्रमाणित करती हैं। स्पेन्सर[49] द्वारा भी जनसंख्या का सिद्धांत प्रतिपादित किया गया है। उसके सिद्धांत को उर्वरता एवं जीवन सम्भावना का जैविक सिद्धांत के नाम से जाना जाता है। इनका सिद्धांत प्रमुख रूप से प्राकृतिक शक्तियों द्वारा सामाजिक तथा प्राणिशास्त्रीय विकास की व्याख्या से सम्बन्धित है। स्पेन्सर[50] ने सेडलर तथा डबुल डे के जनसंख्या सम्बन्धी विचार से सहमत होते हुये अपने सिद्धांत का प्रतिपादन किया है। इसके मतानुसार प्राकृतिक शक्तियाँ स्वयं जनसंख्या का नियन्त्रण करती हैं, मानव को इस सम्बन्ध में चिन्ता करने की आवश्यकता नहीं है–

(1) स्पेन्सर ने जनसंख्या के सिद्धान्त में विकासवादी सिद्धान्त का सहारा लेते हुए कहा है कि समाज विकासशील है। इस विकास की मौलिक विशेषता यह है कि विकास सरलता से जटिलता की ओर होता है। जैसे-जैसे समाज विकसित होता जाता है, वैसे-वैसे जीवन भी जटिल

होता जाता है और प्रजनन दर घटती जाती है। (अ) जिन समाजों में जीवन में जटिलता अधिक है, वहाँ जन्म दर भी कम है। (ब) जिन समाजों में जीवन में जटिलता कम है, वहाँ प्रजनन दर अधिक है।

(2) प्रकृति जनसंख्या की वृद्धि पर नियन्त्रण, लोगों का ध्यान आर्थिक विकास व विज्ञान की प्रगति की ओर आकर्षित करके कर सकती है। स्पेन्सर का मत है व्यक्ति (विशेषकर महिलायें) जितनी अधिक रूचि व्यक्तिकरण यानी अपने विकास में लेंगी उतनी ही अधिक सन्तानोत्पादन क्षमता घटेगी क्योंकि व्यक्तिकरण में (व्यक्तिगत विकास में) समय और शक्ति अधिक लगेगी और सन्तोत्पादन शक्ति क्षीण होगी।

(3) अमीर परिवार की लड़कियां व स्त्रियों में प्रजनन क्षमता कम होने का स्पेन्सर के अनुसार प्रमुख कारण यह है कि यद्यपि उन्हें भोजन अच्छा मिलता है फिर भी उनके जीवन में जटिलता अधिक है और मानसिक श्रम अधिक करना पड़ता है। इसके विपरीत ग़रीब परिवार की लड़कियां और स्त्रियां तुलनात्मक रूप में कम मानसिक श्रम करती हैं। अतः उनमें प्रजनन दर अधिक है। अर्थात मानसिक श्रम कम अधिक और शारीरिक श्रम करने से प्रजनन दर घटती है।

(4) स्पेन्सर ने प्रजनन दर को प्राणी के आकार से भी सम्बन्धित माना है। (अ) यदि जीव का आकार छोटा है तो उसमें प्रजनन क्षमता अधिक होती है और ज़्यादा बच्चे पैदा करता है क्योंकि इनमें बच्चों की उत्पत्ति नर-मादा के संभोग के आधार पर न होकर शरीर में कोशिका विभाजन के आधार पर होती है। (ब) यदि जीव का आकार बड़ा है तो उसमें प्रजनन क्षमता कम होती है और समय भी अधिक लगता है।

(5) स्पेन्सर ने जीवन काल को भी जन्म और मृत्यु दर के निर्धारण का तथ्य माना है। उसका कथन है कि यदि व्यक्तिकरण अधिक अर्थात व्यक्ति अधिक काल तक जीवित रहता है तो जन्मदर कम होगी। क्योंकि कम बच्चों से ही काम चल जायेगा। इसके विपरीत यदि जीवन काल कम है अर्थात व्यक्तिकरण कम है तो मृत्यु अधिक होगी और प्रतिस्थापना के लिये अधिक बच्चों की उत्पत्ति की आवश्यकता होगी अतः जन्मदर ऊंची होगी।

(6) यदि प्रजनन दर अधिक है तो स्पेन्सर के अनुसार निम्न दो परिणाम होंगे (अ) मृत्यु दर में भी वृद्धि हो जायेगी क्योंकि ऐसी स्थिति में व्यक्तिकरण भी कम होगा। (ब) जनसंख्या का जीवन काल भी कम हो जायेगा क्योंकि व्यक्तिकरण कम होगा। (स) इस प्रकार जिन समाजों में जन्म दर अधिक होगी उनमें मृत्यु दर भी अधिक होगी। इसके अनेक कारण हो सकते हैं जैसे भोजन की कमी, अभाव और अस्वास्थ्यप्रद वातावरण एवं व्यक्तिकरण कम होना।

(7) स्पेन्सर जनसंख्या वृद्धि को बुरा या हानिकारक नहीं मानता। आपके अनुसार जनसंख्या वृद्धि के कारण ही प्राकृतिक साधनों का अधिकाधिक प्रयोग हुआ है और सामाजिक सांस्कृतिक स्तर में वृद्धि तथा विकास हुआ। विश्व में महान क्रान्तिकारी परिवर्तन इसी से हुए हैं।

(8) स्पेन्सर का सुझाव है कि यदि जन्मदर कम करना है, तो जीवन काल को बढ़ाकर यह कार्य किया जा सकता है और इसके लिए व्यक्तिगत विकास पर अधिक ध्यान देना होगा।

स्पेन्सर[51] का सिद्धान्त यद्यपि प्रजनन क्षमता के बारे में महत्त्वपूर्ण जानकारी प्रदान करता है फिर भी इस सिद्धान्त को दोषरहित नहीं माना जा सकता है। इस सिद्धान्त की निम्न आलोचनायें विशेष रूप से उल्लेखनीय हैं–(1) स्पेन्सर के इस सिद्धान्त को जनसंख्या के वास्तविक सिद्धान्त की संज्ञा नहीं दी जा सकती है। (2) स्पेन्सर का यह कथन भी पूर्ण सत्य प्रमाणित नहीं होता है कि जीवन में जटिलता वृद्धि के साथ-साथ सन्तानोत्पादन शक्ति घट जाती है। यदि जीवन की जटिलता में वृद्धि की अवस्था में जन्मदर में कमी आई है तो उनके अन्य अनेक सामाजिक सांस्कृतिक तथा आर्थिक कारण भी हैं जिनकी स्पेन्सर ने अपेक्षा की है। (3) स्पेन्सर का यह कथन भी सत्य और व्यावहारिक प्रमाणित नहीं होता है कि अमीर में प्रजनन क्षमता कम होती है। वास्तव में ऐसे प्रमाणों की दुनिया में भी प्रजनन दर कम न होकर अधिक है। पढ़ी-लिखी नौकरी करने वाली आर्थिक दृष्टि से सम्पन्न स्त्रियों के कम बच्चे नहीं हैं। (4) इसी तरह यह कहना कि मानसिक कम पर शारीरिक परिश्रम अधिक करने वाली ग़रीब स्त्रियों की प्रजनन दर अधिक होती है, पूर्णतया सत्य प्रमाणित नहीं होता। (5) कुछ विद्वान यह भी कहते हैं कि स्पेन्सर के समय पाश्चात्य देशों की प्रजनन

दर कम नहीं थी जिसके आधार पर उन्होंने अपना सिद्धान्त दिया है और न आज ही कम है। (6) स्पेन्सर का जनसंख्या में वृद्धि और कमी को पूर्णतया प्राकृतिक और प्राणिशास्त्रीय तथ्य मानना भी सही नहीं है। (7) स्पेन्सर द्वारा जनसंख्या वृद्धि के नियन्त्रण का बताया गया उपाय भी निर्भर योग्य नहीं है।

उपरोक्त आलोचनाओं के बावुजूद भी हमें यह स्वीकार करना ही होगा कि स्पेन्सर ने विकासवादी सिद्धान्त के आधार पर जनसंख्या में वृद्धि और ह्रास पर महत्त्वपूर्ण विचार दिये हैं। साथ ही हमें यह भी नहीं भूलना चाहिए कि यथार्थ में जनसंख्या वृद्धि का कोई एक निश्चित नियम है ही नहीं।

इटली के समाजशास्त्री कोरेडो गिनी (1884)[52] द्वारा प्रतिपादित जनसंख्या के सिद्धान्त को विकासवादी सिद्धान्त के नाम से भी जाना जाता है। आपका मत है कि जनसंख्या की वृद्धि प्राणिशास्त्रीय परिवर्तनों से सम्बन्धित है न कि सामाजिक एवम् आर्थिक परिवर्तनों से। जनसंख्या में होने वाला परिवर्तन सामाजिक और आर्थिक संगठन को भी प्रभावित करता है। जब किसी देश की जनसंख्या बढ़ती है तो उस देश का आर्थिक, सामाजिक तथा औद्योगिक व व्यापारिक ढांचा भी जटिल हो जाता है और समाज में वर्गों का जन्म होता है। इस सामाजिक जटिलता की वृद्धि के साथ प्रजनन दर घटती जाती है, गिनी ने तो राष्ट्र के विकास की प्रक्रिया को जनसंख्या के चक्रों का उतार-चढ़ाव माना है। उसका मत है कि जनसंख्या में वृद्धि का चक्र जीवन चक्र से मिलता-जुलता है। जिस प्रकार जीवन का प्रारम्भ में तीव्र विकास होता है, फिर धीरे-धीरे विकसित होता हुआ परिपक्वता की स्थिति प्राप्त करता है और तत्पश्चात् ह्रास प्रारम्भ होता है और बाद में समाप्ति काल आ जाता है। ठीक इसी प्रकार जनसंख्या में भी वृद्धि का क्रम होता है। संक्षेप में गिनी के सिद्धान्त के प्रमुख तथ्य निम्नलिखित हैं—

(1) गिनी का मत है कि जनसंख्या में होने वाली वृद्धि व कमी जीवन की भांति चक्रीय प्रवृत्ति रखती है। प्रारम्भ में जनसंख्या तेज़ी से बढ़ती है, फिर वृद्धि की गति मंद पड़ जाती है और एक स्तर के बाद घटना प्रारम्भ होकर एकदम घट जाती है, क्योंकि पुनरूत्पादन शक्ति क्षीण होने लगती है।

(2) गिनी का विश्वास था कि यद्यपि जनसंख्या की कमी के अनेक कारण हैं। जैसे प्राणिशास्त्रीय, आर्थिक तथा सामाजिक पर इन सब में प्रमुख

कारण प्राणिशास्त्रीय ही है। इस प्रकार इनका सिद्धान्त प्राणिशास्त्रीय आधारों पर ही आधारित है।

(3) गिनी का मत है कि किसी भी देश में सबसे पहले प्रजनन दर में कमी धनी व्यक्तियों में ही आती है, पर जैसे-जैसे गरीब वर्ग के लोग भी धनी होते जाते हैं, वैसे-वैसे उनकी प्रजनन दर भी कम होती जाती है।

(4) जो देश सम्पन्न हैं वहाँ की जनसंख्या में प्रजनन दर कम होती है। इसके विपरीत जो देश ग़रीब हैं उनकी प्रजनन दर अधिक होती है।

(5) जब पुनरूत्पादन शक्ति उच्च वर्ग में क्षीण होना प्रारम्भ होती है तो धीरे-धीरे यह प्रायः सभी वर्गों में फैल जाती है, पुनरूत्पादन में होने वाले ह्रास से वंशानुक्रमांगत गुणों में भी बहुत कुछ जीवशास्त्रीय परिवर्तन हो जाते हैं।

(6) गिनी का अंतिम निष्कर्ष यह था कि जैसे-जैसे विश्व के राष्ट्र समृद्ध होते जायेंगे, वैसे-वैसे उनकी जनसंख्या की प्रजनन दर अपने आप कम हो जायेगी और जैसे-जैसे प्रजनन दर कम होती जायेगी व्यक्तियों के जीवन स्तर में निरन्तर वृद्धि होगी।

यद्यपि गिनी ने जैविकीय आधार पर जनसंख्या की वृद्धि और ह्रास को चक्रीय आधार पर प्रस्तुत करते हुए इसे सामाजिक और राष्ट्रीय विकास से सम्बद्ध किया है लेकिन यह सिद्धान्त भी अन्य जैविक व नैसर्गिक सिद्धान्तों की तरह दोषपूर्ण है। गिनी के सिद्धान्त की सबसे बड़ी कमी यही है कि उसने मनुष्य का जन्म, जीवन, मरण तथा गुणात्मक विकास आदि सभी को अज्ञात जैविक तथ्यों पर आधारित मान लिया है।

शोध साहित्य का पुनरावलोकन

जनसंख्या और सामाजिक-आर्थिक विकास के अन्तर्सम्बंधों को स्पष्ट करने वाले अध्ययनों के साथ-साथ जनसंख्या वृद्धि, जनसंख्या नीति और जनसंख्या नियोजन के सम्बंध में किये गये अध्ययनों का तथ्यपरक विवेचन प्रस्तुत शोध की पृष्ठभूमि को स्पष्ट करने के लिये किया जा रहा है। जनसंख्या वृद्धि की समस्या के प्रभावी निराकरण के लिये विश्व के प्रायः सभी विकसित, विकासशील और अविकसित देश प्रयासरत हैं। सामाजिक-आर्थिक रूपान्तरण की दिशा में प्रत्येक देश द्वारा जो भी विकास योजनाएं बनाई जाती हैं या जो विकासपरक रणनीतियाँ अपनायी जाती हैं वे सम्बंधित देश में जनसंख्या में हो

रही वृद्धि के परिणामस्वरूप वांछित प्रतिफल प्रदान नहीं करती। ऐसी स्थिति में प्रभावी जनसंख्या नीति का अनुगमन आवश्यक हो जाता है। इस दिशा में संयुक्त राज्य संघ के जनसंख्या योजना कार्यक्रम द्वारा प्रतिवर्ष विश्व की जनसंख्या के विषय में प्रतिवेदन प्रकाशित किया जाता है जिसका मूल उद्‌देश्य किसी देश द्वारा सामाजिक-आर्थिक नीतियों को अपनाने के पूर्व जनसंख्या सम्बंधी स्थिति का मूल्यांकन या तद्‌नुरूप स्पष्ट योजना का अनुसरण करना होता है। संयुक्त राष्ट्र संघ और विकसित देशों द्वारा विकासशील एवम् अविकसित देशों को जो विकास से सम्बंधित सहायता प्रदान की जाती है, वह उन देशों में भोजन और कृषि, शिक्षा, स्वास्थ्य और रोज़गार जैसी मदों के नियोजन में ही व्यय हो जाती है। ऐसी स्थिति में इनकी आर्थिक प्रगति सुनिश्चित नहीं हो पाती। संयुक्त राष्ट्र संघ की महासभा द्वारा अन्तर्राष्ट्रीय विकास की रणनीतियों के जो विभिन्न प्रारूप तैयार किये गये हैं, उनके अन्तर्गत जनसंख्या के सम्बंध में किये गये विभिन्न अध्ययनों के साथ-साथ प्रत्येक देश की जनसंख्या की स्थिति का भी मूल्यांकन किया गया है। इन अध्ययनों से स्पष्ट हुआ है कि आर्थिक विकास का प्रभाव जनसंख्या वृद्धि अथवा जन्म दर एवं मृत्यु दर की स्थिति पर प्रत्यक्ष रूप में कम पड़ता है जबकि विकास की अन्य स्थितियों पर यह अधिक प्रभावी प्रतीत होता है। दूसरे शब्दों में यह कहा जा सकता है कि जनसंख्यात्मक मुद्‌दे विभिन्न रणनीतियों को अपनाने की आवश्यकता प्रबल कर देते हैं। आर्थिक और सम्पोषित विकास (Economic and Sustainable Development) के लिये कठोर आर्थिक संरचना और अत्यधिक निर्भरता वांछनीय नहीं होती। उच्च बचत दर, आधुनिक तकनीकों को अपनाने की क्षमता, सीमित मुद्रा स्फीति दर और विशेष रूप से शिक्षा पर किया जाने वाला अत्यधिक व्यय विकास की स्थिति को इंगित करता है।

20वीं शताब्दी के उत्तरार्द्ध में विभिन्न देशों, विशेष रूप से विकासशील देशों में जनसंख्या वृद्धि की बढ़ती हुई दर को रोकने के लिये विभिन्न संरचनात्मक उपाय भी किये जा रहे हैं और अन्ततः यह पाया गया कि निर्धनता इन देशों में धीरे-धीरे बढ़ रही है और उसका जनसंख्या वृद्धि दर से घनिष्ठ रूप से सम्बंध है। सामाजिक और आर्थिक असमानता के साथ संयुक्त होकर निर्धनता अधिक तेजी से बढ़ती है। यह जनसंख्या वृद्धि दर के कारण अधिक समस्याजनक भी हो जाती है। इस संबंध में यह उल्लेखनीय है कि निर्धनता

से संघर्ष करने के लिये अथवा निर्धनता को रोकने के लिये यह आवश्यक है कि आर्थिक प्रगति सुनिश्चित की जाये और लोगों की मूलभूत आवश्यकताओं की पूर्ति के लिये आवश्यक संसाधन उपलब्ध कराये जाये। आर्थिक प्रगति का भी संवहनीय विकास (Sustainable Development) से सम्बद्ध होना आवश्यक होता है। वस्तुतः उपर्युक्त बिन्दुओं पर विभिन्न अध्ययन किये गये हैं। जिनके निष्कर्षों के आधार पर प्रस्तुत शोध की समस्या और उसके प्रारूप की यथार्थता स्पष्ट की जा सकती है।

मानव संसाधन अन्य संसाधनों की तुलना में स्वस्थ और सम्पन्न हो, इस दृष्टिकोण से प्रत्येक परिवार में सदस्यों की संख्या नियोजित करने के लिये प्रयास किये जा रहे हैं, साथ ही जिससे परिवार के सभी सदस्यों का भरण-पोषण सुगमता पूर्वक किया जा सके। निर्धन प्रस्थिति में उत्पन्न हुए बच्चों का न तो लालन-पालन ठीक ढंग से हो पाता है और न ही उनकी शिक्षा आदि की उचित व्यवस्था हो पाती है। इस स्थिति में जहाँ एक ओर जनसंख्या वृद्धि से ग़रीबी और बेरोज़गारी में वृद्धि होती है, वहीं दूसरी ओर अस्वस्थ और रोगी बच्चों की जनसंख्या मानव समुदाय के लिये एक भार के रूप में प्रकट होती है। भारत में प्रत्येक परिवार में सदस्यों की संख्या के परिसीमन के लिये सर्वप्रथम सन् 1912 में प्रो. आर. डी. कर्वे द्वारा बम्बई में एक परिवार नियोजन क्लीनिक की स्थापना की गयी थी। सन् 1923 में लखनऊ में आल इंडिया वीमेन्स कांफ्रेस के अन्तर्गत यह विचार व्यक्त किया गया कि परिवार नियोजन का ज्ञान मान्यता प्राप्त क्लीनिकों के माध्यम से पुरूषों तथा स्त्रियों को कराया जाये। सन् 1943 में भारत द्वारा स्वास्थ्य सर्वेक्षण और विकास समिति (भोर कमेटी) का गठन किया गया था, जिसके माध्यम से भारत में निवास करने वाले लोगों की स्वास्थ्य सम्बंधी आवश्यकताओं तथा जनसंख्या सम्बंधी आंकड़ों का संकलन किया जाना था। सन् 1944 में बम्बई (मुंबई) में स्वैच्छिक संगठन के रूप में भारतीय परिवार नियोजन संघ की स्थापना की गयी थी।

प्रथम पंचवर्षीय योजना के अन्तर्गत जनसामान्य का जीवन स्तर ऊंचा करने तथा आर्थिक विकास को गति प्रदान करने हेतु जनसंख्या पर बल दिया गया। द्वितीय पंचवर्षीय योजना के अन्तर्गत इस दिशा में सामूहिक प्रचार योजना लागू की गयी, जिसका मुख्य उद्देश्य ग्रामीण अंचलों में प्राथमिक स्वास्थ्य केन्द्र तथा शहरों में अस्पतालों और परिवार कल्याण केन्द्रों की स्थापना करना था। साथ ही परिवार नियोजन के कार्यक्रम को जन कार्यक्रम बनाने के

लिये प्रभावी शैक्षिक प्रेरणात्मक और संचार अभियान भी प्रारम्भ किया गया। सन् 1966 में केन्द्र सरकार के स्वास्थ्य एवं परिवार नियोजन मंत्रालय के अन्तर्गत एक अलग परिवार नियोजन विभाग की स्थापना की गयी। सन् 1951 से 1988 के बीच परिवार नियोजन पर 986 करोड़ रूपये व्यय किये गये। छठी पंचवर्षीय योजना में पुनरीक्षित परिव्यय 3445 करोड़ रूपया रखा गया, जिसे सातवीं पंचवर्षीय योजना में बढ़ाकर लगभग 6449 करोड़ कर दिया गया था।[53] ग्यारहवीं पंचवर्षीय योजना में यह राशि बढ़ाकर 39814 करोड़ कर दी गई।

परियोजना कार्यक्रमों के अन्तर्गत सामूहिक नसबन्दी शिविरों आदि के माध्यम से 1985-86 तक लगभग 5.367 करोड़ लोग नसबन्दी करवा चुके थे तथा 1.86 करोड़ महिलाओं को लूप निवेशित किया जा चुका था। लगभग 7.33 करोड़ दम्पति किसी न किसी परम्परागत गर्भ-निरोधक के प्रयोगकर्ता बन चुके थे। परिवार नियोजन विभाग के एक अनुमान के अनुसार 62 करोड़ जन्मों को रोका जा चुका है।[54]

उत्तर प्रदेश में 1984-85 तक 42 उच्चीकृत प्राथमिक स्वास्थ्य केन्द्रों, 997 प्राथमिक स्वास्थ्य केन्द्रों, 164 सहायक प्राथमिक केन्द्रों तथा 14545 उपकेन्द्रों की स्थापना की जा चुकी है। इसके साथ प्रति हज़ार जनसंख्या पर एक जनस्वास्थ्य रक्षक की नियुक्ति की गयी है। सन् 1985-86 के एक अनुमान के अनुसार प्रदेश में लगभग 2.14 करोड़ दम्पति प्रजनन योग्य आयु में हैं तथा परिवार नियोजन कार्यक्रम के प्रारम्भ में वर्ष 1986-87 तक मात्र 20.5 प्रतिशत दम्पत्तियों को गर्भ-निरोधक की विधि से सुरक्षित किया गया है।[55]

प्रदेश की जनसंख्या नीति को जन-जन तक पहुंचाने के लिये विभिन्न कार्यक्रमों का निरन्तर आयोजन किया जाता है। उत्तर प्रदेश की जनसंख्या नीति का मुख्य उद्देश्य महिलाओं में विवाह की आयु को बढ़ाना, प्रजनन दर को घटाना, मातृ व शिशु मृत्यु दर को कम करना है। जनसंख्या स्थायीकरण को प्रदेश सरकार ने प्राथमिकता के अन्तर्गत 'जनसंख्या घटाओ व गरीबी हटाओ' का नारा दिया है। सन् 2000 तक के आंकड़े यह स्पष्ट करते हैं कि प्रदेश में जनसंख्या 2.3 प्रतिशत प्रतिवर्ष के दर से बढ़ती जा रही है। इस गति से प्रदेश की जनसंख्या जो वर्तमान में 17 करोड़ है, सन् 2051 तक बढ़कर 44 करोड़ हो जायेगी। वर्तमान में प्रदेश की प्रजनन दर 4.3 अर्थात एक महिला अपने-अपने प्रजनन काल में 4 से अधिक बच्चों को जन्म देती है (दैनिक जागरण 14.10.2010)

जनसंख्या नीति

जनसंख्या नीति मूलतः किसी देश के सर्वांगीण विकास की वह नीति है जो विकास के परिप्रेक्ष्य में जनसंख्या को नियोजित और उपयोगी प्रकृति प्रदान करती है। सामान्य अर्थों में यह प्रजनन शक्ति को कम करके या बढ़ाकर, जनसंख्या वृद्धि दर को कम या अधिक करने के उद्देश्य से विचार करके बनायी और क्रियान्वित की जाती है। इसके अन्तर्गत जनसंख्या के आकार एवं गठन, जन्मदर या मृत्युदर को बढ़ाने या घटाने, जनसंख्या वितरण को संतुलित करने, जनसंख्या की गुणात्मक एवं संरचनात्मक स्थिति में सुधार करने तथा उसे अनुकूलतम स्तर पर बनाये रखने के लिये प्रयोग में लायी जाती है। इस सम्बंध में अलग-अलग बिन्दुओं पर अध्ययन किये गये हैं। इनमें अधिकांश अध्ययन पश्चिमी देशों में किये गये हैं।

जनसंख्या नीति के सम्बंध में किये गये अध्ययन मूलतः सैद्धान्तिक और व्यावहारिक दोनों पक्षों से सम्बंधित हैं। माथेसन (1958)[56] ने जनसंख्या के सम्बंध में किये जाने वाले अध्ययनों के सैद्धान्तिक एवं व्यावहारिक पक्षों की उपादेयता का मूल्यांकन करते हुए यह स्पष्ट किया है कि सिद्धान्ततः जनसंख्या से सम्बंधित विभिन्न अध्ययनों में सैद्धान्तिक स्तर पर समस्यात्मक पृष्ठभूमि की समझ तक एकरूपता दिखलायी देती है लेकिन ज्यों ही उन सिद्धान्तों के आधार पर जनसंख्या के व्यवहारिक पक्ष का विवेचन किया जाता है तो अध्ययन अपनी प्रस्थापित मान्यताओं से परे कुछ नये निष्कर्ष प्रदान करते हैं। तात्पर्य यह है कि प्रायोगिक स्तर पर उनमें एकरूपता नहीं पायी जाती है।

मरफी लालेस (1999)[57] ने आयरलैण्ड में जनसंख्या नीति के सम्बंध में अपनायी गयी सामाजिक नीतियों तथा पुनरूत्पादन दर में परिवर्तन के अन्तःसम्बंधों का विश्लेषण करते हुए यह स्पष्ट किया है कि 1980 और 1990 के दशक में आयरलैण्ड में प्रजनन दर अत्यधिक पायी गयी है। सन् 1975 में कुल प्रजनन दर 3.55 थी जो 1995 में घटकर 1.87 रह गयी थी। यह तीव्र गिरावट जनांनकीय विशेषज्ञों के लिये अध्ययन का प्रमुख विषय रही है। इस अध्ययन के अन्तर्गत महिलाओं में बढ़ती हुई आत्मनिर्भरता और अपने हितों के प्रति जागरूक होने तथा स्वायत्तता की मांग का जन्मदर के कम होने से अंतःसम्बन्ध विश्लेषित किया गया है। इस अध्ययन के अन्तर्गत प्रस्थापित

निष्कर्ष यह स्पष्ट करते हैं कि महिलाओं ने वैयक्तिक स्वायत्तता पर सामूहिक रूप से बल देकर जहां विभिन्न गर्भ निरोधकों से सम्बंधित नीतियों में परिवर्तन प्राप्त करने में सफलता अर्जित की है, वहीं उनकी इस सफलता से जन्मदर में भी अप्रत्याशित रूप से कमी दिखलाई देती है। तात्पर्य यह है कि अधिक स्वतंत्र रहने और व्यक्तिगत स्तर पर निर्णय लेने की क्षमता से युक्त महिलाएँ प्रजनन दर को कम करने में पुरूषों की अपेक्षा अधिक सकारात्मक योगदान दे सकती हैं।

लिआंसली (1998)[58] ने सिंगापुर में जनसंख्या नियोजन नीति तथा स्नातक महिलाओं में जनसंख्या के सम्बंध में निहित विचारों का विश्लेषण करते हुए यह स्पष्ट किया है कि 1990 के दशक में सिंगापुर राज्य द्वारा जो जनसंख्या नीति अपनायी गयी है, उससे प्रोत्साहित होकर पुरूष और महिलाएं युवा आयु में ही प्रजनन के प्रति आकर्षित हुए हैं। दूरदर्शन और प्रकाशित सामग्री के माध्यम से सम्बंधित नीतियों को अधिक से अधिक प्रचार उपलब्ध कराया गया जिसका प्रभाव यह हुआ कि राज्य द्वारा निर्देशित सामाजिक परिवर्तन में कम पढ़ी-लिखी महिलाएं जनसंख्या समस्या के निराकरण के प्रति स्नातक महिलाओं की अपेक्षा कम जागरूक हुई बल्कि स्नातक महिलाएं परम्परागत पारिवारिक भूमिका के प्रति अधिक आकर्षित हैं और उन्होंने युवा आयु में ही विवाह करने तथा प्रजनन क्षमता प्राप्त करने की दिशा में सक्रिय प्रयास किया है। इस अध्ययन के अन्तर्गत यह स्पष्ट किया गया है कि जनसंख्या नीति का नियमन और अनुपालन शिक्षित महिलाओं द्वारा कम शिक्षित महिलाओं की तुलना में अधिक सकारात्मक ढंग से किया जाता है।

लीगैण्ड (1998)[59] ने विश्व जनसंख्या के पर्यावरण और नीतियों पर पड़ने वाले प्रभावों का मूल्यांकन किया है। इस सम्बंध में पाँच प्रमुख मान्यताएं प्राथमिक तथ्यों द्वारा विश्लेषित की गयी हैं। प्रथम तो यह कि जनसंख्या वृद्धि के परिणाम पर्यावरण पर पड़ते हैं। अतएव पर्यावरण की स्थिति का मूल्यांकन करके जनसंख्या की प्रकृति और उसकी स्थिति का अनुमान लगाया जा सकता है, द्वितीय यह है कि पर्यावरण में निहित जटिलताएं उसके परिवर्तनों की गति और परिवर्तन के मूल कारकों को समझने में भी जटिलाएं उत्पन्न करती हैं। तृतीय यह कि जनसंख्या वृद्धि का संसाधनों के पुनः उपयोगीकरण पर विपरीत

प्रभाव पड़ता है। चतुर्थ यह कि जनसंख्या वृद्धि को कम करने के लिये गैर दबावमूलक प्रयास सीमित प्रभाव ही उत्पन्न करते हैं परन्तु उनका सीमित रूप से प्रभावी होना पूर्णः निरर्थक स्वीकार नहीं किया जा सकता। पाँचवां यह कि राजनीतिक और प्रशासकीय समस्याओं में निहित जटिलता और दूनि समस्या को दूर करने के लिये जनसंख्या का प्रभावी नियोजन आवश्यक होता है। इस अध्ययन के अन्तर्गत यह स्पष्ट किया गया है कि जनसंख्या वृद्धि और पर्यावरण में घनिष्ठ अन्तःसम्बंध हैं। जनसंख्या वृद्धि के साथ-साथ पर्यावरण में गिरावट निश्चित होती है। तात्पर्य यह कि किसी भी देश में जनसंख्या वृद्धि की स्थिति का अनुमान उस देश के पर्यावरण से भी लगाया जा सकता है।

पैक्सान (1997)[60] ने ग्रीक जनसंख्या नीति का मूल्यांकन करते हुए यह स्पष्ट किया है कि ग्रीक में जन्मदर में निरंतर हो रही कमी के कारण उस देश के समक्ष अस्तित्व का संकट उत्पन्न हो गया है। राज्य द्वारा निरंतर यह प्रयास किया जा रहा है कि महिलाएं अधिक से अधिक बच्चों को जन्म देने के प्रति उत्साहित रहें। जनसंख्या वृद्धि सुनिश्चित करने के लिये महिलाओं को ही उत्तरदायी बनाया गया है। राज्य के परिवार और जनसंख्या नीति के अन्तर्गत मातृत्व पेंशन योजना भी चलायी जा रही है। इस सम्बंध में सम्बंधित महिलाओं से प्राप्त किये गये तथ्य यह स्पष्ट करते हैं कि महिलाओं द्वारा राज्य पर यह आरोप लगाया जाता है कि राज्य मातृत्व को ही एक व्यवसाय की भांति विकसित करना चाहता है। विसेनसेल आदि (1998)[61] ने इजिप्ट में दो बच्चों वाले परिवार की नीति का मूल्यांकन करते हुए यह स्पष्ट किया है कि इजिप्ट द्वारा अपनायी गयी परिवार नियोजन नीति के लिये उसे संयुक्त राष्ट्र जनसंख्या प्रशस्ति पत्र (1994) प्रदान किया गया था। जनसंख्या के प्रश्न पर इजिप्ट के राष्ट्रपति को राष्ट्रीय एवं अन्तर्राष्ट्रीय नेतृत्व प्रदान करने पर भी विचार विमर्श किया गया था। इजिप्ट द्वारा यह स्पष्ट किया गया था कि सन् 2015 तक लगभग प्रत्येक परिवार दो बच्चों वाले परिवार होंगे। इस नीति के अनुपालन के लिये विभिन्न संचार माध्यमों और सूचना सम्प्रेषण माध्यमों का अधिक से अधिक उपयोग किया गया।

इस अध्ययन से प्राप्त तथ्य यह स्पष्ट करते हैं कि इजिप्ट सरकार इस विषय में अत्यधिक गंभीर रही है। वस्तुतः इजिप्ट द्वारा अपनाया गया परिवार नियोजन प्रारूप दस वर्षों (1985-1994) के अन्तराल में ही वांछित उपलब्धियों

को प्राप्त करने में सफल है। परिणामतः यह नीति अन्य देशों के लिये भी एक उदाहरण का कार्य कर सकती है। इजिप्ट के अनुभवों से अन्य देश लाभ प्राप्त कर सकते हैं। इनमें मुख्य रूप से धैर्य और निरन्तर कटिबद्ध रहने पर अधिक बल दिया गया है। नीति निर्माण और नियोजन प्रक्रिया दोनों में धार्मिकता को सम्बंद्ध करने की आवश्यकता महसूस की गयी है। नीतियों के अनुपालन और उनके लिये उद्देश्यों के चयन के लिये संतुलित प्रयास की आवश्यकता है। परियोजनाओं को विकेन्द्रित रूप से लागू करना तथा उनके लिये उद्देश्यों का स्पष्ट किया जाना भी आवश्यक है। इस अध्ययन में यह भी स्पष्ट करने का प्रयास किया गया है कि परिवार नियोजन के परम्परागत सिद्धान्त जो यह मानते हैं कि आर्थिक विकास और प्रजनन दर में सकारात्मक सम्बंध है, प्रत्येक सन्दर्भ में सही स्वीकार नहीं किये जा सकते। वस्तुतः प्रजनन दर के आधार पर ही आर्थिक विकास की स्थिति का अनुमान लगाया जा सकता है।

राइवर्ग (1998)[62] ने जनाधिक्य के सम्बन्ध में दिये जाने वाले सैद्धान्तिक विचारों का विश्लेषण करते हुए यह स्पष्ट किया है कि विश्व के विभिन्न क्षेत्रों में जिन लोगों द्वारा जनाधिक्य की स्थिति का उल्लेख किया जाता है, वे स्पष्ट रूप से यह परिभाषित नहीं करते कि जनाधिक्य किसे स्वीकार किया जाय। तात्पर्य यह कि जनसंख्या की कौन-सी सीमा देश विशेष के लिये उपयुक्त होगी, इसका समुचित निर्धारण अभी तक नहीं किया गया है। ऐसी स्थिति में किसी देश के लिए यह कहा जाना कि वहाँ जनाधिक्य की स्थिति है, उपयुक्त स्वीकार नहीं किया जा सकता। इस सम्बन्ध में राइबर्ग ने जनाधिक्य की सम्भावित परिभाषाएं प्रस्तुत करते हुए जनाधिक्य की स्थिति और जनसंख्या को कम करने की दिशा में अपनायी गयी विभिन्न नीतियों के तार्किक आधारों का खण्डन किया है।

इलियट (1998)[63] ने राइबर्ग द्वारा प्रस्तुत जनाधिक्य की परिभाषाओं के विश्लेषणात्मक स्वरूप पर प्रतिक्रिया व्यक्त करते हुए यह स्पष्ट किया है कि राइबर्ग ने इस समस्या की मूल प्रकृति के सम्बंध में जो अभिमत प्रस्थापित किये हैं, वे उचित नहीं हैं वस्तुतः तथ्यपरक स्थितियां नैतिक दावे से भिन्न होती हैं। प्रायोगिक साक्ष्य को नैतिक निर्णयों से समाप्त नहीं किया जा सकता। राइबर्ग का यह मानना कि पृथ्वी पर जनसंख्या अधिक नहीं है, उचित प्रतीत

नहीं होता। क्योंकि यह स्वीकार कर लिया जाय कि जनाधिक्य की समस्या नहीं है तो उसके मूल्यपरक निर्णय अर्थहीन हो जायेंगे। इस अध्ययन के अन्तर्गत इलियट द्वारा ऐसे साक्ष्य प्रस्तुत किये गये हैं जो यह स्पष्ट करते हैं कि पृथ्वी पर जनाधिक्य की समस्या है। इसलिए राइबर्ग का सिद्धान्त सही नहीं है। उसका मत है कि नैतिकता के माध्यम से जनाधिक्य की समस्या का निराकरण सम्भव नहीं है।

टेमैन आदि (1998)[64] ने जनसंख्या वृद्धि के सम्बन्ध में किये जाने वाले अनुमानों में जनसंख्या के आकार की भूमिका को सुनिश्चित करने वाली विभिन्न प्रविधियों का विश्लेषण करने के उपरान्त एक प्रविधि का विकास किया है जिसके अन्तर्गत सांख्यिकीय चरों की आश्रितता और उनके सहसम्बन्ध सुनिश्चित किये गये हैं। इस अध्याय में जनसंख्या आकार और भावी जनसंख्या में होने वाली वृद्धि के अनुमानों के मध्य विपरीत सहसम्बंध स्थापित करने वाले चरों का भी उल्लेख किया गया है।

प्राइस (1998)[65] ने माल्थस के जनसंख्या सिद्धान्त पर किये गये विभिन्न अध्ययनों का मूल्यांकन करते हुए यह स्पष्ट किया है कि माल्थस द्वारा प्रस्थापित अभिमत जनसंख्या और आजीविका के अन्तःसम्बन्धों पर आधारित हैं। वर्तमान समय में भी यह सिद्धान्त उतना ही प्रभावी है जितना कि यह उन्नीसवीं शताब्दी के लिये था।

सैलिसवरी (1998)[66] ने संयुक्त राज्य अमेरिका में 20-24 वर्ष की आयुवर्ग की महिलाओं में प्रजनन क्षमता को प्रभावित करने वाले कारकों का विश्लेषण करते हुए यह स्पष्ट किया है कि श्रम बाजार में महिलाओं की सहभागिता दर अथवा उसमें असहभागी होने की प्रवृत्ति तथा पुरूष रोज़गार दर, रात्रि अवधि अन्तर और गर्भधारण जैसे चरों की महत्त्वपूर्ण भूमिका होती है।

कुजनेट (1998)[67] ने जनसंख्या वृद्धि में आय और पूँजी के अन्तःसम्बन्धों का विश्लेषण करते हुए यह स्पष्ट किया है कि सन् 1750 ई० से लेकर 20वीं शताब्दी के पूर्वार्द्ध तक विश्व में जनसंख्या वृद्धि की एक संवहनीय दर दिखाई देती है। इसका मूल कारण प्रौद्योगिकी, आर्थिक, चिकित्सकीय और सामाजिक प्रगति में सन्निहित है जिससे मृत्युदर में महत्त्वपूर्ण कमी भी आयी है। निर्धन देशों में जनसंख्या वृद्धि दर इस अवधि में सम्पन्न देशों की तुलना में कम रही है।

जन नियंत्रण एवं जनसंख्या नीति

विश्व के विभिन्न देशों में आर्थिक विकास की स्थितियों के अनुरूप जनसंख्या नीति के अलग-अलग प्रारूप विकसित किये गये हैं। इन प्रारूपों के अन्तर्गत जन नियंत्रण की विभिन्न प्रविधियों, शिशु जन्म दर एवं मृत्यु दर को कम करने तथा जनसंख्या को नियोजित करने वाले साधनों और शिशुओं की देख-रेख आदि के सम्बंध में विभिन्न परियोजनायें संचालित की गयी हैं जिनका प्रभाव संबंधित देशों की जनसंख्या संरचना पर दिखायी देता है। इस सम्बंध में किये गये कुछ प्रमुख अध्ययनों की विषयवस्तु, अध्ययन प्रविधि और प्रस्थापित अभिमतों का संक्षिप्त विवरण प्रस्तुत किया जा रहा है।

आर्थर (1997)[68] ने गर्भपात विरोधी साहित्य और तत्सम्बन्धी अध्ययनों में किये गये अभिमतों का तुलनात्मक विश्लेषण करते हुए यह स्पष्ट किया गया है कि गर्भपात के बाद होने वाली विभिन्न समस्याओं के विषय में जो गलत धारणायें विकसित की गयी है, वे इसके विरोधियों का विचार है। उनमें तथ्यों का अभाव है। सन् 1977 में प्रकाशित गर्भपात के मनोवैज्ञानिक पक्ष के अन्तर्गत जो तथ्य प्रस्तुत किये गये हैं, वे सांख्यिकीय दृष्टि से अध्ययन के प्रायोगिक आधारों को पुष्ट नहीं करते सन् 1990 के दशक में वैज्ञानिक पत्रिकाओं में गर्भपात से सम्बन्धित अध्ययनों का विश्लेषण करते हुये उन्होंने यह कहा कि वर्तमान समय में गर्भपात के बाद होने वाली मनोवैज्ञानिक विकृतियाँ यदा-कदा ही देखने में आती है। इसके स्थान पर प्रसन्नता और संतुष्टि अधिक पायी जाती है। ऐसी महिलायें जिन्होंने परिवार नियोजन के लिये गर्भपात जैसे माध्यमों का सहारा लिया है, वे सामान्य जीवन व्यतीत कर रही है। सामान्यतः ग्रामीण महिलाओं में परिवार नियोजन के प्रति सकारात्मक उन्मुखता में विकास पाया गया है।

बर्थीयामी आदि (1996)[69] ने लैंगिक भूमिका उन्मुखता और गर्भधारण के समय मनोवैज्ञानिक समायोजन के अन्तःसम्बन्धों का विश्लेषण करते हुए यह स्पष्ट किया है कि आत्मसंतुष्टि और गर्भधारण में होने वाले तनाव में सम्बन्ध पाया जाता है। इसके अतिरिक्त लैंगिक भूमिका तथा शिशु जन्म के बाद होने वाले दबाव के मध्य कोई सम्बन्ध नहीं पाया गया है। तनाव, वैवाहिक सहयोग और सामाजिक सहयोग के विशिष्ट गुण गर्भधारण तथा शिशु जन्म के बाद की स्थितियों को प्रभावित करते हैं।

फील्डमैन आदि (1996)[70] ने पुनरूत्पादन अधिकार और समाज में महिलाओं की सामाजिक सहभागिता को परिसीमित करने वाले धार्मिक आन्दोलन की प्रकृति का विश्लेषण किया गया है। उनका यह मानना है कि धार्मिक कठमुल्लापन दक्षिणी संरक्षणवादियों की वैचारिकी का एक स्वरूप है जो महिलाओं की स्वतंत्रता में वृद्धि की मांग के प्रतिफल में विकसित हुआ है। इन लोगों का यह विचार है कि समाज में यदि महिलायें स्वतंत्र हो जायेंगी तो सामाजिक, सांस्कृतिक और नैतिक गिरावट आयेगी। ऐसी स्थिति में महिलाओं के अधिकारों को प्रतिबन्धित किया जाना चाहिए। इस अध्ययन के अन्तर्गत यह स्पष्ट करने का प्रयास किया गया है कि धर्म से सम्बन्धित आन्दोलनों में इस प्रकार की प्रवृत्तियों प्रगति और परम्परा के अर्न्तविरोधों को युक्तिसंगत आधार प्रदान करने का प्रयास करती है।

फिनले (1996)[71] ने कम आयु में गर्भधारण करने वाली महिलाओं में संवेगात्मक स्थिति का विश्लेषण करते हुए स्वास्थ्य सेवाओं की उपलब्धियों का मूल्यांकन किया है। साथ ही साथ यह स्पष्ट करने का प्रयास किया गया है कि नियोजित और अनियोजित गर्भधारण के मध्य जो संवेगात्मक भिन्नता होती है वह पूर्ण उत्पादन क्षमता को प्रभावित करती है। गर्भधारण करने वाली कम आयु की लड़कियों पर किये गये अध्ययन से स्पष्ट हुआ है कि उनमें अधिकांश लड़कियां सहपाठियों के साथ रोमांस की अवस्था में ही शिशु जन्म के योग्य बन गयी थीं परन्तु उनमें संवेगात्मक तनाव नहीं पाया गया था। उत्तरी आयरलैण्ड की लड़कियों के सम्बन्ध में किये गये इस अध्ययन में यह भी स्पष्ट किया गया है कि स्वास्थ्य से संबंधित मुद्‌दों के अध्ययन के लिए ऐसी लड़कियों में गर्भधारण की प्रवृत्ति और तद्‌जनित संवेगात्मक स्थिति का भी अध्ययन किया जाना चाहिए।

गिलबर्ट आदि (1997)[72] ने परिवार नियोजन के लिए गर्भपात सम्बन्धी साधनों को अपनाने वाली 98 महिलाओं पर प्रश्नावली विधि के माध्यम से गर्भपात प्रक्रिया के प्रति उनकी संतुष्टि का मूल्यांकन किया है जिससे यह स्पष्ट हुआ है कि ऐसी महिलाओं में उच्च संतुष्टि पायी गयी है जिन्हें अपने सहयोगियों से समुचित समर्थन प्राप्त हुआ है। ऐसी महिलाएं जो सूचना और अनुभव के माध्यम से गर्भपात के लिए स्वयं तैयार हुई हैं उनमें भी कुछ संतुष्टि

पायी गयी है। गर्भपात के बाद महिलाओं की शारीरिक और संवेगात्मक स्थितियों में गिरावट आयी है। परन्तु यह गिरावट दयनीय नहीं कही जा सकती। संतुष्टि को निर्धारित करने वाले अन्य सहयोगी कारकों में चिकित्सक, गर्भपात प्रक्रिया में अपनाई गई शीघ्रता और उस प्रक्रिया के प्रति सम्बन्धित महिला की जागरूकता का महत्त्वपूर्ण स्थान होता है।

हैल्जनर (1996)[73] ने परिवार नियोजन में पुरूषों की सहभागिता का मूल्यांकन करते हुए यह स्पष्ट किया है कि पुरूष और महिला के अन्तःसम्बंध उनकी भूमिकाओं से सुनिश्चित होते हैं। परिवार नियोजन में दोनों की सहभागिता आवश्यक होती है। परन्तु यदि महिला प्रधान क्षेत्रों में पुरूषों की सहभागिता अधिकार मूलक प्रवृत्ति को जन्म देगी तो यह परिवार नियोजन के वांछित उद्देश्यों की पूर्ति में बाधक हो सकती है।

हुडफार (1996)[74] ने इरान में जन्म नियंत्रण नीति और महिलाओं के अन्तःसम्बंधों का विश्लेषण करते हुए ईरान की परिवार नियोजन नीतियों का मूल्यांकन किया है। इनका मानना है कि परिवार नियोजन की सफलता में महिलाओं की शिक्षा, श्रमबाजार में उनकी सहभागिता, आत्मप्रस्थिति को निर्धारित करने वाले कारकों और आधुनिकता के प्रति सहभागिता की प्रवृत्ति का महत्वपूर्ण योगदान होता है। प्रारम्भ में परिवार नियोजन के विषय में मुस्लिम धर्मावलम्बियों में कट्टरपंथी विचारधारा अधिक प्रभावी थी। परन्तु इनमें वैचारिक परिवर्तन के साथ-साथ पितृसत्तात्मक व्यवस्था से उत्पन्न होने वाले पुरूष प्रधान अधिकारों के साथ महिलाओं की भूमिका को भी स्वीकार करने की प्रवृत्ति विकसित हुई है। महिलाओं की भूमिका और अधिकारों को महिला केन्द्रित विवेचन के अन्तर्गत रखा गया है।

क्लामेन आदि (1996)[75] ने गर्भपात के सम्बंध में चिकित्सा विज्ञान के छात्रों के दृष्टिकोण का मूल्यांकन करते हुए यह स्पष्ट करने का प्रयास किया है कि ऐसे छात्र जो पूर्व में लैंगिक सम्बंधों का अनुभव प्राप्त कर चुके हैं, वे गर्भपात के प्रति सकारात्मक दृष्टिकोण रखते हैं जबकि 14 प्रतिशत छात्र ऐसे भी थे जो किसी भी स्थिति में गर्भपात के प्रति सहमत नहीं थे। इन निष्कर्षों के आधार पर उन स्थितियों के मूल्यांकन का प्रयास किया गया है जिनमें महिलाओं को गर्भपात के लिये ऐसे चिकित्सकों का सहयोग प्राप्त करना होगा।

रिंगहाइम (1996)[76] ने पुरूषों के लिये प्रभावी, अप्रतिरोधक और पुनः उपयोगी गर्भनियंत्रक उपायों के विकास का विश्लेषण करते हुए यह स्पष्ट किया है कि विश्व स्वास्थ्य संगठन की परियोजनाओं में जिन पुरूषों और महिलाओं ने भाग लिया था, उनमें विभिन्न दवाओं के प्रति सकारात्मक अभिरूचि पाई गई है और वे उसका उपयोग भी करते हैं। अध्ययन में सम्मिलित लगभग 75 प्रतिशत महिलाएं उपयुक्त प्रविधियों को स्वीकार करने के प्रति सकारात्मक दृष्टिकोण रखती हैं जबकि पुरूषों की संख्या इस सम्बन्ध में 80 प्रतिशत पायी गयी है।

रिजले कर्टिस (1997)[77] ने लैंगिक क्रियाकलापों और गर्भनिरोधक उपायों के अन्तःसम्बंधों का विश्लेषण करते हुए बाल्टिमोर में 1989-91 की अवधि में 846 बच्चों का अध्ययन किया गया। इनमें 33 प्रतिशत से अधिक बच्चे (8 से 18 वर्ष) ऐसे थे जो लैंगिक क्रियाकलापों में सक्रिय थे। इनमें 33 प्रतिशत से अधिक बच्चे ऐसे थे जो गर्भनिरोधक उपायों का प्रयोग नहीं करते थे। उनके लैंगिक क्रियाकलापों को विश्लेषित करने वाले कारकों में उनकी आयु, मानसिक स्वास्थ्य और व्यवहारपरक समस्याओं की महत्त्वपूर्ण भूमिका पायी गयी है। इसके अतिरिक्त अभिभावकों की अनुपस्थिति या उनका सक्षम होना भी बच्चों के लैंगिक व्यवहार को प्रभावित करने में उत्तरदायी पाया गया है।

रौनी (1996)[78] ने इग्लैण्ड में सामाजिक कार्यकर्ताओं द्वारा गर्भनिरोधक उपायों के प्रचार-प्रसार और उसके प्रभावों का मूल्यांकन करते हुए यह स्पष्ट किया है कि ऐसे कार्यकर्त्ता परिवार नियोजन के प्रति न केवल महिलाओं में जागरूकता उत्पन्न करते हैं परन्तु गर्भधारण के साथ-साथ मातृत्व की प्रवृत्ति को विकसित करने में भी सकारात्मक सहयोग देते हैं। सामाजिक कार्यकर्त्ताओं, परिचारिकाओं और चिकित्सा क्षेत्र से जुड़े विभिन्न लोगों द्वारा महिलाओं के स्वास्थ्य और उनमें परिवार नियोजन की प्रवृत्ति को विकसित करने के प्रयास महत्त्वपूर्ण पाये गये हैं।

परिवार एवं वैवाहिक जीवन

पारिवारिक व्यवस्था में वैवाहिक जीवन की महत्त्वपूर्ण भूमिका होती है। पति-पत्नी के अन्तःसम्बंध न केवल परिवार की विशिष्ट प्रकृति का निर्धारण करते हैं अपितु उसकी आर्थिक संरचना, बच्चों की जीवन शैली और परिवार के सदस्यों की विकासीय उन्मुखताओं को भी प्रभावित करते हैं। इस सम्बंध

में किंगरमैन (1997)[79], फेन्नास (1997)[80], फर्स्ट एण्ड वर्ग (1995)[82], गोल्ड स्टीम (1997)[83], हैनप्रायस (1997)[84], इस्ट (1997)[85], हार्कर (1997)[86], जोशी आदि (1997)[87], कैटलीज (1997)[88], नूडसेन (1996)[89], लेस्टर (1996)[90], मैक्लीयोड (1997)[91], मास (1997)[92], मैक्सबेल (1997)[93], पौम आदि (1996)[94], रास (1997)[95], येट (1996)[96], जनगारी (1997)[97] के अध्ययन उल्लेखनीय हैं।

अल्नासेर (1995)[98] ने दो विभिन्न प्रजातियों के लोगों के मध्य वैवाहिक सम्बन्धों का विश्लेषण करते हुए यह स्पष्ट किया है कि जाति, धर्म एवं प्रजातीय भिन्नताएं न केवल परिवार के संगठनात्मक स्वरूप को प्रभावित करती हैं अपितु बच्चों की देखरेख, परिवार के परम्परागत व्यवहार प्रतिमान और विवाह सम्बन्धों में संयुक्त होने वाले सदस्यों के मूल्यों को भी प्रभावित करती हैं। इस सम्बन्ध में प्राप्त किये गये तथ्यों का विश्लेषण करते हुए उन्होंने कुवैती और गैर कुवैती लोगों को वैवाहिक सम्बन्धों के विषय में उत्तरदाताओं की प्रतिक्रिया का विवेचन किया है। इनमें 75 प्रतिशत उत्तरदाताओं का विचार था कि विभिन्न प्रजातियों के लोगों के मध्य विवाह सम्बन्धी समस्याओं को दूर करने के लिये शिक्षा और सूचना प्रविधि का सहयोग लिया जाना चाहिए।

वेक जर्न्सहाइम (1997)[99] ने वैवाहिक सम्बन्ध विच्छेद और तद्जनित प्रभाव का मूल्यांकन करते हुए यह स्पष्ट किया है कि ऐसे परिवार जिसमें विवाह सम्बन्ध विच्छेद की प्रघटनाएं हुई रहती है, उनमें बच्चों के अन्तःसम्बन्ध न तो अधिक सुदृढ़ होते हैं और न ही उनमें सम्बन्धों के प्रति विश्वास पाया जाता है। ऐसे एकल मातृत्व वाले परिवारों में लड़कियाँ संयुक्त परिवारों की तुलना में अधिक आत्मनिर्भर पायी जाती है। अस्थिर परिवारों के बच्चे परिवर्तन सुग्राही होते हैं। उनमें अकेले जीवन व्यतीत करने की भी क्षमता तुलनात्मक रूप से अधिक होती है।

ब्रॉडी और फार (1996)[100] ने पारिवारिक अन्तःक्रिया और परिवार में युवा सदस्यों के पीढ़ीगत विश्वासों का विश्लेषण करते हुए यह स्पष्ट किया है कि परिवार में सुधारात्मक अभिकरण सन्निहित होता है जो सदस्यों के अन्तःक्रियात्मक सम्बन्ध का नियमन करने के साथ-साथ परिवर्तन के प्रति सदस्यों में प्रतिस्पर्धात्मक अभिवृत्ति को सृजित करता है। युवा सदस्य परिवार के परिवेश से ही अपनी क्षमता का निर्माण करते हैं।

कोहेन (1998)[101] ने घरेलू महिलाओं की कार्य संलग्नता के संबंध में प्राप्त तथ्यों का विश्लेषण करते हुए यह स्पष्ट किया है कि घरेलू कार्यों में संलग्न महिलाएं जब समाज में प्रत्यक्ष आर्थिक क्रियाकलापों में संलग्न होकर नौकरी या अन्य व्यवसायों से सम्बद्ध होती हैं तो परिवार की प्रस्थिति और उनके अन्तःक्रियात्मक सम्बन्ध भी प्रभावित होते हैं। उनकी आय और व्यावसायिक प्रस्थिति समाज में उनकी वर्गीय प्रस्थिति को प्रभावित करती है तथा पारिवारिक अन्तःक्रियात्मक सम्बन्धों में नकारात्मक विवाद भी जन्म लेते हैं।

कोलार्ड (1997)[102] ने वैवाहिक सम्बन्धों का परिवार पर पड़ने वाले प्रभाव के विषय में दो भाईयों के दो बहनों के साथ विवाह की दशाओं का मूल्यांकन किया है। उनका कथन है कि वैवाहिक सम्बन्ध आधुनिक नियमों की अपेक्षा सांस्कृतिक रीति-रिवाजों से अधिक प्रभावित होते हैं।

डेविस और राबिन्स (1998)[103] ने नियमित नौकरी एवम् आय करने वाले पति-पत्नी के अन्तःसम्बन्धों का विश्लेषण करते समय यह स्पष्ट किया है कि ऐसे परिवारों में पत्नियों की विशेषतायें उनकी आर्थिक प्रस्थिति के मूल्यांकन में महत्त्वपूर्ण होती हैं। भले ही पतियों द्वारा अपनी प्रस्थिति को अधिक महत्त्व दिया जाता हो, परन्तु वे अपनी पत्नी की विशिष्टताओं को अपनी वर्गीय प्रस्थिति के निर्धारण में महत्त्वपूर्ण स्वीकार करते हैं, जबकि पत्नी अपने तथा अपने पति की विशिष्टताओं को सामान्य महत्त्व देती हैं। वस्तुतः परिवार की परिस्थितियाँ, सदस्यों की आय, उनका व्यावसायिक सम्मान और शिक्षा वे महत्त्वपूर्ण चर हैं जो परिवार की वर्गीय स्थिति का निर्धारण करते हैं।

फोरसोवा (1997)[104] ने रूढ़िवादी ईसाई परिवारों की मूल संरचना और आधुनिक रूसी परिवारों के प्रकार्यात्मक सम्बन्धों का विश्लेषण करते हुए यह स्पष्ट किया है कि परम्परागत पारिवारिक विशेषताओं से युक्त ईसाई परिवारों में विवाह सम्बन्ध, विवाह सम्बन्धों के विकल्प, पारिवारिक विघटन, सम्पत्ति का उत्तराधिकार और बच्चों की देख-रेख जैसे पक्ष से सम्बन्धित परम्परागत मूल्य परिवर्तनशील सामाजिक संरचना से अधिक गहन रूप से सम्बन्धित नहीं होते, ऐसे परिवारों में परिवर्तनशील स्थानीय मूल्यों के प्रति अधिक लगाव की अपेक्षा सार्वभौमिक मूल्यों के प्रति अधिक लगाव पाया जाता है।

फ्रैन्केल (1997)[105] ने ऐसे परिवारों में परिवर्तन की ग्राह्यता का विश्लेषण किया है जिसमें महिलाएं रोजगाररत हैं। इस अध्ययन से स्पष्ट होता है कि

भले ही महिलाएं अपने कार्य से अधिक ही संतुष्टि प्राप्त करती हैं, उन्हें अपने पति और सहयोगियों से अधिक उत्तम सहयोग की अपेक्षा होती है। कार्य स्थल में होने वाले परिवर्तन और घरेलू परिवर्तन के मध्य समान परिवर्तनशीलता की प्रकृति का अभाव पाया जाता है।

कार्ट्ज (1997)[106] ने कार्योजित माताओं वाले परिवारों का विश्लेषण करते हुए यह स्पष्ट किया है कि परिवार में स्त्री का रोज़गार में संलग्न होना उसकी पारिवारिक स्थिति, बच्चों की संख्या, उनके विकास और वैवाहिक जीवन को प्रभावित करता है। यह प्रभाव सामान्यतः सकारात्मक पाया जाता है। उनका यह मानना है कि कानून द्वारा परिवार के सदस्यों तथा स्त्री एवं पुरूष के मध्य समानता सुनिश्चित नहीं की जा सकती, अपितु इसके लिए सांस्कृतिक मान्यताओं के प्रति जनसामान्य में जागरूकता उत्पन्न करने की आवश्यकता होती है।

कॉफमैन (1997)[107] ने अभिभावकत्व के संबंध में पुरूषों के दृष्टिकोण का विश्लेषण करते हुए यह स्पष्ट किया है कि अविवाहित पुरूषों की तुलना में वैवाहिक पुरूष बढ़ते हुए बच्चों में तनाव और बच्चों की क्षमता के विकास के प्रति अधिक सजग होते हैं। शिक्षित पुरूष, अशिक्षित पुरूषों की तुलना में तथा उच्च शिक्षा प्राप्त पुरूष, कम शिक्षा प्राप्त पुरूषों की तुलना में पारिवारिक अन्तः सम्बन्धों को कम महत्त्व देते हैं।

लाटरबैच (1998)[108] ने पारिवारिक जीवन में स्थानीय प्रभाव का विश्लेषण करते हुए यह स्पष्ट किया है कि परिवार में शिक्षित युवा पीढ़ी परिवार से दूर अन्य स्थानों पर रहने का प्रयास करती है। यह दूरी उनके शैक्षणिक स्तर, व्यवसाय, माता-पिता की आयु और वैवाहिक प्रस्थिति को प्रभावित करती है। इस प्रकार की प्रवृत्ति शहरों की अपेक्षा ग्रामीण क्षेत्रों में अधिक पायी जाती है।

नेहर और शोट (1998)[109] ने परिवार में वैवाहिक संबंधों में विघटन का बच्चों पर पड़ने वाले प्रभाव का मूल्यांकन करते समय यह स्पष्ट किया है कि ऐसे परिवार जिनमें विवाह विच्छेद की प्रघटनाएँ हुई रहती हैं। उनके बच्चे कम सामाजिक और यथार्थवादी प्रवृत्ति का विकास करते हैं जबकि विवाहित एवं समायोजित युगलों के बच्चों में यह प्रवृत्ति कम पायी जाती है।

नेविली और पार्क (1997)[110] ने बच्चों और माता-पिता के अन्तःसम्बंधों का विश्लेषण करते हुए यह स्पष्ट किया है कि वृद्ध अभिभावकों के बच्चे अधिक गहन अन्तःसंबंधों में जीवन-यापन करते है। साथ ही साथ युवा पिता

द्वारा अपने बच्चों के साथ परिवर्तनशील मूल्यों की अपेक्षा परम्परागत जीवन पद्धति के अनुरूप संबंध विकसित किया जाता है।

पादुचेक (1997)[111] ने ऐसे परिवार जिनमें माता-पिता दोनों आयरत होते हैं, उनके बच्चों और परिवार की आर्थिक अन्तःक्रियाओं की स्थिति का विश्लेषण करते हुए यह स्पष्ट किया है कि व्यवसायिक स्थिति की विशिष्टता यह निर्धारित करती है कि परिवार के सदस्यों के अन्तःसंबंध कितने घनिष्ठ और सामान्य होंगे।

अलओबेदी (1996)[112] ने शहरी क्षेत्रों में परिवारिक संरचना, पति एवं पत्नी की शैक्षणिक स्थिति, वेतनमान, व्यवसायिक स्थिति और परिवार की संरचनात्मक प्रवृत्ति तथा बच्चों की संख्या के विषय में संकलित तथ्यों का विवेचन करते हुए यह स्पष्ट किया है कि विस्तृत परिवारों में प्रति विवाहित महिला के अनुपात में बच्चों की संख्या अधिक पायी जाती है तथा ऐसे परिवारों में अधिक आयु के अवकाश प्राप्त अयोग्य सदस्य भी अन्य परिवारों की तुलना में अधिक पाये जाते हैं। दूसरी ओर एकाकी परिवार में आवासीय दशाएं तुलनात्मक रूप से निर्भरतापरक् होती है।

अलेथी (1998)[113] ने अमेरिकी परिवारों में हो रहे परिवर्तन की प्रकृति और जीवन मूल्यों का विवेचन करते हुए यह स्पष्ट किया है कि उदारवादी दृष्टिकोण के परिवारों में आर्थिक स्थिति संरक्षणवादी या परम्परागत परिवारों की आर्थिक स्थिति की अपेक्षा अधिक उन्नत होती है। उनका यह भी कहना है कि परिवार में केवल पुरूष की आर्थिक प्रधानता परिवार की आर्थिक दशा में सुधार के लिए उपयुक्त नहीं है। इसलिए परिवार में पुरुषों के साथ-साथ महिलाओं को भी आयरत होना चाहिए। इन परिवारों में कार्य दशाओं में परिवर्तन के कारण जहाँ उनके परम्परागत आन्तरिक संबंध परिवर्तित हो रहे हैं, वहीं अन्य परिवारों के साथ उनके संबंध भी परिवर्तित हो रहे हैं।

बहरूद्दीन और लस्टर (1998)[114] ने घरेलू परिवेश और बच्चों की प्रस्थिति के संबंध में किये गये अध्ययन के आधार पर यह स्पष्ट किया है कि ऐसे परिवार जिनमें माताएं उच्च शिक्षित, बुद्धिमान और आत्मनिर्णय का अधिकार रखती हैं, वे परिवार में बच्चों के लिए अधिक उपयुक्त परिवेश प्रदान करती हैं, जबकि उच्च आय वाले परिवारों में जिनमें बच्चों की संख्या कम होती है और जहाँ वैवाहिक संबंध उच्च गुणवत्ता वाले होते हैं, वहाँ बच्चों के लिए अधिक

सहयोगात्मक घरेलू परिवेश उपलब्ध होता है। इस अध्ययन से यह भी स्पष्ट होता है कि परिवार में आर्थिक प्रगति के साथ-साथ होने वाला परिवर्तन उच्च गुणवत्ता वाले घरेलू परिवेश की तुलना में सहयोगात्मक परिवेश सृजित करता है। उच्च सहयोगात्मक परिवेश उसी स्थिति में अधिक उपर्युक्त पाया जाता है, जहाँ बच्चों की संख्या कम होती है और माता-पिता के अन्तःसंबंध अधिक सकारात्मक होते हैं।

बुलक्राट आदि (1998)[115] ने पारिवारिक संरचना और परिवार में सदस्यों की स्वतंत्रता के अन्तःसंबंधों का विश्लेषण करते हुए माता-पिता द्वारा बच्चों पर किये जाने वाले नियंत्रण की स्थिति का मूल्यांकन किया है। अध्ययन से प्राप्त तथ्य यह स्पष्ट करते हैं कि एकल अभिभावक वाले परिवार बहुअभिभावकत्व वाले परिवारों की तुलना में बच्चों पर सीमित नियंत्रण रखते हैं। परम्परागत परिवार आधुनिक परिवारों की अपेक्षा अधिक कठोर नियंत्रण वाले परिवार होते हैं।

जरसन (1998)[116] ने परिवार करते आयरत सदस्यों की स्थिति, पारिवारिक मूल्य और स्त्री-पुरूषों के संबंधों का विश्लेषण करते हुए यह स्पष्ट किया है कि परिवार में पति-पत्नी दोनों का आयरत होना न केवल उनकी प्रस्थिति को परिवर्तित करता है अपितु उनके अन्तःसंबंध परम्परागत परिवारों की तुलना में पूर्णतः भिन्न होते हैं। ऐसे परिवारों में आपसी संशयात्मक स्थिति बनी रही है और इनके आचार-विचार में धीरे-धीरे भिन्नता बढ़ती जाती है।

गोमेल आदि (1998)[117] ने परिवार के परिवर्तित स्वरूप और पारिवारिक अन्तःसंबंधों पर आर्थिक दबाव के प्रभाव का मूल्यांकन करते हुए यह स्पष्ट किया है कि परिवार की संरचना में परिवर्तन में आर्थिक दबाव के साथ-साथ प्रजातीय और सांस्कृतिक कारकों का प्रभाव अधिक परिवर्तनकारी पाया जाता है।

हैकर (1997)[118] ने परिवार में महिलाओं के आयरत होने के कारण सदस्यों के अन्तःसंबंधों में हुए परिवर्तन का विश्लेषण करते हुए स्पष्ट किया है कि अलग-अलग समाजों में परिवार में संरचनात्मक परिवर्तन में आर्थिक, राजनैतिक और सांस्कृतिक कारकों की भूमिका अलग-अलग होती है। परिवार के सदस्यों ने परम्परागत कार्य में हुए परिवर्तन परिवार की संरचना और सदस्यों की संख्या को प्रभावित करता है। परिवार में व्यक्तिवादिता में निरन्तर वृद्धि का मूल कारण आर्थिक आत्मनिर्भरता है।

हिस्टन आदि (1997)[119] ने एकल मातृत्व और एकल पैतृत्व परिवारों में वैवाहिक सम्बंधों के विघटन में वृद्ध सदस्यों की भूमिका का मूल्यांकन करते हुए यह स्पष्ट किया है कि ऐसे परिवार जिनमें दादा-दादी या नाना-नानी, युवा युगलों के साथ निवास करते हों, वहाँ वैवाहिक संबंधों में उनके हस्तक्षेप की संभावनाएं अधिक होती हैं।

हुडफार (1997)[120] ने परिवार में पुरूष सदस्यों के अप्रवासी होने के कारण महिलाओं की प्रस्थिति पर पड़ने वाले प्रभाव का मूल्यांकन करते हुए यह स्पष्ट किया है कि ऐसे परिवार जिसमें साक्षर और शिक्षित महिलाएं होती हैं, वे अपने प्रवासी पति द्वारा की जाने वाली आय से परिवार में अपनी प्रस्थिति में सुधार का माध्यम बनाने में असफल रहती हैं जबकि अशिक्षित महिलाएं तुलनात्मक रूप से अपनी प्रस्थिति में उर्ध्व परिवर्तन सुनिश्चित कर लेती हैं।

जुरैड़ों आदि (1996)[121] ने पारिवारिक संरचना में हो रहे परिवर्तन का मूल्यांकन करते हुए यह स्पष्ट किया है कि प्रगति के साथ-साथ रक्त संबंध, विवाह, व्यवसाय, जन्मदर बच्चों के प्रति दृष्टिकोण आदि में परिवर्तन के तथा इन्हें नियोजित करने वाली परम्परागत संस्थाएँ भी परिवर्तित हुई हैं।

मैककृत्रिक (1997)[122] ने परिवार में सदस्यों की संख्या, संबंधियों और महिलाओं की स्थिति का मूल्यांकन करते हुए यह स्पष्ट किया है कि परिवार की परम्परागत आर्थिक स्थिति में विघटन और आर्थिक परिवेश की दबावपरक् विशेषताएं न केवल बच्चों की संख्या, रक्त संबंधों और वैवाहिक संबंधों को प्रभावित करती हैं अपितु ग्रामीण क्षेत्र के परिवारों की पुरूष प्रधान पारिवारिक संरचना को अधिक दबावमूलक बना देती हैं।

कोरीवास आदि (1997)[123] ने परिवार में अन्तःसंबंधों में महिलाओं की भूमिका का मूल्यांकन करते हुए यह स्पष्ट किया है कि ऐसे परिवार जहाँ माता-पिता के विवाह सम्बन्ध विघटित हो जाते हैं, वहाँ बच्चों की देखरेख के लिए उत्तरदायी माता या पिता की भूमिका अधिक प्रधान हो जाती है। ऐसे परिवारों में लड़कियां जहाँ आत्मीय संबंधों को अधिक महत्त्व देती हैं, वहीं लड़के ऐसे संबंधों को अपने जीवन में द्वितीयक महत्त्व प्रदान करते हैं। यह भी स्पष्ट किया गया है कि विवाह विच्छेदन की अपेक्षा माता-पिता की जीवन शैली बच्चों की प्रवृत्ति के निर्धारण में तुलनात्मक रूप से अधिक प्रभावी भूमिका रखती है।

पोस्ट (1996)[124] ने विवाह संबंधों के उन्मूलन तथा रक्त संबंधों और सामाजिक संबंधों की पुनर्संरचना में विवाह के संबंध में अभिमत प्रस्तुत करते हुए यह स्पष्ट किया है कि परिवार में विवाह की उत्पत्ति और उसके इतिहास का विवेचन किया जाय तो यह स्पष्ट होता है कि पत्नियों की स्थिति दास और वेश्या के रूप में परिवर्तित हो रही है। विवाह की प्रथा पति प्रभुत्व का प्रतिनिधित्व करती है। आधुनिक वैवाहिक संबंधों में भी महिलाओं की तुलना में पुरूष अधिक लाभ की स्थिति में होता है और पत्नी वस्तुतः उसकी दासी के रूप में ही जीवन-यापन कर रही है। इस संबंध में किये गये विभिन्न विधिक निर्णयों का मूल्यांकन करते हुए यह स्पष्ट करने का प्रयास किया गया है कि विवाह पुरूष के लिये एक ऐसा अवसर प्रदान करता हैं जहाँ वह महिलाओं का शारीरिक एवं मानसिक शोषण करता है तथा उसे अपने प्रभुत्व में बनाये रखने की सामाजिक स्वीकृति प्रदान करता है। इस संबंध में उनका कहना है कि विवाह का विकल्प अन्य स्वतंत्र संबंध भी हो सकते हैं। सामाजिक समझौतों और घरेलू सहभागियों की स्थिति का भी वैकल्पित प्रारूप प्रस्तुत किया गया है। उनका सुझाव है कि पत्नी की भूमिका व्यक्ति विशेष को परिभाषित करने के लिए प्रयुक्त की जानी चाहिए।

स्टैक (1998)[125] ने विवाह परिवार और अकेलापन का विश्लेषण करते हुए 17 राष्ट्रों में परिवार की उपयुक्तता, वैवाहिक संबंधों की प्रकृति और सामाजिक, आर्थिक परिवर्तन के परिवार पर पड़ने वाले दबाव तथा तद्जनित परिवर्तन की स्थिति का मूल्यांकन किया है। इस अध्ययन से स्पष्ट होता है कि विवाह और अकेलापन में सहसंबंध निहित है जबकि अभिभावक और अकेलेपन में सीमित सहसम्बंध पाया गया है।

बोनवालेट (1997)[126] ने पारिवारिक अन्तःसंबंधों और आवासीय दशाओं के मध्य निहित अन्तःक्रियाओं का विश्लेषण करते हुए यह स्पष्ट किया है कि परिवार के सदस्यों के अन्तःसंबंध घरेलू दशाओं में होने वाले परिवर्तन से प्रभावित होते हैं।

सामाजिक-आर्थिक परिवर्तन के कारण परिवार की आन्तरिक संरचना परिवार के सदस्यों के वैवाहिक संबंध, युवा सदस्यों के विकास पर उनके माता-पिता के संबंधों का प्रभाव, परिवार में बच्चों की संख्या और पारिवारिक जीवन शैली में हो रहे परिवर्तन का मूल्यांकन विभिन्न अध्ययनों के अन्तर्गत किया गया है।

इन अध्ययनों से यह स्पष्ट होता है कि परम्परागत पारिवारिक मूल्यों में परिवर्तन हो रहा है। परिवार के सदस्यों में स्वतंत्र जीवन-यापन की प्रवृत्ति में निरन्तर विकास हो रहा है तथा बच्चों पर माता-पिता का प्रभाव भी धीरे-धीरे कम होता जा रहा है।

परिवार और समाजीकरण

प्रत्येक बालक को समाज के सदस्य के रूप में विकसित करने में परिवार की अत्यधिक महत्त्वपूर्ण भूमिका होती है। परिवार ही वह संस्था है जो बच्चों के जन्म, लालन-पालन, विकास और सामाजिक अन्तःक्रियाओं के अनुरूप उन्हें बनाने का कार्य सम्पन्न करती है। परिवार की विशिष्ट प्रकृति के अनुरूप बच्चों के समाजीकरण की प्रक्रिया में भी भिन्नता पायी जाती है। एकाकी परिवार में परम्परागत सत्ता का अभिकेन्द्रित होना, सदस्यों की संख्या का कम होना और सीमित आय निहित जीविका के निर्वाह को सुनिश्चित करना शामिल होता है। ऐसा परिवार सरल होता है जबकि बड़े आकार वाले संयुक्त परिवारों में परम्परागत सत्ता के केन्द्र के अतिरिक्त कई ऐसे उपकेन्द्र होते हैं जो बच्चों के समाजीकरण और उनके अन्तःसंबंध, क्रियात्मक संबंधों का नियमन करते हैं। इस संबंध में पश्चिमी विचारकों द्वारा विभिन्न अध्ययन किये गये हैं जिनसे यह स्पष्ट होता है कि सामाजिक समायोजन और आत्मनिर्भरता की प्राप्ति के लिए बड़े आकार के परिवार बच्चों के लिए कुछ सीमा तक बाधा उत्पन्न करते हैं। दूसरी ओर बड़े आकार के संयुक्त परिवार की आन्तरिक शक्ति संरचना भी जटिल होती है, उनमें अन्तःक्रियात्मक सम्बंधियों के उच्चता एवं भिन्नता प्रस्थिति के अनुरूप निर्धारित होते हैं। तात्पर्य यह है कि बच्चों के समाजीकरण की इस प्राथमिक पाठशाला में होने वाला कोई भी परिवर्तन जब परम्परागत मूल्य, व्यवहार, प्रतिमानों और परम्परागत जीवन दर्शन से भिन्न होता है तो उससे सृजित परिवेश का प्रभाव परिवार के सभी सदस्यों में पाया जाता है जो समाजीकरण की प्रक्रिया को सर्वाधिक प्रभावित करता है। हर्मी (1997)[127] के बदलते हुए सामाजिक, आर्थिक परिवेश में सांस्कृतिक भिन्नताओं के प्रति पीढ़ीगत तनाव एवम् अतैक्य के अभाव का विश्लेषण किया है। फैलन (1997)[128] ने अध्ययन के अन्तर्गत कार्यरत अभिभावकों और उनके पारिवारिक उत्तरदायित्वों के अन्तःसंबंधों का विश्लेषण करते हुए बच्चों की स्थिति और उनकी वैयक्तिक समस्याओं को विश्लेषित किया है।

चैम्बर्स (1997)[129] ने विभिन्न पीढ़ियों के मध्य मूल्यों और पारिवारिक जीवन शैली में भिन्नता का विश्लेषण करते हुए यह स्पष्ट किया है परिवार समाज के मूल्यों की निरन्तरता और बृहद आर्थिक व्यवस्था के लाभकारी विकास के प्रमुख निर्धारक अभिकरण होते हैं। उनका सुझाव है कि बदलते हुए पारिवारिक मूल्यों के अध्ययन हेतु यह ज्ञात किया जाना चाहिए कि वे कौन से ऐसे मूल्य हैं जिन्हें परिवार का वृद्ध सदस्य अपने बच्चों में निवेशित करना चाहता है।

वेक (1997)[130] ने परिवार में लोकतंत्रीकरण का विश्लेषण करते हुए यह स्पष्ट किया है कि आधुनिकता के द्वितीय स्तर पर परिवार का लोकतांत्रिकरण एक ऐसी अवधारणा है जिसका विकास विगत दो दशकों से अधिक तीव्र हुआ है। सामाजिक अन्तःक्रियाओं में परिवार के सदस्यों के अन्तःसंबंध अपने हितों की रक्षा के लिए सदैव किये जाते रहे हैं। गार्नर आदि (1997)[131] समाजीकरण के सम्बन्ध में माता और पिता के भावनात्मक संबंधों के आधार पर प्राप्त तथ्यों को विश्लेषित करते हुए यह स्पष्ट किया है कि कम विकसित परिवार अपेक्षाकृत सामाजिक भिन्नताओं के उस स्तर पर होते हैं, जहाँ बच्चों के समायोजन में उनकी भूमिका अत्यन्त सीमित रही है। साइमन्स (1996)[132] के अध्ययन से भी समान निष्कर्ष प्राप्त किये गये हैं। साइमन्स ने पारिवारिक संरचना का विश्लेषण करते हुए यह स्पष्ट किया है कि सामान्य परिवारों में बच्चे अपनी आवश्यकता पूर्ति के लिए जिस प्रकार का प्रयास करते हैं, वह प्रयास सामान्य पारिवारिक जीवन से भिन्न होता है। अध्ययन से प्राप्त निष्कर्षों के आधार पर कहा जा सकता है कि पारिवारिक विघटन और अनैतिक क्रियाकलापों के मध्य एक विशिष्ट सहयोग पाया जाता है जिसे समाप्त करना अत्यन्त आवश्यक है।

रोमन्स आदि (1992)[133], साइमन्स (1996)[134] और नोक (1998)[135] ने अतिगोपनीयता और पारिवारिक संरचना में हो रहे परिवर्तन का विश्लेषण करते हुए यह स्पष्ट किया है कि परिवार में गोपनीयता कोई प्राकृतिक अधिकार नहीं है अपितु यह समाज द्वारा निर्मित व्यवस्था है जिसके व्यवहार अन्य लोगों की दृष्टि में वांछनीय होते हैं।

मैक्स अक्डू (1997)[136] ने नगरीय और उपनगरीय, मध्यवर्गीय परिवार में उर्ध्व गतिशीलता की स्थिति का मूल्यांकन करते हुए यह स्पष्ट किया है कि शैक्षणिक स्तर में वृद्धि के परिणामस्वरूप परिवार की दूसरी पीढ़ी में जहाँ

गतिशीलता में वृद्धि पायी जाती है। वहीं तीसरी पीढ़ी में यह कम हो जाती है। इस निष्कर्ष से यह स्पष्ट होता है कि एक पीढ़ी से दूसरी पीढ़ी तक अधिकतम लाभांश उस पीढ़ी द्वारा बनाये रखा जाता है। यह स्थिति तभी सम्भव होती है, जब पारिवारिक गतिशीलता बनी रहती है। उर्ध्व गतिशीलता को विस्तृत प्रकृति के परिवारों द्वारा अधिक समर्थन प्राप्त होता है।

पारिवारिक संरचना एवं मूल्यों में परिवर्तन

मेन्डेल्सन (1997)[137] ने पारिवारिक संरचना में प्रौढ़ और युवा सदस्यों के अन्तःसम्बन्धों के साथ-साथ बच्चों के प्रति उनके दृष्टिकोण को विश्लेषण करते हुए यह स्पष्ट किया है कि बच्चे सहायता, संरक्षण और देख-रेख के लिए जहाँ प्रौढ़ और वृद्ध सदस्यों से सम्बद्ध होते हैं, वही सीख, मतभिन्नता और प्रोसाहन जैसे मूल्यों के लिए युवा लोगों से सम्बद्ध होते हैं। ज्यों-त्यों बच्चे की उम्र बढ़ती जाती है, त्यों-त्यों सम्बंधियों के लिए सामान्य भूमिका प्रत्याशा की मांग बढ़ती जाती है।

नेफ (1997)[138] ने भारतीय पारिवारिक जीवन में सदस्यों के अधिकार एवं कर्तव्यों की परिवर्तित हो रही स्थिति का विश्लेषण करते हुए स्पष्ट किया है कि ग्रामीण परिवारों में आधुनिकता के प्रति लगाव युवा पीढ़ी में तेज़ी के साथ विकसित हुआ है। पूँजीवादी व्यवस्था की मांग के अनुरूप अधिक से अधिक अधिकार ग्राह्यता की प्रवृत्ति भी इनमें बढ़ी है जबकि पारिवारिक उत्तरदायित्व के निर्वाह की प्रवृत्ति में कमी आई है।

लैम्पर्स (1997)[139] ने पारिवारिक जीवन में आर्थिक कठिनाईयों के परिप्रेक्ष्य में पारिवारिक अन्तःसम्बंधों और तनाव का विश्लेषण किया है। उनका कथन है कि आर्थिक दबाव बढ़ने के साथ-साथ माता-पिता और उनके बच्चों के बीच स्थापित सम्बंधों की प्रकृति भी परिवर्तित होती है। युवा वर्ग अधिक तनावग्रस्त हो जाता है। परिवार में माताएं तुलनात्मक रूप से अधिक आर्थिक तनाव महसूस करती हैं।

उपर्युक्त अध्ययनों के विश्लेषण से यह स्पष्ट होता है कि जनसंख्या वृद्धि और जनसंख्या नियंत्रण के लिये विभिन्न कारक उत्तरदायी हैं। सामाजिक-आर्थिक संरचना, शिक्षा, व्यावसायिक प्रस्थिति, विकास का स्तर, पारिवारिक संगठन, जागरूकता स्तर और उन्मुखतायें परिवार और समाज में सदस्यों की संख्या का नियोजन करती हैं। नगरीय और ग्रामीण क्षेत्रों में भी उपयुक्त कारकों की

भिन्नता के कारण जनसंख्या की प्रकृति और वृद्धि दर में भिन्नता पायी जाती है। ग्रामीण क्षेत्रों में जनसंख्या की बहुलता के कारण भारत में जनसंख्या वृद्धि का मूल आधार ग्रामीण क्षेत्रों में ही सन्निहित है। अशिक्षा और बेरोज़गार प्रस्थिति के कारण इसमें महिलाओं की भूमिका प्रधान है। इसे दृष्टि में रखते हुए यह अध्ययन किया गया है।

References

1. Government of India, Planning Commission, Second Five Year Plan, 1956, p. 527.
2. Sharma P., (1989) Family Welfare Programme in India, Deep & Deep Publication New Delhi, p. 120.
3. Lakshmana, M (1988) Population Control and Family Planning in India, Discovery Publishing House, Delhi. pp. 1-2.
4. *Ibid.* At p. 3.
5. *Ibid.* pp. 3-4.
6. *Ibid.*
7. *Ibid.*
8. Supra Note 2, p. 122.
9. Supra Note 3, p. 3.
10. *Ibid.*
11. Government of India, Planning Commission, First Five Year Plan, 1951-56.
12. *Ibid.*
13. Government of India, Planning Commission, Second Five Year Plan, 1956, pp. 527-529.
14. Government of India, Planning Commission, Third Five Year Plan, 1961-66.
15. The Government of India though adopted family planning as a national policy with the first five year plan, the first population policy statement was made in April 1976 by the Minister of Health and Family Planning as there was a growing demand for such a policy from the intellectuals and right thinking people for economic, social and environmental reasons. The salient points of the new population policy were to (a) raise he legal age of marriage for girls to 18 years and boys to 21 years, (b) increase monetary compensation also called incentives for both male and female sterilisation, (c) freeze people's representation to Parliament and legislature on the basis of 1971 census until 2011, (d) allocation for state plans, from centre, grants-in-aid etc., on the basis of 1971 figures till 2001 A.D. (e) 8 per cent of the central assistance for State Government to be earmarked

against family planning performance and (f) compulsory sterilisation after a certain number of childen, incentives and disincentives were left to the discretion of State Government. See for further details, India, Ministry of Health and Family Welfare, Revised Strategy for National Family Welfare Programme A Summary, 1976, Department of Family Welfare, Govt. of India, New Delhi.

16. Srinivasan, K. (1983) India's Family Planning Programme, it's impact and Implication, The Journal of Family Welfare, Vol. XXX, No. 1, Dec., p. 10.
17. Chugh, R.L. (1975) Population Growth in India, in Uppal J.S., ed. India's Economic Problems, Tata McGraw Hill, New Delhi, See also, Prasad R.K. (1990) Population Planning, Policy and Programme, Deep and Deep Publication, New Delhi. p. 71.
18. Gillin, J.L. and Others, Social Problems, p. 135, quoted in Baghel, K. Demography and Public Health in India, Puspraj Prakashan, Rewa, 1996-97, pp. 388 and Sukhatme, P.V. (1980) Nutritional Policy:Need for Reorientation, Economic and Political Weekly, Vol. 15 No. 26, pp. 1101-1105.
19. Baghel, K. Demography and Public Health in India, Puspraj Prakashan Rewa, 1996-97, pp. 338-339.
20. *Ibid.*
21. Jai, S.P. (1975), Demography A Study on Population Research in India, Vol. 2, Tata McGaw Hill New Delhi, pp. 28-29.
22. Srivastava, A. (1990), Family Planning in India (An Economic Assessment) Classical Publishing Company, New Delhi, pp. 78-79.
23. Prasad R.K., (1990) Population Planning Policy and Programme, Deept & Deep Publications, New Delhi, pp. 61-62.
24. World Population Report, 1997, UN, Bureau of the Census, Recent Demographic Estimates for the Countries and Regions of the World.
25. Sharma, P. (1980) op.cit., p. 124. See also, Mehta, A India's Population : Aspects of Quality and Control, New Delhi, Abhinav Publication, 1978, p. 378.
26. Supra Note 22.
27. Malthus, T.R. (1958) A Summary View of the Principle of Population, in Three Essays on Population, Oxford, and IBH Publishing Co., Calcuatta. In 1978 his essay entitled "An essay on the Principles of Populations as it affect the future improvement of Society" was published in Engalnd which was further revised and published by him in 1805 as "An essay on

the Principles of Population or a View of its past and present effect on Human Happiness".

28. Malthus, T.R. (1978) An Essay on Population, Everyman's Library Edition, E.P. Dutton and Co., New York and Malthus. T.R., Huxley, Julian and Osborn, Fredrick (1960) Three Essays on Population Mentor Books, New York. p. 5-8.
29. Marshall, Principles of Economics, New York, p. 223.
30. Supra Note 19, pp. 55-58.
31. *Ibid.*
32. *Ibid.*
33. Quoted in Baghal, K. (1996), Demography and Public Health in India, Puspraj Prakashan, Rewa, p. 37.
34. *Ibid.*
35. Cassen, R.H. (1975), Welfare and Population : Notes on Rural India Since 1960, Population and Development Review, Vol. I, No. I, pp. 33-70.
36. Cassen, R.H. (1975), India, Population Economic and Society, McMillan Press, London.
37. Sadlar, M.T., Quoted by Thompson and Lewed (1965) the Study of Population, p. 38 and Dyson, T. (1979), A Working paper on Fertility and Mortality estimates for the states of India. National Academy of Science. Washington.
38. Thompson and Lewes, op. cit., pp. 39-40.
39. Supra Note 19, pp. 67-69.
40. *Ibid.*
41. *Ibid.*
42. *Ibid.*
43. Castro was of the view that the chronic hunger increases sexual activity. Thus one primary need is emphasised to compensate for diminution of the other but sexual activity goes down with acute hunger, Theory of Proteing, Quoted in supra note 19, pp. 69-70.
44. *Ibid.*
45. *Ibid.*
46. *Ibid.*

47. Coutz opined that it is possible to accept Castro's thesis that poverty mainly traceable to socio-economic conditions and should not be attributed to the mishandliness of nature while, at the same time, with holding assent to the proportion that human fertility is related to diet and it does not follow that capacity means utilization . . . Fertility function of diet.
48. Perl, Biology of Population Growth, Quoted in Supra Note 19.
49. Spencer, H. Biological Theory of Population, Supra Note 19, pp. 73-74.
50. *Ibid.*
51. *Ibid.*
52. Corrado Gini's Theory of Population is known as Developmental Theory.
53. Government of India, Planning commission, Seventh Five Year Plan, 1985-90 p. 282 see also Ministry of Health and Family Welfare Programme in India 1974-75, Government of India New Delhi. And Ministry of Health and Family Welfare, 1979, Family Welfare Programme in India Year Book 1976-77 and 1977-78, Government of India, New Delhi.
54. Mitra, A. (1978) India's Population : Aspects of Quality and Control, Abhinav Publication, New Delhi. pp. 18-21.
55. Government of India, Planning commission, Seventh Five Year Plan, p. 327, and Nortman, D.L., (1978 India's New Birth rate Target : An Analysis, Popualtion and Development Review, June. For further discussion see, Population Council (1981) India : Population growth in the 1970s, Populaiton and Development Review, vol. 7, No. 2.
56. Matheson, C., Observational Adequacy as desired from the truth about observables, Proto, Sociology, 1998, Vol. 12, pp. 225-223.
57. Murphy Lawless, Jo and Mc Carthy, J. Social Policy and Fertility change in Ireland: The Push to Lesigslate in favour of Women's Agency, European, Journal of Women's Studies, 1999, 61, 1 Feb. pp. 69-96.
58. Lyons_Lee, L., The Graduate Women Phenomenon : Changing Constructions of the Family in Singapore, Sojourn : Journal of Social Issues in Southeast Asia, 1998, 13, 2 Oct. pp. 309-327.
59. LeGrand, T. : Croissance de al Population Growth and the environment : The Issues, Cahier's Quebecois, de demographic 1998, Vol. 27, No. 2, pp. 221-252.
60. Paxson, Heather, Demographics and Diaspora, Gender and Genealogy Anthropological Notes on Greek Population Policy, South European Society and Poltiics, 1997, 2,2 automn, pp. 34-56.

61. Wisensale, S.K. and Khodair, A.A. : The Two-Child Family: The Egyptian Model of Family Planning. Journal of Comparative Family Studies, 1998, 29, 3, autumn, 503-516.

62. Ryberg. J.: The Argument from Over Population- Logical and Ethical considerations, Population and Environment. 1998, 19,5, May, 411-426.

63. Elliot, H.: A Critique of Ayberg's The Argument from Overpopulation, Population and Environment, 1998 , 19, 5, May 427-430.

64. Tayman, J., Schafer, Edward and Carter, L. : The Role of Populaiton Size in the Determination and Prediction of Population Forecast Errots: An Evaluatin Using Confidence Interval for Subcountry Areas, Population Research and Policy Review, 1998, 17,1, Feb. 1-20.

65. Price, D.: Of Population and False Hopes: Malthus and His Legacy, Population and Environment, 1998, 19,3 Jan. 205-219.

66. Salisbury, P.S. : Factors Affecting Birth Rates among white Women 20-24 years of Age : A trends Analysis (January 1972- March 1992), Social indicators Research, 1998, 43, 3, March., 261-289.

67. Kuznets, S. : Population Income and Capital, International Social Science Journal, 1998, 3 (157), Sept. 329-334.

68. Arthur, J., Psychological After-effects of abortion : The Rest of the Story, The Humanist, 1997, 57,2, March-Apr. 7-9.

69. Berthiaume, M. et al. Correlates of Gender Role Orientation during Pregnancy and the Postpartum, Sex role, 1996, 35, 11-12, Dece. 781-800.

70. Feldman. R. and Clark, K. Women, Religious Fundamentalism and Reproductive Rights, Reproductive Health Matters, 1996, 8, Nov., 12-20.

71. Finlay, A. Teenage Pregnancy, Romantic Love and Social Science: An Unesay Relationship, Chpt in Health and The Sociology of Emotions, James, Veronica, and Gabe, Jonathan [Eds], Oxford, England : Blackwell, 1996, pp. 79-96, ISBN 0631-20351-6.

72. Guilbert, E. and Roter, D., Assessment of Satisfaction with Induced Abortion Procedure, The Journal of Psychology, 1997, 131, 2 Mar. 157-166.

73. Helzner, J.F., Men's Involvement in Family Planning, Reproductive Health Mattrs, 1996, 7, May 146-154.

74. Hoodfar, H., Bargaining with Fundamentalism : Women and the Politics of Population control in Iran, Reproductive Health Matters, 1996, 8, Nov. 30-40.

75. Klaen, D. et al, Attitudes about Abortion among Second Year Medical Students, Medical Teacher, 1996, 18, 4, Dec. 345-346.
76. Ringheim, K., Whither Methods for Men Emerging Gender Issues in Contraception, Reproductive Health Matters, 1996, 7, May 79-89.
77. Risleey-Curtiss, Christina, Sexual Activity and Contraceptic Use among Children Entering out of home Care, Child Welfare, 1997, 74 (July-Aug., 475-499).
78. Ruane, S., Maternal – baby Unbonding : Rituals for Undoing Nature Professional Conceptions of Maternal Emotion and the Relinquement of Babies for Adoption, Chap. In Health and the Sociology of Emotions, James, Veronica and Gabe, Jonathan, [eds], Oxford, England: Blackwell, 1996, pp. 133-156, ISBN 0-11-203516.
79. Fingerman, K.L. : Being More Than a Daughter : Middle- Aged Women's Conceptions of Their Mothers, Journal of Women and Againg 1997, 9, 4, 55-72.
80. Finnas, F. : Social Integration, heterogeneity, and Divorce : The Case of the Swedish-Speaking Population in Finland, Acta Sociological, 1997, 40, 3, 263-277.
81. Flowers, A.F., Schneider, H.G. and Ludtke, H.A. Social Support and Adjustment in Mothers with Young Children, Journal of Divorce and Remarriage, 1996, 25, 3-4, pp. 69-83.
82. Furstenberg. F.F., J. : Dealing with Dads : The Changing Roles of Fathers, Chpt in EXCAPE FORM POVERTY : What makes a Difference for Children : Chase – Lnsdale, P. Lindsay and Brooks Gunn, Jeanne (eds.) New York : Cambridge U Press. 1995, pp. 189-210, LC 95-5701, ISBN 0521-44521-3.
83. Goldstein, Joshuna Robert : The mogrpahy of Family and Kinship in an Age of Divorce and Remarriage, Dissertation Abstracts International, A: the Humanities and Social Sciences, 1997, 58, 2, Aug. 591-592-B.
84. Hantrais, Linda and Letablier, Marie- T. : Families et. Poltiques familiales en Europe : les enjeux temporels, (Families and Family Politics in Europe: The Temporal Stakes), Social Science in Formation/Information sur le Sciences Sociales, 1997, 36, 1, Mr., 117-140.
85. Hirst, M.A. Variations in Take up of the Family Fund, Child Care: Health and Development, 1987, Vol. 23, No. 2, pp. 157-171.
86. Harker, H.B. Family Profile : Development of Family Assessment tools for Family Life Education and Clinicians, Humanities and Social Sciences, 1997, Vol. 58, No. 2, p. 597.

87. Joshi, M.S. and Maclean, M., Maternal Expectations of child development in India, Japan and England, Journal of Cross Cultural Psychology, 1997, Vol. 28, No. 2, pp. 219-234.

88. Kettliztz, R.E., The Influence of Social Expectations Interactions and Bonding on Marital Quality, Humanities and Social Science, 1997, Vol. 58, No. 3, pp. 1110-a.

89. Kmudsen Knad and Waerness Kari, First Marriage an Institution on its way out, 1996, pp. 299-327.

90. Lester, David : The Impact of unemployment of marriage and voice, Journal of Divorce and Ramarriage, 1996, 25, 3-4 (151).

91. Macleod, Colin M. : Conceptions on Parental Autonomy, Politics and Society, 1997, 25,1, March 117-140.

92. Mass, M. : The Determinants of Parenthood : Power and Responsibility, Human Relations, 1997, 50, 3, March 241-260.

93. Maxwell, Rose, A., Lundgren, D.C. , and Lansky, L.M., : Maternal role Behavior and Androgyny: A Comparison of Divorced and Married Mothers, Journal of Divorce and Remarriage, 1996, 25, 3-4, 61-68.

94. Pam, A. And Pearson, J. : When Marriage Ends in a Love Triangle : Jealousy, Family Polarisation Effects on Children, Journal of Divorce and Remarriage, 1996, 25, 3-4, 175-199.

95. Ross, L.E., Mate Selection Preferences among African American College Students, Journal of Black Studies, 1997, 27, 4, Mar. 554-569.

96. Waite, L.J. : Social Science Finds : Marriage Matters, The Responsive Community, 1996, 6,3, Summer, 26-35.

97. Zangari, M.E.C. : Family Member's Experiences of Saturation, Bonding and Leisure: A Feminist Perspective, Dissertation Abstracts International, The Humanities and Social Sciences, 1997, 58, 3, Sept. 1114-A.

98. Al-Naser, F. : Development of Family Studies in the Eighties in Duwait, Marriage and Family Review, 1996, 23, 1-2, 417-432.

99. Beck-Gernsheim, E. : Wean Scheidung Normal wird (When Divorce Becomes Normal) Padagogik, 1997, 49, 7-8, July-Aug., 21-25.

100. Bordy, G.H. and Flor, D.I. : Coparenting, Family Interactions and competence among African American Youths : New Directions for Child Development, 1996, 74, Winter, 77-91.

101. Cohen, P.N. : Replacing Housework in the Service Economy : Gender, class and Race-Ethnicity in Service Spending, Gender and Society, 1998, 12, 2, April 219-231.

102. Collard, C. : Preference and the Limits of Preference : The Marriage of Two Brothers to the Two sisters in Charievoix coiuntr, Quebec, 1900-1960, Social Anthropology, 1997, 5,2, June, 127-140.

103. Davis, N.J. Robinson R.V., : Do Wives Matter? Class Identities of Wives and Husbands in the United States, 1974-1994, Social forces, 1998, 76, 3, March, 1063-1086.

104. Forsova, V.V. : Orthodox Christian Family Values, sotsiologischeskie Issledovaniya, 1997, 24, 64-72.

105. Frankel, J. Families of employed Mother : An International Perspective, New York, Garland, 1754-9.

106. Katz, R. : Employed Mothers and Their Families : The Israeli Experience, New York Garland, 1997, pp. 99-121.

107. Kautfman, G.: Men's Attitudes Towards Parenthood, Population Research and Policy Review, 1997, 16,5, Oct. 435-446.

108. Lauterback, W.: Multi-locality in the Later Phases of Family Life, (Generational Proximity and Distance), Zeitschrift Fur Soziologies, 1998, 27, 2, April, 113-132.

109. Neher, L.S. and Short, J.L.: Risk and Protective Factors for Children's Substance Use and Antisocial Journal of Orthopsychiatry, 1998, 68, 1, Jan. 154-161.

110. Neville, Brian and Parke, R.D. : Waiting for Paternity : Interpersonal and Contextual Implications fo the Timing of Fatherhood, Sex Roles, 1997, 197, 37, 1-2, July 45-59.

111. Potucheck, J.L.: Who Supports the Family ? Gender and Breadwinning in Dual Earner Marriages, Standford U Press. 2835-6.

112. Al-Obeide, I.M., : Types of Families in the City of Rivdh, Journal of the Gulf and Arabian Peninsula Studies, 1996, 21, 81, 33-60 (ARA).

113. Aulette, J.R. : The Ideas on Family Values, Contemporary Sociology, 1998, 27, 3, 235-237.

114. Baharudi, R. and Luster, T. : Factors Related to the Quality of the Home Environment and Children's Achievement, Journal of Family Issues, 1998, 19, 4, July, 375-403.

115. Bulcroft. R.A., Carmody, D.C. and Burlcroft, K.A., : Family Structure and Patterns of Independence Giving to Adolescents : Variations by Age,

Race and Gender of Child, Journal of Family Issues, 1998, 19, 4 July, 404-435.

116. Gerson, Kathleen, : Dismantling the Gendered Family : Breadwinning, Gender, and the Family Values Debate, Contemporary Sociology, 1998, 27, 3, May 228-230.

117. Gomel, J.N. Tinsley, B.J., Parke, Ross D. Clark, K.M., : The Effect of Economic hardship on Family Relationships among African American, Latino, and Euro-American Families Issues, 1998, 19, 4, July, 436-4367.

118. Hacker A. : The War over the Family, The New York Review of Books, 1997, 44, 19,4, Dece. 34-38.

119. Hilton, J.M. and Macari, D.P. : Grandparent Involvement following Divorce : Comparison in Single Mother and Single Father Families, Journal of Divorce and Remarriage, 1997, 28, 1-2, 203-224.

120. Hoodfar, H. : The Impact of Male Migration of Domestic Budgeting : Egyptian Women Striving for and an Islamic Bank getting Pattern, Journal of Comparative Family Studies, 1997, 28, Summer, 73-98.

121. Jurado, G.T. and Nandini, M. : Is the South So Different ? Italian and Spanish Families and Comparative Perspective, South European Society and Politics, 1996, 1, 3, Winter, 42-66.

122. McKittrick. M. : Reinventing the Family : Kinship, marriage and Families Northern Namibia, 1948-1954, Social Science History, 1997, 262, fall, 265-295.

123. Olivas, S.T. & Stoltenberg, C.D. : Post-Divorce Father Custody: Are Mothers the True Predictors of Adults Relationship Satisfaction ? Journal of Divorce and Remarriage, 1997, 25-1-2, 119-137.

124. Post, D. : Why Marriage Should Be Abolished, Women's Rights Law Reporter, 1997, 18, 3, Spring, 283-313.

125. Stack, Steven : Marriage, Family and Loneliness : A Cross National Study, Sociological Perspectives, 1998, 41, 2, Summer, 415-432.

126. Bonavalet, Catherine : Sociologies de al Familie, Sociologie du Logement : Unlein a redefinir (Sociology of the Family, Sociology of Housing : A Redefined Relationship), Scoetieis Contemporaraines, 1997, 25, Jan, 25-44 (FRE).

127. Haurin, R.J., Harurin. D.R., Hendershot, P.H. & Bourassa, S.C. : Home or Alone : The Costs of Independent Living for Youth Social Science Research, 1997, 26,2, June, 135-152.

128. Fallon, B.J. : The Balance between Paid Work and Home Responsibilities : Personal Problem or Corporate Concern? Australian Psychologist, 1997, 32, 1, March, 1-9.

129. Chambers, J. : Values and Families : Intergenerational, Societal and Professional Perspective, Sexual and Marital Therapy, 1997, Vol. 12, No. 2, pp. 173-179.

130. Supra Note 99.

131. Garner, P.W., Robertso, Shannon and Smith, G. : Preschool Children's Emotional Expression with Peer : the Roles of Gender and Emotion Socialisation, Sex Roles, 1997, 36, 11-12, June, 675-691.

132. Simons, R.L. and Beaman. J. : Father's Parenting, Chapt. In Understanding Differences Between Divorced an Intact Families : Stress, Interaction and Child outcome Simons, Ronald, L., and Associates, Thousand Oaks, CA: Sage 1996, pp. 94-103.

133. Romans, P. : Daring to pretend? Motherhood and Lesbianism, Chapt. In Modern Homosexualities : Fragments of Lesbian and Gay Experience, Plummer, Ken (ed.) London, Routledge, 1992, pp. 98-108.

134. Simons, R.L. and Chao, Wei, Conduct Problems, Chpt. In Understanding Differences Between Divorced and Intact Families : Stress, Interaction and Child Outcome, Simons, Ronald L., and Associate, Thousand Oaks, C.A. Sage 1996, pp. 125-143.

135. Nock, S.L. : Too Much Privacy ? Journal of Family Issues, 1998, 19, 1, Jan. pp. 101-118.

136. McAdoo, H.P. : Upaward Mobility across Generations in African American Families, chip in Black Families (3rd edition) Thousand Oaks, CA : Sage, 1997, pp. 139-162.

137. Mendelson, M.J., de Villa, E.P. Fitch. T.A. and Goodman, F.G. : Adult's Expectations for Children's Sibling roles, International Journal of Behavoral Development, 1197, 20, 3, Feb. 549-572.

138. Neff. K.D.: Reasoning about Rights and Duties in the Context of Indian Family Life, dissertation, Abstracts International, A. : The Humanities and Social Sciences, 1998, 58, 8, Feb. 3318-A.

139. Lampers, J.D. and Clark, L.D.S. : Economic Hardship, Family Relationships, and Adolescent Distress :An Evaluation of a Stress – Distress Mediation Model in Mother Daughter and Mother Son Dyads, Adolescence, 1997, 32, 126, Summer 339-356.

अध्याय-2

गवेषणात्मक परिप्रेक्ष्य

शोध की समस्या

आधुनिक विश्व में विशाल जनसंख्या वाले राष्ट्रों में भारत का दूसरा स्थान है। यह देश विश्व के 1/7 भू-भाग पर फैला हुआ है। क्षेत्रीय विविधताओं से परिपूर्ण इस देश में ग्रामीण परिवेश में जीवन निर्वाह की सामाजिक एवम् आर्थिक दशाएँ यथा-प्राथमिक शिक्षा, स्वास्थ्य, पोषण तत्वों की उपलब्धता आदि की स्थिति दयनीय है। अति पिछड़े क्षेत्रों में निवास करने वाले ग्रामीण परिवारों में सदस्यों की औसत संख्या भी तुलनात्मक रूप से अधिक है। इनमें अधिकांश परिवार ऐसे हैं जो अविकसित स्थिति में हैं। ग्रामीण क्षेत्रों में निवास करने वाली जनसंख्या में 36 प्रतिशत अभी भी निर्धनता के नीचे जीवनयापन कर रही है।[1] ग्रामीण परिवेश में निर्धनता रेखा के नीचे निवास करने वाली जनसंख्या का मुख्य व्यवसाय कम उत्पादकता वाले क्षेत्र ही हैं।[2] इनका जनसंख्या वृद्धि में प्रमुख योगदान है।[3]

भारतीय सामाजिक-आर्थिक व्यवस्था में अधिकांश जनसंख्या के लिये उत्पादन का प्रमुख संसाधन कृषि क्षेत्र में सन्निहित है। कृषि ही एकमात्र ऐसा स्रोत है जो कुल उत्पादन के आधे से अधिक मूल्य का उत्पादन प्रदान करता है। लाभदायक कृषि उत्पादकता हेतु जोत आकारों का बड़ा होना आवश्यक होता है। साथ ही साथ यह श्रम प्रधान क्षेत्र भी है। कृषि के लिए श्रमिकों की अधिक से अधिक आवश्यकता की पूर्ति भी ग्रामीण क्षेत्र ही करता है। भारतीय ग्रामीण संरचना के सम्बन्ध में प्राप्त तथ्य यह इंगित करते हैं कि अधिकांश ग्रामीण परिवार या तो भूमिहीन हैं या उनके पास अत्यन्त सीमित भूमि है।[4] मजदूरों के साथ-साथ सीमान्त और लघु कृषक परिवार के सदस्यों को ग्रामीण क्षेत्र में पूरे वर्ष रोज़गार का अवसर भी प्राप्त नहीं होता। यह स्थिति उत्पादकता को प्रभावित करती है और निर्धनता तथा जनसंख्या वृद्धि की निरन्तरता को बनाये रखती है।

विभिन्न अध्ययनों से यह ज्ञात होता है कि ग्रामीण समाज में जनसंख्या वृद्धि का प्रमुख कारण वहाँ निहित निर्धनता और बेरोज़गारी की समस्या है

जिसके निदान के लिए सजग और सार्थक प्रयास के बावुजूद वांछित सफलता प्राप्त नहीं हुई है तथा जिसका मूल कारण यह स्वीकार किया जाता है कि बृहत् जनसंख्या और उसमें हो रही निरन्तर वृद्धि के कारण वांछित रोज़गार के अवसर सृजित नहीं हुये हैं जो ग्रामीण बेरोज़गारी की समस्या को दूर करने में सहयोग देते हैं तथा जिससे निर्धनता की समस्या को कुछ सीमा तक दूर किया जा सकता है और जनसंख्या में हो रही वृद्धि पर अंकुश लगाया जा सकता है। केन्द्र एवं राज्य सरकार द्वारा इस दिशा में किये जा रहे प्रयासों का सीमित सकारात्मक प्रभाव प्राप्त हुआ है।

सामाजिक-आर्थिक जीवन में परिवर्तन के नये मूल्यों को अवगाहित करने का प्रयास तो निरन्तर किया जा रहा है परन्तु इन मूल्यों की सार्थकता को बनाये रखने वाली महिलाओं के विकास के लिए उल्लेखनीय कार्य नहीं किये जा रहे हैं। परिणामतः उनमें वह चेतना अभी भी विकसित नहीं हुयी है जिसकी सर्वांगीण विकास के लिये नितान्त आवश्यकता है। विभिन्न प्रयासों के बावुजूद सामाजिक न्याय का मूल लक्ष्य अभी भी प्राप्त नहीं किया जा सका है। ग्रामीण क्षेत्र में निवास करने वाले लोगों को अपेक्षित सामाजिक एवम् आर्थिक सुरक्षा प्राप्त नहीं हो पायी है। पूर्ववर्ती अध्ययनों से प्राप्त तथ्यों से यह ज्ञात हुआ है कि परिवार नियोजन के वांछित परिणाम प्राप्त नहीं हुये हैं।[5] वस्तुतः विकास की योजनाओं का अधिकतम लाभांश कुछ ही लोगों में सिमट कर रह गया है। निर्धनता, बेरोज़गारी और असमानता की समस्या जनसंख्या वृद्धि के साथ संयुक्त होकर सामाजिक व्यवस्था के समक्ष चुनौती के रूप में व्याप्त है। यद्यपि सन् 1952 से ही सरकार द्वारा आर्थिक योजनाओं के अन्तर्गत परिवार नियोजन को एक आवश्यक और महत्त्वपूर्ण कार्यक्रम के रूप में संचालित किया जा रहा है और फिर भी जनसंख्या की समस्या का समाधान अभी तक नहीं हो पाया है। विभिन्न योजनाओं में जितना व्यय परिवार नियोजन कार्यक्रम के लिये किया गया है उस अनुपात में सफलता प्राप्त नहीं हुई है। ग्रामीण क्षेत्रों में अधिकांश परिवार अभी भी परिवार नियोजन के साधनों को नहीं अपनाते। अशिक्षा, अज्ञानता, रूढ़िवादिता, यौन शिक्षा का अभाव, सामाजिक और आर्थिक बाध्यता, आवास की समस्या, नैतिकता के आधार पर विरोध, संतति निरोध की आदर्श विधि का अभाव, विज्ञापन का अभाव, कार्यकर्ताओं में प्रशिक्षण और कुशलता का अभाव आदि कुछ ऐसी स्थितियाँ हैं जो परिवार

नियोजन के लक्ष्यों को प्राप्त करने की दिशा में समस्या उपन्न करती हैं। परिवार नियोजन के सम्बन्ध में मिथ्या धारणा यह है कि भारत जैसे देश में प्रजनन व्यवहार (Reproductive Behaviour) में परिवर्तन विज्ञापन एवम् इश्तहारों द्वारा किया जा सकता है। आर्थिक साधनों के अभाव में परिवार नियोजन कार्यक्रमों को घर-घर पहुँचाना सम्भव नहीं हो पा रहा है। साधनों के अभाव में इस क्षेत्र में पर्याप्त शोध और प्रशिक्षण की आवश्यकता है। ग्रामीण परिवेश में जीवन-यापन करने वाले परिवारों में जनसंख्या नियोजन के प्रति निहित वैचारिकी, जनसंख्या वृद्धि और परिवार नियोजन के सम्बन्ध में ग्रामीण महिलाओं की उन्मुखता और उनमें निहित जागरूकता के विविध आयामों का समाजशास्त्रीय अध्ययन शोध की समस्या के रूप में चयनित किया गया था।

अध्ययन के मुख्य बिन्दु एवं उद्देश्य

प्रस्तुत शोध की दिशा और उसकी सीमाओं को सुनिश्चित करने के लिये निम्नलिखित उद्देश्य सुनिश्चित किये गये–

1. ग्रामीण परिवारों की समसामयिक संरचना एवं कार्यों का विश्लेषण करना।
2. ग्रामीण परिवेश में जीवन-यापन करने वाली महिलाओं की सामाजिक-आर्थिक जीवन दशाओं का विवेचन करना।
3. ग्रामीण महिलाओं की जीवन शैली एवं शैक्षणिक सांस्कृतिक परिवेश का मूल्यांकन करना।
4. जनसंख्या समस्या और परिवार नियोजन के सम्बन्ध में महिलाओं में जागरूकता स्तर पर स्वीकृति स्तर का मूल्यांकन करना।
5. अत्यधिक संतानोत्पत्ति के सामाजिक-आर्थिक दुष्परिणामों के प्रति जागरूकता के स्तर का ज्ञापन करना तथा नियोजित मातृत्व के प्रति चेतनात्मक जागृति का विवेचन करना।
6. ग्रामीण परिवारों में लड़कियों की शिक्षा के प्रति महिलाओं की उन्मुखता का विश्लेषण करना।
7. महिलाओं में स्वयं तथा बच्चों के प्रति स्वास्थ्य चेतना एवं गर्भकाल, प्रसव, पूर्व प्रसव एवं प्रसवोत्तर काल की चिकित्सकीय जागरूकता, उपचार एवं चिकित्सा आदि की प्रकृति का सर्वेक्षण करना।

8. महिलाओं की सामाजिक जागरूकता में संचार माध्यमों की भूमिका का विश्लेषण करना।
9. परिवार के सदस्यों और बच्चों के स्वास्थ्य के सम्बन्ध में महिलाओं की सोच का विवेचन करना।
10. पारिवारिक एवं वैवाहिक जीवन के प्रति ग्रामीण महिलाओं में निहित विचारों का मूल्यांकन करना।
11. महिलाओं की उभरती आत्मछवि, स्वावलम्बन, अधिकार दायित्व बोध एवं सामाजिक-आर्थिक समानता की प्रकृति का विश्लेषण करना।
12. अर्थोपार्जन एवं वेतनभोगी जीवन वृत्ति के प्रति उभरते उन्मेष का मूल्यांकन करना।

उपकल्पना

1. ग्रामीण परिवेश में निवास करने वाले निर्धन परिवारों में सम्पन्न परिवारों की तुलना में बच्चों की संख्या अधिक होती है। ऐसे परिवारों में साक्षरता स्तर भी निम्न होता है तथा उनमें बच्चे उपभोक्ता की तुलना में उत्पादक के रूप में स्वीकार किये जाते हैं। तात्पर्य यह है कि ज्यों-ज्यों परिवार की आर्थिक स्थिति में सुधार होता जाता है और साक्षरता में वृद्धि होती जाती है। त्यों-त्यों परिवार में बच्चों की संख्या को सीमित रखने की प्रवृत्ति में भी विकास होता जाता है।
2. शिक्षित महिलाएं अशिक्षित महिलाओं की तुलना में परिवार नियोजन के प्रति अधिक जागरूक हैं तथा वे परिवार नियोजन के आधुनिक संसाधनों को सरलता से अपनाती हैं जबकि अशिक्षित महिलाएं पारिवारिक दबाव, परम्परागत धार्मिक मान्यता और रूढ़ियों के कारण परिवार नियोजन के साधनों के प्रति जानकारी रखते हुए भी उसे स्वतन्त्रता-पूर्वक अपनाने से वंचित रहती हैं।
3. सामान्यतः सभी शिक्षित और सम्पन्न वर्ग की महिलाएं छोटा परिवार सुखी परिवार के विचार से सहमत हैं जबकि निर्धन और अशिक्षित वर्ग की महिलाएं अधिक से अधिक बच्चों को परिवार की इच्छा के अनुसार अवधारित करने का प्रयास करती हैं। परिणामतः वे सुखी परिवार की प्रस्थापित अवधारणा से तारतम्य बनाये रखने में असफल रहती हैं।

4. ग्रामीण महिलाएं परिवार नियोजन से होने वाले लाभ के प्रति सचेष्ट हैं परन्तु परिवार नियोजन के साधनों को स्वीकार करने में परिवार के अन्य सदस्यों के कारण उन्हें कठिनाई होती है। अधिकांशतः महिलाओं के पति भी आधुनिक साधनों का उपयोग करते हैं लेकिन यह स्थिति भी सीमित परिवारों में पायी जाती है।
5. परिवार नियोजन के साधनों एवम् उसकी उपलब्धियों के सम्बन्ध में अधिकांश ग्रामीण महिलाओं को जानकारी पास-पड़ोस तथा विशेष रूप से युवा वर्ग की महिलाओं से प्राप्त होती है। आधुनिक संचार माध्यमों की प्रभावी भूमिका ग्रामीण महिलाओं द्वारा स्वीकार की जाती है।

अध्ययन क्षेत्र

यह शोध पूर्वी उत्तर प्रदेश के वाराणसी जनपद में हरहुआ विकास खण्ड के तीन गाँवों मुर्दहाँ, बेलवरिया, चौका (भुसौला) पर आधारित है। वाराणसी जनपद उत्तर प्रदेश के पूर्वी क्षेत्र में अवस्थित है जिससे चन्दौली, गाजीपुर, भदोही, जौनपुर की सीमाएं सम्बद्ध हैं। उत्तर प्रदेश राज्य के पूर्वी क्षेत्रों के संबन्ध में प्राप्त सांख्यिकी आँकड़ों से यह ज्ञात होता है कि यह क्षेत्र राज्य के पश्चिमी क्षेत्र की तुलना में अत्यन्त पिछड़ा हुआ है। उत्तर प्रदेश राज्य के अर्थ एवं संख्या प्रभाग, राज्य नियोजन संस्थान, लखनऊ द्वारा प्रकाशित 2011 की सांख्यिकी डायरी में दिये गये आँकड़ों से यह ज्ञात होता है कि 243.290 वर्ग किलोमीटर में फैले इस राज्य में 2011 की जनगणना के अनुसार 19.40 करोड़ लोग निवास करते हैं जिसमें 10.34 करोड़ पुरुष और 9.51 करोड़ महिलाएं हैं। राज्य में जनसंख्या घनत्व 695 प्रति वर्ग किलोमीटर पाया गया है तथा 1991 से 2011 के मध्य जनसंख्या में वृद्धि दर 25 प्रतिशत रही है। राज्य में कुल 1,12,804 आबाद ग्राम हैं जिनमें 22,378 हज़ार परिवार निवास करते हैं। राज्य में प्रति व्यक्ति वार्षिक आय 1996-97 में 1980-81 के भाव पर 1,763/-रुपये थी जो 1980-81 में 1,278/-रुपये थी। 1997-98 में कुल राजस्व प्राप्ति 18,032 करोड़ रुपये तथा राजस्व व्यय 25,728 करोड़ रुपये था जबकि पूँजीगत व्यय 1,943 करोड़ रुपया और आयोजनागत मदों पर व्यय 4,871 करोड़ था। कृषि क्षेत्र के संबन्ध में प्राप्त आँकड़े यह इंगित करते हैं कि शुद्ध बोया गया क्षेत्रफल 174 लाख हेक्टेयर था, जबकि एक बार से अधिक बोया

गया क्षेत्रफल 84 लाख हेक्टेयर था। शुद्ध सिंचित क्षेत्रफल 117 लाख हेक्टेयर था जो बोये गये क्षेत्र का 67.5 प्रतिशत था। शुद्ध सिंचित क्षेत्रफल में 66.6 प्रतिशत क्षेत्र नलकूप से, 26.3 प्रतिशत नहरों से, 3.3 प्रतिशत कुएँ से, 0.5 प्रतिशत तालाब एवं झीलों से सिंचित था जबकि 73,828 किलोमीटर लम्बी नहरें भी सिंचाई की सुविधा के लिए प्रयुक्त की जा रही थीं।

प्रदेश में कृषि उत्पादन की दृष्टि से 1995-96 में 383 लाख मिट्रिक टन खाद्यान्न, 1210 लाख मिट्रिक टन गन्ना, 75 लाख मिट्रिक टन आलू और 14 लाख मिट्रिक टन तिलहन का उत्पादन किया गया था। राज्य में बैंकिंग सुविधा एवं जमा राशि के संबंध में प्राप्त आकड़े यह स्पष्ट करते हैं कि 1997 में कुल 8,751 बैंक कार्यरत थे। शैक्षणिक दृष्टि से 55.7 प्रतिशत पुरूष और 25.3 प्रतिशत महिलाएं साक्षर थीं। शैक्षणिक सुविधाओं की दृष्टि से राज्य के अन्तर्गत 91 हज़ार जूनियर बेसिक शिक्षक संस्थाएं थीं जिसमें 8,287 हज़ार बालक और 4,760 हज़ार बालिकाएं शिक्षारत थीं। इसके अतिरिक्त 7 हजार उच्चतर माध्यमिक शिक्षक संस्थाओं में 5,852 हज़ार बालक और 2,522 हज़ार बालिकाएं शिक्षारत थीं।

राज्य में 1994-95 में परिवहन और संचार की दृष्टि से सभी जनपदों के मुख्यालय एक दूसरे से सम्बद्ध हैं। कृषि उत्पादन के परिमाण सूचकांक 1995-96 में 203.4 थे जबकि थोक भाव सूचकांक 926.3 पाये गये हैं। सन् 1970-71 के आधार वर्ष परिगणित सूचकांक यह इंगित करते हैं कि कृषि उत्पादन सूचकांक में दुगूनी और थोक भाव सूचकांक में 9 गूने से अधिक की वृद्धि हुई है। ग्रामीण उपभोक्ता भाव सूचकांक में दुगूनी और थोक भाव सूचकांक में 9 गूने से अधिक की वृद्धि हुई है। ग्रामीण उपभोक्ता भाव सूचकांक 1996-97 में 845.6 था जबकि कृषि-क्रय-विक्रय समता सूचकांक 1996-97 में 99.8 था। राज्य में 6,906 हजार कार्यरत व्यक्ति थे जबकि 3,419 हजार भाड़े के श्रमिक कार्यरत थे। योजनावार व्यय के सम्बन्ध में प्राप्त आंकड़े यह इंगित करते हैं कि पहली पंचवर्षीय योजना के अन्तर्गत जहाँ 153 करोड़ रुपया व्यय किया गया था, वहीं आठवीं पंचवर्षीय योजना में राज्य में 15,779 करोड़ रुपया व्यय किया गया था। यह राज्य जनसंख्या की दृष्टि से भारत का सबसे बड़ा राज्य है। इस राज्य के अधिकांश लोग 11.15 करोड़ ग्रामीण क्षेत्र में निवास करते हैं जबकि नगरीय क्षेत्र में निवास करने वाली जनसंख्या 2.76

करोड़ है। ग्रामीण क्षेत्र में जनसंख्या के आर्थिक वर्गीकरण के आँकड़े यह स्पष्ट करते हैं कि 1991 में मात्र 8.6 लाख ग्रामीण जनसंख्या व्यापार एवं वाणिज्य में संलग्न थी जिसमें महिलाओं की सहभागिता मात्र 0.34 लाख थी। राज्य में ग्रामीण जनसंख्या का 30.52 प्रतिशत भाग ही मुख्य कर्मकर के रूप में कार्यरत था जिसमें पुरुषों की संख्या सर्वाधिक थी। तात्पर्य यह है कि ग्रामीण क्षेत्र में कुल मुख्य कर्मकर 3.04 करोड़ हो गयी थी। दूसरी ओर जनसंख्या के आयु वर्गानुसार वितरण से यह स्पष्ट होता है कि ग्रामीण क्षेत्र की कुल जनसंख्या में 3.18 करोड़ जनसंख्या 10 वर्ष से कम आयु की, 1.34 करोड़ जनसंख्या 10-14 वर्ष आयु वर्ग की, 15-19 वर्ष में 1 करोड़, और 20.29 वर्ष आयु वर्ग में 1.70 करोड़, 30-49 आयु वर्ग में 2.32 करोड़, 50-59 आयु वर्ग में 1 करोड़ और अन्य ग्रामीण जनसंख्या 1.49 करोड़ 60 वर्ष या उससे अधिक आयु की थी। उत्तर प्रदेश की कुल जनसंख्या में से 1991 में 22.62 लाख लोग वाराणसी जनपद में निवास करते थे जिनमें 21.22 लाख हिन्दू धर्मावलम्बी थे।

वाराणसी जनपद

अध्ययन क्षेत्र वाराणसी जनपद 1535 वर्ग किलोमीटर क्षेत्रफल में फैला हुआ है जिसमें प्रति वर्ग किलोमीटर जनसंख्या घनत्व 2399 व्यक्ति पाया गया है। जनपद की सांख्यकीय पत्रिका 2001 के अनुसार जनपद की कुल जनसंख्या में ग्रामीण जनसंख्या 18.78 लाख थी। अनुसूचित जाति के लोग 4.33 लाख और अनुसूचित जनजाति के लोग नगण्य 769 थे। यह जनपद दो तहसीलों में विभक्त है जिसमें 08 सामुदायिक विकासखण्ड, 108 न्याय पंचायतें, 702 ग्राम सभा और 1327 आबाद ग्राम हैं। जनपद में 83 ग्रामीण बैंक शाखाएँ, 32 सहकारी बैंक शाखाएँ और 3 ग्राम्य विकास बैंक की शाखाएँ कार्यरत हैं। जनपद में कुल 95748 हेक्टेयर शुद्ध बोया गया क्षेत्रफल 2007-08 है। सकल सिंचित क्षेत्रफल 1715 हेक्टेयर और शुद्ध सिंचित क्षेत्रफल 822 हजार हेक्टेयर था। कृषि उत्पादन की दृष्टि से 549 हज़ार मिट्रिक टन खाद्यान्न, 537 हज़ार मिट्रिक टन गन्ना, 142 हज़ार मिट्रिक टन आलू और 1 हज़ार मिट्रिक टन तिलहन का उत्पादन 2007-08 किया गया था। जनपद में सिंचाई के लिए 8727 किलोमीटर लम्बी नहरें उपलब्ध थी जबकि 19977 राजकीय नलकूप थे। 2007-08 तक 53,421 व्यक्तिगत नलकूप तथा पम्पसेट लगाये थे। 165 प्रारम्भिक कृषि ऋण समितियाँ कार्यरत थीं जिनके 218 हजार सदस्य थे।[6]

जनपद की सांख्यिकीय पत्रिका, 2008-09 के अन्तर्गत दिये गये तथ्यों से यह स्पष्ट होता है कि वाराणसी जनपद में शैक्षणिक सुविधाओं की दृष्टि से 1,810 जूनियर बेसिक स्कूल, 925 सीनियर बेसिक स्कूल, 301 उच्चतर माध्यमिक विद्यालय और 18 डिग्री कालेज तथा 3 विश्वविद्यालय कार्यरत हैं। जनपद में कुल 30 प्राथमिक स्वास्थ्य केन्द्र और 41 परिवार एवं मातृ शिशु कल्याण केन्द्र तथा 306 उपकेन्द्र रहे हैं। कुल 911 विद्युतीकरण आबाद ग्राम थे जिनमें 845 हरिजन बस्तियाँ थीं।

वाराणसी जनपद की कुल ग्रामीण जनसंख्या में 27 प्रतिशत मुख्य कर्मकर थे। तात्पर्य यह है कि 73 प्रतिशत जनसंख्या आश्रित जनसंख्या के रूप में जीवन-यापन कर रही थी। इनमें अधिकांश जनसंख्या कृषक तथा कृषक श्रमिकों की थी। कुल जनसंख्या में 9.7 प्रतिशत कृषि श्रमिक थे। कुल मुख्य कर्मकरों में 48.7 प्रतिशत कृषक और 38.4 प्रतिशत कृषि श्रमिक थे। समस्त जोतों में 92.04 प्रतिशत लघु एवं सीमान्त जोत थे जो कुल क्षेत्रफल का 59.15 प्रतिशत उपभोग करते थे। सीमान्त जोतों का औसत आकार 0.47 और समस्त जोतों का आकार 0.72 हेक्टेयर था। तात्पर्य यह है कि 8 प्रतिशत जोत मध्यम एवं बृहद आकार के थे जो 41 प्रतिशत क्षेत्रफल को नियन्त्रित करते थे। इस आधार पर यह कहा जा सकता है कि जनपद के अधिकांश कृषक अनुत्पादित व अलाभकारी कृषि संरचना में जीवन-यापन कर रहे थे। 17 विकास खण्डों में हरहुआ विकास खण्ड का चयन अध्ययन क्षेत्र के रूप में किया गया था। जिसमें 15.7 प्रतिशत जनसंख्या अनुसूचित जाति/जनजाति की थी। 83.6 प्रतिशत मुख्य कर्मकरों की आजीविका कृषि से सम्बद्ध थी और साक्षरता दर मात्र 32.7 प्रतिशत था। जनपद के समस्त विकास खण्डों में हरहुआ में सर्वाधिक 30.4 प्रतिशत कुल मुख्य कर्मकर थे जिनमें 83.6 प्रतिशत कृषि में संलग्न थे। पारिवारिक उद्योग में कुल मुख्य कर्मकरों के 2.1 प्रतिशत कर्मकर लगे हुए थे। इस दृष्टि से यह विकास खण्ड अन्य क्षेत्रों की तुलना में अधिक उन्नत स्वीकार किया गया था। इस सम्बन्ध में जनपद के कुछ प्रमुख संकेतक निम्नलिखित हैं।

सारणी संख्या 2.1
वाराणसी जनपद से सम्बन्धित प्रमुख संकेतक

प्रमुख संकेतक	विवरण
जनपद का सम्पूर्ण क्षेत्रफल (कि0मी0)	1535
कुल ग्रामों की संख्या	177
तहसील की संख्या	2
न्याय पंचायत	15
ग्राम सभा	86
जनपद की कुल जनसंख्या (2011)	3682194
पुरुष जनसंख्या	1928641
पुरुष साक्षरता	85.12
स्त्री जनसंख्या	1753553
स्त्री साक्षरता	68.20
हिन्दू	93.81
मुस्लिम	6.03
हिन्दी भाषी	97.26
उर्दू भाषी	2.61

स्रोतः वाराणसी जनगणना 2011.

हरहुआ विकास खण्ड

हरहुआ विकासखण्ड उ.प्र. के वाराणसी जनपद में अवस्थित है। इस विकासखण्ड में 86 ग्राम पंचायत और 15 न्याय पंचायतें हैं। विकासखण्ड में कुल 177 आबाद ग्राम हैं। विकासखण्ड में 2.18 लाख लोग निवास करते हैं जिनमें 38,340 अनुसूचित जाति के लोग 14,497 लोग पिछड़ी जाति के लोग हैं।

22 हजार हेक्टेयर क्षेत्रफल में फैले इस विकासखण्ड में 15..64 हजार हेक्टेयर भूमि शुद्ध बोये गये क्षेत्रफल के अन्तर्गत आती है। सिंचाई के लिए 6.6 किलोमीटर लम्बी नहर, 41 राजकीय नलकूप और 44 भूस्तरीय पम्पसेट, 324 विद्युत नलकूप और 742 डीजल चालित नलकूप कार्यरत हैं। विकासखण्ड में एक साधन सहकारी समिति है। एक क्रय विक्रय समिति, 1 सहकारी बैंक और 2 सहकारी उर्वरक केन्द्र कार्यरत हैं। चिकित्सा एवं जनस्वास्थ्य के लिए

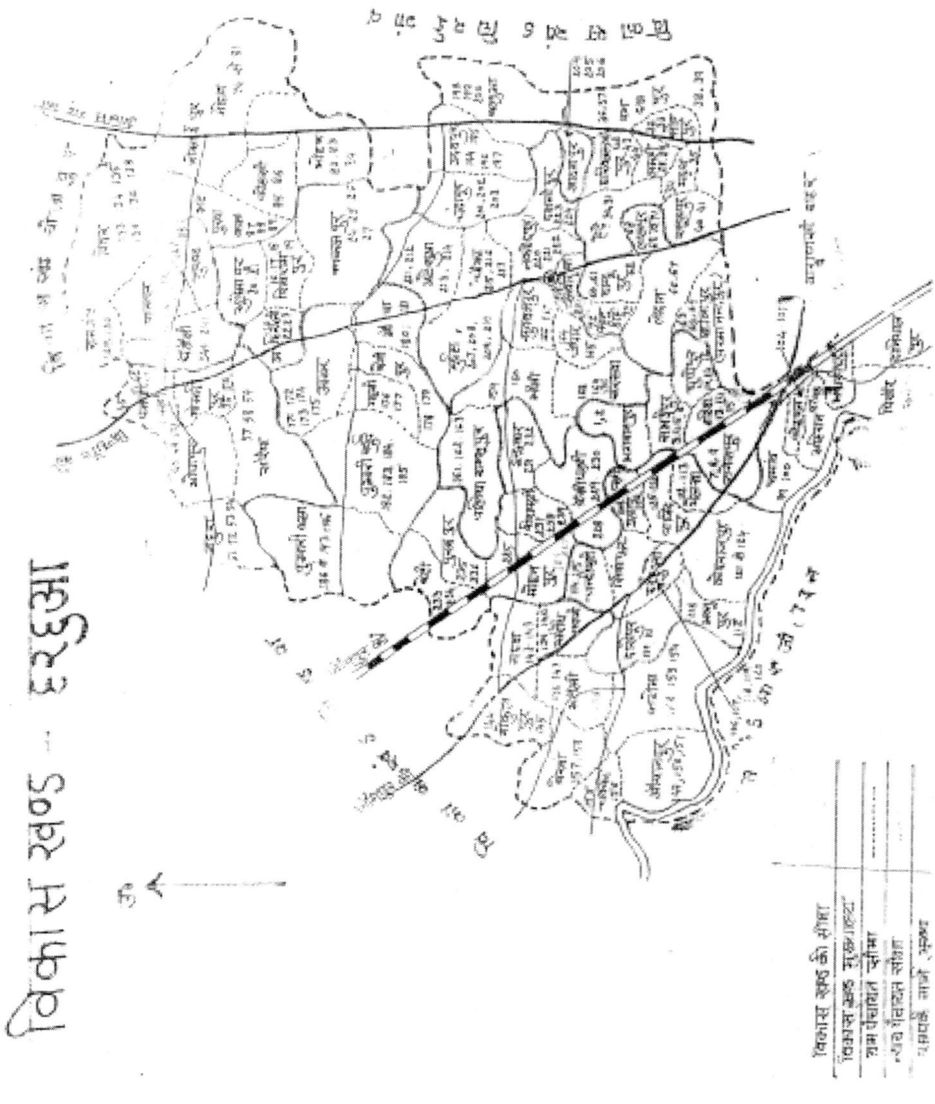

विकासखण्ड में एक सामुदायिक स्वास्थ्य केन्द्र, 5 प्राथमिक स्वास्थ्य केन्द्र, 4 आयुर्वेदिक चिकित्सालय, 2 होम्योपैथिक चिकित्सालय, 1 परिवार कल्याण केन्द्र और 21 मातृशिशु कल्याण केन्द्र हैं।

शैक्षणिक सुविधा की दृष्टि से 72 जूनियर बेसिक स्कूल, 11 सीनियर बेसिक स्कूल, 2 उच्चतर माध्यमिक विद्यालय, 2 स्नातक विद्यालय सुलभ हैं। कुल गाँवों में मात्र 57 गाँव ऐसे हैं जो पक्की सड़कों से सम्बद्ध हैं। बैंकिंग सूचना एवम् अन्य सुविधाएं अति सामान्य स्तर की हैं। हरहुआ विकासखण्ड से सम्बन्धित प्रमुख संकेतक निम्नलिखित सारणी में दिये गये हैं।

सारणी संख्या 2.2

हरहुआ विकासखण्ड से सम्बन्धित प्रमुख संकेतक

प्रमुख संकेतक	विवरण
जनसंख्या का घनत्व प्रति वर्ग किलोमीटर	541
अनुसूचित जाति/जनजाति कुल जनसंख्या का प्रतिशत	15.7
कुछ मुख्य कर्मकरों का कुल जनसंख्या से प्रतिशत	30.4
कृषि में लगे कर्मकरों का कुल मुख्य कर्मकरों से प्रतिशत	83.6
पारिवारिक उद्योग में कर्मकरों का कुल मुख्य कर्मकरों से प्रतिशत	2.1
साक्षर व्यक्तियों का कुल जनसंख्या से प्रतिशत	40.7
महिला साक्षरता	23.1
पुरुष साक्षरता	57.0

अध्ययन हेतु ग्राम का चयन हरहुआ विकासखण्ड से किया गया है। इस विकासखण्ड की विशिष्ट जनसंख्यात्मक प्रवृत्ति को दृष्टि में रखते हुए इसका चुनाव किया गया था। सन् 1991 से 2001 की अवधि में प्रदेश और जनपद की जनसंख्या में वृद्धि की जो गति रही है, वह इस विकासखण्ड में नहीं पायी गयी है। इस दृष्टि से यह विकासखण्ड शोध के लिए अत्यन्त उपयुक्त पृष्ठभूमि प्रदान करता है। इस विकासखण्ड से ऐसे ग्राम का चयन किया गया है जो तुलनात्मक रूप से अन्य ग्रामों की अपेक्षा विकसित और साधन सम्पन्न हो। विकासखण्ड के मुख्यालय से सम्पर्क करके सभी आबाद ग्रामों के सम्बन्ध में विस्तृत उपलब्ध सूचनाएं प्राप्त की गयी थीं। इस विकासखण्ड के विषय में संकलित सूचनाएं निम्नलिखित हैं।

हरहुआ विकासखण्ड जिला मुख्यालय से 05 किलोमीटर दूर है। इसका क्षेत्रफल कुल 210.6 वर्ग किलोमीटर है। इस विकासखण्ड में 26 ग्राम विकास अधिकारी क्षेत्र हैं। इसमें कुल 15,072 आवासीय मकान हैं जिसमें 15,641 परिवार निवास करते हैं। विकासखण्ड की कुल जनसंख्या 1,13,921 है जिसमें 59,183 पुरुष और अन्य स्त्रियाँ हैं। विकासखण्ड में 97.26 प्रतिशत हिन्दी भाषी लोग निवास करते हैं। सन् 1991-2001 के मध्य विकासखण्ड की कुल जनसंख्या में 9,311 लोगों की वृद्धि हुई है जिसमें पुरुषों की संख्या 4,821 और स्त्रियों की 4,490 है। इस विकासखण्ड में जनसंख्या वृद्धि दर जनपद की तुलना में कम है। हरहुआ विकासखण्ड का आर्थिक वर्गीकरण निम्नलिखित है।

सारणी संख्या 2.3

हरहुआ विकासखण्ड में जनसंख्या का आर्थिक वर्गीकरण (1991)

कुल जनसंख्या 1,13, 921

	संख्या	कुल जनसंख्या से प्रतिशत
कृषक	10,428	9.15
कृषि श्रमिक	18,518	16.26
पशुपालन, जंगल लगाना, वृक्षारोपण	346	0.30
खान खोदन	2	0.02
निर्माण कार्य	241	0.21
व्यापार एवं वाणिज्य	1,268	1.11
यातायात, संग्रहण एवं संचार	222	0.19
पारिवारिक उद्योग	715	0.6
अन्य कर्मकर	2,390	2.10
सीमान्त कर्मकर	11	0.11
कुल मुख्य कर्मकर	34,624	30.08

स्रोतः सांख्यिकीय पत्रिका, जनपद वाराणसी, कार्यालय अर्थ एवं सांख्याधिकारी, अर्थ एवं संख्या प्रभाग राय नियोजन संस्थान, उत्तर प्रदेश, पृ. 28-29.

हरहुआ विकासखण्ड का मुर्दहा गाँव आर्थिक दृष्टि से अन्य ग्रामों की अपेक्षा विकसित स्थिति में है। मुर्दहा गाँव से प्राइमरी विद्यालय के अतिरिक्त

एक इण्टर कॉलेज तथा एक कन्या जूनियर हाईस्कूल भी अवस्थित है। विकासखण्ड के विकासशील गाँवों की श्रेणी में यह गाँव प्राथमिक स्तर पर रखा जा सकता है।

वाराणसी तहसील के हरहुआ विकासखण्ड में स्थित मुर्दहा गाँव उत्तर क्षेत्र में है। यह 6 वर्ग कि.मी. क्षेत्रफल में फैला हुआ है। इस ब्लाक के अंतर्गत नगर पालिका क्षेत्र में एक पुलिस स्टेशन, 9 सस्ते गल्ले की दुकानें और 1 शीतगोादाम भी अवस्थित है। 6 जूनियर शैक्षणिक स्कूल और 2 सीनियर बेसिक स्कूल, 3 हायर सेकेन्ड्री स्कूल, 1 महाविद्यालय, 1 सहकारी बैंक, 1 डाकघर तथा 1 तारघर उपलब्ध है। टेलीफोन और सड़क यातायात की सुविधायें भी उपलब्ध है।

समग्र एवं निदर्शन

सामाजिक अनुसंधान की विशिष्ट प्रकृति, सीमित समय, वैयक्तिक प्रयास और पूँजी को दृष्टि में रखते हुए शोध के अन्तर्गत उत्तरदात्रियों के चयन के लिए दैव निदर्शन पद्धति का सहयोग लिया गया था। तद्नुसार अध्ययन विषय के अन्तर्गत कुछ प्रतिनिधिमूलक इकाईयों का चयन किया गया था, क्योंकि समग्र का जनगणनात्मक अध्ययन सम्भव नहीं था। मुर्दहा गाँव की जनसंख्या 2001 जनगणना प्रतिवेदन के अनुसार 3084 थी। इस गाँव में कुल 102 परिवार निवास कर रहे थे। निदर्शों का चयन करने के लिए अध्ययन क्षेत्र में निवास करने वाले कुल परिवारों की सूची विकास खण्ड कार्यालय से प्राप्त की गयी थी। प्रतिनिधित्वपूर्ण निदर्शन के लिए दैव निदर्शन प्रविधि का सहारा लिया गया था। चयनित ग्राम के सभी परिवारों की एक सूची बनाकर नियमित अंकन प्रणाली से प्रति चौथे परिवार को शोध के लिए चुना गया था। तद्नुसार 300 परिवार चिह्नित किये गये थे। प्रत्येक परिवार की प्रमुख विवाहित महिला को शोध में सम्मिलित किया गया था। इस प्रकार यह शोध दैव निदर्शन प्रविधि द्वारा समग्र महिलाओं का चयन सरल तरीके से निष्पक्षतापूर्वक एवं प्रतिनिधित्वपूर्ण किया गया था।

तथ्य संकलन प्रविधि

हरहुआ विकासखण्ड के तीनों ग्रामों के 300 परिवारों की महिलाओं पर आधारित है। वस्तुतः निष्पक्षता और प्रतिनिधिपूर्ण उपादेयता के लिए उत्तरदात्रियों का चयन करने के लिए इस प्रविधि का सहारा लिया गया था। समाजशास्त्रीय एवं जनांककीय अध्ययनों के लिए शोध की विशिष्ट प्रविधि का नियमन

सुनिश्चित किया जाना आवश्यक होता है। जनांककीय शोध की विशिष्ट आवश्यकताओं को ध्यान में रखते हुये तथ्यों के संकलन की सीमाओं और प्रविधियों को सुनिश्चित किया गया है। सामाजिक शोध मूलतः मानवीय समाज में क्रियाशील प्रक्रियाओं और उनमें अन्तर्निहित नियमों की खोज करता है। तद्नुसार यह नवीन तथ्यों या घटनाओं की खोज के साथ-साथ पुराने तथ्यों से उनकी सम्बद्धता का भी मूल्यांकन करता है। ग्रामीण समुदाय के अध्ययन में वहाँ की जनसंख्या, प्रस्थिति, ग्रामीण व्यक्तित्व, व्यवहार, प्रतिमान, अन्तर्निहित घटनाओं, नियमों एवं विभिन्न संस्थागत मूल्यों का अध्ययन आवश्यक होता है। यह शोध मूलतः ग्रामीण परिवारों में महिलाओं की जनसंख्या वृद्धि के प्रति जागरूकता और मूल्यांकन की क्षमतापरक स्थिति का विवरण प्रदान करता है। इस प्रकार यह शोध विशुद्ध शोध की श्रेणी में रखा जा सकता है।

प्रस्तुत शोध की प्रकृति अन्वेषणात्मक और वर्णनात्मक दोनों है। समस्या से सम्बन्धित तथ्यों के संकलन के लिए प्राथमिक एवं द्वितीयक दोनों स्रोत प्रयुक्त किये गये हैं। प्राथमिक तथ्य संकलन हेतु साक्षात्कार-अनुसूची एवं प्रत्यक्ष अवलोकन तथा वैयक्तिक अध्ययन प्रविधि का प्रयोग किया गया है जबकि द्वितीयक स्रोतों के अन्तर्गत सार्वजनिक प्रलेखों, पुस्तकों, जनगणना रिपोर्टों, सांख्यिकीय डायरी, शोध साहित्य आदि को प्रयोग में लाया गया है। साक्षात्कार-अनुसूची ग्रामीण परिप्रेक्ष्य में तथ्य संकलन की सबसे उपर्युक्त प्रविधि पायी गयी है। साक्षात्कार अनुसूची के निर्माण में उन सभी तथ्यों को प्राप्त करने वाले प्रश्न सम्मिलित किये गये थे जो अध्ययन की समस्या और उद्देश्य के अनुरूप थे। साक्षात्कार अनुसूची में दिये गये प्रश्नों के माध्यम से ऐसे तथ्यों से संकलित करना प्रमुख उद्देश्य था जो कि अध्ययन विषय की वास्तविकता को प्रकट करे अथवा *प्राकल्पना* की जाँच में सहायक सिद्ध हो। इसलिए अनुसूची में सम्मिलित किये गये प्रश्न इस प्रकार व्यवस्थित किये गये थे कि वे वास्तविक तथ्यों की उपलब्धता सुनिश्चित कर सकें। तथ्यों का संकलन तीन चरणों में पूरा किया गया। सर्वप्रथम ग्राम्य विवरणिका तैयार की गयी थी। पायलट स्टडी के उपरान्त साक्षात्कार अनुसूची के प्रश्नों को पुनः व्यवस्थित एवं क्रमबद्ध किया गया था। व्यक्तिगत रूप से ग्राम प्रधान, ग्राम विकास अधिकारी एवम् अन्य क्षेत्रीय लोगों से सम्बन्ध स्थापित करके गाँव के

विषय में सूचनाएं संकलित की गई थी। इन सूचनाओं को चयनित उत्तरदात्रियों के माध्यम से पुनः सत्यापित किया था। तदनन्तर साक्षात्कार अनुसूची में दिये प्रश्नों की क्रमबद्धता सुनिश्चित की गई है और उत्तरदात्रियों से व्यक्तिगत रूप से सम्पर्क स्थापित करके तथ्यों का संकलन किया गया है।

साक्षात्कार अनुसूची में अधिकांशतः सरल प्रश्न ही सम्मिलित किये गये थे। अधिकांश प्रश्न संरचित एवं व्यवस्थित थे, जिससे निश्चित उत्तरों की प्राप्ति सुनिश्चित हो सके। कुछ प्रश्न विमुक्त *वचमद* भी रखे गये थे जिनका उद्देश्य उत्तरदात्रियों से कुछ विशेष संदर्भ में सुझाव माँगना था। साथ ही साथ बहुवैकल्पिक प्रश्न भी सम्मिलित किये गये थे जिनका उद्देश्य विकल्पों में उत्तरदात्रियों द्वारा सर्वोत्तम विकल्प का चयन और सोच की प्रकृति का मूल्यांकन करना था। साक्षात्कार अनुसूची के साथ-साथ अवलोकन एवं वैयक्तिक अध्ययन प्रविधियाँ भी तथ्य संकलन के लिए प्रयुक्त की गई हैं। सहभागी अवलोकन प्रविधि का मूल उद्देश्य ग्रामीण परिवारों में जनसंख्या नियंत्रण और परिवार नियोजन के सम्बन्ध में निहित अन्तःक्रियात्मक सम्बन्धों का अवलोकन करना था। अध्ययन क्षेत्र में रहकर ग्रामीण परिवारों के रीति-रिवाज एवं कार्य-कलापों के विषय में विषद् विवरण संकलित करने का प्रयास किया गया था जिसका मूल उद्देश्य यह था कि परिवार की एकात्मक प्रकृति के विषय में सम्पूर्ण विवरण प्राप्त किया जाये। साथ ही साथ उसका गहन अवलोकन करते हुए शोध के उद्देश्य के अनुरूप पर्याप्त सूचना संकलित की जाये। इस उद्देश्य से प्रतिनिधिमूलक अध्ययन इकाईयों से विषद् विचार-विमर्श करके परिवार की संरचना, संगठन और उसमें होने वाले परिवर्तन के विषय में विस्तृत विवरण संकलित किये गये। इस प्रकार ग्रामीण परिवेश में परिवारों की स्थिति, परिवार नियोजन से सम्बन्धित जागरूकता स्तर, जनसंख्या नियंत्रण कार्यक्रमों के विषय में ग्रामीण महिलाओं की सोच और प्रतिक्रिया का विवरण तथा परिवार नियोजन से सम्बन्धित विभिन्न कार्यक्रमों के अनुक्रम का तथ्यपरक विवरण संकलित करने का प्रयास किया गया है।

ग्रामीण परिवार संरचना से सम्बन्धित प्रत्येक जानकारी को अत्यन्त सावधानीपूर्वक संकलित करने का प्रयास किया गया था जिससे विभिन्न कारकों के परस्पर अन्तर्सम्बन्धों को स्थापित किया जा सके। विवाहित

महिलाओं से परिवार नियोजन के प्रति उनकी जागरूकता और परिवार के अन्य सदस्यों में आधुनिक प्रविधियों को अपनाने की अभिरुचि का विवरण भी साक्षात्कार के अन्तर्गत प्राप्त किया गया था।

इस शोध के अन्तर्गत द्वितीयक स्रोत से तथ्यों के संकलन हेतु उत्तर प्रदेश राज्य के वाराणसी जनपद के हरहुआ विकासखण्ड के अन्तर्गत तीनों ग्रामों, मुर्दहा, बेलवरियां एवं चौका (भुसौला) गाँवों के विषय में विस्तृत विवरण ज्ञात करने के लिए जनगणना प्रतिवेदन एवं जनपद की सांख्यिकीय डायरी के साथ-साथ हरहुआ विकासखण्ड कार्यालय से गाँव के विषय में प्राप्त होने वाले तथ्यों का सहयोग लिया गया है। अध्ययन विषय की अवधारणात्मक एवं सैद्धान्तिक प्रकृति को स्पष्ट करने वाले विभिन्न प्रकाशित एवम् अप्रकाशित शोधपरक् अध्ययनों को भी सम्मिलित किया गया है। इसके अतिरिक्त पुस्तकों, शोध पत्रों एवं स्थानीय समाचार पत्रों में प्रकाशित विवरणों से भी तथ्य संकलित करने का प्रयास किया गया है।

अनुमापन प्रविधियाँ

अध्ययन क्षेत्र के परिवारों से प्राप्त गुणात्मक तथा अमूर्त सामाजिक तथ्यों या घटनाओं को परिमाणात्मक स्वरूप प्रदान करने के लिए कुछ विशिष्ट अनुमापन प्रविधियों का भी प्रयोग किया गया है। समाजवैज्ञानिक परिपक्वता की प्राप्ति के लिए तथा वस्तुनिष्ठता बनाये रखने के लिए समाजशास्त्रीय वैज्ञानिक प्रविधियों के अनुरूप सांख्यिकीय प्रमापों का प्रयोग किया गया है। तथ्यों की विश्वसनीयता, परीक्षा, पुनः परीक्षा एवं प्रामाणिकता सुनिश्चित करने के लिए विशिष्ट सांख्यिकीय साक्ष्य प्राप्त करने के प्रयास किये गये थे। प्रत्येक परिवार की प्रमुख विवाहित महिला से पारिवारिक संरचना एवम् उसके संगठनात्मक स्वरूप में हो रहे परिवर्तन के संदर्भ में उसकी मनोवृत्ति के मापन हेतु परिस्थितिजनक तथ्यों के सम्बन्ध में विस्तृत विवरण संकलित किया गया था।

तथ्यों का वर्गीकरण एवं सारणीयन

इस शोध के अन्तर्गत साक्षात्कार अनुसूची के माध्यम से अध्ययन में सम्मिलित परिवारों से एक महिला से जो सूचनाएं प्राप्त की गयी थी, उन्हें उनकी प्रकृति में निहित साम्यता एवं शोध उद्देश्य हेतु उनकी उपादेयता को ध्यान में रखते हुए उनका वर्गीकरण किया गया है। तथ्यों को स्वतंत्र चरों में

रखकर उनके अन्तःसम्बन्धों को विश्लेषित करने का प्रयास किया गया है। प्रत्येक परिवार के मुखिया की आयु, जाति, आय, शैक्षणिक, प्रस्थिति और परिवार के स्वरूप को अध्ययन के अन्तर्गत स्वतन्त्र चर के रूप में प्रयुक्त किया गया है। स्वतन्त्र एवम् आश्रित चरों के मध्य सम्बन्ध सार्थक है या नहीं, इसे स्पष्ट करने के लिए काई स्क्वायर टेस्ट (chi-square test) का प्रयोग करके निष्कर्षों को सामान्यीकरण हेतु प्रयुक्त किया गया है। विभिन्न सारणियों के अन्तर्गत तथ्यों की सार्थकता और उनकी तुलनात्मक स्थिति को प्रदर्शित करने के लिए सम्बन्धित आँकड़ों के साथ-साथ उनका प्रतिशत विवरण भी दिया गया है। सरल सारणियों के साथ-साथ बहुचरीय सारणियों का भी प्रयोग किया गया है।

सारणीयन के उपरान्त तथ्यों का वैज्ञानिक विश्लेषण प्रस्तुत करने का प्रयास किया गया है। इसके अन्तर्गत उनकी क्रमबद्धता सुनिश्चित की गई है। द्वितीयक तथ्यों के आधार पर कुछ विशेष मुद्दों का परीक्षण किया गया है। तथ्यों के विश्लेषण एवं निर्वचन (व्याख्या) के आधार पर प्राप्त निष्कर्षों के परिप्रेक्ष्य में सामान्यीकरण तथा शोध के समाज-वैज्ञानिक निहितार्थ की स्थापना की गई है।

अध्ययन अवधि में कठिनाइयाँ

प्रस्तुत शोध ग्रामीण महिलाओं में परिवार नियोजन एवं जनसंख्या वृद्धि के प्रति जागरूकता का तथ्यपरक विश्लेषण है। शोध के विशिष्ट विषयक प्रत्यक्षीकरण में भी अध्ययन काल में विभिन्न प्रकार की समस्याओं का सामना करना पड़ा। उनमें से कुछ प्रमुख समस्याएं निम्नलिखित रही हैं।

शोध के लिये आवश्यक प्राथमिक तथ्यों का संकलन परिवार की महिलाओं से प्राप्त करने के लिए सर्वप्रथम परिवार के मुखिया की सहमति आवश्यक थी। सामान्यतः ग्रामीण परिवार के अधिकतर लोग तथ्य संकलन में सहयोग देने के लिए तैयार नहीं हो रहे थे, क्योंकि उनके मन में यह धारणा थी कि परिवार के सम्बन्ध में विस्तृत जानकारी देना उनके लिये हितकर नहीं हो सकता है। इसलिए प्रश्नों का उत्तर देना बेकार है, इस समस्या के समाध ाान हेतु गाँव के मुखिया और क्षेत्र के सम्भ्रान्त लोगों से निरन्तर सम्पर्क में रहना पड़ा। इससे अनावश्यक समय का नुक़सान हुआ और शोध के लिये तथ्यों का संकलन करने में दो वर्ष से भी अधिक समय व्यतीत करना पड़ा।

सामान्यतः उत्तरदात्रियों के अशिक्षित होने के कारण साक्षात्कार अनुसूची में सम्मिलित विषय को बार-बार स्पष्ट करना पड़ा। ग्रामीण महिलायें अपने परिवार में सदस्यों की संख्या गणना करने में कुछ घबराहट महसूस कर रही थीं। उन्हें डर था कि परिवार नियोजन से सम्बन्धित कार्यक्रम के विषय में सूचनायें संकलित करके कहीं इनके विरूद्ध कार्रवाई न की जाय। साथ ही साथ कुछ तो अपने सम्बन्ध में भी सूचना देने में हिचक रही थीं। उनके मन में इस बात का भय बना रहा कि कहीं बतलायी गयी सूचनाओं के आधार पर सरकार द्वारा कोई कार्रवाई न की जाये। कुछ महिलायें तो ऐसी भी थीं जो संकोचवश परिवार नियोजन के साधनों के बारे में जानकारी नहीं देना चाहती थीं। ऐसी महिलाओं को अपने बारे में विधिवत् जानकारी देनी पड़ती थी। इस समस्या से सर्वप्रथम तो अत्यधिक निराशा हुई, परन्तु बाद में आदत-सी बन गई और गाँव के प्रतिष्ठित व्यक्तियों की सहायता से अपने लक्ष्य को प्राप्त करने में सफलता मिली।

शोध की सीमाएँ

समाजशास्त्रीय शोध के अन्तर्गत विषयवस्तु की विशिष्टता के कारण जो सीमाएँ सन्निहित होती हैं, उनसे यह शोध विलग नहीं है। सामाजिक घटनाओं की जटिलता, अमूर्तता, समरूपता का अभाव, सार्वभौमिकता की कमी और उनकी परिवर्तनशील प्रकृति के साथ-साथ सामाजिक प्रघटनाओं से उनके अन्तःसम्बन्धों का मूल्यांकन करना अत्यधिक जटिल होता है। सैद्धान्तिक एवं व्यावहारिक दृष्टि से सामाजिक प्रघटनाओं के मध्य सार्वभौमिक अभिमतों का निर्माण किया जाना दुरूह कार्य है। परन्तु वर्तमान शोध के अन्तर्गत ग्रामीण क्षेत्र में निवास करने वाले परिवारों से जिन तथ्यों के संकलन का प्रयास किया गया था, वे तथ्य उनके *अनुभाश्रित* ज्ञान और भोगे हुए यथार्थ का चित्रण करने में किस सीमा तक समर्थ हैं। इसे सत्यापित करना उतना ही दुरुह है जितना कि समस्या से सम्बन्ध स्थापित करना। शोध के लिए आवश्यक समंक सितम्बर 2009 से लेकर अगस्त 2010 की अवधि में संकलित किये गये थे। विवाहित ग्रामीण महिलाओं को ही शोध के अभिकेन्द्र में रखा गया था जिनसे शोध के उद्देश्य और उपकल्पनाएँ विश्लेषित की जा सके। ग्रामीण क्षेत्र में निर्धनता, गुटबाजी, जातीय प्रतिबद्धता और निरक्षरता आदि कुछ ऐसी प्रमुख समस्याएं थीं जो सूचनाओं के संकलन में बाधा उत्पन्न करती थी। परन्तु

ग्रामीण महिलाओं के साथ धीरे-धीरे अनौपचारिक सम्बन्ध विकसित करके आवश्यक तथ्य संकलित करने में सफलता प्राप्त की गयी थी। प्रस्तुत शोध के अन्तर्गत किसी सिद्धान्त निर्माण का प्रयास नहीं किया गया है परन्तु विशिष्ट सामाजिक-आर्थिक परिवेश वाले समाज में निवास करने वाले परिवारों से प्राप्त किये गये तथ्य समान स्थिति में समस्या को समझने में उपयोगी एवं सार्थक हो सकते हैं।

अवधारणात्मक स्पष्टीकरण

शोध के अन्तर्गत जो प्रमुख अवधारणाएं प्रयुक्त की गयी हैं, उनमें निहित अर्थबोध का स्पष्टीकरण शोध की समस्या, उद्देश्य और सामान्यीकरण की स्थापनाओं के लिये आवश्यक है। इसे दृष्टि में रखते हुए प्रमुख अवधारणाओं का स्पष्टीकरण दिया जा रहा है।

परिवार नियोजन

परिवार नियोजन का तात्पर्य अपने साधनों के अनुरूप सोच विचार कर अपनी स्वेच्छा से परिवार का परिसीमन करना है। परिवार नियोजन का क्षेत्र व्यापक है जिसमें बच्चों की संख्या, उनके जन्म के मध्य अन्तर, आयु में अन्तर, उनका स्वास्थ्य, भरण-पोषण, चिकित्सा एवं परिवार के आकार इत्यादि सभी समस्याओं को सम्मिलित किया गया है।

प्रजनन नियन्त्रण

प्रजनन नियन्त्रण परिवार नियोजन का एक अभिन्न अंग है जिसका उद्देश्य जन्म दर को नियन्त्रित करना है। व्यापक अर्थों में प्रजनन नियन्त्रण को ही परिवार नियोजन की संज्ञा दी जाती है जबकि दोनों में पर्याप्त अन्तर है। प्रजनन नियन्त्रण पद को जन्म निरोध और गर्भ निरोध दोनों ही स्थितियों में प्रयुक्त किया जाता है परन्तु प्रजनन नियन्त्रण का शाब्दिक अर्थ यह इंगित करता है कि यह शब्द गर्भ धारण के बाद शिशु जन्म को प्रतिबन्धित करने की स्थिति है। परन्तु इस शोध के अन्तर्गत प्रजनन नियन्त्रण का तात्पर्य उस विचार तथा प्रविधि से लगाया गया है जो किसी भी स्थिति में गर्भ धारण को ही प्रतिबन्धित करता है। आत्मसंयम की प्राकृतिक विधि, सुरक्षित गर्भाधान काल, अस्वाभाविक प्रतिक्रिया, गर्भ निरोध की कृत्रिम विधियाँ आदि कई प्रविधियाँ हैं जो जन्म नियन्त्रण के साधन के रूप में प्रयुक्त की जाती हैं।

सामाजिक परिवर्त्य

सामाजिक परिवर्त्यों के अन्तर्गत आयु, जाति, शिक्षा, धर्म, व्यवसाय और आय आदि कारकों को स्वतंत्र चर के रूप में प्रयुक्त किया गया है। प्रयुक्त अवधारणाओं का अर्थबोध और उनका स्पष्टीकरण प्रचलित समाजशास्त्रीय मान्यताओं के अनुरूप ही स्वीकार किया गया है। प्रस्तुत शोध के अन्तर्गत इन अवधारणाओं का जिस रूप में प्रयोग किया गया है, उनका विवरण निम्नलिखित है।

आयु–उत्तरदात्रियों द्वारा अध्ययन अवधि में वर्षों में बतायी गयी उम्र को आयु माना गया है। यद्यपि अध्ययन में सम्मिलित उत्तरदात्रियों की आयु 20 से 50 वर्ष तक की है, परन्तु वर्गीय विश्लेषण के लिए 10 वर्ष के अन्तराल के आधार पर उत्तरदात्रियों को तीन वर्गों में रखा गया है।

जाति–अध्ययन क्षेत्र में विभिन्न जातियों के लोग निवास करते हैं। विश्लेषण की सुविधा हेतु ब्राह्मण, क्षत्रिय एवं कायस्थ परिवारों को उच्च जाति समूह में रखा गया है। अन्य पिछड़े वर्ग के अन्तर्गत आने वाली जातियों को मध्यम या पिछड़ी जाति समूह में तथा अनुसूचित जाति एवं जनजाति की महिलाओं को निम्न जाति समूह में रखा गया है। तदनुसार उत्तरदात्रियों को उच्च, पिछड़ी एवं निम्न जाति-वर्ग की कोटियों में रखकर तथ्यों को विश्लेषित किया गया है।

शिक्षा–औपचारिक रूप से शिक्षा के लिए शैक्षणिक संस्थाओं से उत्तीर्ण मानक स्तरों को आधार माना गया है। यद्यपि निदर्शन में अशिक्षित से लेकर उच्च स्तर तक शिक्षा प्राप्त उत्तरदात्रियाँ हैं, परन्तु वर्गीकृत विश्लेषण के लिए शिक्षा स्तर को तीन भागों में रखा गया है। उत्तरदात्रियों को अशिक्षित, औपचारिक (प्राइमरी से हाईस्कूल) और शिक्षित (उच्चतर माध्यमिक एवम् उच्च शिक्षा) वर्गों में रखा गया है।

व्यवसाय–जीविकोपार्जन के लिये किये जाने वाले मुख्य कार्य को व्यवसाय माना गया है। वर्गीय विश्लेषण के लिए अध्ययन में सम्मिलित परिवारों के व्यवसाय को तीन भागों में बाँटा गया है–(i) कृषि, (ii) कृषि मज़दूरी एवम् (iii) अन्य, यथा- नौकरी, व्यापार, दुकान और अन्य मज़दूरी।

सम्पत्ति का स्वरूप–ग्रामीण परिवारों में सम्पत्ति के परम्परागत स्वरूप के अनुरूप ही उत्तरदात्रियों के परिवार के सम्पत्ति सम्बन्धी विवरण को चल और अचल दो वर्गों में रखा गया है। चल सम्पत्ति के वास्तविक मूल्य तथा अचल

सम्पत्ति के समकालिक मूल्य को आधार मानकर कुल सम्पत्ति मूल्य को विवेचित किया गया है।

आवास (मकान)–आवास को तीन भागों में बांटा गया है। प्रथम कच्चा-इसके अन्तर्गत उन आवासों को लिया गया है, जो मिट्टी की दीवारों, खपरैल तथा लकड़ी इत्यादि से निर्मित किया गया हो, द्वितीय पक्का-इसके अन्तर्गत उन आवासीय मकानों को लिया गया है, जो पूर्णतया ईंट, सीमेन्ट, पत्थर और लकड़ी इत्यादि से निर्मित किये गये हों और तृतीय मिश्रित-इसके अन्तर्गत उन आवासों को लिया गया है जिसमें उपर्युक्त दो या दो के अधिक प्रकृति के आवास हों।

आय–परिवार के सदस्यों के व्यवसाय से प्राप्त होने वाली कुल वार्षिक धनराशि को आय माना गया है। यद्यपि ग्रामीण परिवारों की वार्षिक आय 12 हजार रुपये से 5 लाख रुपये तक है, परन्तु वर्गगत विश्लेषण के लिये रुपये 25 हजार से कम आय करने वाले परिवारों को निम्न, 25 हज़ार से अधिक और 10 लाख तक वार्षिक आय करने वाले परिवारों को मध्यम् तथा एक लाख रुपये से अधिक आय करने वाले परिवारों को उच्च आय समूह माना गया है। इस प्रकार महिलाओं को उच्च, मध्यम एवं निम्न आय वर्गों में रखा गया है।

References

1. See for details, World Development Report on 'Poverty' Oxford University Press, Oxford, p. 29; Chambers, R. 1981 Rural Poverty Unperceived Problems and Remedies, World Development, Vol. IX, pp. 1-9 and Mishra, R.P. (1979), Indian Economic Development, Brahmanand P.R. etal. (eds.),Vikash New Delhi.
2. Grewal, S. Population Policy in India and its Present Research Needs, in Gandotra, M.M. and Nayan Das (eds.) Policy in India, Blackie & Sons Publishes Pvt. Ltd. Bombay, 1984, pp. 3-7.
3. *Ibid.*
4. Shah, M.H. and T.D. Khatri, Demographic Impact of Family Welfare Programme in Gujrat in Gandotra, M.M. et.al., op.cit., pp. 136-155, *See also*, Lal, R.B. and V.S. Swamy, A Comparative Study of the Fertility Pattern in Tamil Nadu and Uttar Pradesh in Gandotra, M.M. et. al., pp. 113-123.
5. Statistical Diary of District Varanasi, Uttar Pradesh, 2001.

अध्याय-3

सामाजिक-आर्थिक परिदृश्य

परिचय

मानव समाज का अस्तित्व पुरुष और स्त्री के अंतःसम्बन्धों पर आधारित है। दोनों के परस्पर सम्बन्ध जिस बृहद् सामाजिक व्यवस्था का निर्माण करते हैं। अंततः उस व्यवस्था के प्रकार्यात्मक सम्बन्धों से नियंत्रित और संचालित भी होते हैं। समाज के क्रमबद्ध विकास को सुनिश्चित करने में महिलाओं की भूमिका पुरुषों की अपेक्षा कहीं अधिक महत्त्वपूर्ण होती है। महिलाएं न केवल गर्भधारण और बच्चों के जन्म का उत्तरदायित्व वहन करती हैं अपितु बच्चों के समाजीकरण में भी उनकी भूमिका पुरुषों की अपेक्षा अधिक सकारात्मक होती है। उनकी जीवन शैली भी सामाजिक, सांस्कृतिक एवम् आर्थिक संरचना और तद्जनित प्रकार्यों में निहित अन्तर्सम्बन्धों पर आश्रित है। इस व्यवस्था में होने वाला परिवर्तन समाज की आधार संरचना को प्रभावित करता है जो अंततः प्रत्येक महिला की प्रस्थिति और भूमिका को भी परिवर्तित करने में सक्षम होता है। तात्पर्य यह है कि व्यक्ति अपनी सामाजिक एवम् आर्थिक पृष्ठभूमि का अन्तिम उत्पाद है। आधुनिक विश्व में सामाजिक एवम् आर्थिक व्यवस्था में होने वाले परिवर्तन का प्रभाव पारिवारिक जीवन के विभिन्न पक्षों पर सकारात्मक एवं नकारात्मक दोनों रूपों में देखा जा सकता है।

समाज के प्रत्येक सदस्य का उसकी सामाजिक-आर्थिक प्रस्थिति से घनिष्ठ सम्बन्ध होता है। वस्तुतः प्रत्येक व्यक्ति अपने समाज और संस्कृति का केवल विशिष्ट उत्पाद मात्र नहीं होता अपितु वह उसका निर्धारक भी होता है। इस संदर्भ में यह उल्लेखनीय है कि प्रत्येक परिवर्तनशील समाज में सदस्यों की समायोजनशीलता उनकी सामाजिक-आर्थिक प्रस्थिति से सम्बद्ध होती है। ऐसी स्थिति में समाज की प्राथमिक इकाई के रूप में प्रत्येक परिवार अपने सदस्यों की आवश्यकताओं की पूर्ति उपलब्ध संसाधनों, नियमों तथा कार्य प्रणालियों के अनुरूप करता है। समाज में उत्पादन, वितरण, उपभोग, संपत्ति, श्रम विभाजन

और उत्तराधिकार से सम्बन्धित परम्पराएं, नियम, प्रणाली और कार्य पद्धतियों एवं सुनिश्चित व्यवस्था के अनुरूप पायी जाती हैं जिसके अन्तर्गत ही कुछ विशिष्ट प्रतिमानों में मानवीय आवश्यकताओं की पूर्ति होती है। सामाजिक-आर्थिक व्यवस्था में होने वाला कोई भी परिवर्तन प्रत्येक परिवार की आंतरिक एवं बाह्य संरचना को निर्धारित करता है। इस प्रक्रिया में संतुलित समायोजन जहाँ समाज के लिये लाभपरक और विकास के लिये *उर्ध्वगामी* होता है, वहीं यदि समायोजन संतुलित न हुआ तो परिवर्तन के दुष्परिणाम जनसंख्या में वृद्धि और जनसंख्या विस्फोट की स्थिति उत्पन्न कर देते हैं। विभिन्न अध्ययनों से यह स्पष्ट हुआ है कि निर्धन और पिछड़े परिवारों में सदस्यों की संख्या अधिक पायी जाती है।

समाज की परम्परागत व्यवस्था में होने वाला कोई भी परिवर्तन समाज के सभी सदस्यों को किसी-न-किसी रूप में प्रभावित करता है। महिलाओं पर परिवर्तन का प्रभाव सामाजिक एवं सांस्कृतिक दृष्टि से महत्त्वपूर्ण स्वीकार किया जा सकता है क्योंकि महिलाएं समाज की विशिष्ट संस्कृति की संवाहक और विकास का प्रतिबिम्ब होती हैं। उनकी प्रत्येक भूमिका अपने सकारात्मक संदर्भों में समाज के लिये अत्यधिक उपयोगी होती है। वस्तुतः महिलाएं सामाजिक संरचना को संतुलित रखने वाली भूमिकाओं का आधार सृजित करती हैं। नयी पीढ़ी के समाजीकरण और पुरानी पीढ़ी के साथ उसका सामंजस्य बनाये रखने में महिलाओं की महत्त्वपूर्ण भूमिका होती है।

भारतीय समाज में प्राचीन काल से लेकर 18वीं शताब्दी तक सामाािजक-आर्थिक गत्यात्मकता पूर्णतः परम्परागत व्यवस्था की सम्पोषक रही है। लोगों का प्रयास परिवर्तन और नैरन्तर्य के प्रतिमानों को समझने का रहा है। भारत में परम्परागत समाज प्राकृतिक श्रम विभाजन, सामाजिक जीवन में सद्‌गुणों का विकास और जीवन के कल्याणकारी मानवीय हित पोषक उद्‌देश्यों पर आधारित था।

सामाजिक जीवन की स्थिरता और परिवर्तन के सह-अस्तित्व के कारण भारतीय समाज और संस्कृति में पीढ़ी-दर-पीढ़ी सांस्कृतिक संश्लेषण और सांस्कृतिक विशेषकों का संचरण होना संभव हो सका है। परम्परागत भारतीय समाज की आधार संरचना में ब्रिटिश शासन, ईसाई मिशनों और अंग्रेजी शिक्षा के कारण महत्त्वपूर्ण परिवर्तन हुए हैं। वस्तुतः 18वीं और 19वीं शताब्दी में

उपनिवेशवादी ब्रिटिश व्यवस्था के कारण भारतीय समाज में बृहद रूपान्तरण हुआ था। मध्यमूवर्ग का उदय और पश्चिमी संस्कृति के प्रति बढ़ते हुये आकर्षण ने भारतीय जीवन पद्धति को परिवर्तित करने में महत्त्वपूर्ण योगदान दिया है। 20वीं शताब्दी के पूर्वार्द्ध में तीव्र औद्योगिकीकरण और तद्‌जनित प्रभाव के कारण भारतीय सामाजिक एवम् आर्थिक संरचना में आधारभूत परिवर्तन उत्पन्न हुआ है। उत्पादन पद्धति, व्यावसायिक संरचना, शिक्षा व्यवस्था, न्यायपालिका और प्रशासन, आर्थिक संरचना, प्रौद्योगिकी, उत्पादन एवं वितरण व्यवस्था, संचार और यातायात आदि सभी क्षेत्रों में क्रांतिकारी परिर्वन हुआ है। इस परिवर्तन का प्रभाव सामाजिक और आर्थिक व्यवस्था पर भी देखा जा सकता है। इस सम्बन्ध में यह उल्लेखनीय है कि औद्योगिक और नगरीय विकास के माध्यम से भारतीय समाज के परम्परागत व्यावसायिक और आर्थिक क्षेत्र में महत्त्वपूर्ण परिवर्तन हुये हैं। परिणामतः लोगों की प्रस्थिति और भूमिका में भी अत्यधिक परिवर्तन हुआ है। आर्थिक क्षेत्र में भी उल्लेखनीय प्रगति प्राप्त की गयी है। परन्तु अभी भी भारत की अधिकांश जनसंख्या ग्रामीण क्षेत्रों में निर्धनता की स्थिति में जीवन-यापन के लिये बाध्य है जिसका मूल कारण आर्थिक पिछड़ापन और अशिक्षा है। इसमें महिलाओं की स्थिति अधिक दयनीय है।

जनसंख्या वृद्धि और जनसंख्या नियंत्रण के व्यवस्थित अध्ययन में, उस पृष्ठभूमि का जिसका व्यक्ति अंग होता है, का अध्ययन आवश्यक है। विभिन्न समाजशास्त्रीय अध्ययनों के अन्तर्गत यह मत प्रस्थापित किया गया है कि वैयक्तिक जीवन और पारिवारिक संरचना दोनों समाज द्वारा प्रदत्त व्यवस्था से नियोजित एवं संचालित होती हैं। व्यक्ति की उसकी सामाजिक-आर्थिक पृष्ठभूमि और उसकी गतिशीलता में अत्यन्त निकट का सम्बन्ध पाया जाता है। विशिष्ट परिवेश में सृजित सामाजिक-आर्थिक दशाएं व्यक्ति की प्रदत्त प्रस्थिति, जीवनशैली, व्यवसाय, आकांक्षा आदि को ही निर्धारित नहीं करती, अपितु प्रत्येक व्यक्ति और समाज के जीवन के लिए आवश्यकतापूर्ति की संघर्षपरक क्षमता को भी निर्धारित करती हैं। व्यक्ति एवं समाज की क्षमता के निर्धारण में उनके विशिष्ट गुणों का महत्त्वपूर्ण योगदान होता है। उनमें निहित विशिष्टताएं समाज के साथ उसके समायोजन की दिशा एवं स्वरूप को निर्धारित करती हैं।

उपर्युक्त सार्वभौमिक तथ्यों की पृष्ठभूमि में इस अध्याय के अन्तर्गत चयनित महिलाओं की सामाजिक-आर्थिक पृष्ठभूमि से सम्बन्धित संकलित तथ्यों का विवेचन किया जा रहा है। सामाजिक-आर्थिक पृष्ठभूमि के अन्तर्गत अध्ययन क्षेत्र के समग्र से चयनित महिलाओं की आयु, जाति, धर्म, शैक्षणिक, प्रस्थिति, वैवाहिक स्थिति, व्यवसाय, पारिवारिक आय आदि के सम्बन्ध में तथ्य संकलित किए गए हैं जिनका विश्लेषण किया जा रहा है।

वैयक्तिक पृष्ठभूमि

ग्रामीण महिलाओं की वैयक्तिक पृष्ठभूमि के सम्बन्ध में उनकी आयु, जाति, धर्म, शिक्षा, व्यवसाय, आय और वैवाहिक स्थिति जैसे पक्षों से सम्बन्धित तथ्य विवेचित किए जा रहे हैं। आयु संरचना की दृष्टि से विकासशील देशों की कुल जनसंख्या में शिशुओं और बच्चों (15 वर्ष से कम आयु वाले) का अनुपात विकसित देशों की तुलना में अधिक होता है, वास्तव में किसी देश की आयु संरचना से ही उस देश की कुल जनसंख्या में कार्यशील एवम् उत्पादन जनसंख्या का पता चलता है। विकासशील देशों की जनांकिकीय स्थिति विकसित देशों से विपरीत है। इन देशों में कुल जनसंख्या में 15 वर्ष से कम बच्चों की संख्या अनुपात ही अधिक होती है। इसके विपरीत 50 या 55 वर्ष और इससे अधिक आयु वाले लोगों की संख्या बहुत कम होती है। जहाँ संयुक्त राज्य अमेरिका, कनाडा, नार्वे व इंग्लैण्ड आदि विकसित देशों में व्यक्ति की प्रत्याशित आयु क्रमशः 66, 69 तथा 67 वर्ष है, जबकि मध्य पूर्व एशिया एवं लैटिन अमेरिका के विकासशील देशों में प्रत्याशित आयु 32 से 40 वर्ष है, यद्यपि विगत कुछ वर्षों में इसमें वृद्धि हुई है।[1]

संयुक्त राष्ट्र के अनुसार एशिया, अफ्रीका, लैटिन, अमेरिका में कुल जनसंख्या में 40 प्रतिशत जनसंख्या 15 वर्ष से कम आयु के लोगों की है जबकि संयुक्त राज्य अमेरिका में यह अनुपात 23 प्रतिशत तथा ग्रेट ब्रिटेन में 25 प्रतिशत है। 15 से 65 वर्ष के आयु संवर्ग में विकसित देशों में कुल जनसंख्या का 65 प्रतिशत तथा विकासशील देशों में 55 प्रतिशत भाग सम्मिलित होता है। यदि इन देशों की जनसंख्या का आय पिरामिड बनाया जाय तो वह क्रमशः ऊपर संकरा होता जायेगा क्योंकि इन देशों में सर्वाधिक जनसंख्या कम आयु के लोगों की और सबसे कम जनसंख्या वयोवृद्ध लोगों की

होती है।[2] यदि भारतीय जनसंख्या की आयु संरचना का विश्लेषण करें तो स्पष्ट होता है कि वह भी अन्य विकासोन्मुख देशों के समान है।

1. अर्द्ध-विकसित देशों की जनसंख्या की आयु संरचना में कम आयु की जनसंख्या का अनुपात अधिक होता है। कुल जनसंख्या में 55 वर्ष से अधिक आयु के लोगों का अनुपात सबसे कम होता है क्योंकि इन देशों में जीवन अवधि कम होती है।
2. अर्द्ध-विकसित देशों में कार्यशील जनसंख्या का अनुपात विकसित देशों की तुलना में कम होता है। कार्यशील जनसंख्या से तात्पर्य देश की उस जनसंख्या से है जो उत्पादक के रूप में कार्य करती है। आयु की दृष्टि से इसमें 15 से 35 वर्ष की आयु के लोग सम्मिलित किये जाते हैं। प्रो. केन्डलवर्ग के अनुसार विकसित देशों की कुल जनसंख्या में 65 प्रतिशत जनसंख्या 15 से 65 वर्ष आयु वर्ग की होती है जबकि अर्द्ध विकसित देशों में इसी आयु वर्ग की जनसंख्या केवल 55 प्रतिशत है। चूँकि अर्द्ध विकसित देशों में 15 से 59 वर्ष संवर्ग की जनसंख्या को ही उत्पादक श्रेणी में रखा जाता है और जनसंख्या में इनका भी अनुपात कम होने के कारण यह कहना अनुचित न होगा कि यहाँ उत्पादकों की अपेक्षा उपभोक्ता ही अधिक होते हैं।

इस सम्बन्ध में यह उल्लेखनीय है कि किसी भी परिवार में महिला की आयु उसकी प्रजनन क्षमता, प्रस्थिति के निर्धारण, पारिवारिक व्यवस्था में उसकी भूमिका के निर्धारण में महत्त्वपूर्ण कारक का कार्य करती है। प्रत्येक महिला के वैयक्तिक एवं सामाजिक जीवन में उसकी आयु का महत्त्वपूर्ण स्थान होता है। एक विशिष्ट आयु के स्तर पर पहुँचने के बाद प्रत्येक महिला से यह आशा की जाती है कि वह समाज में निर्धारित दायित्व का वहन करे और तदनुरूप व्यवहार करे।

वस्तुतः आयु न केवल शारीरिक एवं मानसिक परिपक्वता की सम्भावित स्थिति का प्रतीक है अपितु इसके आधार पर प्रत्येक समाज में विवाह, श्रम विभाजन में भूमिका निर्धारण, परिवार निर्माण, सामाजिक अनुभव तथा प्रजनन क्षमता का आंकलन किया जा सकता है। विभिन्न महिलाओं में निहित आयु जनित अन्तर उनके जीवन शैली के अन्तर को भी स्पष्ट करता है।[3]

महिला की आयु उसकी शारीरिक एवं मानसिक कार्यक्षमता या अक्षमता को भी इंगित करती है। आयु के आधार पर प्रत्येक समाज में उसे कन्या,

युवती और वृद्ध जैसी श्रेणियों में रखा जाता है। सामाजिक प्रस्थिति और भूमिका में किया जाने वाला अन्तर आयु से सम्बन्धित अन्तर पर आधारित है। सांसारिक अनुभव और ज्ञान की परिधि आयु के आधार पर ही स्पष्ट की जाती है। समाज की आधारभूत संरचना से सम्बद्ध आर्थिक संस्थाओं में परिवर्तन, प्राकृतिक व्यवस्था में परिवर्तन और इन परिवर्तनों के परिणामस्वरूप सामाजिक जीवन पर होने वाले प्रभाव का परिणाम भी महिला की आयु संरचना में सन्निहित हो जाता है। तात्पर्य यह है कि आयु में होने वाला परिवर्तन प्रत्येक महिला की शारीरिक एवं मानसिक दशाओं को प्रभावित करता है।[3]

उपर्युक्त तथ्यों को दृष्टि में रखते हुए अध्ययन में सम्मिलित ग्रामीण महिलाओं को उनकी आयु के आधार पर तीन वर्गों में रखा गया है। आयु वर्गों का निर्धारण करने के लिये जनगणना प्रविधि और प्रजनन क्षमता को निर्धारित करने वाली आयु सीमा तथा परिवार नियोजन के सम्बन्ध में किये गये अध्ययनों को आधार बनाया गया है। भारतीय महिलाओं में प्रजनन क्षमता की अधिकतम आयु सीमा 50 वर्ष स्वीकार की गयी है। अध्ययन में सम्मिलित महिलायें 20 वर्ष से 50 वर्ष तक की आयु (प्रजनन क्षमता) की थी। महिलाओं की आयु को 10 वर्षीय अन्तराल में तीन वर्गों में रखा गया है। इस सम्बन्ध में संकलित तथ्य सारणी संख्या 3.1 में दिए गए हैं।

सारणी संख्या 3.1

आयु के आधार पर महिलाओं का वर्गीकरण

आयु वर्ग (वर्ष में)	संख्या	प्रतिशत
20-30	156	52.00
30-40	96	32.00
40-50	48	16.00
योग	300	100.00

X = 31.88.

सारणी संख्या 3.1 में दिये गये तथ्यों से यह स्पष्ट होता है कि अधिकांश महिलाएं 20 से 40 वर्ष तक की आयु की हैं जबकि 16 प्रतिशत महिलाएं 40 वर्ष से अधिक आयु की हैं। 20 से 30 वर्ष आयु वर्ग में 52 प्रतिशत महिलाएं थीं और 32 प्रतिशत महिलाएं 30 से 40 वर्ष आयु वर्ग की थीं। तात्पर्य यह है कि अधिकांश महिलाएं (84 प्रतिशत) युवा थीं।

अध्ययन में सम्मिलित महिलाओं की आयु संरचना के आधार पर कहा जा सकता है कि अधिकांश महिलाओं को पारिवारिक एवं सामाजिक जीवन की भूमिका का न केवल अनुभव था अपितु उसमें उत्पन्न होने वाली समस्याओं का भी ज्ञान था। ग्रामीण महिलाएं परिवार में बच्चों की सम्भावित अधिक संख्या से न केवल भिज्ञ हो सकती हैं अपितु उस स्थिति में किस प्रकार समायोजन किया जा सकता है। इस सम्बन्ध में भी उनमें अनुभवजन्या की स्थिति का अनुमान लगाया जा सकता है। अध्ययन में सम्मिलित महिलाओं की आयु के सम्बन्ध में संकलित तथ्यों के आधार पर यह कहा जा सकता है कि अधिकांश महिलायें पारिवारिक उत्तरदायित्व का भार संवहन करने में सक्षम थीं।

जनसंख्या विस्फोट की स्थिति में कार्यक्रमों का समुचित उपयोग एवम् उससे समायोजन हेतु विवाहित महिला के व्यक्तित्व का समायोजित होना भी नितान्त आवश्यक होता है। संतुलित व्यक्तित्व का विकास एक निश्चित आयु के बाद ही सम्भव होता है। प्रत्येक समाज में इस व्यवस्था के प्रस्थापित प्रारूप पाये जाते हैं। भारतीय समाज के परम्परागत स्वरूप के अन्तर्गत वर्णाश्रम व्यवस्था इसका प्रमुख उदाहरण है। इस व्यवस्था के अन्तर्गत प्रत्येक महिला को उसकी आयु के आधार पर एक निश्चित प्रस्थिति से संयुक्त किया जाता है। आयु विशेष में यह स्वीकार किया जाता है कि महिला विवाह योग्य, प्रजनन योग्य और अन्य सामाजिक सम्बन्धों के निर्वाह के उपयुक्त है। पारिवारिक व्यवस्था के साथ समायोजन का कौशल आयु विशेष में ही विकसित होता है। परिपक्व आयु में विवाह न केवल संतुलित व्यक्तित्व का विकास करता है अपितु परिवार के साथ सामंजस्य बनाए रखने के कार्य में उसे सकारात्मक सहयोग देता है। यह सहयोग उसकी आयु जनित उपलब्धियों, अनुभवों और सामाजिक अंतःक्रियाओं का प्रतिफल होता है। तात्पर्य यह है कि आयु के साथ-साथ महिला अपने अनुभवजन्य ज्ञान तथा प्रदत्त ज्ञान में सामंजस्य स्थापित करते हुए अपनी जीवनशैली के निर्धारण तथा परिवार को नियोजित रखने के लिये कुछ नये ज्ञान अथवा कार्य विधाओं का सृजन कर लेती है। परिवार में सदस्यों की संख्या में हो रही वृद्धि के कारण उत्पन्न होने वाली समस्याओं का किस प्रकार सामना किया जाय और समय विशेष में प्रत्यक्ष होने वाली प्रघटनाओं का प्रतिफल क्या होगा, आदि की जानकारी महिला को एक निश्चित आयु के बाद ही प्राप्त हो पाती है।

जाति

जाति व्यवस्था जन्म पर आधारित व्यवस्था है जो समाज की श्रेणी व्यवस्था अथवा संस्तरणात्मक संरचना में व्यक्ति की एक सुनिश्चित प्रस्थिति को इंगित करती है। भारतीय जाति व्यवस्था में प्रत्येक जाति का सदस्य दूसरी जाति के सदस्य की तुलना में उच्चता या निम्नता के संस्तरणात्मक सम्बन्धों में बंधा हुआ है। जाति व्यवस्था की एक प्रमुख विशेषता यह रही है कि परम्परागत समाज में एक विशेष जाति से सम्बन्धित व्यक्ति एक विशिष्ट सामाजिक एवं व्यावसायिक प्रस्थिति के प्रदत्त गुणों का संवहन करता है। तात्पर्य यह है कि जाति विशेष में जन्म लेने के उपरान्त व्यक्ति के समक्ष कुछ पूर्व निश्चित बाध्यतायें होती हैं जो उसके जीवन की समस्त क्रियाओं का निर्धारण करने का प्रयास करती हैं। पारिवारिक व्यवस्था से प्राप्त अथवा उत्तराधिकार के रूप में व्यक्ति को जो कुछ भी परिवार से प्राप्त होता है वह उसके भावी जीवन की दशाओं को निर्धारित एवं संचालित करता है। उदाहरण के लिये यदि व्यक्ति सम्पन्न परिवार में जन्म लेता है तो उसे उत्तराधिकार में उत्तम आवास, लाभकारी व्यवसाय, उच्च सामाजिक प्रस्थिति, उत्तम शिक्षा आदि प्राप्त होती है। दूसरी ओर निर्धनता के परिवेश में जन्म लेने वाले व्यक्ति के लिये अपने शारीरिक श्रमजनित मूल्य के अतिरिक्त और कुछ भी नहीं होता। उसकी आवासीय स्थिति न तो स्वास्थ्यकर होती है और न ही प्राकृतिक आपदाओं से उसे वह सुरक्षा भी प्रदान होती है। तात्पर्य यह कि व्यक्ति की सामाजिक एवम् आर्थिक स्थिति को उसके समायोजनकारी व्यवहार का आधार स्वीकार किया जा सकता है। उदाहरण के लिए समस्यात्मक सामाजिक एवम् आर्थिक प्रघटनाओं में गंभीर स्थिति का सामना करने में जहाँ अनुसूचित जाति और जनजाति के निर्धन परिवार सक्षम नहीं होते, वहीं उच्च जातियों में आवश्यक सक्षमता पायी जा सकती है।

भारतीय सामाजिक आर्थिक संरचना में जाति व्यवस्था, व्यक्ति, परिवार एवं समूह के विकास के प्राथमिक निर्धारक के रूप में कार्य करती रही है। डेविस (1955)[4], श्रीनिवास (1955)[5], मजूमदार (1956)[6], बेली (1961)[7], दूबे (1961)[8], घूरिये (1969)[9], देसाई (1969)[10], कानलान (1970)[11], कोहन (1974)[12] आदि ने जाति संरचना और उसके गुणों की विशिष्टताओं का विशद अध्ययन किया है। दूबे (1961) ने जाति के संरचनात्मक एवं प्रकार्यात्मक पक्षों का

विश्लेषण करते हुए ग्रामीण क्षेत्र में इसकी क्षैतिज संरचना की श्रेष्ठता का उल्लेख किया है। उनका कथन है कि जीवन के विभिन्न पक्षों में एक जाति के लोग एक समान कार्य करते हैं। मजूमदार (1958)[13] का कथन है कि ऐसे देश में जहाँ परम्पराओं और प्रथाओं का महत्त्व है, जहाँ लोग जाति में जन्म लेते हैं और समूह निर्माण के लिए स्वतंत्र न हों, वहाँ संस्थापक स्थितियों एवं जातीय संरचना की अनदेखी नहीं की जा सकती है।

भारतीय सामाजिक संरचना में विभिन्न जातियों की मौलिक विशेषताएं उन्हें एक दूसरे से पृथक करती हैं। प्रत्येक जाति का व्यवसाय परम्परा से सुनिश्चित होता है। व्यक्ति जन्म से ही जाति विशेष का सदस्य बनकर जातीय संरचना से संयुक्त हो जाता है। भारतीय समाज जातिबद्ध समाज है। प्रत्येक जाति को एक निश्चित व्यवसाय से सम्बद्ध माना जाता है। जाति का मूल आधार जन्म है। भारतीय इतिहास में जातीय संरचना में अनुकूल एवं प्रतिकूल की दशाएँ विभिन्न समयों में आती रही हैं। संस्कृतिकरण के फलस्वरूप जातीय प्रतिबन्धों में काफ़ी कमी आयी है।[14]

भारतीय जाति व्यवस्था अपने परम्परागत प्रतिमानित आदर्शों और निषेधों के माध्यम से वैयक्तिक एवं सामुदायिक जीवन को प्रभावित करती रही है। हट्टन (1963)[15] व्यक्ति के सामान्य जीवन में जाति के प्रतिबन्धों का अत्यधिक महत्त्व मानते हैं। सामान्यतः ग्रामीण क्षेत्रों और कस्बों में जाति के प्रतिबन्धों का अत्यधिक महत्त्व है। ग्रामीण क्षेत्रों और कस्बों में जाति के प्रति लोगों की सन्नद्धता अत्यधिक दिखलायी पड़ती है। देसाई (1969)[16] का कथन है कि जाति व्यक्ति के क्रियाशील जीवन के महत्त्वपूर्ण पक्षों को निर्धारित करने में विशेष भूमिका का निर्वाह करती है।

आधुनिक समाज में जाति की प्रभुसत्ता में हो रही कमी के प्रमुख कारणों में व्यवसाय चयन की स्वतन्त्रता, परम्परागत व्यवसायों से आबद्धता की समाप्ति, शिक्षा के सुलभ अवसर और आर्थिक विकास की स्थितियाँ प्रमुख हैं।

औद्योगिकीकरण के फलस्वरूप जाति का प्रभाव धीरे-धीरे कम हो रहा है। जाति एक लघु एवं पूर्ण इकाई है जो एक दूसरे में भेद करती है, यह स्थिति विकास के वर्तमान परिप्रेक्ष्य में धीरे-धीरे समाप्त हो रही है। परन्तु परम्परागत जातीय प्रस्थिति का टूटन हिन्दू समाज व्यवस्था के वर्तमान स्वरूप में अत्यन्त दुष्कर है। जातीय आधार पर सरकारी ग़ैर-सरकारी श्रम क्षेत्रों में नियोजन की

प्रवृत्तियों ने अन्तर्जातीय वैमनस्य को बढ़ावा दिया है। प्रत्येक जाति अपनी स्थिति के भारतीय समाज में जातीय प्रस्थिति एक विशिष्ट सामाजिक और आर्थिक प्रस्थिति को इंगित करती है।

जाति के अनुरूप प्रत्येक व्यक्ति और उसके प्रत्येक परिवार का समाज में एक विशिष्ट स्थान होता है। उच्च जातियाँ सामान्यतः सम्पन्न और सुविधायुक्त होती हैं। परिणामतः उच्च सामाजिक प्रस्थिति प्राप्त परिवारों में सामान्यतः सदस्यों की संख्या कम होती है और परिवार नियोजन के साधनों को अपनाने के प्रति ऐसे परिवारों की महिलाओं में उन्मुखता भी उच्च स्तर की हो सकती है। अध्ययन हेतु चयनित महिलाओं की जाति को प्रस्थापित वैधानिक वर्गीकरण के आधार पर उच्च, मध्यम (पिछड़ी) एवं निम्न (अनुसूचित जाति/जनजाति) जाति समूह में वर्गीकृत करके उनसे सम्बन्धित तथ्यों का विवरण अग्रिम सारिणियों में दिया गया है। उच्च जातियों के अन्तर्गत ब्राह्मण, क्षत्रिय, कायस्थ जाति की महिलाओं को रखा गया है जबकि मध्यम जाति संवर्ग में यादव, कुर्मी, बनिया, कोयरी, नाई, लोहार (विश्वकर्मा), सैयद, अंसारी, शेख जाति की महिलायें थीं। निम्न जाति संवर्ग के अन्तर्गत चमार, खटिक, पासी, भाट, भंगी, कुरैशी और धोबी जाति की महिलाओं के साथ अनुसूचित जनजाति की भी महिलाएँ थीं। विकासशील क्षेत्र के रूप में हरहुआ विकासखण्ड के अंतर्गत आने वाले मुर्दहा, चौका (भुसौला) व बेलवरिया ग्रामों में ग्रामीण परिवार में जातीय प्रतिबन्ध धीरे-धीरे सीमित हो रहे हैं। सामाजिक और आर्थिक अन्तःक्रियाओं के परिणामस्वरूप महिलाओं में जागरूकता का विकास हो रहा है। महिलाओं के साथ साक्षात्कार के समय उनकी सामाजिक जागरूकता और विभिन्न जाति के परिवारों के साथ उनके अन्तःसम्बन्धों के विषय में भी बातचीत की गई थी जिससे यह स्पष्ट हुआ कि महिलायें अपने परिवेश के प्रति जागरूक हैं। लेकिन ग्रामीण क्षेत्र में जातियों के संस्तरणात्मक बोध अभी भी प्रभावी हैं। इसे दृष्टि में रखते हुए उत्तरदात्रियों की जातीय प्रस्थिति के सम्बन्ध में तथ्यों का संकलन किया गया था जिसे सारणी संख्या 3.2 के अन्तर्गत दिया गया है।

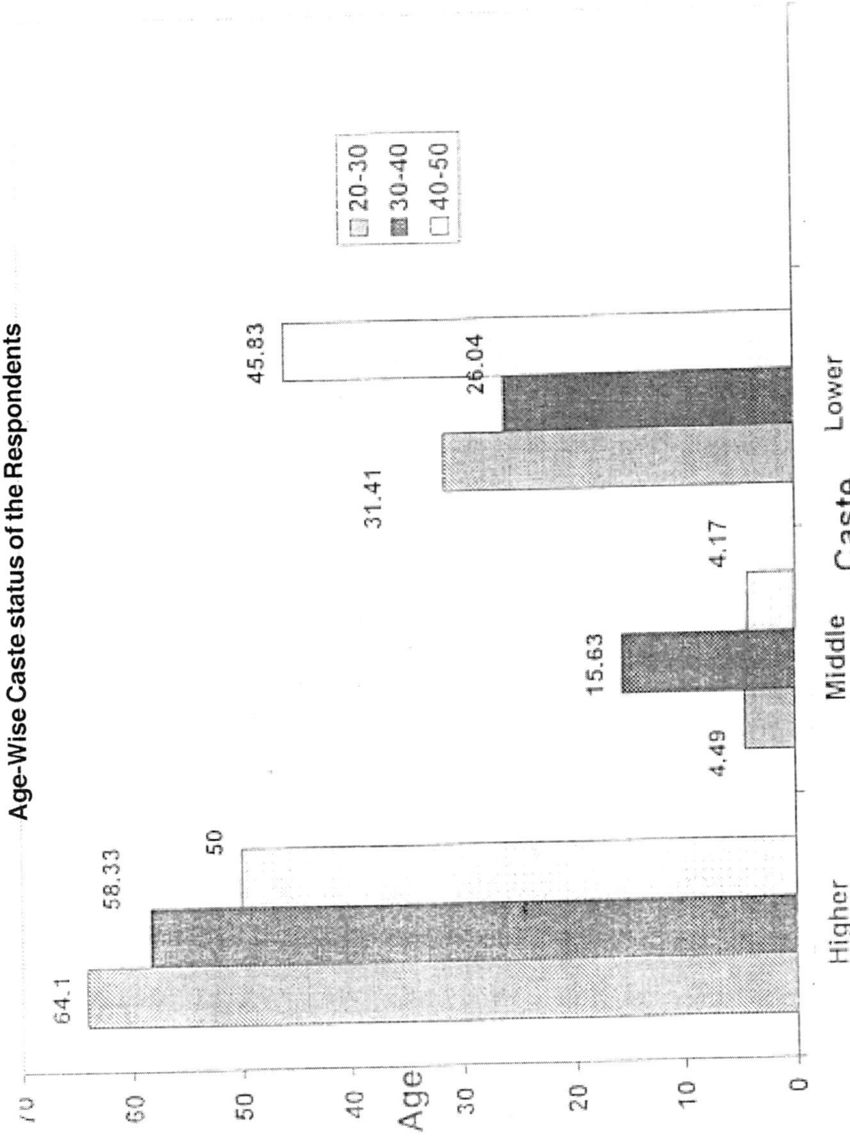
Age-Wise Caste status of the Respondents
20-30
30-40
40-50
64.1
58.33
50
4.49
15.63
4.17
31.41
26.04
45.83
Higher
Middle
Lower
Caste
Age
60
50
40
30
20
10
0

सारणी संख्या 3.2
जाति के आधार पर महिलाओं का वर्गीकरण

जाति	संख्या	प्रतिशत
उच्च	180	60.00
पिछड़ी	24	8.00
अनुसूचित जाति	96	32.00
योग	**300**	**100.00**

महिलाओं की जाति के सम्बन्ध में संकलित तथ्यों का विवरण सारणी संख्या 3.2 के अन्तर्गत दिया गया है जिससे यह स्पष्ट होता है कि अधिकांश महिलायें (60 प्रतिशत) उच्च जाति की थीं। पिछड़ी जाति की महिलायें केवल 8 प्रतिशत थीं जबकि अनुसूचित जाति और जनजाति की 32 प्रतिशत महिलायें थीं।

महिलाओं की जातीय प्रस्थिति से यह स्पष्ट होता है कि अनुसूचित जाति और जनजाति की महिलायें तुलनात्मक रूप से कम थीं जबकि उच्च जाति की महिलाओं की संख्या तुलनात्मक रूप से अधिक थी। महिलाओं की जातीय प्रस्थिति और उनकी आयु के अन्तःसम्बन्धों को स्पष्ट करने के लिए आयु के आधार पर उनकी जाति का विवरण सारणी संख्या 3.3 के अन्तर्गत दिया गया है।

सारणी संख्या 3.3
आयु के आधार पर महिलाओं की जाति का विवरण

आयु वर्ग (वर्ष में)	उच्च	मध्यम	निम्न	योग
20-30	100	7	49	156
	64.10	4.49	31.41	100.0
30-40	56	15	25	96
	58.33	15.6	26.04	100.00
40-50	24	2	22	48
	50.00	4.17	45.83	100.00
योग	180	24	96	300
	(60.00)	(8.00)	(32.00)	(100.00)

उपर्युक्त सारणी में दिये गये तथ्य यह इंगित करते हैं कि 20 से 30 आयु वर्ग में अधिकांश महिलायें उच्च जाति की थीं। इस आयु संवर्ग में पिछड़ी जाति की 4.49 प्रतिशत और अनुसूचित जाति की 31.41 प्रतिशत थीं। 30 से 40 वर्ष आयु वर्ग में 58.33 महिलायें उच्च जाति की थी, अन्य जातियों की अपेक्षा पिछड़ी जाति की महिलायें कम थीं। इस आयु वर्ग की कुल महिलाओं में पिछड़ी जाति की 15.63 प्रतिशत महिलायें थी जबकि अनुसूचित जाति और जनजाति की 26.04 प्रतिशत महिलायें थीं। दूसरी ओर 40 वर्ष से अधिक आयु वर्ग में जहाँ अनुसूचित जाति के परिवारों की महिलाओं की प्रतिशतता अधिक हुई है, वहीं पिछड़ी जाति के परिवारों की महिलायें मात्र 4.17 प्रतिशत थी और उच्च जाति की महिलायें अधिक पायी गयी हैं। समग्र से चयनित परिवारों में उच्च जाति की महिलाओं की संख्या तुलनात्मक रूप से अन्य जातियों की अपेक्षा अधिक थी। सभी आयु संवर्गों में उच्च जाति की महिलाओं की संख्या अधिक थी।

महिलाओं की जातीय प्रस्थिति के सम्बन्ध में प्राप्त किये गये तथ्यों को उनकी आयु के आधार पर सारणी संख्या 3.3 के अन्तर्गत प्रस्तुत किया गया है जिससे यह स्पष्ट होता है कि महिलाओं में अधिकांश युवा महिलायें उच्च और निम्न जाति समूह की थीं। 50 वर्ष से अधिक आयु की अधिकांश महिलायें उच्च जाति की थीं। सारणी में दिये गये तथ्य यह भी स्पष्ट करते हैं कि 40 से 50 वर्ष आयु वर्ग में अनुसूचित जातियों में महिलाओं की प्रतिशतता तुलनात्मक रूप से अधिक पायी गयी है। 30 वर्ष से कम आयु वर्ग में उच्च जाति की महिलायें अधिक थीं। इस संवर्ग में अनुसूचित जाति की महिलायें भी अधिक संख्या में थीं।

धर्म

समाज विशेष की संस्कृति और उसमें अन्तर्निहित मूल्य एक विशेष धार्मिक परिवेश का निर्माण करते हैं। धर्म व्यक्ति में सद्‌गुण, सामाजिक आचरण व व्यवहार तथा समुदाय के सदस्यों के स्वीकार्य आदर्शों का विकास करता है। प्रत्येक समाज के सदस्य किसी न किसी धार्मिक परिवेश से प्रभावित होते हैं जो उनकी सामाजिक एवम् आर्थिक क्रियाओं को भी प्रभावित करता है। काम्ट नैतिकता को धर्म का मूल आधार मानते हैं और व्यक्ति के गुण धर्म के अनुसार समाज में उसकी प्रस्थिति और भूमिका के निर्धारण पर बल देते हैं।

मार्क्स (1936)[17] धार्मिक व्यवस्था को सम्बन्धित समाज की आर्थिक संरचना की उत्पत्ति मानता है। वार्ड का कथन है कि समाज की प्रथाओं का पालन करना धर्म की आवश्यकता होती है जबकि दुर्खीम की दृष्टि में समाज की पवित्र वस्तुओं की रक्षा के लिये धर्म आवश्यक होता है। समाज के धर्म की संरचना सामूहिक प्रतिनिधित्व पर आधारित विश्वास से होती है जो अपनी अन्तःक्रिया में सामाजिक विचारों, विश्वासों और मूल्यों को संवाहित करता है।

सामाजिक जीवन में सांस्कृतिक प्रतिमान, परम्पराएं, मूल्य, प्रतीक और विश्वासों के *सम्प्रत्यय* का प्रभाव व्यवस्था की प्रत्येक इकाइयों पर पड़ता है। मानव का धार्मिक जीवन उसके सामाजिक परिवेश के साथ अपनी प्रभावकारी भूमिकाओं के माध्यम से आर्थिक जीवन को प्रभावित करता है। आर्थिक संरचना की विशिष्टता धर्म के प्रभावी स्वरूप को स्पष्ट करती है। ग्रामीण क्षेत्रों में कृषि उत्पादन संरचना से जुड़े हुए ग्रामीणों पर धर्म का प्रभाव नगरों एवं कस्बे के लोगों की अपेक्षा अधिक होता है। व्यक्ति का धार्मिक दृष्टिकोण उसके बौद्धिक, भावनात्मक एवं दिन-प्रतिदिन के जीवन को प्रभावित करता है। आजीविका उन्मुख अर्थव्यवस्था में जीवन-यापन करने वाले लोगों के प्रत्येक क्रिया कलापों में धार्मिक विचारों एवं मान्यताओं का प्रभाव दिखलायी पड़ता है। भारतीय सामाजिक जीवन में ब्रिटिश शासन व्यवस्था के प्रारम्भ से पश्चिमी शिक्षा प्रणाली के आगमन और सामाजिक, आर्थिक तथा राजनैतिक जीवन में हुए परिवर्तनों ने परम्परागत धार्मिक व्यवस्था के संकुचित मूल्यों को परिवर्तित करने में महत्त्वपूर्ण भूमिका निभायी है। तत्प्रभावी पूँजीवादी अर्थव्यवस्था के विकास के साथ-साथ धार्मिक प्रभाव की स्थिति में कमी आयी है। दूसरी ओर, आधुनिक ग्रामीण समाज में धर्म के कुछ सुधरे हुए प्रतिरूपों की व्यवस्था दिखलायी पड़ती है।

आधुनिक व्यवस्था में बदलते हुए जीवन प्रतिमानों पर परम्परागत मूल्यों की अनावश्यक प्रतिबन्धमूलक दशाओं के प्रभाव में निरन्तर कमी पायी जाती है। साथ ही रूपान्तरित ग्रामीण सामाजिक संरचना के विशिष्ट उत्पादन सम्बन्ध मानव जीवन को आर्थिक जटिलताओं से आच्छादित करने में सक्रिय भूमिका निर्वाह कर रहे हैं जिसका प्रभाव उनके जीवन मूल्यों की परिवर्तित स्थिति से दृष्टिगत होता है।

धर्म की उत्पत्ति उन सामाजिक विचारों और विश्वासों से होती है, जिन्हें समाज पवित्र मानता है। दुर्खीम (1947)[18] का कथन है कि धर्म, सामूहिक प्रतिनिधित्व का विचार है। वह व्यक्ति के सम्पूर्ण जीवन को संचालित करता है। धर्म समाज के सदस्यों में एकत्व की स्थापना करता है और इस सन्दर्भ में यह एकत्व स्थापित करने वाले विश्वासों एवम् अनुष्ठानों की संयुक्त व्यवस्था है जो समुदाय के सदस्यों को एक नैतिक समूह के रूप में रहने के लिए बाध्य करती है।

मानव समाज में समाजीकरण की प्रक्रिया के साथ धार्मिक संस्थाओं का प्रभाव स्पष्ट देखा जा सकता है। डासन (1949)[19] का कथन है कि जीवन के सामाजिक तरीक़े, जीवन के धार्मिक नियमों में पाये जाते हैं और इन नियमों की आश्रितता अमानवीय शक्तियों पर होती है और वे जादुई होती हैं। उनका कहना है कि मानव जीवन के सम्पूर्ण इतिहास में धार्मिक प्रवृत्ति हमेशा और प्रत्येक जगह एक शक्तिशाली एवं स्थायी शक्ति के रूप में निहित रही है, जिसने मनुष्य की सत्ता को परिवर्तित करने में महत्त्वपूर्ण भूमिका निभायी है। हम अपने भूतकाल के बारे में विश्वास करते हैं और प्रतिस्थापित करते हैं कि धार्मिक मूल प्रवृत्ति, मानव जीवन और समाज से अलग नहीं की जा सकती है।

ग्रामीण समाज में एक विशिष्ट सामाजिक परिवेश में व्यक्ति निवास करता है और प्रत्येक व्यक्ति का जीवन स्थान विशेष की धार्मिक संरचना से प्रभावित होता है। सामान्यतः ग्रामीण क्षेत्रों में रहने वाले लोग नगरों की अपेक्षा अधिक धार्मिक अन्तर्क्रिया करते हैं और अन्तर्क्रियाओं का स्वरूप प्राथमिक सम्बन्धों से अधिक परे नहीं होता, इस परिवेश में उसकी परम्परागत सामान्य धार्मिक चेतना में भी वृद्धि होती है। इस सम्बन्ध में यह उल्लेखनीय है कि प्रत्येक व्यक्ति के पारिवारिक जीवन में विभिन्न धार्मिक कृत्य सम्पन्न किये जाते हैं। हिन्दू धर्मावलम्बी परिवारों में बच्चे के जन्म, युवाओं के विवाह, वृद्ध सदस्यों की मृत्यु आदि अवसरों पर परम्परागत धार्मिक क्रियायें सम्पादित की जाती हैं। महिलाओं के गर्भधारण एवं प्रजनन काल में भी विभिन्न धार्मिक संस्कार सम्पन्न किये जाते हैं।

समाज में धार्मिक क्रियाओं का महत्त्व प्रत्येक समाज की विशिष्ट धार्मिक प्रवृत्तियों का अभिलेख प्रस्तुत करती हैं। दूसरी ओर, धर्म व्यक्ति के आर्थिक जीवन को भी निर्देशित एवं नियंत्रित करने में प्रभावी है। मैक्स बेवर ने भारतीय

समाज में हिन्दू धर्म के प्रभाव तथा उसके विशिष्ट धार्मिक स्वरूप का मूल्यांकन किया है। अविकसित क्षेत्रों में सामान्यतः ग्रामीण परिवारों द्वारा अपने धार्मिक परम्पराओं, व्यवहार प्रतिमानों, संस्कारगत क्रियाओं, मूल्यों और धार्मिक क्रिया-कलापों का पालन किया जाता है। लेकिन विकसित क्षेत्र जहाँ शिक्षा और विकास के आधुनिक अवसर उपलब्ध हैं, वहाँ की संस्कृति में परिवर्तन दिखलायी देते है। परिवार नियोजन और जनसंख्या नियन्त्रण के सम्बन्ध में किये गये विभिन्न अध्ययन यह स्पष्ट करते हैं कि धार्मिक प्रथाओं तद्जनित रूढ़ियों का महिलाओं की जीवनशैली पर विशिष्ट प्रभाव होता है। इसे दृष्टि में रखते हुये ग्रामीण महिलाओं से उनकी धार्मिक प्रस्थिति के सम्बन्ध में तथ्यों का विवरण प्राप्त किया गया था जिसे सारणी संख्या 3.4 के अन्तर्गत दिया गया है।

सारणी संख्या 3.4

धर्म के आधार पर ग्रामीण महिलाओं का विवरण

धर्म	संख्या	प्रतिशत
हिन्दू	264	88.00
इस्लाम	36	12.00
योग	**300**	**100.00**

ग्रामीण महिलाओं की धार्मिक प्रस्थिति के सम्बन्ध में प्राप्त तथ्य यह स्पष्ट करते हैं कि अधिकांश महिलायें हिन्दू धर्मावलम्बी हैं। केवल 12 प्रतिशत महिलायें ही इस्लाम धर्मावलम्बी थी। ग्रामीण समाज में हिन्दू और मुसलमान दोनों अपने परम्परागत धार्मिक रूढ़ियों का अनुपालन करने के लिये निरन्तर सक्रिय रहते हैं। सामाजिक और आर्थिक सुधारों का प्रभाव इनमें तुलनात्मक रूप से कम पाया जाता है।

अशिक्षा और आर्थिक दबाव की स्थिति में ग्रामीण परिवार प्रस्थापित मान्यताओं का न तो सरलता से विरोध कर पाते हैं और न ही नयी मान्यताओं को यथावत् अंगीकार कर पाते हैं। ऐसी स्थिति में उनके विचारों और कृत्यों में परिवर्तन की गति अत्यधिक धीमी पायी जाती है। परिवार नियोजन के सम्बन्ध में धर्म की भूमिका को स्पष्ट करने वाले अध्ययन यह स्पष्ट करते हैं कि धर्मप्रधान समाज में परिवार नियोजन के प्रति उन्मुखता सृजित करने में अत्यधिक कठिनाई का सामना करना पड़ता है। इस सम्बन्ध में परिवारों की संरचना और उनकी आर्थिक प्रस्थिति की भूमिका भी महत्त्वपूर्ण पायी जाती है।

परिवार

परिवार एक सार्वभौमिक संस्था है जो विश्व के प्रत्येक समाज की मौलिक इकाई के रूप में पायी जाती है। परिवार प्राथमिक समूह एवं समाजीकरण के प्रधान अधिकरण के रूप में समाज के सदस्यों के लिए बहुआयामी प्रकार्यों का सम्पादन करता है। इसकी संगठनात्मक विशिष्टता इसके विभिन्न रूपों में वर्गीकरण करती है।

प्रस्तुत अध्ययन के अन्तर्गत कामकाजी महिलाओं के परिवारों को उनके संगठनात्मक एवं प्रकार्यात्मक स्वरूप के आधार पर निम्नलिखित वर्गों में रखा गया है। संयुक्त परिवार ऐसे परिवार हैं जिनमें दो से अधिक पीढ़ी के लोग एक साथ रहते हों, एक रसोई का बना भोजन करते हों, मुखिया की परम्परागत सत्ता से नियंत्रित हों और घनिष्ठतम रूप से सहसम्बन्धित हों, साथ ही साथ परिवार के प्रति उत्तरदायी हों। एकाकी परिवार ऐसे परिवार जिसमें एक या दो पीढ़ी के लोग एक साथ निवास करते हों, अथवा जिनमें माता-पिता तथा उनके अविवाहित बच्चे हों। संयुक्त परिवारों की कोटि में कुछ परिवार विस्तृत प्रकृति के भी पाये गये हैं। विस्तृत परिवार ऐसे परिवार हैं जिनके सदस्य संयुक्त या एकाकी परिवार की संगठनात्मक अभिवृत्तियों के साथ-साथ रोज़गार या व्यवसाय अथवा आय की प्रत्याशा में अन्य क्षेत्रों में प्रवासित हों। ऐसे परिवारों/सदस्यों के मूल निवास पर संयुक्त सम्पत्ति का होना आवश्यक है। अध्ययन के अन्तर्गत विश्लेषण की सुविधा की दृष्टि से विस्तृत परिवारों को भिन्न कोटि में रखा गया है। ग्रामीण क्षेत्रों में भूमि पर बढ़े हुये दबाव के कारण अधिकांश परिवारों के सदस्य रोज़गार की तलाश में नगरों की ओर प्रवासित होते हैं। उनकी प्रवासिता का स्वरूप स्थायी और अस्थायी दोनों प्रकृति का होता है। यह स्थिति विस्तृत परिवारों की कोटि का सृजन करती है।

पारिवारिक संरचना का लड़कियों एवं महिलाओं की शैक्षिक प्रस्थिति के निर्धारण में महत्त्वपूर्ण योगदान होता है। परम्परागत संयुक्त परिवारों में जिन सामाजिक एवं सांस्कृतिक मूल्यों को अवधारित करने की प्रतिष्ठापरक सोच सन्निहित है, उनमें महिलाओं का उच्च शैक्षणिक परिवेश में प्रविष्ट होना दुष्कर था। धीरे-धीरे औद्योगिक विकास के परिणामस्वरूप आर्थिक दबाव की जो स्थिति उपन्न हुई, उसमें बढ़ती हुई जनसंख्या के साथ उत्पादन और आपूर्ति के अन्तःसम्बन्धों को संतुलित रख पाना दुष्कर हो गया है। परिणामतः परम्परागत

आर्थिक क्षेत्रों के अतिरिक्त अन्य नये आर्थिक विकल्पों की ओर समाज का शिक्षित संवर्ग तेज़ी के साथ अग्रसर हुआ है। ग्रामीण क्षेत्रों में भी विकास के साथ-साथ आधुनिक औद्योगिक परिवेश में तकनीकी ज्ञान और प्रशिक्षित कौशल की मांग बढ़ी है। बदलते हुए सामाजिक एवम् आर्थिक परिवेश में विवाह के समय लड़कियों की शैक्षिक प्रस्थिति के सम्बन्ध में जानकारी मांगी जाती है। तदनुसार संयुक्त हो या एकाकी सभी परिवारों में लड़कियों की शिक्षा के प्रति जागरूकता में भी वृद्धि पायी गयी है। तुलनात्मक रूप से एकाकी परिवार या विस्तृत प्रकृति के परिवार शिक्षा के लाभांशों को प्राप्त करने की दिशा में अधिक जागरूक पाये गये हैं। दूसरी ओर लड़कियों की शैक्षणिक प्रस्थिति भी परिवार के स्वरूप के निर्धारण में महत्त्वपूर्ण भूमिका का निर्वाह करती है।

शैक्षणिक प्रस्थिति में वृद्धि के साथ-साथ ग्रामीण परिवेश में जीवन-यापन करने वाली महिलाएं एकाकी परिवारों के प्रति अधिक आकर्षित पायी गयी हैं। विभिन्न अध्ययनों से यह स्पष्ट हुआ है कि शिक्षा और परिवार की प्रकृति के मध्य उच्चस्तरीय सकारामक सम्बन्ध पाया जाता है। ग्रामीण महिलाओं के परिवार के स्वरूप के सम्बन्ध में तथ्यों का संकलन किया गया था जिसका विवरण सारणी संख्या 3.5 के अन्तर्गत दिया जा रहा है।

सारणी संख्या 3.5

महिलाओं के परिवार का स्वरूप

परिवार का स्वरूप	संख्या	प्रतिशत
संयुक्त	96	32.00
एकाकी	106	35.
विस्तृत	98	32.67
योग	**300**	**100.00**

परिवार के स्वरूप के सम्बन्ध में संकलित तथ्य यह इंगित करते हैं कि 35.33 प्रतिशत उत्तरदात्रियाँ एकाकी परिवार और 32.00 प्रतिशत संयुक्त परिवार की सदस्य थीं। विस्तृत प्रकृति के परिवारों की संख्या 32.67 प्रतिशत पायी गयी है। तात्पर्य यह है कि अध्ययन में सम्मिलित महिलाएं किसी विशिष्ट पारिवारिक व्यवस्था की अपेक्षा प्रायः सभी प्रकृति के परिवारों की सदस्य थीं।

शिक्षा

आधुनिक औद्योगिक समाज के प्रभाव में ग्रामीण ढाँचे में मुक्त बाजार व्यवस्था और प्रस्पिर्धात्मक संरचरण के कारण वे मूल्य अधिक प्रभावी हुए हैं जो परिवर्तनशील व्यवस्था से समायोजन करने में सफल हैं। इन मूल्यों में शिक्षा सबसे प्रधान एवं प्रभावी है। आधुनिक सामाजिक व्यवस्था के अन्तर्गत प्रस्थिति गतिशीलता में शिक्षा की भूमिका महत्त्वपूर्ण होती है। विशेषकर परम्परागत रीति-रिवाज, मूल्य, सामाजिक-आर्थिक प्रतिमान और सांस्कृतिक उपबन्धों में जीवन-यापन करने वाली भारतीय महिलाओं के संदर्भ में शिक्षा और उसके प्रतिफल जिस नयी व्यवस्था का निर्माण करते हैं, उनमें महिलाओं की जीवन शैली, उत्पादन विधा में उनकी क्रियाशीलता तथा सामाजिक पुनर्निर्माण में उनकी सहभागिता सुनिश्चित रहती है। सामान्यतः शिक्षा को प्रस्थिति सूचक स्वीकार किया जाता है, परन्तु उच्च शिक्षा मात्र प्रस्थिति सूचक ही नहीं अपितु उर्ध्व गतिशीलता का साधन भी है।[20]

शिक्षा की बहुआयामी विशिष्टताओं के संदर्भ में आधुनिक समाज की विभिन्न उपव्यवस्थाओं ने जिन मूल्यों की स्थापना की है, उनसे यह स्पष्ट होता है कि प्रत्येक व्यक्ति अपनी शैक्षणिक योग्यता के माध्यम से उच्च पदों को प्राप्त कर सकता है और उसके प्रतिफल में अपनी परम्परागत भूमिका को एक नया आयाम दे सकता है। शिक्षा व्यक्ति को जीविका चलाने के योग्य बनाती है तथा स्वावलम्बी एवं स्वप्रयास के माध्यम से विकासपरक् मौलिक क्रियाओं की ओर अभिप्रेरित करती है। स्वतन्त्रता के पश्चात् भारत के प्रत्येक नागरिक के लिए निःशुल्क और आवश्यक शिक्षा नीतियों ने दलित वर्ग में अन्य वर्गों की अपेक्षा जीवन के प्रति नयी आशा का संचार किया है। विकास और शिक्षा के अवसरों की उपलब्धता से महिलाओं में अपने तथा अपने बच्चों के भविष्य के प्रति आशाजनक सम्भावनाओं की ओर अभिप्रेरित किया है। आधुनिक समाज के अधिकांश परिवारों में बच्चों की शिक्षा के प्रति जागरूकता पायी जाती है। परन्तु इनके लिए परिवार में एक उचित सामाजिक-आर्थिक पृष्ठभूमि और अभिभावकों की शिक्षा आवश्यक है। वस्तुतः व्यक्ति विशेष की शैक्षणिक पृष्ठभूमि अथवा उसकी शैक्षणिक प्रस्थति उसके बच्चों की शैक्षणिक उपलब्धियों के लिए उत्प्रेरक शक्ति का कार्य करती है।

शिक्षा उर्ध्व सामाजिक गतिशीलता प्राप्त करने का एक माध्यम है और शिक्षा के इस महत्त्व को प्रायः सभी लोगों द्वारा समझा गया है। ग्रामीण और नगरीय समाज में निवास करने वाले परिवार अपने बच्चों को शिक्षित करने के लिए जागरूक एवं प्रयत्नशील हैं। लिप्सेट और बेनडिक्स (1952)[21] का मत है कि अभिभावकों की उच्च शिक्षा बच्चों में उर्ध्व गत्यात्मकता को अभिप्रेरित करने में उनकी स्वयं की शैक्षणिक स्थिति के अनुरूप अलग-अलग होती है जो अभिभावक जितना अधिक शिक्षित होता है, उसके अपने बच्चों में उच्च पद व स्थान की प्राप्ति की प्रेरणा देने की भावना उतनी ही प्रबल होती है। इस सम्बन्ध में शिक्षित महिलाओं की भूमिका अधिक लाभकारी स्वीकार की जा सकती है।

सच्चिदानन्द (1977)[22] का कथन है कि उन्हीं महिलाओं की प्रस्थिति में सुधार हुआ है जो शिक्षित परिवारों की थी। सह शिक्षा में महिलाओं का शैक्षणिक स्तर और उनकी सामाजिक-आर्थिक प्रस्थिति का महत्त्वपूर्ण संबंध है। अनुसूचित जातियों एवं पिछड़ी जातियों के छात्रों में अपनी जाति के बाहर के छात्रों से मिलने जुलने की स्वतन्त्रता एक बृहद समाज में समन्वयात्मकता की पृष्ठभूमि का निर्माण करती है। वर्तमान भारतीय सामाजिक संरचना में शिक्षा और शैक्षणिक संस्थाओं की भूमिका विकास की प्राथमिक आवश्यकताओं से जुड़ी हुयी है। शिक्षा व्यक्ति को विकास के लाभांशों की प्राप्ति की ओर प्रेरित करती है।

राष्ट्रीय नीतियों एवं शैक्षणिक योजनाओं के माध्यम से समाज के प्रत्येक वर्ग और मूलतः अनुसूचित जातियों एवं जनजातियों के लिए शिक्षा के विशेष अवसर सुलभ कराये जा रहे हैं। निःशुल्क शिक्षा और रोज़गारपरक तकनीकी शिक्षा में उनके लिये किये गये विशेष प्रावधानों के माध्यम से उनकी सामाजिक-आर्थिक प्रस्थिति को सुधारने का निरन्तर प्रयास किया जा रहा है। संवैधानिक नीतियों के अन्तर्गत पिछड़ी जाति की महिलाओं और पुरुषों के लिए एक समान प्राविधान लागू किये गये हैं। शताब्दियों तक उपेक्षित समाज का पिछड़ा वर्ग बदली हुई सामाजिक व्यवस्था में सक्रियतापूर्वक रचनात्मक सहयोग कर रहा है और सम्पूर्ण व्यवस्था जगत में यह माना जाने लगा है कि प्रत्येक गतिशील समाज को अपने सन्तुलित विकास के लिए सभी नागरिकों के लिए समान शिक्षा की सुविधा सुलभ कराया जाना अत्यन्त आवश्यक है। इस संदर्भ

में महिलाओं की शिक्षा के प्रति जागरूकता अत्यन्त आवश्यक स्वीकार की जाती है। राष्ट्र के विकास के सूचक के रूप में वहाँ सुलभ शिक्षा के अवसर या उन अवसरों में जनसामान्य की संलग्नता महत्त्वपूर्ण हैं।

शिक्षा समाज की उत्पादन पद्धति तकनीकी विकास की रूपरेखा और उत्पादन पद्धति की शक्ति और संरचना को सुनियोजित करती है। स्पष्टतः शिक्षा समाज में सम्भावनाओं के साथ-साथ प्रौद्योगिकीय उत्पादकता और क्षैतिज तथा उर्ध्व गतिशीलता का निर्धारण करती है। यह मानवीय मूल्यों और दृष्टिकोणों को परिवर्तित कर देती है, जिसके माध्यम से व्यक्ति विशेष परिवार की अर्थव्यवस्था में सहयोग करता है। भारतीय समाज में, मूलतः हिन्दू परिवारों में लड़कियों की शिक्षा और उन्हें प्रदान किये जाने वाले प्रशिक्षण का मूल उद्‌देश्य उन्हें उपयोगी वैवाहिक सम्बन्धों के उपयुक्त बनाना होता है। वह परिवार के कारण और परिवार के लिए होता है। वस्तुस्थिति के विवेचन से यह स्पष्ट होता है कि महिलाओं की परम्परागत जीवनशैली उन्हें सामाजिक संरचना के कुछ विशिष्ट प्रकोष्ठों में आबद्ध रखती है। तात्पर्य यह है कि पुत्री, पत्नी माँ और अन्य सम्बन्धी भूमिकाओं में उनकी सीमायें सुनिश्चित हैं।

शिक्षा के प्रति महिलाओं का दृष्टिकोण उनकी स्वयं की शैक्षणिक स्थिति एवं सामाजिक-आर्थिक पृष्ठभूमि से प्रभावित होने के साथ-साथ जातीय संरचना में उनकी श्रेणीगत स्थिति में भी प्रभावित हो सकती है। नीतिगत विषयों पर विचार निर्माण की प्रक्रिया में व्यक्ति विशेष की क्षमता और योग्यता का महत्त्वपूर्ण स्थान होता है। वस्तुतः वैचारिकी का आधार व्यक्ति द्वारा अर्जित ज्ञान और शिक्षा है। परम्परागत भारतीय समाज में महिलाओं की शिक्षा के प्रति लोगों का दृष्टिकोण एवं विचार अत्यधिक विरोधाभास से परिपूर्ण रहा है। आधुनिक ग्रामीण समाज में भी महिलाओं की शिक्षा के प्रति लोगों का दृष्टिकोण परम्परागत मूल्यों, आदर्शों, रीति-रिवाजों और प्रथाओं से प्रभावित है। इस संदर्भ में हरहुआ विकासखण्ड के अंतर्गत आने वाले मुर्दहा, बेलवरिया, चौका (भुसौला) ग्राम की महिलाओं से प्राप्त तथ्यों को उनकी शैक्षणिक स्थिति के आधार पर विवेचित किया गया है।

सामाजिक एवम् आर्थिक क्षेत्र में हो रहे परिवर्तन के प्रतिफल में ग्रामीण महिलाओं के शैक्षणिक स्तर में वृद्धि के साथ-साथ उच्च शिक्षा के प्रति उनकी

जागरूकता में वृद्धि पायी गयी है। औपचारिक शिक्षा के साथ-साथ व्यावसायिक क्षेत्र में दक्षता के लिए तकनीकी एवम् उच्च शिक्षा व्यक्ति विशेष की आर्थिक जीवन शैली को प्रभावित करती है। उच्च आय वर्ग के लोगों द्वारा शिक्षा की उपयोगी विधाओं को सरलतापूर्वक प्राप्त कर लिया जाता है, जबकि निम्न आय वर्ग के लोगों को शिक्षा की अपेक्षा जीवन निर्वाह के साधनों को प्राप्त करने के लिए अधिक प्रयत्न करना पड़ता है। आजीविका स्तर तक आय करने वाले परिवारों में शिक्षा का निम्न स्तर उनकी विशिष्ट आर्थिक स्थिति के प्रभावों को स्पष्ट करता है।

प्रौद्योगिकीय विकास की ओर *अग्रसित* समाजों में सदस्यों का शिक्षित होना श्रम शक्ति की सुलभता बनाये रखने एवम् उत्पादन सम्बन्धों को समायोजित रखने की प्राथमिक आवश्यकता है। भारतीय समाज में जहाँ पुरुषों की शिक्षा का स्तर अत्यधिक निम्न हो, वहाँ महिलाओं की शिक्षा और उनकी शैक्षणिक प्रस्थिति का विवेचन महत्त्व रखता है।

ग्रामीण महिलाओं की जीवनशैली में परिवर्तन और जनसंख्या नियंत्रण के संदर्भ में चलायी जाने वाली विभिन्न योजनाओं के सफल क्रियान्वयन और उसके मूल्यांकन हेतु ग्रामीण समाज में शिक्षा के अभिप्रेरक कारकों के प्रभाव का विवेचन अत्यावश्यक है। महिलाओं की उच्च शिक्षा के प्रेरक कारकों का विस्तृत विश्लेषण यह स्पष्ट करता है कि हिन्दू समुदाय की उच्च जातियों में शिक्षा के प्रति सकारात्मक दृष्टिकोण अत्यधिक पाया जाता है, जबकि अनुसूचित जनजातियों में इसके प्रति क्रमिक सकारात्मक अनुकूलता विकसित हो रही है, इसका प्रभाव सम्बन्धित परिवारों में सदस्यों की संख्या के आंकलन से भी देखा जा सकता है।

ग्रामीण महिलाओं ने परिवार नियोजन के साधनों को अपनाने के सम्बन्ध में आत्मनिर्भरता और परम्परागत प्रस्थिति में सुधार हेतु उच्च शिक्षा को एक महत्त्वपूर्ण साधन के रूप में स्वीकार किया है। आमनिर्भरता को अन्य कारकों की अपेक्षा प्रमुखता दी गयी थी। इस सम्बन्ध में किये गये अध्ययन यह स्पष्ट करते हैं कि महिलायें आत्मनिर्भर होने पर परिवार और समाज की विशेष क्रियापरिधि में अपने निर्णय स्वयं लेने में सक्षम होंगी। विभिन्न अध्ययनों से यह स्पष्ट होता है कि आजीविका स्तर में सुधार लाने, सामाजिक-आर्थिक स्थिति को समृद्ध करने, जातीय उर्ध्व गतिशीलता बनाये रखने और आत्मनिर्भर बनने के लिये शिक्षा के महत्त्व को अधिकांश महिलाओं द्वारा स्वीकार किया गया है।

माता-पिता की शैक्षणिक प्रस्थिति का प्रभाव परिवार के सदस्यों की शैक्षणिक दशाओं पर पड़ता है। तात्पर्य यह है कि शिक्षित व्यक्ति निरन्तर परिवार के अन्य सदस्यों को शिक्षा के लिए अभिप्रेरित करता रहता है तथा वह शिक्षा के प्रभाव और उसकी गुणवत्ता से भावी पीढ़ी को यथासम्भव लाभ पहुँचाने का प्रयास करता है। अभिभावक की शिक्षा तथा अन्य पारिवारिक सदस्यों की शिक्षा में सकारात्मक सम्बन्ध है।

नोवाक (1969)[23] ने व्यक्ति की प्रस्थिति और उसके मूल्यों एवं व्यवहार प्रतिमानों के विश्लेषण हेतु शिक्षा को उपागम के रूप में चयनित किये जाने का समर्थन किया है। उसका कहना है कि शिक्षा के माध्यम से वर्तमान सामाजिक व्यवस्था में व्यक्ति की प्रस्थिति को समझा जा सकता है। राव (1979)[24] ने आधुनिक शिक्षा व्यवस्था को सम्भ्रान्त व्यक्तियों के चयन का प्रमुख आधार बतलाया है। उनका कहना है कि यह प्रोत्साहन व्यवस्था है जो संसाधनों पर अधिकार करने के लिए व्यक्ति को उपयुक्त बनाती है। शैक्षणिक अवसरों की उन्नति का तात्पर्य रोज़गार के अवसरों की नवीन जानकारियों से है।

शैक्षणिक प्रस्थिति व्यक्ति की सामाजिक-आर्थिक स्थितियों में होने वाले परिवर्तनों की ओर इंगित करती है। सामाजिक व्यवस्था जगत में औपचारिक शिक्षा व्यक्ति को एक प्रस्थिति समूह के जीवन के तौर-तरीकों में निहित विशिष्टताओं के उपयुक्त बनाती है। वर्तमान औद्योगिक विकास के परिवेश में वैज्ञानिक एवं तकनीकी ज्ञान वैयक्तिक विकास के अवसरों के लिए वांछित योग्यता का निर्धारण करते हैं। इस संदर्भ में औपचारिक शिक्षा न केवल शिक्षा प्राप्त करने वाले व्यक्ति, अपितु उसके सम्पूर्ण परिवार के विकास की दशाओं को प्रभावित करती है। महिलाओं की सामाजिक-आर्थिक प्रस्थिति के निर्धारण में विभिन्न कारकों के साथ शिक्षा की उपादेयता अत्यधिक है। वे शिक्षा के माध्यम से सामाजिक अवसरों की उपलब्धियों को सुनिश्चित करने में सक्षम हो पाती हैं। परम्परागत घरेलू उद्योगों की उत्पादक क्षमता एवं संरचना में आमूल परिवर्तन हुआ है जिसके लिए महिला श्रम शक्ति स्वयं को समायोजित कर रही है। शिक्षा के माध्यम से न केवल प्रस्थिति का निर्धारण होता है, अपितु उर्ध्व गतिशीलता का भी नियमन होता है।[25] माथुर (1966)[26] का कथन है कि शिक्षा व्यक्ति को अपने जीवन संचालन के योग्य बनाती है तथा उन्हें अपने प्रयासों

के माध्यम से कल्याण को प्राप्त करने के लिए सक्षम बनाती है। परम्परागत शिक्षा प्रतिबन्धों की रूढ़िगत व्यवस्थाएँ अब मृतप्राय हो चली हैं और महिलाएं शिक्षा की स्वतन्त्रता का उपभोग कर रही हैं, जिससे उनके विकास में गति आयी है। शिक्षा के वर्तमान प्रयासों का प्रतिफल है कि युवा वर्ग की अधिकांश महिलाएँ शिक्षित एवं साक्षर हैं। ईजेकिल और पवास्कर (1976)[27] का अनुमान था कि 1 से 5 तक की कक्षाओं में सन् 2001 तक पंजीकृत छात्राओं की प्रतिशतता 1970-71 की तुलना में दुगूनी हो जायेगी जबकि 6 से 8 तक कक्षाओं में तीन गूना, कक्षा 9 से 11 तक के 6 गूना और विश्वविद्यालय स्तर पर 4 गूना अधिक हो जायेगी। परन्तु जनसंख्या वृद्धि के परिणामस्वरूप वांछित सफलता प्राप्त नहीं की जा सकी है। झा (1985)[28] ने उद्योगों एवं शैक्षणिक व्यवस्थाओं के मध्य निहित सम्बन्धों में अधिक घनिष्ठता लाने पर बल दिया है। महिलाओं की शिक्षा के स्तर में वांछित वृद्धि सुनिश्चित करके जनसंख्या नियंत्रण की दिशा में महत्त्वपूर्ण उपलब्धि प्राप्त की जा सकती है।

ग्रामीण महिलाओं की शैक्षणिक प्रस्थिति का परिवार के स्वरूप निर्धारण के सम्बन्ध में महत्त्वपूर्ण प्रभाव पाया जाता है। शिक्षित महिलायें जहाँ एक ओर अपने बच्चों की शिक्षा के प्रति सजग रहती हैं, वहीं वे परिवार के सदस्यों के स्वास्थ्य के अतिरिक्त परिवार के आर्थिक मामलों में भी सकारात्मक भूमिका का निर्वाह कर सकती हैं। विगत दशकों में केन्द्र और राज्य सरकारों द्वारा शिक्षा के सार्वभौमिकीकरण की दिशा में जो प्रयास किये गये हैं, उनका सकारात्मक प्रतिफल पाया गया है। ग्रामीण परिवारों में भी लड़कियों की शिक्षा के प्रति जागरूकता उत्पन्न हुई है। अधिकांश परिवारों द्वारा अपनी प्रस्थिति के अनुरूप लड़कियों के लिये शैक्षिक सुविधायें उपलब्ध करायी जा रही हैं। अध्ययन क्षेत्र में कन्या जूनियर हाईस्कूल के साथ-साथ इण्टरमीडिएट विद्यालय भी उपलब्ध हैं। नयी पीढ़ी की अधिकांश लड़कियाँ विद्यालय जाती हैं। विवाहित महिलाओं में अधिकांश युवा महिलाएँ अपने पैतृक परिवार में शिक्षा प्राप्त करने में सफल रही हैं। उपर्युक्त बिन्दुओं को दृष्टि में रखते हुये महिलाओं के सम्बन्ध में उनकी शैक्षणिक प्रस्थिति का विवरण संकलित किया गया है जिसे सारणी संख्या 3.6 के अन्तर्गत दिया गया है।

सारणी संख्या 3.6
महिलाओं की शैक्षणिक प्रस्थिति का विवरण

शैक्षणिक प्रस्थिति	संख्या	प्रतिशत
निरक्षर	82	27.3
हाईस्कूल तक	155	51.67
इण्टरमीडिएट एवम् उच्च	63	21.00
योग	**300**	**100.00**

ग्रामीण महिलाओं की शैक्षणिक प्रस्थिति के सम्बन्ध में प्राप्त किये गये तथ्यों से यह स्पष्ट होता है कि अधिकांश महिलायें 60.67 प्रतिशत शिक्षा प्राप्त नहीं थीं। केवल 18 प्रतिशत महिलायें ही हाईस्कूल स्तर तक शिक्षित थीं। 21.33 प्रतिशत महिलायें इण्टरमीडिएट एवम् उच्च स्तर तक शिक्षित थीं।

सारणी संख्या 3.7
जाति के आधार पर महिलाओं की शैक्षणिक प्रस्थिति

जाति-संवर्ग	निरक्षर	हाईस्कूल तक	इण्टरमीडिएट	उच्च योग
उच्च	14	119	47	180
	(7.78)	(66.11)	(26.11)	(100.00)
पिछड़ी	11	9	4	24
	(45.83)	(37.50)	(16.67)	(100.00)
अनुसूचित जाति	57	27	12	96
	(59.38)	(28.12)	(12.50)	100.00)
योग	**82**	**155**	**63**	**300**
	(27.33)	**(51.67)**	**(21.00)**	**(100.00)**

सारणी संख्या 3.7 के अन्तर्गत ग्रामीण महिलाओं की जातीय प्रस्थिति के आधार पर उनकी शैक्षणिक प्रस्थिति का विवरण दिया गया है। सारणी में दिये गये तथ्यों से यह स्पष्ट होता है कि उच्च जाति की अधिकांश महिलायें साक्षर हैं जबकि पिछड़ी और अनुसूचित जाति की अधिकांश महिलायें निरक्षर हैं। अनुसूचित जाति की महिलाओं में पिछड़ी जाति की महिलाओं की तुलना में निरक्षरता अधिक पायी गयी है। उच्च जाति की कुल चयनित ग्रामीण

महिलाओं में केवल 7.78 प्रतिशत महिलायें ही निरक्षर पायी गयी हैं जबकि अनुसूचित जाति में 59.38 प्रतिशत निरक्षर पायी गयी हैं। पिछड़ी जाति में 45. 83 प्रतिशत महिलायें ही निरक्षर थीं परन्तु उनकी संख्या भी उच्च जाति की अपेक्षा अत्यधिक थी।

विवाह

परिवार नामक संस्था का उद्‌भव विवाह संस्था से होता है। अकेला व्यक्ति किसी परिवार की स्थापना नहीं कर सकता है। विवाह व्यक्ति-विशेष को सामाजिक क्रिया परिधि में कुछ निश्चित प्रस्थिति, उत्तरदायिव एवं अन्तर्सम्बन्ध से संयुक्त कर देती है। लेविस (1950)[29] ने मान्यता प्राप्त युग के स्थायी सम्बन्धों, जिनमें बच्चों के जन्म एवं देख-रेख का समझौता होता है, को विवाह की संज्ञा दी है। मजूमदार (1966)[30] ने इसे सामाजिक रूप में मान्यता प्राप्त पुरुष और महिला के सम्बन्ध के रूप में अभिव्यक्त किया है, जिनका उद्‌देश्य घर बसाना और यौन सम्बन्धों को स्थापित करके प्रजनन एवं बच्चों की देख-रेख करना होता है।[31] स्पष्टतः विवाह पुरुष स्त्री के वे अस्थायी अथवा अपेक्षाकृत स्थायी यौन सम्बन्ध हैं जिन्हें सामाजिक, वैधानिक एवं नैतिक मान्यताएँ प्राप्त होती हैं और जो परिवार के उद्‌भव एवं विस्तार में सक्रिय भूमिका निर्वाह करते हैं। भारतीय हिन्दू समाज में विवाह को एक धार्मिक संस्कार के रूप में मान्यता दी गयी है। यह एक विशेष प्रस्थिति प्राप्त करने की सरल प्रणाली है, जबकि मुसलमान समुदाय में यह एक समझौता है।

हिन्दू समुदाय में विवाह सामान्यतः धार्मिक ग्रन्थों था प्रथाओं के आधार पर किये जाते हैं। मुस्लिम समुदाय की अपेक्षा हिन्दू समुदाय में विवाह सम्बन्ध अत्यधिक जटिल प्रकृति के हैं। वर्गों, जातियों, उपजातियों के अतिरिक्त गोत्र, पिण्ड एवं स्थान आदि के साथ-साथ रक्त सम्बन्धियों की सामाजिक स्थिति विवाह सम्बन्धों की स्थापना में महत्त्वपूर्ण स्थान रखती है। हिन्दू विवाह के सन्दर्भ में विशिष्ट विवाह अधिनियम 1956, हिन्दू विवाह अधिनियम 1955, हिन्दू उत्तराधिकार अधिनियम 1956 के अतिरिक्त विवाह के समय आयु के सन्दर्भ में शारदा अधिनियम 1929 तथा 1949 और 1978 में विशेष अधिनियम पारित किये गये हैं सन् 1978 में पारित अधिनियम के अन्तर्गत लड़कों तथा लड़कियों की विवाह के समय आयु क्रमशः 21 और 18 वर्ष निर्धारित की गयी है तथा इससे कम आयु में विवाह करना अपराध की श्रेणी में सम्मिलित किया

गया है। इस अधिनियम की यह एक प्रमुख विशेषता है। अध्ययन हेतु चयनित महिलाओ से उनकी वर्तमान वैवाहिक स्थिति के संदर्भ में सूचनाएँ संकलित की गयी हैं। इसका मुख्य उद्‌देश्य पारिवारिक संरचना, बच्चों के जन्म, परिवार नियोजन की प्रविधियों से उनकी सम्बद्धता एवं तत्सम्बन्धी विविध भूमिकाओं में उनकी स्थिति का मूल्यांकन तथा सामाजिक क्रिया परिधि के पड़ने वाले प्रभावों का अवलोकन करना था। ग्रामीण क्षेत्रों में, अर्धशिक्षित, अशिक्षित, रूढ़िवादी और परम्परागत जातीय व्यवस्था को बनाये रखने वाले परिवार अधिक हैं। इनका परम्परागत सामाजिक नियमों से लगाव अधिक है। साथ ही इनमें सामाजिक सुधार के प्रति जागरूकता भी तुलनात्मक रूप से कम पायी जाती है। ऐसी स्थिति में विवाह के परम्परागत स्वरूप में सीमित परिवर्तन ही प्राप्त हुआ है। अध्ययन में सम्मिलित सभी उत्तरदात्रियाँ विवाहित थीं। इस सम्बन्ध में प्राप्त किये गये तथ्यों का विवरण अग्रिम सारणी के अन्तर्गत दिया गया है।

सारणी संख्या 3.8

महिलाओं की वैवाहिक स्थिति का विवरण

वैवाहिक स्थिति	संख्या	प्रतिशत
विवाहित	300	100.00
अन्य	0	0.00
योग	**300**	**100.00**

सारणी संख्या 3.8 के अन्तर्गत महिलाओं की वैवाहिक प्रस्थिति के सम्बन्ध में दिए गये तथ्यों से यह स्पष्ट होता है कि शत-प्रतिशत महिलाएँ विवाहित थीं। शोध की विशिष्ट आवश्यकता को दृष्टि में रखते हुए केवल विवाहित महिलाओं को ही अध्ययन के अन्तर्गत उत्तरदात्रियों के रूप में लिया गया था।

व्यवसाय

व्यवसाय व्यक्ति की आर्थिक प्रस्थिति के निर्धारण के साथ उसकी सामाजिक प्रस्थिति का भी निर्धारण करता है। व्यवसाय के आधार पर समुदाय विशेष के व्यक्तियों के उनके व्यावसायिक संबंध, प्रस्थिति एवं तद्‌जनित भूमिका के अन्तर्गत वर्गीकृत किया जाता है। एक व्यक्ति अपने समुदाय में सर्वोच्च प्रस्थिति प्राप्त है, यह संकेत करता है कि व्यक्ति की व्यावसायिक

स्थिति उसकी प्रकृति, महत्त्व और भूमिका अन्य व्यवसायों की तुलना में कितनी महत्त्वपूर्ण है। श्रमशक्ति में सहभागिता का मूल उद्देश्य व्यक्ति द्वारा अपनी जीविका तथा जीवनशैली का सामाजिक परम्पराओं के अनुरूप समायोजन करना होता है। मैक्सवेबर (1947)[32] के विचार में व्यवसाय व्यक्ति द्वारा किसी संगठन अथवा प्रयासों के संयुक्त श्रम द्वारा किया गया वह स्थान है जो उसकी क्रिया को निर्धारित करता है। व्यवसाय के अन्तर्गत प्रत्येक व्यक्ति कुछ निश्चित निर्धारित अथवा प्रदत्त कार्यों को सम्पन्न करता है। इसका प्रमुख कारण मुद्रा वस्तु अथवा सेवाओं का विनिमय करना होता है।

भारतीय समाज कृषिप्रधान समाज है। सामाजिक विकास के साथ-साथ आर्थिक संरचना में जो परिवर्तन हुआ है, उसका प्रभाव परम्परागत व्यावसायिक संरचना और उसकी प्रकृति पर भी परिलक्षित होता है। इस सम्बन्ध में किये गये विभिन्न अध्ययन यह इंगित करते हैं कि परम्परागत भारतीय समाज में व्यवसाय का निर्धारण वर्ण व्यवस्था के अनुरूप किया जाता था जो परिवर्तित होकर धीरे-धीरे जातिपरक् हो गया था। रूढ़िग्रस्त जाति व्यवस्था की बंद प्रकृति को आधुनिक औद्योगिक विकास के कारण उन्मुक्तता प्राप्त हुई है। परिणामतः लाभकारी व्यवसायों में विभिन्न जातियों, वर्गों एवं समुदायों के लोगों को सहभागिता का मुक्त अवसर भी प्राप्त हुआ है। लोग शिक्षा एवं कौशल में निहित अर्जक मूल्यों द्वारा अधिक से अधिक लाभकारी व्यवसाय को चयन करने का प्रयास करते हैं।

भारत में जहाँ हिन्दू और मुस्लिम समुदाय की वैचारिकी और उसकी सत्ता सम्पूर्ण समाज को दिशानिर्देश देती है, वहीं व्यक्ति की जीवनशैली को जाति के आधार पर निर्धारित व्यवसाय प्रभावित करता है और जीवनशैली की प्रविष्टता सम्पूर्ण व्यावसायिक परिप्रेक्ष्य में व्यवसाय विशेष के महत्त्व पर आधारित है। प्रौद्योगिकी और व्यावसायिक क्रिया परिधि में हुये विकास के फलस्वरूप व्यवसाय के संदर्भ में महिलाओं का दृष्टिकोण परिवर्तित हुआ है। समाज में प्रस्थिति निर्धारक व्यवसायों एवं मूल्यों की ओर लोग अपनी शैक्षणिक एवम् आर्थिक स्थिति के अनुसार अग्रसर हो रही है। पिछड़ी जातियों एवम् अनुसूचित जातियों के लोग परम्परागत व्यवसायों में परिवर्तन ला रहे हैं।[33] व्यवसाय केवल जीविका का साधन नहीं है अपितु यह निर्धारित व्यावसायिक कार्यों को सम्पन्न करने के पश्चात् व्यक्ति के जीवन के अन्य क्षेत्रों को भी प्रभावित व निर्धारित करता है। सामाजिक स्थिति और आर्थिक दशाओं में

महिलाओं की जीवन शैली का निर्धारण उसके कार्य के अनुसार होता है। किसी व्यवसाय का प्रकार्यात्मक महत्त्व और उसकी सम्मानजनक स्थिति के साथ-साथ व्यवसाय द्वारा प्रत्युत्पादित सन्तोषण की स्थिति व्यक्ति विशेष की जीवन शैली की विभिन्न दशाओं को प्रभावित करती है। सामाजिक व्यवस्था में गतिशीलता के बदलते हुये प्रतिमानों एवं दशाओं की व्यावसायिक स्थिति व्यक्ति विशेष की जीवन शैली को समायोजित करने के लिए प्रेरित करती है।[34]

व्यावसायिक क्रिया परिधि

आधुनिक समाज में शैक्षणिक योग्यता व्यक्ति की आर्थिक एवं सामाजिक दशाओं के साथ-साथ उसके व्यावसायिक परिवेश व क्रिया परिधि का भी निर्धारण करने में सहयोग देती है। महिलाओं द्वारा समाज में एक निश्चित व्यवसाय से संलग्न होने की दशाएँ उनकी सामाजिक, आर्थिक एवं शैक्षणिक स्थितियों को स्पष्ट करती हैं। स्पष्टतः व्यवसाय वैयक्तिक जीवन प्रतिमानों के निर्धारण में महत्त्वपूर्ण भूमिका निभाता है। अर्जित अथवा प्रदत्त व्यावसायिक स्थिति मानव जीवन के विकास की गतियों को निर्धारित करती है।

दूबे एवं रत्ना (1976)[35] का कथन है कि ख्याति, व्यवसाय, आर्थिक क्रियाकलाप और सामाजिक प्रस्थिति में स्पष्ट एवं स्थिर सम्बन्ध है। व्यक्ति विशेष का व्यवसाय उसकी सम्पूर्ण सामाजिक स्थिति के निर्धारण में सबसे महत्त्वपूर्ण घटना है। व्यावसायिक प्रस्थिति सामान्यतः आय और प्रस्थिति स्तर को निर्धारित करती है। व्यवसाय निर्धारण व्यक्ति की भूमिका का महत्त्वपूर्ण उद्यम है। यह व्यक्ति की न केवल आर्थिक जीवन शैली को निर्धारित करता है अपितु स्वयं भी व्यक्ति के धर्म, जाति, पारिवारिक सम्बन्धों, शिक्षा आदि द्वारा निर्धारित होता है। हाल (1969)[36] का दृष्टिकोण प्रस्थिति के मापन के उपयोग में लाया जाता है, ठीक उसी प्रकार उन्हें व्यावसायिक स्थिति में भी सम्बन्धित किया जाता है। इस प्रकार व्यावसायिक स्थिति आय और सामाजिक-आर्थिक प्रस्थिति एक दूसरे से अन्तर सम्बन्धित हैं।

व्यवसाय वास्तव में सामाजिक व्यवस्था में व्यावसायिक सफलता वाला सबसे उत्तम माध्यम है। किसी भी सामाजिक व्यवस्था में व्यावसायिक सफलता शैक्षणिक उपलब्धियों से संयुक्त की जा सकती है, चूँकि शैक्षणिक उपलब्धियाँ सबके लिए समान अवसर प्रदान करती हैं। अतएव व्यावसायिक क्रिया परिधि में व्यक्ति का स्थान निर्धारण भी इनके माध्यम से होता है। *मल्लिक* (1979)[37]

का कथन है कि परम्परागत व्यवसाय से परे उठकर दूसरे व्यवसायों से संलग्नता यह स्पष्ट करती है कि व्यक्ति उर्ध्व विकास में है।

भारतीय समाज की वर्तमान प्रौद्योगिकीय क्रिया परिधि में बदलती हुई सामाजिक संरचना के मध्य महिलाओं की जीवनशैली एवं सामाजिक आर्थिक प्रस्थिति के निर्धारण में शिक्षा के साथ-साथ उनकी व्यावसायिक संलग्नता की भी महत्त्वपूर्ण भूमिका है, जो उनके सम्पूर्ण परिवार के जीवन प्रतिमानों के निर्धारण में सहयोग करती है। सामान्यतः व्यक्ति की प्रस्थिति परिवार के जीवन प्रतिमानों के निर्धारण में सहयोग करती है। सामान्यतः व्यक्ति की प्रस्थिति परिवार के मुखिया के व्यवसाय की सम्मानजनक स्थितियों पर आधारित होती है। परम्परागत भारतीय समाज की यह एक प्रमुख विशेषता है। यहाँ व्यक्ति का व्यवसाय उसके परिवार के व्यवसाय से जुड़ा हुआ है। जबकि अन्य समाजों में व्यक्ति व्यवसाय चयन के लिए स्वंतत्र है। हिन्दू समाज में जाति के माध्यम से व्यक्ति के व्यवसाय का निर्धारण किया जाता रहा है। परम्परागत स्थिति तो यह है कि व्यक्ति जिस जाति से सम्बन्धित हो, उस जाति का व्यवसाय उसका अपना व्यवसाय होता था।

कैपलाऊ (1964)[38] ने आधुनिक व्यावसायिक स्थितियों के चयन में व्यक्ति की बौद्धिक क्षमता, योग्यता, चरित्र और वैयक्तिक ग्राह्यता को मूल आधार के रूप में विश्लेषित किया है। लिपसेट और रिनहार्ट (1952)[39] का कथन है कि एक व्यक्ति जो अपनी व्यावसायिक प्रस्थिति में सुधार ले आता है, वह अपनी सामाजिक प्रस्थिति में भी महत्त्वपूर्ण परिवर्तन कर लेता है। बार्वर (1957)[40] व्यावसायिक भूमिका को सामाजिक भूमिका की महत्त्वपूर्ण प्रकार्यात्मक स्थिति से सम्बन्धित करता है और व्यक्ति की सामाजिक प्रस्थिति के मूल्यांकन में उसे एक आधार के रूप में स्वीकार करता है। यह व्यक्ति के जीवन के तरीक़े को प्रकट करता है।

सुलेरावट (1972)[41] ने महिलाओं की स्थिति के निर्धारण में उनकी व्यवसायिक भूमिका के महत्व को विवेचित किया है। उनका कथन है कि महिलाओं का रोज़गाररत होना उनकी सम्पन्नता का सूचक है न कि केवल उनकी प्रस्थिति गतिशीलता को स्पष्ट करता है।

वीना मजूमदार (1979)[42] ने महिलाओं की रोज़गार और निर्णय निर्माण की बढ़ती हुई क्षमता को स्पष्ट करते हुये इस तथ्य का उल्लेख किया है कि वे लघु

परिवार प्रतिमान को अपनाने में महत्त्वपूर्ण योगदान देती हैं। साथ ही साथ इससे उनकी प्रस्थिति में भी सुधार होता है। व्यक्ति की सामाजिक प्रस्थिति में सुधार की आकांक्षा से उसकी व्यावसायिक गतिशीलता पर प्रभाव पड़ता है।

व्यावसायिक प्रस्थिति और सामाजिक आर्थिक दशाओं में व्यक्ति की जीवनशैली को निर्धारित करने में व्यवसाय विशेष की भूमिका महत्त्वपूर्ण होती है। व्यवसाय के माध्यम से पुरुष या स्त्री अपने वैयक्तिक विकास के साथ-साथ पारिवारिक विकास में भी योगदान देता है। वस्तुतः वर्तमान बाज़ार व्यवस्था में वस्तुओं के मूल्य व्यवसाय विशेष की उच्चता एवं निम्नता का निर्धारण करते हैं। वस्तुओं की उपयोगिता, मांग और आपूर्ति के सम्बन्ध में जिन आर्थिक संबंधों का निर्माण करते हैं, उनमें व्यावसायिक भूमिका का महत्त्व स्थापित होता है। तात्पर्य यह है कि व्यक्ति अपनी व्यावसायिक संलग्नता के माध्यम से विकास के प्रतिफलों को प्राप्त करता है और स्वयं वांछित प्रस्थिति प्राप्त करने की ओर अग्रसर होता है।

भारतीय अर्थ व्यवस्था विकास के संक्रमणकालीन परिवेश में है। पूँजीवादी विकास की उत्पादन संरचना में श्रम और स्रोत के सम्बन्ध निरन्तर जटिल होते जा रहे हैं। कृषि प्रधान राष्ट्र में बढ़ती हुई जनसंख्या, रोज़गार के अवसरों की कमी, उपलब्ध श्रम की अनियोजित स्थिति आदि के परिप्रेक्ष्य में लघु एवं घरेलू उद्योगों का महत्त्व बहुत अधिक है। उपनिवेशवादी उत्पादन संरचना से मुक्ति पाकर भारतीय जनमानस विकास के नये आयामों की खोज में संलग्न है। निर्धनता और बेरोज़गारी को सीमित करने की दिशा में लघु उद्योगों की भूमिका निरन्तर महत्त्वपूर्ण होती जा रही है। बड़े उद्योगों में अत्यधिक पूँजी, उन्नत तकनीकी कुशल श्रम, कुशल एवं विशेषीकृत श्रम की आवश्यकताओं ने लघु उद्योगों को सार्थक बना दिया है। पारिवारिक आर्थिक संरचना के अन्तर्गत उपलब्ध श्रम की उपयोगिता के परम्परागत साधनों के साथ-साथ नये साधनों की खोज की जा रही है। वस्तुतः गाँवों से नगरों के मध्य बढ़ता हुआ असन्तुलन, कस्बों का जन्म और उनमें नगरीय विकास की प्रक्रिया के प्राथमिक चरण में उपलब्ध बाज़ार व्यवस्था और प्रबन्ध से समायोजन करने के लिए राष्ट्रीय एवं क्षेत्रीय स्तर पर कुटीर उद्योग एवं स्वजनित उद्योगों के माध्यम से स्वरोज़गार परिवेश निर्माण का निरन्तर प्रयास किया जा रहा है। इस संदर्भ में लघु उद्योग, कस्बों की संरचना में काफ़ी उपयोगी सिद्ध हुये हैं। बीस सूत्रीय

कार्यक्रम में हस्तशिल्प, हस्तकरघा, लघु और ग्रामोद्योग को बढ़ावा देने के लिए विचित्र नीतियों का निर्धारण किया गया है जिससे सन्तुलित औद्योगिक विकास एवं सामाजिक आर्थिक लक्ष्यों की पूर्ति हो सके।

ग्रामीण परिवेश में अधिकांश परिवार कृषि पर निर्भर हैं। भारतीय अर्थव्यवस्था में कृषि मेरूदण्ड के समान है जिसमें प्रगति के बिना देश की प्रगति की कल्पना असम्भव है। जैसे-जैसे देश में जनसंख्या बढ़ती जाती है, वैसे-वैसे कृषि भूमि पर जनसंख्या का दबाव बढ़ता जाता है। फलतः कृषि योग्य भूमि का दिनों-दिन उपविभाजन व उपखण्डन तेज़ी से बढ़ रहा है। परिणामतः कृषि भूमि पर बढ़ता हुआ दबाव भारत जैसे कृषि प्रधान देश के लिये घातक सिद्ध होगा। भारत के पिछड़े होने का एक बहुत बड़ा कारण औद्योगिक पिछड़ापन है लेकिन बढ़ती हुई जनसंख्या ने निर्धनता बढ़ाकर, आय, बचत, जीवन-स्तर व कार्य क्षमता को कम कर इस क्षेत्र में भी बाधक सिद्ध हो रही है। किसी देश की जनसंख्या का बढ़ना उस देश के नागरिकों के वैयक्तिक विघटन का सबसे पहला लक्षण है। इसके परिणामस्वरूप स्वास्थ्य, शिक्षा, रहन-सहन और भरण-पोषण की समस्यायें उत्पन्न होती हैं जो व्यक्ति के व्यक्तित्व को विकसित करने में सबसे बड़ी बाधा है। विघटित व्यक्तित्व पारिवारिक विघटन को प्रोत्साहित करती हैं। किसी भी देश में जनसंख्या में अत्यधिक वृद्धि पारिवारिक विघटन को प्रोत्साहित करते हैं। किसी भी देश में जनसंख्या में अत्यधिक वृद्धि पारिवारिक संगठन की सबसे बड़ी बाधा है। जीवन का लगातार गिरता स्तर पारिवारिक जीवन में कटुता की भावना को प्रोत्साहित करता है जिससे पारिवारिक विघटन को प्रोत्साहन मिलता है।

विघटन व्यक्तित्व, परिवार व समाज को विघटित कर देता हैं। जनसंख्या वृद्धि से ग़रीबी, बेकारी, भुखमरी आदि समस्याओं का जन्म होता है। ये समस्यायें किसी भी समाज को विघटित करने के लिए पर्याप्त हैं। इनके अतिरिक्त सामाजिक एकता और संगठन का अभाव, निम्न स्वास्थ्य स्तर, सामाजिक मूल्यों की अवहेलना और परम्पराओं का अनादर तथा अपराध, बाल अपराध, वेश्यावृत्ति तथा अन्य समाज विरोधी कार्यों को प्रोत्साहन आदि भी जनसंख्या वृद्धि के अन्य दुष्परिणाम भी समाज में दिखलायी देते हैं।

वाराणसी जनपद की ग्रामीण संरचना में विकास के कारण हो रहे परिवर्तन का प्रभाव वहाँ निवास करने वाली ग्रामीण महिलाओं की पारिवारिक प्रस्थिति

पर भी दिखलायी देता है। शैक्षणिक संस्थाओं के प्रसार और विविधिकरण के कारण महिलाओं की परम्परागत प्रस्थिति और जागरूकता स्तर में भी परिवर्तन दिखलायी देता है। परिवर्तन का प्रभाव उच्च जातियों के साथ-साथ पिछड़ी और अनुसूचित जातियों पर भी दिखलायी देता हैं आरक्षण के प्रतिफल में निचले आर्थिक स्तर पर जीवन-यापन करने वाली जातियों को विकास का समुचित अवसर प्राप्त हुआ है। ग्रामीण महिलाओं से उनके परिवार की व्यावसायिक प्रकृति के सम्बन्ध में भी सूचनायें संकलित की गयी थी जिसका विवरण निम्न सारणी के अन्तर्गत दिया गया है।

सारणी संख्या 3.9

मुख्य पारिवारिक व्यवसाय

व्यवसाय की प्रकृति	संख्या	प्रतिशत
कृषि	144	48.00
कृषि मज़दूरी	101	33.67
नौकरी	23	7.67
व्यापार	32	10.66
योग	**300**	**100.00**

ग्रामीण महिलाओं के परिवार में आय के मुख्य स्रोत अथवा व्यवसाय की प्रकृति के सम्बन्ध में संकलित तथ्यों से यह स्पष्ट होता है कि 48 प्रतिशत परिवार पूर्णतः कृषि पर आश्रित थे जबकि 33.67 प्रतिशत कृषि मज़दूरी में संलग्न थे। अन्य परिवारों की व्यावसायिक सम्बद्धता नौकरी तथा व्यापारिक क्षेत्रों में थी। तथ्यों के आधार पर यह कहा जा सकता है कि अधिकांश महिलाओं के परिवार कृषि में ही संलग्न थे। ग्रामीण परिवेश में व्यवसाय की प्रकृति और पारिवारिक संरचना के अन्तःसम्बन्धों का विवरण निम्नलिखित सारणी में दिया गया है।

सारणी संख्या 3.10

व्यवसाय की प्रकृति और परिवार का स्वरूप

व्यवसाय	संयुक्त	एकाकी	विस्तृत	योग
कृषि	41	53	50	144
	(28.47)	(36.81)	(34.22)	(100.00)
कृषि मज़दूरी	32	38	31	101
	(31.68)	(37.63)	(30.69)	(100.00)

नौकरी	2	9	12	23
	(8.70)	(39.13)	(52.17)	(100.00)
व्यापार	21	6	5	32
	(65.63)	(18.75)	(15.62)	(100.00)
योग	**96**	**106**	**98**	**300**
	(32.00)	**(35.33)**	**(32.67)**	**(100.00)**

महिलाओं के परिवार में व्यवसाय की प्रकृति के सम्बन्ध में संकलित तथ्यों से यह स्पष्ट होता है कि 48 प्रतिशत परिवार कृषि से सम्बद्ध थे। कृषि में संलग्न परिवारों की महिलाओं में 36.81 प्रतिशत महिलाएँ एकाकी परिवारों और अन्य संयुक्त एवं विस्तृत परिवारों की सदस्य थीं दूसरी ओर कृषि मज़दूरी से सम्बद्ध परिवारों में 37.63 प्रतिशत महिलाएं एकाकी परिवारों से थीं। प्रमुख अर्थोपार्जन के रूप में नौकरी पर आश्रित परिवारों में 52.17 प्रतिशत महिलाएं विस्तृत परिवारों की सदस्य थीं। व्यापार में संलग्न अधिकांश परिवारों की महिलाएं संयुक्त परिवार की सदस्य थीं।

आय

आय पारिवारिक आर्थिक प्रस्थिति के निर्धारण और सदस्यों के जीवन-यापन के सम्बन्ध में प्राप्त प्रमुख सामाजिक अभिकरण है। इसके आधार पर परिवार की सामाजिक-आर्थिक प्रस्थिति तथा आवश्यकता पूर्ति की प्रवृत्ति का विवरण ज्ञात किया जा सकता है। कृषि क्षेत्र से जुड़े हुए परिवारों की आय का मुख्य साधन कृषि ही है। भूमि की उपलब्धता एवम् उर्वरता, सिंचाई साधनों की उपलब्धता और कृषि प्रविधि के आधार पर किसी भी ग्रामीण परिवार की आर्थिक प्रस्थिति का अनुमान लगाया जा सकता है। आय और निर्धनता तथा सामाजिक विकास के प्रतिफलों की ग्राह्यता के मध्य सकारात्मक सम्बन्ध पाया जाता है। विभिन्न अध्ययनों से यह स्पष्ट हुआ है कि भारतीय ग्रामीण समाज में जहाँ सम्पन्न लोग अत्यधिक सम्पन्न हुए हैं वहीं निर्धन परिवारों में निर्धनता में वृद्धि हुई है।

जनसंख्या वृद्धि के कारण भूमि का जोत आकार परिसीमित हुआ है। भूमि के विखण्डन के परिणामस्वरूप कृषक परिवारों की आय में निरन्तर कमी आती जा रही है और सीमान्त तथा लघु कृषक परिवारों का कृषि श्रमिक परिवारों

के रूप में रूपान्तरण हो रहा है। ऐसे कृषक परिवार जिनमें युवा सदस्य शिक्षित हैं, वे नगरों की ओर प्रवासित हो रहे हैं। भूमि की अनुपलब्धता के कारण ग्रामीण क्षेत्रों में उपलब्ध निम्न आय वाले व्यवसायों से भी उनकी सम्बद्धता बढ़ रही है। सामान्यतः कृषक परिवारों में सभी श्रम योग्य सदस्य उपलब्ध श्रम क्षेत्रों में आय प्राप्त करने के लिए सम्बद्ध होने का प्रयास करते हैं। यह सम्बद्धता पूरे परिवार की आय प्रस्थिति का निर्धारण करती है।

कृषि प्रधान भारतीय समाज में उत्तर प्रदेश जनसंख्या बहुल राज्य है। सन् 2011 के अंतरिम आँकड़ों के आधार पर उत्तर प्रदेश राज्य में 19 करोड़ से भी अधिक लोग निवास करते हैं। इस राज्य के पूर्वी जनपद अत्यधिक पिछड़े हुए जनपदों की कोटि में रखे जाते हैं। इस क्षेत्र में अधिकांश ग्रामीण परिवार निर्धन हैं और अधिकांश परिवारों के पास समुचित उपजाऊ भूमि भी नहीं है। परिणामतः आय का स्तर भी निम्न है। उच्च जातियों और कुछ पिछड़ी जातियों के परिवारों के अतिरिक्त अन्य जातियों में अधिकांश परिवार ऐसे हैं जिनकी औसत वार्षिक आय निर्धनता रेखा के नीचे है। वाराणसी जनपद के सम्बन्ध में किये गये अध्ययन यह स्पष्ट करते हैं कि अनुसूचित जाति के परिवारों के साथ-साथ पिछड़ी जाति और उच्च जाति के भी कुछ परिवार ऐसे हैं जो निर्धनता रेखा के आस-पास जीवन-यापन करने के लिये बाध्य हैं।[42]

ग्रामीण निर्धन परिवारों में परम्परागत घरेलू उत्तरदायित्व के निर्वाह के साथ-साथ, आय के घरेलू एवं बाह्य उत्पादक क्षेत्रों में महिलाओं द्वारा की जा रही सहभागिता वर्तमान सामाजिक दायित्वों की पूर्ति की आवश्यकता बन गयी है। परन्तु भारतीय समाज में अधिकांश महिला श्रम सीमित आय-क्षेत्रों, कम उत्पादकता एवम् अकुशल श्रम वाले कार्यों के कुछ क्षेत्रों में लगा हुआ है। परिणामतः उनकी आय दर पुरुषों की तुलना में अत्यधिक कम है। पटेल (1979)[44] का कथन है कि महिलायें निर्धनों में अत्यन्त निर्धन हैं, वे आर्थिक रूप से विपन्न भारतीय अर्थव्यवस्था की व्यावसायिक सीढ़ी के सबसे निचले स्थान पर हैं तथा आधुनिकता और औद्योगिकीकरण के लाभांशों को प्राप्त करने वालों में अन्तिम हैं। दूसरी ओर नगरीय क्षेत्रों में शिक्षित महिलाओं को आय के उत्तम अवसर प्राप्त हो रहे हैं। ग्रामीण क्षेत्रों में महिलाओं को पुरुषों से कम मज़दूरी प्रदान की जाती है। उपर्युक्त बिन्दुओं को ध्यान में रखते हुए उत्तरदात्रियों से यह पूछा गया था कि उनके परिवार की औसत वार्षिक आय क्या है?

उत्तरदात्रियों द्वारा परिवार के विभिन्न सदस्यों की व्यावसायिक सम्बद्धता, सदस्यों द्वारा की जाने वाली मासिक आय और विविध क्षेत्रों से प्राप्त होने वाली समग्र आय को परिकलित करके प्रत्येक परिवार की औसत वार्षिक आय प्राप्त की गयी है। औसत वार्षिक आय के अन्तर्गत प्रत्येक परिवार के विभिन्न स्रोतों से प्राप्त होने वाली आय को सम्मिलित किया गया है। इसमें महिलाओं की भी आय सम्मिलित है। अध्ययन में सम्मिलित महिलाओं के परिवार की औसत वार्षिक आय के सम्बन्ध में संकलित तथ्यों का विवरण सारणी संख्या 3.11 में दिया गया है।

सारणी संख्या 3.11
परिवार की औसत वार्षिक आय

(हज़ार रुपये में)

औसत वार्षिक आय	संख्या	प्रतिशत
$<$ 25	108	36.00
25-100	148	49.33
$>$ 100	44	14.67
योग	**300**	**100.00**

ग्रामीण महिलाओं के परिवार की औसत वार्षिक आय के सम्बन्ध में संकलित तथ्यों से यह स्पष्ट होता है कि 36 प्रतिशत महिलाओं के परिवार निर्धनता रेखा के आस-पास थे। तात्पर्य यह है कि अध्ययन में सम्मिलित अधिकांश परिवारों की औसत वार्षिक आय 25 हज़ार रुपये से अधिक थी जबकि 49.33 प्रतिशत महिलाओं के परिवार की औसत वार्षिक आय 25 हज़ार रुपये से 1 लाख रुपये के मध्य थी। इन परिवारों को हम मध्यम् आर्थिक प्रस्थिति वाले परिवारों की श्रेणी में रख सकते हैं जबकि अन्य 14.67 प्रतिशत परिवार उच्च मध्यम् या उच्च आर्थिक प्रस्थिति वाले थे। अध्ययन में चयनित महिलाओं के परिवार की औसत वार्षिक आय के सम्बन्ध में प्राप्त किये गये तथ्यों के आधार पर यह कहा जा सकता है कि अधिकांश महिलाएं निम्न मध्यम् या निम्न आय वर्ग वाले परिवारों से सम्बन्धित हैं।

जनसंख्या की कृषि पर निर्भरता

अर्द्ध-विकसित देशों में अधिकांश जनसंख्या अपने जीविकोपार्जन के लिये कृषि पर निर्भर होती है। इन देशों में लगभग 65 से 85 प्रतिशत जनसंख्या कृषि

उद्योग से ही अपनी जीविका प्राप्त करती है। स्वयं भारत में कृषि उद्योग में लगी हुई जनसंख्या का प्रतिशत 70 है तथा यहाँ की कुल कार्यशील जनसंख्या में 68.6 प्रतिशत कृषि में ही संलग्न है। सन् 2011 की जनगणना के अनुसार भारत में अधिकांश लोग गाँवों व कस्बों में निवास करते हैं। इनमें 61 प्रतिशत लोग कृषि में संलग्न हैं। इस श्रेणी के अन्य देशों में भी जहाँ कम-से-कम 56.4 प्रतिशत श्रम शक्ति कृषि में लगी हुई है, वहीं विकसित देशों में यह मात्र 18.6 प्रतिशत है।[44]

अर्द्ध-विकसित देशों में कृषि पर जनसंख्या का अधिक अनुपात बने होने का मूल कारण यह है कि इन देशों में जीविकोपार्जन के दूसरे साधनों का और उद्योगों का अभाव रहता है। इसीलिए जनसंख्या वृद्धि के साथ-साथ कृषि पर जनसंख्या का भार बढ़ता जाता है। वस्तुतः अविकसित देशों की एक जनांकिकीय विशेषता यह भी है कि यहाँ की अधिकांश जनसंख्या आज भी गाँवों में निवास करती है। इन देशों में विकसित देशों की तरह औद्योगिकीकरण एवं नगरीकरण बड़े पैमाने पर नहीं हुआ होता, न ही जनसंख्या का झुकाव विकसित देशों की तरह नगरों के प्रति होता है। भारत में विगत 64 वर्षों में केवल 13 प्रतिशत जनसंख्या ही नगरों में गाँवों की है। सन् 1971 में हुई जनगणना के अनुसार भारत में गाँवों की कुल संख्या 6,22,219 थी और इन गाँवों में रहने वाली जनसंख्या 43.89 करोड़ थी जो कुल जनसंख्या का 80.1 प्रतिशत थी। सन् 1981 की जनगणना के अनुसार भारत की 79.2 प्रतिशत जनसंख्या ग़ैर शहरी क्षेत्रों में निवास करती थीं। इस प्रकार 54. 3 करोड़ व्यक्ति गाँवों में (और छोटे कस्बों में) रह रहे थे। सन् 1991 की जनगणना के अनुसार 73.87 प्रतिशत लोग गाँवों में तथा 26.13 प्रतिशत नगरों में निवास करते थे। सन् 2001 की जनगणना के अनुसार 72.2 प्रतिशत लोग गाँवों में तथा 27.8 प्रतिशत लोग शहरों में निवास करते हैं। सन् 2011 के अनुमानित आँकड़ों के आधार पर नगरों में निवास करने वाले लोगों का प्रतिशत बढ़कर लगभग 30 प्रतिशत हो जायेगा। यह स्थिति केवल भारत की ही नहीं बल्कि अन्य अर्द्धविकसित देशों में भी पाई जाती है। भले ही उनमें आँकड़ों की दृष्टि से थोड़ी बहुत भिन्नता देखने को मिलती हो। जनसंख्या की कोटि और उसके नियंत्रण की प्रकृति में व्यवसाय की भी महत्त्वपूर्ण भूमिका पायी जाती

है। इसे दृष्टि में रखते हुये उत्तरदात्रियों से भी उनके व्यवसाय के सम्बन्ध में भी जानकारी प्राप्त की गयी। तत्सम्बन्धी विवरण सारणी संख्या 3.12 में दिया गया है।

सारणी संख्या 3.12

व्यवसाय के आधार पर उत्तरदात्रियों का वर्गीकरण

व्यवसाय	संख्या	प्रतिशत
कृषि कार्य	96	32.00
गृहकार्य	132	44.00
मज़दूरी	72	24.00
योग	**300**	**100.00**

उपर्युक्त सारणी में दिए गये तथ्यों से यह स्पष्ट होता है कि अधिकांश (44.00 प्रतिशत) महिलाओं ने आज भी गृहकार्य करना ही अपना प्रमुख कार्य माना है जबकि मात्र 24.00 प्रतिशत महिलाओं ने मज़दूरी करना स्वीकार किया है। 32.00 प्रतिशत महिलाओं ने कृषि कार्य को अपना प्रमुख व्यावसायिक कार्य बताया है। तात्पर्य यह है कि आज भी ग्रामीण क्षेत्रों में 56.00 प्रतिशत महिलाओं ने कृषि कार्य एवं मज़दूरी को ही अर्थोपार्जन का मुख्य माध्यम माना है। परिवार में सदस्यों की संख्या का महिलाओं की जीवनशैली, व्यवसाय, आय और विकासीय उन्मुखता पर महत्त्वपूर्ण प्रभाव पाया जाता है। परिवार के सदस्यों की संख्या के सम्बन्ध में भी प्रश्न पूछे गये थे। संकलित तथ्यों का विवरण सारणी संख्या 3.13 में दिया गया है।

सारणी संख्या 3.13

परिवार के सदस्य संख्या

सदस्य संख्या	संख्या	प्रतिशत
2-5	84	28.00
6-10	120	40.00
11-15	84	28.00
16-20	12	4.00
योग	**300**	**100.00**

उपर्युक्त सारणी में दिए गये तथ्यों से यह स्पष्ट होता है कि 40.00 प्रतिशत उत्तरदात्रियों ने बताया कि उनके परिवार में सदस्यों की संख्या 6-10 के मध्य है। मात्र 4 प्रतिशत लोगों ने यह बताया कि उनके परिवार में सदस्यों की संख्या 16-20 हैं। 2-5 एवं 11-15 सदस्य संख्या वाले परिवारों का प्रतिशत 28 था। इससे यह स्पष्ट होता है कि परिवार के सदस्य संख्या सीमित रखने की अवधारणा बलवती हो रही है। यही कारण है कि एकाकी परिवारों को छोड़कर संयुक्त परिवारों की सदस्यों की संख्या 15 से ऊपर नहीं पायी गयी है जबकि 16-20 सदस्य संख्या वाले परिवारों का प्रतिशत मात्र 4 पाया गया है।

आवासीय दशा

किसी भी समाज में आवास व्यक्ति की आश्रय एवं प्राकृतिक आपत्तियों सम्बन्धी आवश्यकताओं की पूर्ति ही नहीं करता अपितु उसकी सामाजिक एवं मनोवैज्ञानिक तथा आर्थिक एवं *प्रतिष्ठापक* आवश्यकताओं की पूर्ति भी करता है। आवासीय दशा प्रत्येक व्यक्ति की जीवन शैली तथा रहन-सहन, विचार, चिन्तन एवं सहिष्णुता के स्तर को भी निर्धारित करती है। आवासीय व्यवस्थापन वे भौतिक संरचनात्मक दशाएं होती हैं, जिन्हें व्यक्ति अपनी सुरक्षा के निमित्त करता है और उसमें वे सभी सेवाएं, उपकरण तथा साधन उपलब्ध होते हैं जो व्यक्ति तथा उसके परिवार के शारीरिक एवं मानसिक कुशलता के लिए आवश्यक और अपेक्षित होते है। हावेल (1950)[45] के अनुसार आवासों के प्रकार एवम् उनकी संरचना में भिन्नताएं स्थानीय जलवायु, उपलब्ध सामग्री, जीविकोपार्जन सम्बन्धी आर्थिक दशाओं, सामाजिक संगठन की प्रकृति तथा बाहरी दुश्मनों के आक्रमण सम्बन्धी भय की प्रकृति पर निर्भर करती है। आवासीय दशाओं का समूहों के एकीकरण सम्बन्धी क्रियाओं से घनिष्ठ प्रकार्यात्मक सम्बन्ध है। विस्तृत परिवार के लिए या तो बड़े घर या सम्बन्धित छोटे घरों की आवश्यकता होती है, जिनमें सामाजिक सम्बन्ध, कमरों, स्वच्छता सम्बन्धी दशाएं एवम् अन्य दशाओं को भी प्रभावित करती है। आवास सम्बन्धी दशाएं व्यक्ति के सामाजिक जीवन तथा उसके स्वास्थ्य एवं बीमारी में महत्त्वपूर्ण कारक मानी गयी हैं। आवासीय दशाओं की अनुपयुक्तता व्यक्ति में निराशावाद, शिथिलता, असन्तुष्टि, एकाकीपन की अपेक्षा समूह में आनन्द की प्राप्ति, लोगों को संगठनों के प्रति द्वेषभाव, उपयुक्त साधनों के अभाव में यौन उत्तेजना, पारिवारिक व्यवस्था, बच्चों के पालन-पोषण में असुविधा तथा

परिवार में *तादात्मीकरण* की अपेक्षा पड़ोस या बाहर के सामाजिक सम्बन्धों की स्थापनामूलक अन्यान्य समस्याएं उत्पन्न करती हैं।

आवासीय दशाएं परिवार के बच्चों के पालन-पोषण के अलावा यौन सम्बन्धों की गोपनीयता और परिवार के सदस्यों में अन्तर्सम्बन्धों को भी पर्याप्त मात्रा में प्रभावित करती हैं। लेविस (1953)[46] का यह कथन सत्य प्रतीत होता है कि जिन घरों में बच्चों को रहने तथा खेलकूद के लिए उपयुक्त स्थान नहीं होता प्रायः उन परिवारों के बच्चों को बाहर ही जीवन व्यतीत करना पड़ता है। यहाँ तक कि छह वर्ष की आयु में ही उनके ऊपर से परिवार का नियन्त्रण टूट जाता है। डेविस आदि (1998)[47] ने अपने अध्ययन में पाया कि जिन घरों में आवास के लिए उपयुक्त स्थान नहीं होता, उन घरों में लोग अपनी नींद पूरी नहीं कर पाते हैं, जो उनके स्वास्थ्य पर विपरीत प्रभाव डालती है। निम्न आवासीय दशाओं वाले तंग घरों में जहाँ बच्चे माता-पिता के साथ सोते हैं, बच्चों में यौन उत्प्रेरणा उत्पन्न होती है तथा उनमें माता पिता से द्वेष की भावना और तनावपूर्ण स्थिति उत्पन्न होती है। हसन (1967)[48] ने अपने अध्ययन के आधार पर यह निष्कर्ष प्रदान किया है कि आवासीय दशाएँ पारिवारिक जीवन, शिक्षा, बच्चों के भविष्य निर्माण, प्रगति और सामान्य स्वास्थ्य को महत्त्वपूर्ण रूप से प्रभावित करती हैं। आवासीय दशाओं की अनुपयुक्तता पारिवारिक प्राकृतिक सम्बन्धों की स्थापना में बाधा उत्पन्न करती है तथा व्यक्ति बाहर से पड़ोस या अन्य संगठनों के साथ अवांछनीय सम्बन्धों को स्थापित करने लगता है और यह स्थिति प्रायः व्यक्ति की भौतिक तथा सामाजिक गतिशीलता में बाधक होती है। इस प्रकार यह निर्धनता बनाये रखने में महत्त्वपूर्ण कारक का कार्य करती है।

व्यक्ति तथा परिवार के जीवन में कार्वे 1957 और देसाई[49] द्वारा दिया गया आवासीय दशाओं के महत्त्व का वर्णन अत्यधिक रोचक है। मकान वे स्तम्भ हैं जिन पर परिवार के सदस्यों के आन्तरिक सम्बन्धों और उसकी इकाइयों के बाहरी दुनिया से सम्बन्धों का जटिल नाटक कार्यान्वित होता है। मकान जो कि उसमें रहने वाले परिवार का घर बनता है, उन वृद्ध सदस्यों के लिए जो समाज में अपनी भूमिका अदा करने के बाद विश्राममय जीवन व्यतीत करने की तथा शेष जीवन में अपने प्रति कोमल व्यवहार की आकांक्षा रखते हैं,

महत्त्वपूर्ण घटनास्थल है। आवास उन कार्यरत सदस्यों के लिए जो कार्य से खाली समय घर में व्यतीत करते हैं, अपनी व्यावसायिक भूमिका को दक्षतापूर्ण निभाने के लिए भ्रान्तिमुक्ति प्रदान करने का महत्त्वपूर्ण स्थान है। आवास एक मुख्य स्थान भी है, जहाँ पर वर्तमान परिस्थितियों के अन्तर्गत बच्चों का सामाजीकरण तथा पति-पत्नी और नातेदारों में सहृदय अन्तरंग सम्बन्ध चरितार्थ होते हैं। मकान वह आवासीय अभिकेन्द्र है, जहाँ से परिवार के सदस्य विभिन्न सामाजिक-सांस्कृतिक तथा जीवन के अन्य विस्तृत पक्षों में प्रवेश करते हैं। ग्रामीण परिवेश में जीवन-यापन करने वाले परिवारों में अधिकांश परिवार परम्परागत निजी आवासों में निवास करते हैं। कुछ सम्पन्न परिवारों के पास उत्तम निजी आवासीय सुविधा उपलब्ध होती है। अधिकांश परिवारों के मुखिया और वयस्क सदस्य विभिन्न व्यवसायों में अपनी सहभागिता सुनिश्चित करके वांछित आवासीय सुविधा प्राप्त करने का प्रयास करते हैं। इस सम्बन्ध में उत्तरदात्रियों से प्राप्त किये गये तथ्यों का विवरण सारणी संख्या 3.14 के अन्तर्गत दिया गया है।

सारणी संख्या 3.14

महिलाओं की आवासीय स्थिति

आवास	**संख्या**	**प्रतिशत**
पक्का	124	41.33
कच्चा	36	12.00
मिश्रित	140	46.67
योग	**300**	**100.00**

सारणी संख्या 3.14 में दिये गये तथ्यों से यह स्पष्ट होता है कि 46.47 प्रतिशत महिलायें मिश्रित प्रकृति के आवासों में निवास करती हैं जबकि 41.33 प्रतिशत महिलायें पक्के आवासों में और कुछ महिलायें (12 प्रतिशत) कच्चे आवासों में निवास करती हैं। ग्रामीण क्षेत्रों में अधिकांश निर्धन परिवार कच्चे आवासों में तथा उच्च वर्गों के परिवार पक्के आवासों में रहते हैं। अति निर्धन परिवारों में कच्चे आवासों के साथ झोपड़ी में भी कुछ परिवार निवास

करते हुए पाये गये हैं।

आर्थिक प्रस्थिति

ग्रामीण महिलाओं से उनके परिवार की आर्थिक प्रस्थिति के सम्बन्ध में भी तथ्यों का संकलन किया गया था। परिवार की कुल आय और रहन-सहन के आधार पर ग्रामीण महिलाओं ने अपने परिवार की आर्थिक प्रस्थिति का मूल्यांकन किया था। इस सम्बन्ध में प्राप्त तथ्यों का विवरण सारणी संख्या 3.15 के अन्तर्गत दिया है।

सारणी संख्या 3.15

आर्थिक स्थिति के आधार पर उत्तरदात्रियों का वर्गीकरण

आर्थिक स्थिति	संख्या	प्रतिशत
निम्न	108	36.00
मध्यम	168	56.00
उच्च	24	8.00
योग	**300**	**100.00**

उपर्युक्त सारणी में दिए गये तथ्यों से यह स्पष्ट होता है कि अधिकांश महिलाओं ने अपनी आर्थिक प्रस्थिति को निम्न स्तर का स्वीकार किया था जबकि 36 प्रतिशत उत्तरदात्रियों का कहना था कि उनकी आर्थिक प्रस्थिति मध्यम स्तर की है। भारतीय ग्रामीण समाज में उच्च वर्ग की महिलाओं को निम्न वर्ग की महिलाओं की अपेक्षा शिक्षा, व्यवसाय और परिवार की आंतरिक शक्ति संरचना में सहभागिता के अधिक अवसर सुलभ हैं। निचले और निम्न मध्यम वर्ग की महिलाओं में परम्परागत सामाजिक रीति-रिवाजों, प्रतिबन्धों और मान्यताओं के अनुपालन की प्रवृत्ति अधिक पायी जाती है जबकि इनकी तुलना में उच्च वर्ग की महिलायें अधिक स्वतंत्र हैं। परिवार में सदस्यों की संख्या के निर्धारण अथवा अपने प्रजनन काल के विषय में उच्च वर्ग की महिलायें अधिक स्वतंत्रतापूर्वक निर्णय लेती हैं और परिवार नियोजन के संसाधनों को भी सरलतापूर्वक अपनाती हैं। इस सम्बन्ध में परिवार की आय के आधार पर उनके द्वारा अपनी प्रस्थिति के आकलन सम्बन्धी तथ्यों का

विवरण सारणी संख्या 3.16 के अन्तर्गत दिया गया है।

सारणी संख्या 3.16

परिवार की औसत वार्षिक आय और आर्थिक प्रस्थिति

औसत वार्षिक	**आय**	**उच्च**	**मध्यम**	**निम्न**	**योग**
< 25	-	-	-	108	108
				(100.00)	(100.00)
25-100	-	148	-	-	148
		(100.00)			(100.00)
>100	24	20			44
	(54.55)	(45.45)	-	-	(100.00)
योग	**24**	**168**	**-**	**108**	**300**
	(8.00)	**(56.00)**		**(36.00)**	**(100.00)**

सारणी संख्या 3.16 में दिये गये तथ्यों से यह स्पष्ट होता है कि 25 हजार से कम औसत वार्षिक आय करने वाले परिवारों की शत प्रतिशत उत्तरदात्रियाँ निम्न आर्थिक प्रस्थिति वाली थीं। जबकि 25 हजार से 1 लाख रुपये औसत वार्षिक आय करने वाले परिवारों की महिलाओं ने स्वयं को मध्यम् आर्थिक प्रस्थिति का बतलाया था। एक लाख रुपये से अधिक वार्षिक आय करने वाले परिवारों की 54.55 प्रतिशत महिलायें उच्च वर्ग की तथा अन्य (45.45 प्रतिशत) मध्यम वर्ग की थीं। ग्रामीण महिलाओं से यह भी पूछा गया था कि क्या वे अपनी वर्तमान आर्थिक प्रस्थिति से सन्तुष्ट हैं। इस सम्बन्ध में प्राप्त तथ्यों का विवरण सारणी संख्या 3.17 के अन्तर्गत दिया गया है।

सारणी संख्या 3.17

औसत वार्षिक आय के आधार पर आर्थिक स्थिति से सन्तुष्टि के आधार पर उत्तरदात्रियों का वर्गीकरण

औसत वार्षिक आय	**पूर्णतः संतुष्ट**	**संतुष्ट**	**असंतुष्ट**	**योग**
<25	5	28	75	108
	(4.63)	(25.93)	(69.44)	(100.00)
25-100	63	75	10	148
	(42.57)	(50.68)	(6.76)	(100.00)
<100	16	21	7	44
	(36.36)	(47.73)	(15.91)	(100.00)
योग	**84**	**124**	**92**	**300**

(28.00) (41.33) (30.67) (100.00)

उपरोक्त सारणी में दिए गये तथ्यों से यह स्पष्ट होता है कि अधिकांश ग्रामीण महिलायें अपने परिवार की आर्थिक प्रस्थिति से या तो पूर्णतः सन्तुष्ट थीं या सन्तुष्ट नहीं, परन्तु निर्धन महिलाओं में अधिकांश महिलाएं असन्तुष्ट थीं।

सारांश

अध्ययन के अन्तर्गत सम्मिलित ग्रामीण महिलाओं की सामाजिक आर्थिक पृष्ठभूमि को स्पष्ट करने वाले चरों के सम्बन्ध में संकलित तथ्यों को इस अध्याय के अन्तर्गत विवेचित किया गया। अध्ययन से प्राप्त तथ्य यह स्पष्ट करते हैं कि शत प्रतिशत विवाहित महिलाओं में अधिकांश महिलाएं युवा आयु वर्ग की थी। कुल उत्तरदात्रियों के सम्बन्ध में परिगणित औसत आयु 31.88 वर्ष पायी गयी है। हिन्दू और मुस्लिम ग्रामीण महिलाओं में अधिकांश महिलाएँ (60 प्रतिशत) उच्च जातियों की थीं जबकि 32 प्रतिशत महिलाएं अनुसूचित जाति की और अन्य पिछड़ी जाति की थीं। अधिकांश युवा महिलाएं उच्च जातियों की थीं।

कुल उत्तरदात्रियों में 88 प्रतिशत महिलाएं हिन्दू धर्मावलम्बी और अन्य मुस्लिम धर्मावलम्बी थीं। 35.33 प्रतिशत महिलाएं एकाकी परिवारों की सदस्य थीं जबकि 32 प्रतिशत महिलाएँ संयुक्त परिवारों की और अन्य विस्तृत परिवारों की सदस्य थी। शैक्षणिक प्रस्थिति के सम्बन्ध में संकलित आँकड़े यह स्पष्ट करते हैं कि 27.33 प्रतिशत महिलाएं निरक्षर थीं जबकि अन्य हाई स्कूल तथा उच्च शिक्षा प्राप्त थीं। जनपद में महिलाओं की साक्षरता की दर जहाँ 2001 में 13.45 प्रतिशत ही थी, वहीं 2011 में महिलाओं की साक्षरता दर 17 प्रतिशत बढ़ी जो कि लगभग 55 प्रतिशत है। परन्तु अध्ययन में सम्मिलित युवा आयु वर्ग की विवाहित महिलाओं की अधिकता के कारण शैक्षणिक प्रस्थिति तुलनात्मक रूप से अधिक पायी गयी है। तात्पर्य यह है कि भावी पीढ़ी के लिए *समाजीकरण* के उपयुक्त मातृत्व सहयोग की सुलभता इन परिवारों में देखी जा सकती है।

ग्रामीण महिलाओं के परिवार की व्यावसायिक प्रकृति के सम्बन्ध में प्राप्त तथ्य यह इंगित करते हैं कि 48 प्रतिशत परिवार मूलतः कृषि व्यवसाय से सम्बद्ध थे जबकि 33.67 प्रतिशत परिवार अपनी आजीविका कृषि मज़दूरी से

प्राप्त करते थे। वाराणसी के हरहुआ विकासखण्ड के अन्तर्गत आने वाले मुर्दहा, बेलवरिया तथा चौका (भुसौला) में ग्रामीण परिवेश की आवश्यकता को पूरा करने के लिए प्रमुख बाज़ार के रूप में स्थापित है। बाज़ार के अधिकांश दुकानदार इसी गाँव के हैं। व्यावसायिक क्षेत्र के रूप में विकसित इस गाँव में 7.67 प्रतिशत परिवार ऐसे भी पाए गये थे जो अपनी आय नौकरी से प्राप्त करते थे तथा 10.66 प्रतिशत परिवार व्यापार में संलग्न थे। इन परिवारों की व्यावसायिक प्रकृति और परिवार के संगठनात्मक स्वरूप के अन्तःसम्बन्धों से यह स्पष्ट होता है कि नौकरी में संलग्न अधिकांश परिवार एकाकी और विस्तृत प्रकृति के थे जबकि व्यापार में संयुक्त परिवारों की प्रधानता देखी गयी है। कृषि मज़दूरी और कृषि जैसे व्यवसायों से सम्बद्ध परिवारों की संगठनात्मक प्रकृति किसी विशेष प्रारूप को इंगित नहीं करती परन्तु तुलनात्मक रूप से एकाकी और विस्तृत परिवारों की प्रधानता देखी गयी है।

ग्रामीण महिलाओं के परिवार की औसत वार्षिक आय के सम्बन्ध में प्राप्त किये गये तथ्य यह स्पष्ट करते हैं कि लगभग एक तिहाई परिवार या तो निर्धन थे या सीमान्त रेखा के आस-पास थे। अधिकांश परिवारों की आय 25 हजार रुपये से अधिक पायी गयी है। कुछ परिवार ऐसे भी थे जिनकी औसत वार्षिक आय 1 लाख रूपये से भी अधिक थी। अधिकांश ग्रामीण महिलाओं का कहना था कि वे अपने परिवार की आर्थिक प्रस्थिति से सन्तुष्ट हैं तथा मध्यम श्रेणी में अवस्थित मानती हैं। आवासीय दशा के सम्बन्ध में प्राप्त किये गये तथ्यों से यह स्पष्ट हुआ है कि ग्रामीण क्षेत्रों में भी पक्के और मिश्रित आवासों की बहुलता है 41.33 प्रतिशत परिवार पक्के आवासों में निवास करते थे। कुछ परिवार (12 प्रतिशत) ऐसे भी थे जो कच्चे आवासों में निवास करते थे।

अध्ययन में सम्मिलित महिलाओं की व्यावसायिक सम्बद्धता के विषय में प्राप्त किये गये तथ्यों से यह स्पष्ट हुआ है कि 24 प्रतिशत महिलाएँ मज़दूरी और 32 प्रतिशत कृषि कार्य में संलग्न थीं लेकिन 44 प्रतिशत महिलाएँ ऐसी थीं जो केवल घरेलू कार्यों में संलग्न थीं। इन महिलाओं के परिवार के सदस्यों की संख्या के सम्बन्ध में प्राप्त तथ्य यह स्पष्ट करते हैं कि मात्र 28 प्रतिशत परिवार ही ऐसे थे जिन्हें लघु या नियोजित परिवार की श्रेणी में रखा जा सकता है। अधिकांश परिवार मध्यम् या बड़े आकार वाले थे। वाराणसी जनपद में सामान्यतः परिवारों की औसत सदस्य संख्या 7 से अधिक पायी गयी है।

अध्ययन में सम्मिलित महिलाओं के सामाजिक-आर्थिक पृष्ठभूमि के अवलोकन से यह स्पष्ट होता है कि हरहुआ विकासखण्ड के मुर्दहा, बेलवरिया एवं चौका (भुसौला) गाँव से चयनित अधिकांश परिवार मध्यम् वर्गीय, एकाकी एवं विस्तृत प्रकृति की शिक्षित महिलाओं वाले परिवार थे। परिवार नियोजन और जनसंख्या नियन्त्रण के सम्बन्ध में वैवाहिक जीवन तथा पारिवारिक अन्तःसम्बन्धों की विशिष्ट भूमिका को दृष्टि में रखते हुए अगले अध्याय के अन्तर्गत तत्सम्बन्धी तथ्यों का विवेचन किया जा रहा है।

References

1. World Population Report, (1997), UN Paris.
2. *Ibid.*
3. Davis, K., (1955), 'Human Society', The MacMillan Company, New York.
4. Srinivas, N.N. (ed.), (1955), India's Villages, Asia Publishing House, Bombay (2nd ed.).
5. Majumdar, D.N. (1956), Family Life in Village in Avadh, *Samaj,* 2.
6. Bailey, P.G. (1957), Caste and the Economic Frontier ; A Village in Highland Orissa, Manchester Univ. Press. See Also the Joint Family in India : A Framework for Discussion, *The Economic Weekly,* No.12.
7. Dubey, S.C., (1959), Indian Village, Routeldge and Kegan Paul Ltd., London, (2nd ed.).
8. Ghurye, G.S., (1969), Caste and Class in India, Popular Prakashan, Bombay.
9. Desai, A.R., (1969), Rural Indian Transition, Popular Book Depot, Bombay.
10. Cohen, F.F. (1970), The Saraswat Brahmins in Urban India : Society, Space and Image, in R.G. Fox, (id.) Programme in Comparative Studies in Southern Asia, Monograph No. 10, Duke University, Durban.
11. Cohn, B.S. (ed.), (1974) Urban Ethnicity, Tavistock Publication, London.
12. Dube, S.C. Indian Village, Routledge and Kegan Pant, London, 1954.
13. Majumdar, D.N., Races and Culture in India, Pub. House, Bombay, 1958.
14. See for details, Sachchidananda, (1977). The Harijan Elite : Study of Their Status, Networks, Mobility and Role in Social Transformation, Thomson Press (India) Ltd., p. 122.
15. Hutton, J.H., (1963), Caste in India, Oxford University Press, Oxford.
16. Desai, A.R. (1987), Supra Note, I See also Desai, A.R. (1987) Rural Sociology in India, Popular Prakashan, Bombay, pp. 54-56.
17. Marx, K. (1936), Capital Modern Liberary, New York, ch. 15.

18. Durkheim, E. (1947), The Division of Labour in Society, Trans. George Simpson, Free Press, Glence. Inc. And See also. Durkheim, E. (1951), Free Press, New York, pp. 246-56.
19. Lipset, S.M. and B. Reinhard (1952), Social Status and Social Structure, British *Journal of Sociology,* Vol. 11, p. 6.
20. Dawson, C. (1949), Religion and Culture, London, p. 57.
21. Chauhan, P.S. (1996), Lengthening Shadows : Status of Women in India, Bombay Publication, New Delhi, pp. 63-68.
22. Sachchidanand, (1966), Socio-Economic aspects of India Education, *The India,* Vol. 2 No. 13, pp. 17-22.
23. Nowak, S., (1969), Structured Social Inequality, in Hellers, (ed.) Macmillan Co., New York, p. 236.
24. Rao, M.S.A., (1979), Social Movements and Social Transformation : A Study of two backword classes Movements in India, The Macmillan Company, Madras, p. 222.
25. Rao, M.S.A. (1979), Tradition Rationality and Change, Popular Prakashan, Bombay, p. 131.
26. Mathur, S.S. (1966), A Sociological Approach to Indian Education, Vinod Pustak Mandir, Agra, p. 289.
27. Ezekeil, H. And Madhoo Pavaskar (1976), Second India Studies Services, The Macmillan Co. Delhi.
28. Jha, C.S., (1985), Higher Technical Education in India : Problems and Prospects in Shaping the Technology Era, (ed.) O.N. Wakhlu and G.L. Labru, B.R. Publishing Corporation, Delhi.
29. Lewis, O., (1950), An Anthropological Approach to Family Studies, *American Journal of Sociological Review,* Vol. 7, No. 7, October, pp. 589-603.
30. Majumdar, H.T., (1966), The Grammer of Sociology, Asia Publishing House, New Delhi, p. 582.
31. Weber, M. (1947), The Theory of Social and Economic Organization, Trans. A.M. Handersan and Talcott Parson,s The Free Press, New York.
32. Desai, N., (1957), Women in Modern India, Vora Publication, Bombay, and S. Sridevi, A Century of India Womenhood Rao and Raghavan, Mysore.
33. See details Shad, A.M. (1989), Parameters of Family Policy in India, Economic and Political Weekly, Vol. 24, No. 10, pp. 513-516.
34. Dubey, S.N. and Ratna, M. (1976), Administration of Policy and Programme, for backward dress in India,, Sociology Pub. Bombay, p. 113.
35. Hall, R.H. (ed.), (1969), Occupation and Social Structure Press Hall, Engl.,

Cl. pp. 83-84.

36. Malik, S. (1979). Social Integration of Scheduled Castes, Abhivnav Publications, New Delhi, pp. 32-58.
37. Caplow, T. (1964). The Sociology of Work, McGraw Hill Book Company, New York, p. 31.
38. Lipset, S.M. and Bendix Peinhard, (1952). Social Status and Structure, British Journal of Sociology, Vol. II, p. 6.
39. Barber, B. (1957), Social Stratification, Harcourt Brace and World Inc., New York, p. 39.
40. Sullerott, E. (1972). Women Society and Change, World University Liberary, Weidenfield and Nicalso, Winsley Street, London, W.J., p. 15.
41. Mazumdar,. Vina (1979). From Research of Policy : Rural Women in India in Sondra Zeidenstein (ed.), Studies in Family Planning, Vol. 10, No. 11/12 (November-December), p. 357.
42. Pandey, S.K., (1999), Poverty in Rural India : A Study of Village of Sohan Block, Ballia, Deptt. of Economics, MGU, Ph.D. Thesis.
43. Patel, K.A., (1979), Women in Industry in Developing Countries, Mainstream, Vol. XVII, No. 28, pp. 11-14.
44. According to the ILO, Bureau of Statistics and Special Studies, During the last quarter century the active female population of the World will be more than double, that is, from 231 millian in 1950 . By the year 2000 there will be 800 million women workers, See, ILO Labour Force Estimates and Projections, 1950-2000, 2nd ed. 1977 and ILO, Women Power, 1975, Geneva, Wheras, Gail Minault, while writing on Women had analysed two aspects-Women's Participation in Economic Development and Women's Legal Rights. On the basis of census data from 1961 to 1981, it has been observed that Women Participation in Work Force at all India level has declined (One reason for this end may be that large number of Women Workers are in the Unroganised Sector and are not included under work force in the census), Minault, G. 1986, Women in Contemporary India : The Quest for Equal Participation and Justice, in India 2000 : The next Fifteen year (ed.) James R. Reach, Allied Publishers, New Delhi.
45. Howell, Amos (1950) Human Ecology : A Theory of Community Structure Ronald Press, New York, pp. 67.
46. Lewis, A. (1953), Health as social Concept, British Journal of Sociology, Vol. 4, pp. 86-88.
47. Devis, N.J. and Robinson, R.V. Do Wives Matter : Class Indenties of Wives and Husbands in the United States, 1974-1994, Social Forcer, 1998, 76, 3, Marelo, pp. 1063-1086.
48. Hasan K.A. (1967) the cultural Frontier of Health in Village of India Mankatala Bombay, pp. 92-97.

अध्याय-4

जनसंख्या नियन्त्रण एवं नियोजन कार्यक्रम

इस अध्याय के अन्तर्गत भारतीय ग्रामीण समाज में जनसंख्या में वृद्धि के कारण उत्पन्न होने वाली समस्याओं के प्रति ग्रामीण महिलाओं के विचारों तथा समस्या के निदान के लिए परिवार नियोजन के उपकरणों के प्रति उनकी जानकारी, परिवार नियोजन के साधनों को अपनाने की प्रवृत्ति, परिवार नियोजन से लाभ के प्रति जागरुकता, परिवार नियोजन के प्रति दृष्टिकोण, सुखी परिवार की प्रस्थापित अवधारणा के प्रति सहमति, लड़कियों के जन्म के प्रति उनके विचार एवं परिवार नियोजन की वैचारिकी के प्रति उनमें निहित जागरुकता जैसे महत्त्वपूर्ण पक्षों पर उनके विचारों का विश्लेषण किया गया है। शोध के अन्तर्गत निम्नलिखित प्रस्थापनाओं का इस अध्याय में परीक्षण किया जा रहा है।

1. शिक्षित महिलाएं अशिक्षित महिलाओं की तुलना में परिवार नियोजन के प्रति अधिक जागरूक हैं तथा वे परिवार नियोजन के आधुनिक संसाधनों को सरलता से अपनाती हैं, जबकि अशिक्षित महिलाएं पारिवारिक दबाव, परम्परागत धार्मिक मान्यता और रूढ़ियों के कारण परिवार नियोजन के साधनों के प्रति जानकारी रखते हुए भी उसे स्वतन्त्रतापूर्वक अपनाने से वंचित रहती हैं।
2. सामान्यतः सभी शिक्षित और सम्पन्न वर्ग की महिलाएं छोटा परिवार सुखी परिवार के विचार से सहमत हैं, जबकि निर्धन और अशिक्षित वर्ग की महिलाएं अधिक से अधिक बच्चों को परिवार की इच्छा के अनुरूप अवधारित करने का प्रयास करती हैं, परिणामतः वे सुखी परिवार की प्रस्थापित अवधारणा से तारतम्य बनाये रखने में असफल रहती हैं।
3. ग्रामीण महिलाएं परिवार नियोजन से होने वाले लाभ के प्रति सचेष्ट हैं, परन्तु परिवार नियोजन के साधनों को स्वीकार करने में परिवार के अन्य सदस्यों के कारण उन्हें कठिनाई होती है। अधिकांश महिलाओं

के पति भी आधुनिक साधनों का उपयोग करते हैं, लेकिन यह स्थिति भी सीमित परिवारों में पायी जाती है।

4. परिवार नियोजन के साधनों एवम् उसकी उपलब्धियों के संबंध में अधिकांश ग्रामीण महिलाओं को जानकारी पास-पड़ोस तथा विशेष रूप से युवा वर्ग की महिलाओं से प्राप्त होती है। आधुनिक संचार माध्यमों की प्रभावी भूमिका ग्रामीण महिलाओं द्वारा स्वीकार की जाती है।

अविकसित देशों तथा विकासशील देशों के पिछड़े क्षेत्रों में अज्ञानता, अन्धविश्वास, भाग्यवादिता, रूढ़िवादिता, धर्मभीरुता एवं बच्चों को ईश्वरीय देन सम्बन्धी अन्धविश्वास अधिक मात्रा में पाये जाते हैं। ऐसे क्षेत्रों में शिशु-कल्याण आदि के विरूद्ध वातावरण बना रहता है, जिसके कारण प्रजनन दर अधिक होती है। दूसरी ओर विकासीय और विकासशील देशों के प्रगतिशील क्षेत्रों में जनसंख्या की उच्च शैक्षणिक प्रस्थिति के कारण शिक्षित समाज में विलम्ब विवाह व परिवार नियोजन के साधनों को स्वेच्छा से अपनाने की प्रवृत्ति अधिक पायी जाती है। साथ ही साथ शिक्षा से सामाजिक गतिशीलता और रहन-सहन के स्तर में वृद्धि होती है। व्यक्ति अन्धविश्वासों और रूढ़ियों के प्रतिबन्धों से निकलकर तर्कशील और विवेकी बन जाता है, यह स्थिति उसकी परिवार सम्बन्धी धारणा को भी परिवर्तित करती है। विकसित देशों में प्रजनन दर कम होने का एक बहुत बड़ा कारण महिलाओं में शिक्षा का ऊँचा स्तर है, जबकि अविकसित देशों में अशिक्षा को ऊँची प्रजनन दर का एक विशेष कारण कहा जा सकता है। सामान्यतया शिक्षित स्त्रियों के अशिक्षित स्त्रियों की तुलना में कम बच्चे होते हैं। यह तथ्य अनेक अध्ययनों से प्रमाणित हो चुका है।[1] इसका मूल कारण यह है कि शिक्षित स्त्रियाँ विलम्ब विवाह व परिवार नियोजन के तरीक़े स्वेच्छा से अपनाती हैं। शिक्षित महिलाएं मातृत्व और शिशु-कल्याण एवं स्वास्थ्य व बच्चों के पालन-पोषण के उत्तरदायित्व के महत्त्व को समझती हैं। शिक्षित महिलाएँ घर के कार्यों के अतिरिक्त बाहर नौकरियाँ भी करती हैं, जिनसे उनका जीवन बाह्य कार्यों में अधिक व्यस्त रहता है। वे केवल पति के अधीन रहकर जीवित बने रहना नहीं चाहती, अपितु अपना स्वतन्त्र अस्तित्व भी चाहती हैं, ऐसी स्थिति में उन पर मातृत्व लादा नहीं जा सकता। इस प्रकार की मनोवृत्ति और विभिन्न

सामाजिक-आर्थिक कारणों से शिक्षित स्त्रियों में प्रजनन दर अशिक्षित स्त्रियों की तुलना में कम होती है।[2]

विकसित देशों की महिलाओं में शिक्षा का स्तर अविकसित देशों की तुलना में अधिक है, अतः वहाँ प्रजनन दर कम है। सन् 2011 की जनगणना तथा भारत में प्रस्तावित आँकड़ों के अनुसार लगभग 74 प्रतिशत व्यक्ति ही साक्षर हैं, जिनमें स्त्रियों में साक्षरता का प्रतिशत मात्र 65.5 प्रतिशत है। जबकि इंग्लैण्ड, संयुक्त राज्य अमेरिका व जापान आदि विकसित देशों में साक्षरता 98 से 100 प्रतिशत तक थी। भारत के ग्रामीण क्षेत्रों में महिलाओं का शैक्षिक स्तर तुलनात्मक रूप से अत्यधिक कम पाया गया है। उत्तर प्रदेश के वाराणसी जनपद में महिला साक्षरता दर मात्र जहाँ 2001 में 53.05 थी, वहीं 2011 में बढ़कर लगभग 68.20 प्रतिशत हो गयी है। अज्ञानता और अशिक्षा के कारण भारतीय ग्रामीण महिलाएं सन्तानोत्पत्ति को ईश्वर की कृपा मानती हैं।

अशिक्षित महिलायें पतियों द्वारा लादे गये मातृत्व के बोझ को उठाने के लिए बाध्य होती हैं। अविकसित परिवेश से सम्बद्ध अशिक्षित महिलाएं परम्परागत प्रचलित मान्यताओं का अनुपालन करते हुए अधिक बच्चे पैदा करना अपना भाग्य समझती हैं। पारिवारिक एवं सामाजिक प्रतिबंधों की आड़ में परिवार नियोजन सम्बन्धी रीतियों व उपकरणों को उपयोग में लाने में शर्म महसूस करती हैं। फलतः प्रजनन दर इनमें अधिक होती है। यद्यपि मातृत्व के आनन्द को प्रत्येक स्त्री प्राप्त करना चाहती है, चाहे वह शिक्षित हो या अशिक्षित, परन्तु शिक्षित महिला इसे केवल बच्चा पैदा करने की मशीन के रूप में नहीं चाहती। स्पष्टतः यह स्वीकार किया जा सकता है कि प्रजनन के निर्धारण में शिक्षा का महत्त्वपूर्ण स्थान है। प्रजनन दर की वृद्धि में संयुक्त परिवार प्रथा, ग़रीबी और निम्न सामाजिक स्तर, वैवाहिक अनिवार्यता, बाल विवाह, बहुपत्नी विवाह तथा विधवा पुनर्विवाह का भी प्रभाव है। ऐसे समाज में जहाँ विवाह को अच्छी दृष्टि से देखा जाता है तथा सरलता से शीघ्र पुनर्विवाह भी हो जाता है, वहाँ प्रजननता अधिक होती है, क्योंकि विवाह तथा विधवा पुनर्विवाह शीघ्र होने के कारण स्त्रियों का सन्तानोत्पादन काल नष्ट नहीं होता। परन्तु ऐसे समाज जहाँ विधवा पुनर्विवाह को सरलता से स्वीकार नहीं किया जाता और उस पर निषेध लगा होता है, वहाँ जन्म दर कम होती है, क्योंकि जो महिला विधवा हो जाती है, वह भले ही सन्तानोत्पादक शक्ति रखती हो, परन्तु पुनर्विवाह न होने के कारण उसका शेष सन्तानोत्पादन काल

नष्ट हो जाता है। ईसाई और मुस्लिम समाज में जहाँ विधवा पुनर्विवाह को स्वीकार किया जाता है, वहीं हिन्दू समाज में इसे आज भी नैतिकता, पवित्रता, सतीत्व जैसी सामाजिक, धार्मिक एवं सांस्कृतिक मान्यताओं के कारण उचित नहीं माना जाता। शिक्षा के विकास के साथ-साथ आर्थिक विकास के फलस्वरूप भारत में विधवा पुनर्विवाह निषेध सम्बन्धी मान्यताएँ शिथिल होती जा रही हैं। परिणामतः विधवा पुनर्विवाह की संख्या बढ़ती जा रही है, जिससे प्रजनन दर में वृद्धि भी प्रभावित हो रही है।

स्त्रियों की आर्थिक स्वतन्त्रता भी प्रजनन दर को प्रभावित करती है। उदाहरण के लिए पश्चिमी देशों में स्त्रियाँ आर्थिक दृष्टि से परावलम्बी न होकर स्वतन्त्र हैं, समाज में जहाँ उनकी सामाजिक स्थिति उच्च है, वहाँ जन्म दर कम है, क्योंकि ऐसी आर्थिक रूप से स्वतन्त्र महिलाएँ अपनी स्वतन्त्रता, सामाजिक स्थिति और रहन-सहन के स्तर के प्रति अधिक जागरूक होती हैं। फलतः विलम्ब में विवाह व परिवार नियोजन के साधनों को अपना कर महिलाएँ कम सन्तान उत्पन्न करती हैं। ऐसी स्त्रियों में सामान्यतः एक बच्चे की अपेक्षा सुविधाओं का उपभोग करने की प्रवृत्ति अधिक पायी जाती हैं। इसके विपरीत जिन समाजों में स्त्रियाँ आर्थिक दृष्टि से स्वतन्त्र नहीं है तथा समाज में उन्हें पुरुष के समकक्ष स्थान प्राप्त नहीं है, वहाँ उन्हें हर क्षेत्र में पुरुष की आज्ञा का पालन करना पड़ता है। अल्पायु में ही विवाह हो जाने एवं परिवार नियोजन के साधनों को न अपनाने के कारण उनमें सामान्यतः जन्म दर ऊँची रहती है। भारत व अन्य अल्प-विकसित राष्ट्र इसके प्रमाण हैं।

जनसंख्या की प्रकृति के निर्धारण में यद्यपि रहन-सहन का स्तर एवं व्यवसाय एक आर्थिक घटक है, पर इसका भी निर्धारण देश की सांस्कृतिक मान्यताओं, विश्वासों एवं प्रेरणाओं से होता है। इस तथ्य को मैक्स *बेवर* जैसे सुप्रसिद्ध समाज वैज्ञानिक ने विश्व के 7 महान धर्मों के अध्ययन से प्रमाणित कर दिया है। सामान्य रूप से रहन-सहन के स्तर और आर्थिक स्तर में वृद्धि होने से प्रजनन दर घटती है तथा इसके विपरीत की स्थिति में बढ़ती हैं। यही कारण है कि धनी व्यक्तियों की अपेक्षा निर्धनों में अधिक प्रजनन दर पायी जाती है। जिन समाजों में धन और उच्च रहन-सहन के स्तर को उच्च सामाजिक स्थिति और प्रतिष्ठा का आधार माना जाता है, वहाँ धनी व्यक्ति इस प्रतिष्ठा को बनाये रखने के लिये अपनी सम्पन्नता को कम नहीं करना

चाहते। अतः वे कम-से-कम संतान उत्पन्न करना चाहते हैं, ताकि उनकी सम्पत्ति कम-से-कम विभाजित हो और संतान के पालन-पोषण का व्यय भार अधिक न होने पाये। इसके अतिरिक्त ये लोग उच्च तथा महंगे अहानिकारक साधनों के प्रयोग द्वारा जन्म को नियन्त्रित करने में सफल होते हैं। इसके विपरीत निम्न आर्थिक स्तर का व्यक्ति इस प्रकार की कोई चिन्ता नहीं करता, वह अतिरिक्त सन्तान को उपभोक्ता की अपेक्षा उत्पादक के रूप में ही अधिक देखता है। एडम स्मिथ ने इसी कारण बच्चों को ग़रीबों की सम्पत्ति कहा है। प्रजनन दर पर व्यवसाय का भी प्रभाव होता है। एक ही समुदाय में भिन्न व्यवसायों में संलग्न व्यक्तियों में भिन्न प्रजनन दरें पायी जाती हैं। व्यवसाय का निर्धारण भी बहुत कुछ सांस्कृतिक आधारों पर होता है। मानसिक कार्यों में संलग्न व्यक्तियों में प्रजनन दर कम होती है, जबकि शारीरिक कार्यों में संलग्न व्यक्तियों में प्रजनन दर अधिक पायी जाती है। नौकरी करने वाली महिलाओं में नौकरी न करने वाली महिलाओं की तुलना में प्रजनन दर कम होती है। इसी तरह कृषि श्रमिकों और भू-स्वामियों के मध्य भी प्रजनन दर भिन्न-भिन्न होती है।[4]

गर्भवती महिलाएं एवं शिशु

मानव स्वास्थ्य और समाज कल्याण की संरचनात्मक पृष्ठभूमि गर्भवती महिलाओं और प्रजनित शिशुओं के स्वास्थ्य के विभिन्न पक्षों से युक्त है। प्रजनन एक सामान्य शारीरिक प्रक्रिया है और इस अवस्था में गर्भवती महिलाओं का स्वस्थ रहना अत्यावश्यक है।[5] वैलेन टाइन (1902) ने गर्भवती महिलाओं की देखरेख की आवश्यकता के संदर्भ में सर्वप्रथम वैज्ञानिक आधार प्रस्तुत किया था।[6]

गर्भधारण के समय संक्रामक रोगों, दुर्घटनाओं एवम् अन्य रोगों के साथ-साथ विभिन्न सामाजिक कारणों, जैसे बच्चे के जन्म के समय महिला की आयु, निर्धन आर्थिक प्रस्थिति, अशिक्षा, प्रजनन सेवाओं का अभाव, निम्न पर्यावरण स्थितियाँ, सामाजिक रीति-रिवाज और अशिक्षा आदि के कारण अधिकांश महिलाओं की मृत्यु हो जाती है। विकसित, विकासशील एवम् अविकसित राष्ट्रों में गर्भवती महिलाओं की बढ़ती हुई मृत्यु दर के फलस्वरूप सन् 1948 में विश्व स्वास्थ्य संगठन द्वारा मातृत्व शिशु कल्याण के संबंध में योजनाबद्ध रणनीति प्रतिस्थापित की गयी।[7]

महिलाओं को सुरक्षित गर्भधारण की दिशा में शिक्षा के माध्यमों से महत्त्वपूर्ण दिशानिर्देश प्रदान किया जा सकता है और सम्पूर्ण परिवार के स्वास्थ्य की स्थिति को उत्तम बनाया जा सकता है। अधिकांश समाजों में केवल कुछ ही माता-पिता अपनी लड़कियों को स्कूल भेजते हैं। वे लड़कों की शिक्षा को अधिक महत्त्व प्रदान करते है।। लड़कियों को घर के बच्चों की देख-रेख के लिए घर में ही रोक लिया जाता है। अधिकांश लड़कियों को शीघ्र विवाह या गर्भधारण के कारण स्कूल छोड़ना पड़ता है। सामान्यतः बच्चा होने के बाद बहुत कम लड़कियाँ पुनः विद्यालय जाती हैं। वस्तुतः शिक्षा का प्रभाव महिलाओं के ऊपर विभिन्न माध्यमों में पड़ता है। शिक्षित महिलाएं देरी से विवाह एवं गर्भधारण करती हैं तथा परिवार नियोजन के वांछित माध्यमों को अपनाती हैं और गर्भधारण के समय उचित देखरेख का ध्यान रखती हैं। उनमें औपचारिक शिक्षा प्राप्त महिलाओं की तुलना में मातृत्व मृत्यु दर एक चौथाई पाई गयी है।[8]

भारत में विवाह एक धार्मिक आवश्यकता एवं संस्कारपूरक संस्था के रूप में स्थापित है। बाल-विवाह के साथ-साथ कम आयु में विवाह की प्रथाएँ सामान्यतः सभी ग्रामीण एवं आदिवासी क्षेत्रों में प्रचलित हैं। विवाह की इस स्थिति के कारण प्रजनन योग्य युगल जन्मदर वृद्धि में सहभागी होते हैं। स्त्रियों की विवाह की आयु और पुनर्उत्पादक अवधि में अन्योन्याश्रित सम्बन्ध है। वस्तुतः 15 से 25 वर्ष की उम्र में स्त्रियों में उच्च प्रजनन क्षमता पायी जाती है। वर्तमान जनसंख्या नीति के अनुसार लड़कों के लिए विवाह की उम्र 21 वर्ष तथा लड़कियों के लिए 18 वर्ष निर्धारित की गयी है।

मातृ देख-रेख

ग्रामीण एवं पिछड़े क्षेत्रों में गर्भ-धारण करना और बच्चे को जन्म देना अत्यन्त ही दुरूह अवस्थाओं की समन्वित स्थिति के रूप में देखा जाता था। विभिन्न प्रतिबन्धों एवं प्रथाओं के अन्तर्गत विकसित अन्धविश्वासों के कारण अधिकांश शिशुओं अथवा उनको जन्म देने वाली माताओं की मृत्यु हो जाती थी। समाज में प्रत्येक स्तर पर कुत्सित परम्पराओं के प्रतिबन्धों को नष्ट करने का प्रयास किया जा रहा है।

मातृ शिशु-कल्याण कार्यक्रम के अन्तर्गत माताओं के लिये पूर्व प्रसव सेवाएँ, सुरक्षित प्रसव, प्रसव के उपरान्त मां और बच्चे की देखभाल, स्तनपान,

शिशु के आहार के विषय में ज्ञान तथा परिवार कल्याण, कानूनी गर्भपात सेवाएँ आदि सुनिश्चित की गयी हैं। इस कार्यक्रम के अन्तर्गत शिशुओं के लिए गम्भीर बीमारियों से प्रतिरक्षण, पौष्टिक आहार, विटामिन ए की उपलब्धता सुनिश्चित करना तथा दस्त नियन्त्रण योजना आदि सम्मिलित हैं।

वस्तुतः इस कार्यक्रम के द्वारा राष्ट्र के सर्वोन्मुखी विकास के लिए समाज की प्राथमिक इकाई परिवार के विकास पर ध्यान केन्द्रित किया जाता है। जन्म के समय मां और उसके बच्चे की जीवन प्रत्याशा के प्रति परम्परागत धारणाओं में परिवर्तन उत्पन्न करना भी इस कार्यक्रम का मुख्य उद्देश्य है।

उत्तर प्रदेश में सन् 1981 की जनगणना के अनुसार जन्म दर 39.9 प्रतिशत तथा मृत्यु दर 16.2 प्रतिशत अंकित की गयी है तथा औसत वैवाहिक आयु तथा स्त्रियों की क्रमशः 20.9 वर्ष तक 17.8 वर्ष थी। ग्रामीण क्षेत्रों में सन् 1981 में प्रजननता 6.6 आंकी गयी है। तात्पर्य यह है कि जहाँ भारत में एक महिला अपने सम्पूर्ण प्रजनन काल में 4.8 बच्चों को जन्म देती है, वहीं उत्तर प्रदेश में वह 6.1 बच्चों को जन्म देती है। शिशु मृत्यु दर में भारत के इस प्रदेश का प्रधान स्थान है। सन् 1981 में यह दर 1.57 प्रति हजार थी। प्रदेश की 82 प्रतिशत आबादी गाँवों में रहती है, जहाँ शिशु मृत्यु दर 1.57 अंकित की गयी है। सन् 1981 की जनगणना के अनुसार 14 वर्ष से कम आयु के लोग, जनसंख्या का कुल 41.8 प्रतिशत थे। 15 से 59 वर्ष आयु की जनसंख्या का प्रतिशत 51.3 तथा 60 और उससे अधिक का प्रतिशत 69 था। जहाँ जनसंख्या का 377 प्रतिवर्ग कि.मी. था। पूर्वी उत्तर प्रदेश में सर्वाधिक जनसंख्या वाले अधिकांश जनपद हैं। यहाँ 828 लोग प्रति वर्ग कि.मी. में निवास करते हैं।[9]

सन् 1982 में भारत सरकार द्वारा इस संदर्भ में तीन स्तर की मातृ शिशु सेवाएँ प्रस्तावित की गयी हैं, जिसके अन्तर्गत साधारण प्रसव की स्थिति में घर, उपकेन्द्र अथवा प्राथमिक स्वास्थ्य केन्द्र पर मुक्त प्रसव कराया जा सकता है। द्वितीय स्तर पर नियमित परीक्षण तथा देख-रेख के द्वारा माँ और शिशु के स्वास्थ्य पर नियंत्रण रखने का प्रयास किया जाता है तथा तृतीय स्तर पर जटिल प्रसव की संभावनाओं में बड़े अस्पतालों में सक्षम डाक्टरों के माध्यम से प्रसव सुविधाएँ उपलब्ध करायी गयी हैं। अधिकांश संस्कृतियों में कम आयु में विवाह और गर्भधारण का प्रचलन है। भारतीय उपमहाद्वीप और अफ्रीका

में शीघ्र विवाह अधिक सामान्य है। पूर्वी एशिया और लैटिन अमेरिका में भी ऐसी स्थिति पायी गयी है। विलम्ब में होने से गर्भ-धारण की प्रक्रिया देर से प्रारम्भ होती है और प्रजनन समयावधि भी कम होती है। औसतन ऐसी महिलाएं जो 15 से 19 के मध्य विवाहित हो जाती हैं, वे 6 से 7 बच्चों को जन्म देती हैं। विवाह की आयु में वृद्धि का एक माध्यम लड़कियों के स्कूल तथा कालेजों से संबंध बनाये रखने में है। एक अध्ययन के माध्यम से यह निष्कर्ष प्राप्त हुआ है कि घाना में अधिकांश अशिक्षित महिलाओं का विवाह 13 से 16 वर्ष की आयु में हो जाता है, जबकि कम-से-कम प्राइमरी शिक्षा प्राप्त महिलाओं का विवाह 18 वर्ष की आयु के बाद होता है। विश्व के ऐसे स्थानों में जहाँ महिलाओं में उच्च शिक्षा है, वहाँ वे बहुत कम 20 वर्ष की आयु के पूर्व विवाहित होती है।[10]

बंगला देश में दो-तिहाई लड़कियों का विवाह 19 वर्ष की आयु के पूर्व हो जाता है। मध्यपूर्व दक्षिण एशिया और अफ्रीका के कुछ भागों में लड़कियों के विवाह का प्रचलन गर्भधारण की अवस्था के बहुत पूर्व कर दिया जाता है। *प्रतिस्थिति* प्रभाव और स्वायत्तता की स्थितियाँ पुरुषों एवं महिलाओं की वैवाहिक आयु की निर्धारण सीमा को प्रभावित करती हैं। विकसित और विकासशील राष्ट्रों में शीघ्र गर्भधारण के फलस्वरूप चिकित्सकीय जटिलताओं की स्थितियों में वृद्धि की संभावना बनी रहती है।

गर्भधारण के समय सामुदायिक सेवाएँ अधिक आवश्यक होती हैं। समुदाय के लोगों द्वारा गर्भधारण के समय महिलाओं की देख-रेख तथा परम्परागत चिकित्सकों के माध्यम से महिलाओं और उनके नवजात शिशुओं के संदर्भ में स्वास्थ्य संरक्षण के प्रयास किये जाते हैं। पारिवारिक परिवेश में उपलब्ध सुविधाओं के माध्यम से गर्भधारण के समय महिलाओं का पोषण तथा स्वास्थ्य संरक्षण किया जाता है। ऐसी स्थिति में यदि उनकी उचित देख-रेख न की जाय और उन्हें वांछित पोषक तत्त्व उपलब्ध न कराये जायें तो प्रजनित शिशु रुग्ण हो सकता है या गर्भवती महिलाओं की मृत्यु भी हो सकती है।[11] स्वास्थ्य सेवाओं के आधुनिक माध्यमों का उपभोग करने वाली महिलाएँ अधिक शिक्षित और सम्पन्न होती हैं और गर्भधारण के समय बाह्य देख-रेख के अभाव में भी स्वस्थ रहती हैं और स्वस्थ बच्चे को जन्म देती हैं।[12]

परम्परागत ग्रामीण समुदाय के अन्तर्गत निवास करने वाले स्वास्थ्य कार्यकर्ता गर्भधारण की अवस्थाओं में महिलाओं को उचित सलाह दे सकते हैं।[13]

ओंग (1974)[14] ने मलेशिया के आदिवासियों में गर्भवती महिलाओं के स्वास्थ्य की स्थिति का विश्लेषण करते हुए यह स्पष्ट किया है कि निर्धनता और अशिक्षा के कारण अधिकांश आदिवासी परिवारों में महिलाएं खून की कमी (एनीमिया) से ग्रसित रहती हैं। देवी (1966)[15] ने भारत में गर्भावस्था में एनीमिया की स्थिति का विश्लेषण किया है। उपर्युक्त अध्ययन के तथ्यों से जो निष्कर्ष प्राप्त किया गया है, उसका स्वास्थ्य के प्रति उपेक्षा और गर्भावस्था के समय बीमारी की दशाओं को संचालित करने में प्रमुख योगदान है।

समुदाय के अन्तर्गत स्वस्थ शिशु जन्म मानवीय विकास की प्राथमिक आवश्यकता है। स्वस्थ शिशु के जन्म हेतु प्रसव के पूर्व उचित देख-रेख की आवश्यकता होती है। वस्तुतः गर्भधारण के पश्चात् प्रसव के समय तथा उसके बाद लड़कियों एवं महिलाओं की उचित देख-रेख की जानी चाहिए। किसी भी स्वस्थ शिशु के जन्म के लिए यह आवश्यक है कि गर्भधारण करने वाली महिला भी स्वस्थ हो। मात्र चिकित्सालयों अथवा स्वास्थ्य केन्द्रों के माध्यम से इस स्थिति के प्रति पूर्ण सुनिश्चितता प्रदान नहीं की जा सकती। यदि अच्छे स्वास्थ्य से तात्पर्य पूर्व शारीरिक, मानसिक और सामाजिक सुरक्षा की स्थिति से है और यह मात्र रोगों अथवा कमियों के न रहने से नहीं है तो इसका प्रारम्भ उसी स्थान से होना चाहिए, जहाँ लोग रहते हैं। वस्तुतः मातृ-स्वास्थ्य योजना का प्रारम्भ समुदाय के अन्तर्गत होता है और इसके लिये सम्पूर्ण जीवनकाल में प्रतिपल ध्यान दिया जाना आवश्यक है। आधुनिक स्वास्थ्य की देख-रेख के साथ परम्परागत स्वास्थ्य की देख-रेख की क्रियाओं को समन्वित कर इस दिशा में महत्त्वपूर्ण प्रयास किये जा सकते हैं। इस संदर्भ में पोषण, परिवार नियोजन, यौन संबंधों पर नियंत्रण और संक्रामक रोगों पर नियन्त्रण, स्वास्थ्य शिक्षा प्रेषण और सामुदायिक विकास आदि क्षेत्रों में समुचित प्रबन्ध एवं योजनाएं चलायी जानी चाहिए।

परम्परागत रूप से समुदाय के अन्तर्गत रहने वाले सदस्यों द्वारा प्रसव के कार्य सफलतापूर्वक सम्पन्न कराये जाते रहे हैं। पारम्परिक विधियों की निदानात्मक उपयोगिता को वर्तमान स्वास्थ्य के निहितार्थों के अनुरूप बनाये रखने के लिए यह आवश्यक है कि उनकी समुचित देख-रेख कर सकें और

प्रसव के समय ऐसी प्रविधियां उपयोग में लायें, जिससे कि बच्चा सुरक्षित पैदा कराया जा सके।

महिलाएँ इस स्थिति से इसलिए भी समुचित देख-रेख और स्वास्थ्य सुविधाओं का उपयोग नहीं कर पाती[16], क्योंकि इसमें धन और समय लगता है। भारत के पश्चिम बंगाल क्षेत्र में किये गये एक अध्ययन के आधार पर यह स्पष्ट होता है कि समय एवं धन अधिक लगने के कारण महिलाएँ स्वास्थ्य सुविधा का उपयोग नहीं कर पातीं। उपर्युक्त अध्ययन में गर्भवती महिलाओं में 81 प्रतिशत को यह ज्ञात था कि प्रसव के पूर्व देख-रेख अधिक महत्त्वपूर्ण होती है, लेकिन 42 प्रतिशत ने इस तरह की सेवाओं का उपयोग नहीं किया, क्योंकि उससे समय अधिक व्यय होता है।[17] स्वास्थ्य केन्द्रों तक आने-जाने का व्यय तथा स्वास्थ्य सेवाओं को प्राप्त करने में व्यय किये जाने वाला धन इतना अधिक होता है कि निर्धन परिवारों द्वारा वहन नहीं किया जा सकता। कुछ स्थानों में स्वास्थ्य केन्द्रों पर मात्र पुरुषों की उपस्थिति भी गर्भवती महिलाओं को स्वास्थ्य केन्द्रों से दूर रखती है। उदाहरणार्थ हिन्दू और मुस्लिम समाजों में महिलाएँ केवल महिला *स्वास्थ्यकर्ती* की सेवाओं को ही प्राप्त करना चाहती हैं तथा गर्भधारण के समय या प्रसव के पूर्व वे महिला चिकित्सकों एवं दाईयों को ही दिखलाती हैं।[18] अधिकांश स्वास्थ्य केन्द्रों पर केवल प्रशिक्षित पुरुष ही नियुक्त किये जाते हैं और प्रसव के पूर्व वांछित गोपनीयता नहीं रखी जाती। गर्भवती महिलाओं के परीक्षण के समय एकान्त गोपनीय स्थलों का अभाव भी महिलाओं को स्वास्थ्य केन्द्रों से दूर रखता है। स्वास्थ्य कार्यकर्ताओं द्वारा महिलाओं के गुप्त अंगों का प्रत्येक बार परीक्षण किया जाना भी गर्भवती महिलाओं में स्वास्थ्य देख-रेख के प्रति नकारात्मक दृष्टिकोण विकसित करता है।[19] विश्व की आधी से कम महिलाओं को प्रशिक्षित स्वास्थ्य देख-रेख करने वालों की सहायता प्राप्त होती है। शिक्षित एवं सम्पन्न महिलाओं की तुलना में अशिक्षित एवं निर्धन महिलाओं को गर्भधारण के समय तथा उसके पूर्व देख-रेख की सुविधाएँ प्राप्त नहीं हो पातीं।[20]

प्रसव माध्यम

ग्रामीण क्षेत्रों में अधिकांश प्रसव परम्परागत प्रसव माध्यमों से ही कराया जाता है, जिसमें चमाइन, घर की बूढ़ी औरतें, पास-पड़ोस की महिलाओं की भूमिका प्रमुख होती है। प्रशिक्षित दाइयों और चिकित्सकों की उपलब्धता में

भी महिलाएं परम्परागत प्रसव कार्यकर्ताओं से ही प्रसव कराना उपयुक्त समझती हैं।[21] इसके अतिरिक्त आधुनिक चिकित्सकों से परम्परागत प्रसव कार्यकर्ता कम खर्चीले होते हैं तथा प्रसव कार्य में धन व्यय भी कम होता है।[22] परम्परागत रूप से प्रसव कार्य कराने वालों को प्रशिक्षित करके इस दिशा में महत्त्वपूर्ण योगदान दिया जा सकता है। परम्परागत प्रसव कार्यकर्ता आधुनिक प्रशिक्षणों को प्राप्त करके समुदाय के अन्तर्गत चिकित्सा की नई विधियों के प्रति विश्वास जागृत कर सकते हैं[23] और गर्भधारण की स्थिति में तथा प्रसव के बाद होने वाले रोगों से मुक्ति में महिलाओं की सहायता कर सकते हैं।[24]

आधुनिक चिकित्सा सुविधाओं की उपलब्धता और उन्हें प्राप्त करने के प्रति लोगों के दृष्टिकोण में भी परिवर्तन वांछित है। कुछ अविकसित क्षेत्रों में यह भ्रामक विचार प्रचलित है कि प्रशिक्षित परम्परागत प्रसव कार्यकर्ताओं को सरकार द्वारा धन दिया जाता है। अतएव समुदाय के लोग उनकी सेवाओं के बदले में धन देना बन्द कर देते हैं।[25]

विभिन्न अध्ययनों के आधार पर प्राप्त किये गये निष्कर्षों से यह स्पष्ट होता है कि पिछड़े ग्रामीण क्षेत्रों में स्वास्थ्य देख-रेख का स्तर बहुत ही घटिया है और महिलाएँ घर पर ही शिशुओं को जन्म देती हैं, जो ऐसी स्थितियाँ उत्पन्न कर सकता है, जिससे कि मातृ मृत्यु दर अपेक्षाकृत बढ़ जाती है।[26] उदाहरणार्थ बंगलादेश के ग्रामीण क्षेत्रों में प्रति हज़ार मातृ मृत्यु दर 5.7 पायी गयी जो कि प्रौढ़ महिलाओं से अधिक थी।[27] सन् 1981 व 1982 में इजिप्ट के ग्रामीण क्षेत्रों में पुनरुत्पादक आयु समूह की विवाहित महिलाओं में गर्भधारण, शिशु जन्म और प्रसव के बाद के समय में निम्न स्तर की देख-रेख के कारण 20 महिलाओं की मृत्यु हुई थी[28]। इसके अतिरिक्त अधिकांश महिलाएं गर्भधारण, गर्भपात और शिशु जन्म की दयनीय स्थितियों के कारण गम्भीर बीमारियों से ग्रसित हो जाती हैं। सन् 1974 और 1979 के मध्य भारत में एक सर्वेक्षण के आधार पर यह पाया गया है कि बीमारियों से होने वाली मातृ-मृत्यु 16.5 प्रतिशत बीमारियाँ गर्भधारण, शिशु जन्म और प्रसवोपरान्त की जाने वाली देख-रेख की निम्न स्थिति के कारण थी।[29] वस्तुतः प्रसवोपरान्त महिलाओं की उचित देख-देख न होने के कारण वैयक्तिक दुर्घटना न होकर पारिवारिक दुर्घटना होती है।

गर्भधारण और स्तनपान की स्थितियों की माताओं को अतिरिक्त पोषण की आवश्यकता होती है। उन्हें प्रोटीन, कैलोरी, और विभिन्न तरह के विटामिनों के साथ-साथ आयरन आदि खनिजों की अधिक आवश्यकता होती है।[30] गर्भधारण के अन्तिम छः महीनों में प्रतिदिन महिलाओं को 350 कैलोरी की अतिरिक्त आवश्यकता होती है और दुग्धपान कराने वाली महिलाओं को प्रतिदिन 550 अतिरिक्त कैलोरी की आवश्यकता होती है। माताओं को प्रसव के समय रक्त, प्रसव और उसके पूर्व शिशु पोषण हेतु दी जाने वाली रक्त की मात्रा को बनाये रखने के लिये अतिरिक्त आयरन वांछित होता है।[31]

विश्व स्वास्थ्य संगठन के सर्वेक्षण के अनुसार विकासशील देशों में गर्भधारण करने वाली महिलाओं का दो-तिहाई भाग आयरन की कमी से पीड़ित है और एशिया में यह स्थिति अत्यन्त दयनीय है।[32] उपर्युक्त स्थिति में यह तर्कसंगत है कि ग्रामीण क्षेत्रों में दयनीय पोषण की स्थिति और कठोर श्रम के कारण महिलाओं का पोषण स्तर प्रसव उपरान्त विश्लेषित किया जाये। वस्तुतः उपलब्ध भोज्य पदार्थों के आधार पर ही इनका पोषण होता है। कैलोरी, कुपोषण, आयरन की कमी, विटामिन बी की कमी और कैल्शियम तथा विटामिन डी की कमी के कारण उन्हें भिन्न-भिन्न रोग होते हैं।[33] प्रसव के बाद माताओं को अधिक कैलोरी, प्रोटीन, आयरन एवम् अन्य स्वास्थ्यवर्द्धक पदार्थों की आवश्यकता होती है। माताओं के प्रसव के बाद कितने दिनों तक स्वास्थ्यवर्द्धक विशिष्ट भोजन दिया जाता है, वह उनकी पारिवारिक सम्पन्नता, परम्परागत खाद्य चयन प्रविधि और परिवेश पर निर्भर करता है।

शिशु-स्वास्थ्य

शिशु मानव समाज के भावी संगठनकर्ता होते हैं। किसी समुदाय में शिशु के पालन-पोषण की दशाएँ प्रचलित परम्परागत मान्यताओं, विश्वासों और प्रथाओं के परिवेश में निहित होती हैं। गर्भावस्था में आने के पश्चात् माता के स्वास्थ्य और पोषक तत्त्वों का इनके शारीरिक एवं मानसिक विकास पर प्रभाव पड़ता है। पूर्व-प्रसव, प्रसव, प्रसवोपरान्त शिशुओं की देख-रेख प्रत्येक समाज की प्राथमिक एवं महत्त्वपूर्ण अनिवार्यता है। इस संदर्भ में विकसित एवं विकासशील राष्ट्रों में निरन्तर प्रयास किये जा रहे हैं और संभावित स्वास्थ्य सेवाएं उपलब्ध करायी जा रही हैं। उत्तर प्रदेश में मातृ शिशु कल्याण सेवाओं की उपलब्धता सुनिश्चित करने के लिये ग्रामीण क्षेत्र के मैदानी क्षेत्रों में 5000

जनसंख्या पर तथा पहाड़ी व कबीले वाले क्षेत्रों में 3000 जनसंख्या पर एक स्वास्थ्य उपकेन्द्र स्थापित करने का लक्ष्य रख गया था और लक्ष्य की पूर्ति के लिए अप्रैल 1987 तक 19,153 उपकेन्द्र स्थापित किये जा चुके थे। इन उपकेन्द्रों पर प्रशिक्षित स्वास्थ्य कार्यकर्ता एवं दाइयाँ उपलब्ध हैं, जो एक हज़ार की जनसंख्या पर साधारण प्रसव का कार्य कराती हैं शिशुओं की देखभाल करना, प्रतिरक्षण व डायरिया, प्रोग्राम, एनीमिया से बचाव, परिवार कल्याण सेवाएँ व स्वास्थ्य शिक्षा, स्वच्छ रहने, पौष्टिक आहार की शिक्षा आदि का ज्ञान प्राथमिक स्वास्थ्य केन्द्रों के माध्यम से प्रदान किया जाता है। आंगनबाड़ी कार्यकर्ताओं के साथ मातृ शिशु कल्याण कार्यों में प्राथमिक स्वास्थ्य केन्द्रों के कार्यकर्ता सम्मिलित बाल विकास योजना के अन्तर्गत सहयोग करते हैं। जनस्वास्थ्य रक्षक एवं महिला स्वास्थ्य सर्वेक्षिका भी मातृ शिशु कल्याण कार्य के लिये नियुक्त की गयी हैं।[34]

भारत जैसे विकासशील देश में कुपोषण एक गम्भीर समस्या है और इस संदर्भ में विशेषतः समाज के संवेदन समूहों, जिनमें गर्भवती एवं धात्री महिलाएं सम्मिलित हैं तथा पाठशाला जाने से पूर्व आयु के बच्चे भी सम्मिलित हैं, आदि की देख-रेख के लिए पोषण कार्यक्रम चलाये जा रहे हैं। खाद्य एवं कृषि संगठन (1959) द्वारा किये गये आहार सर्वेक्षण से यह ज्ञात हुआ है कि भारत के ग्रामीण क्षेत्र के 32 बच्चे कुपोषित हैं या कम पोषण से ग्रसित हैं।

सन् 1970 में स्वास्थ्य एवं परिवार कल्याण मंत्रालय द्वारा विटामिन ए की कमी के कारण अन्धापन दूर करने की योजना बनायी गयी, जिसके परिणामस्वरूप अब तक 250 लाख बच्चे लाभान्वित हुए हैं। 2 अक्टूबर, 1975 से समन्वित बालविकास योजना प्रारम्भ की गयी जो ग्रामीण और नगरीय क्षेत्र की मलिन बस्तियों तथा आदिवासी बस्तियों में भी चलायी जा रही है। इन परियोजनाओं के अतिरिक्त राष्ट्रीय पोषाहार मिशन भी आंगनबाड़ी केन्द्रों पर चलाया जा रहा है तथा 2004-05 से 2007-08 तक कुल 73.116 लाभार्थियों को लाभ पहुँच चुका है।

नवजात शिशुओं में पौष्टिक आहार की कमी और उचित देख-रेख के अभाव में दस्त, तपेदिक, पोलियो, डिप्थीरिया, टिटनेस और काली खाँसी आदि की संक्रामकता अधिक होती है। (*बालिया,* 1979)[35]। सामान्यतः प्रत्येक ग्रामीण परिवार अपनी निर्धनता और परिस्थितिजन्य साधनों के अन्तर्गत अपने

परिवार तथा बच्चों का भरण-पोषण करते हैं। अशिक्षा के परिणामस्वरूप भी परिवारों में नवजात शिशुओं की मृत्यु दर अधिक होती है। जन्म के 5 वर्षों तक शिशुओं की देख-रेख उनके भावी स्वास्थ्य की स्थिति का निर्धारण करती है। प्रवासी (1977)[36] ने बाल मृत्यु दर के संदर्भ में जो तथ्य प्रस्तुत किये हैं, उनसे स्पष्ट होता है कि एक वर्ष से कम आयु में प्रति एक हज़ार बच्चों पर 122 बच्चों की मृत्यु हो जाती है। बालिया (1979)[37] का कथन है कि नवजात शिशुओं की 75 प्रतिशत मृत्यु डायरिया, निमोनिया, प्रोटीन तथा कैलोरी कुपोषण के कारण होती है। सामान्यतः 2 से 5 वर्ष की आयु में प्रति हज़ार 5 शिशुओं की मृत्यु हो जाती है। इस आयु में संक्रामक रोगों और डायरिया आदि के कारण अधिकांश मृत्यु होती है। विकास के साथ-साथ 5 वर्ष तक की आयु वाले बच्चों की संक्रामक रोगों के कारण अधिकांश मृत्यु होती है।

परिवार नियोजन

मानव संसाधन अन्य संसाधनों की तुलना में स्वस्थ और सम्पन्न हो, इस दृष्टिकोण से यह आवश्यकता महसूस की गयी है कि प्रत्येक परिवार की संख्या नियोजित हो, जिससे उसका भरण-पोषण सुगमतापूर्वक किया जा सके। परिवार की निर्धन परिस्थिति में उत्पन्न बच्चों का न तो लालन-पालन ही ठीक ढंग से हो पाता है और न ही उनकी शिक्षा आदि की उचित व्यवस्था हो पाती है। इस स्थिति में जहाँ एक ओर जनसंख्या वृद्धि से ग़रीबी और बेरोज़गारी में वृद्धि होती है, वहीं दूसरी ओर अस्वस्थ और रोगी बच्चों की जनसंख्या मानव समुदाय के लिए एक भार के रूप में प्रकट होती है।

भारत में परिवार परिसीमन के लिए सर्वप्रथम सन् 1925 में प्रो0 आर.डी. कर्वे द्वारा बम्बई (मुंबई) में एक परिवार नियोजन क्लीनिक की स्थापना की गयी थी। सन् 1932 में लखनऊ में आल इंडिया वीमेन्स कान्फरेंस के अन्तर्गत यह विचार व्यक्त किया गया कि परिवार नियोजन का ज्ञान मान्यता प्राप्त क्लीनिकों के माध्यम से पुरुषों तथा स्त्रियों को कराया जाये। सन् 1943 में भारत सरकार ने हेल्थ सर्वे एण्ड डेवलपमेंट कमेटी (भोर कमेटी) का सृजन किया, जिसके माध्यम से भारत की स्वास्थ्य संबंधी आवश्यकताओं तथा जनसंख्या सम्बन्धी आँकड़ों का संकलन किया गया। सन् 1949 में बम्बई (मुंबई) में फैमिली प्लानिंग एसोसिएशन आफ इण्डिया की स्थापना स्वैच्छिक संगठन के रूप में की गयी।

प्रथम पंचवर्षीय योजना के अन्तर्गत जनसामान्य का जीवन स्तर ऊँचा करने तथा आर्थिक विकास हेतु नियोजित जनसंख्या पर बल दिया गया। द्वितीय पंचवर्षीय योजना के अन्तर्गत सामूहिक प्रसार योजना लागू की गयी, जिसका मुख्य उद्देय ग्रामीण अंचलों में प्राथमिक स्वास्थ्य केन्द्र तथा शहरों में अस्पतालों में और परिवार कल्याण केन्द्रों की स्थापना करना था। साथ ही साथ परिवार नियोजन के कार्यक्रम को जन कार्यक्रम बनाने के लिए प्रभावी शैक्षिक प्रेरणात्मक और संचार अभियान भी प्रारम्भ किया गया। सन् 1966 में केन्द्र सरकार के स्वास्थ्य एवं परिवार नियोजन मंत्रालय के अन्तर्गत एक अलग परिवार नियोजन विभाग की स्थापना की गयी। सन् 1951 से 1980 के बीच परिवार नियोजन पर 986 करोड़ रुपये व्यय किये गये। छठी पंचवर्षीय योजना में पुनरक्षित परिव्यय 3445 करोड़ रखा गया, जिसे सातवीं पंचवर्षीय योजना में बढ़ाकर लगभग 6449 करोड़ कर दिया गया था। राष्ट्रीय जनसंख्या नीति 2000 के अनुसार देश की प्रजनन दर को 2010 तक कम किये जाने का लक्ष्य रखा गया था तथा 2045 तक स्थायी आर्थिक विकास हेतु स्थिर जनसंख्या का उद्देश्य है।

परियोजना कार्यक्रमों के अन्तर्गत सामूहिक नसबन्दी शिविरों आदि के माध्यम से 1985-86 तक लगभग 5.37 करोड़ लोग नसबन्दी करवा चुके थे तथा 1.86 करोड़ महिलाओं को लूपा निवेशित किया जा चुका है। लगभग 7. 33 करोड़ दम्पति किसी न किसी परम्परागत गर्भ-निरोधक के प्रयोगकर्ता बन चुके हैं। परिवार नियोजन विभाग के एक अनुमान के अनुसार 31 मार्च 1949 तक 24.197 करोड़ जन्मों को सम्पूर्ण भारत में रोका जा चुका है।[38] उत्तर प्रदेश में 1984-85 तक 42 उच्चीकृत केन्द्रों तथा 14,545 उपकेन्द्रों की स्थापना की जा चुकी है। इसके साथ ही प्रति एक हज़ार जनसंख्या पर एक जनस्वास्थ्य रक्षक की नियुक्ति की गयी है। सन् 1985-86 के अनुमान के अनुसार प्रदेश में लगभग 2.14 करोड़ दम्पति प्रजनन योग्य आयु में हैं तथा परिवार नियोजन कार्यक्रम के प्रारम्भ से वर्ष 1996-97 तक मात्र 22.5 प्रतिशत दम्पतियों को गर्भ-निरोधक की विधि से सुरक्षित किया गया है।[39]

जनसंख्या नियन्त्रण की सरकारी योजना है जो जनस्वास्थ्य के हित में सामाजिक एवम् आर्थिक कारकों के प्रेरक तत्वों से निर्देशित होती हैं, जबकि परिवार नियोजन परिवार में बच्चों की संख्या के नियोजक विवाहित पुरुष एवं

स्त्री की जिम्मेदारी है। परिवार नियोजन मात्र जन्म पर नियंत्रण नहीं, अपितु यह जन्म के परिसीमीकरण, पुनरुत्पादन की उचित व्यवस्था तथा पारिवारिक स्वास्थ्य के विभिन्न संदर्भों से संयुक्त है।

भारत सरकार ने मातृ और शिशु कल्याण से परिवार नियोजन को समन्वित कर इसे वृहद् आधार प्रदान किया है। भारत का विकासशील परिवेश, प्रति व्यक्ति उत्पादकता, भोजन की उत्पादकता, आवासीय व्यवस्था और व्यावसायिक संचरण की समायोजनशीलता पारिवारिक विकास के लिए महत्त्वपूर्ण पृष्ठभूमि का निर्धारण करती है। पोषक तत्वों और पुनरुत्पादन स्तर में संतुलित सामंजस्य बनाये रखने के लिए आवश्यक है कि महिलाओं द्वारा गर्भ धारण की आवृत्ति और स्वस्थ प्रसव की स्थितियों का योजनाबद्ध निर्धारण किया जाये। अतएव, परिवार नियोजन का प्राथमिक उद्देश्य गर्भवती महिलाओं के जीवन की सुनिश्चितता निर्धारित करना तथा बच्चों के स्वास्थ्य को नियंत्रित करते हुए सम्पूर्ण पारिवारिक व्यवस्था के संतुलन को बनाये रखना है। परिवार का स्वास्थ्य पक्ष, अनचाहे गर्भ को रोकना, जन्म को सीमित करना और दो शिशुओं के जन्म के मध्य एक निश्चित समयबद्ध कार्यक्रम को लागू करना और इसके साथ मां के प्रजननकाल में जन्म की अन्तर्दशाओं का निर्धारण करना है, ताकि परिवार के गुणात्मक एवं संख्यात्मक पक्षों को संतुलित किया जा सके।

विकासशील देशों में बढ़ती हुई जनसंख्या एक प्रमुख समस्या है। पुनरुत्पादक आयु की अधिकांश महिलाएँ परिवार नियोजन के साधनों का उपयोग करती हैं। यह प्रतिशतता भिन्न-भिन्न देशों में अलग-अलग है। परिवार नियोजन के साधनों का उपयोग सामान्यतः परिवार के आकार में वृद्धि को रोकने के लिए किया जाता है। एशिया में इन साधनों का उपयोग करने वाले एक चौथाई लोगों का कहना है कि वे बच्चों के जन्म के समय में दूरी बनाये रखने के लिए इसका उपयोग करते हैं, परन्तु वे अधिक बच्चे चाहती हैं।

आत्मिक अथवा दैवीय स्वास्थ्य का तात्पर्य उन स्थितियों से है, जो शारीरिक और मानसिक दशाओं से परे हैं। आत्मा और दैवीय स्वास्थ्य की अवधारणा आलोचनाओं एवं प्रत्यालोचनाओं का विषय रही है। विश्व के स्वास्थ्य संगठन द्वारा दी गयी स्वास्थ्य की परिभाषा को वास्तविक परिभाषा

न मानकर सामान्यतः इसे एक आदर्श लक्ष्य के रूप में देखा जाता है। इस परिभाषा के संदर्भ में समझा जाता है।

कुछ लोगों का कहना है कि स्वास्थ्य को एक दशा के रूप में नहीं, अपितु एक प्रक्रिया के रूप में देखा जा सकता है, अर्थात् एक ऐसी प्रक्रिया जो जीवन को परिवर्तनशील आवश्यकताओं के अनुरूप समायोजित करती है और उसे अर्थबोध प्रदान करती है। नगरीय जीवन संयुक्त परिवार के स्वरूप को कमजोर बनाता है तथा एकाकी परिवारों को दृढ़ बनाता है। नगरों में उच्च शिक्षा और नये व्यवसायों के चुनने के लिए अधिक अवसर होते हैं। वे लोग जो अपने परिवार के परम्परागत व्यवसाय को छोड़कर नये व्यवसाय अपनाते हैं, अपने विचारों और अभिवृत्तियों में उन लोगों की अपेक्षा बड़ा परिवर्तन दर्शाते हैं, जो अपने परम्परागत व्यवसाय को नहीं छोड़ते। इसी प्रकार, नगरों में शिक्षित व्यक्ति यद्यपि संयुक्त परिवार के *मानदंडों* का थोड़ा-बहुत पालन करता है, परन्तु उनके पक्ष में कम होता है। परन्तु यह कहा जा सकता है कि प्रवृत्तियों में परिवर्तन तथा नगर में रहने की अवधि में निकट का संबंध है। नगर में स्त्रियों को भी नौकरी के अधिक अवसर मिल जाते हैं और अब वे धन अर्जन करने लगती हैं, तब वे कई क्षेत्रों में स्वतन्त्रता चाहती हैं। वे अपने पिता के जनक परिवार से मुक्त होने की अधिक से अधिक प्रयत्न करने लगती हैं। दूसरी ओर, ग्रामीण क्षेत्रों में स्थितियाँ पूर्णतः विपरीत हैं। निर्धन ग्रामीण परिवार की महिलाएँ न तो शिक्षा का अवसर प्राप्त कर पाती हैं और न ही विवाह सम्बन्धों के निर्धारण में उन्हें कोई स्वतन्त्रता ही प्राप्त होती है।

ग्रामीण क्षेत्रों में महिलाओं को परम्परागत जातीय प्रस्थिति के अनुरूप अपनी ही जाति के समान आर्थिक प्रस्थिति वाले परिवार में विवाहित जीवन जीने के लिए बाध्य होना पड़ता है। पैतृक परिवार के गुणों को अवधारित करती हुई निर्धन ग्रामीण परिवार की महिलाएँ पति के परिवार में भी यथावत जीवन-यापन करती हैं। मध्यम् और उच्च वर्गीय ग्रामीण परिवारों में भी महिलाओं को तुलनात्मक रूप से विशेष स्वतन्त्रता प्राप्त नहीं होती। परिवार की मर्यादा और जातीय प्रस्थिति के प्रतिबन्धों में वे उन्हीं मूल्यों को अवधारित करने के लिये बाध्य की जाती हैं, जो पति के परिवार की महिलाएँ अवधारित करती हैं। उनकी शिक्षा और व्यावसायिक प्रवृत्तियाँ तद्नुकूल नियोजित हो जाती हैं।

परिवार में सदस्यों की इच्छा के अनुरूप स्वयं को समायोजित करने के अतिरिक्त ग्रामीण महिलाओं के पास आत्मनिर्णय के विकल्प सीमित होते हैं। कुछ प्रगतिशील परिवारों में ही महिलाएँ परिवार नियोजन जैसे आधुनिक विचारों को अवधारित करने में सफल होती हैं। अधिकांश परिवारों में पति और परिवार के अन्य सदस्यों की इच्छा के अनुरूप उन्हें मातृत्व बोझ उठाना पड़ता है। परिवार के सदस्यों की संख्या अथवा बच्चों की संख्या के निर्धारण में ग्रामीण महिलाओं की भूमिका अत्यन्त सीमित हो जाती हैं। यह स्थिति निर्धन परिवारों में अधिक बाध्यकारी होती है।

ग्रामीण पुरुषों में भी शिक्षा के अभाव के कारण बच्चों को ईश्वर की देन मानकर स्वीकार कर लिया जाता है। महिलाएँ अनचाहे गर्भ को स्वीकार करती हैं और पति या परिवार के वृद्ध सदस्य की इच्छा के अनुरूप सांस्कृतिक अथवा धार्मिक प्रतिबन्धों के नाम पर बच्चों को जन्म देती हैं। इन बिन्दुओं को दृष्टि में रखते हुए उत्तरदात्रियों से यह पूछा गया था कि सांस्कृतिक परम्परा से अनुकूलन करने में परिवार नियोजन के प्रति उनकी उन्मुखता कहाँ तक प्रभावित होती है। सम्बन्धित तथ्यों का विवरण सारणी संख्या 4.1 के अन्तर्गत दिया गया है।

सारणी संख्या 4.1

आयु, जाति और शिक्षा के आधार पर परिवार नियोजन का सांस्कृतिक परम्परा से अनुकूलन

	स्वतंत्र चर	हाँ	नहीं	योग
आयु* :	20-30	82	74	156
		52.56	47.44	100.0
	30-40	36	60	96
		37.50	62.50	100.0
	40-50	14	37	51
		29.17	70.83	100.0
जाति** :	उच्च	96	84	180
		53.33	46.67	100.0
	पिछड़ी	15	9	24
		62.50	37.50	100.0

	अनुसूचित	21	75	96
		21.88	78.13	100.0
शिक्षा*** :	निरक्षर	16	66	82
		19.51	80.49	100.0
	हाईस्कूल	58	97	155
		37.42	62.58	100.0
	इण्टरमीडिएट	58	5	63
		92.06	7.94	100.00
	योग	**132**	**168**	**300**

*df=4χ^2 = 10.58 P< 0.05, **df= 4χ^2=28.77 P < 0.05,

*** df = 4χ^2 = 81.74 P < 0.05

परिवार नियोजन का सांस्कृतिक परम्परा में अनुकूल होना ग्रामीण महिलाओं की दृष्टि में नकारात्मक पाया गया है। इस सम्बन्ध में महिलाओं की जाति के आधार पर दिये गये तथ्य यह स्पष्ट करते हैं कि 20-30 वर्ष आयु वर्ग में 52.56 प्रतिशत महिलाएँ इसे सांस्कृतिक परम्परा के अनुकूल मानती थीं, जबकि 30-40 वर्ष आयु में 62.50 प्रतिशत महिलाएँ इसे सांस्कृतिक परम्परा के अनुकूल नहीं मानती थीं। समान स्थिति 40-50 वर्ष आयु वर्ग की महिलाएँ परिवार नियोजन को सांस्कृतिक परम्परा के अनुकूल स्वीकार नहीं करती।

महिलाओं की जाति के आधार पर उपर्युक्त तथ्यों के विवेचन से यह स्पष्ट होता है कि पिछड़ी जाति की 62.50 प्रतिशत और उच्च जाति की 53.33 प्रतिशत महिलाएँ इसे सांस्कृतिक परम्परा के अनुकूल स्वीकार करती हैं, जबकि अनुसूचित जाति की 78.13 प्रतिशत महिलाएँ इसे सांस्कृतिक परम्परा के अनुकूल स्वीकार नहीं करती हैं। महिलाओं की शैक्षणिक प्रस्थिति के आधार पर प्राप्त तथ्य यह इंगित करते हैं कि निरक्षर महिलाओं में 80.49 प्रतिशत और हाईस्कूल तक शिक्षित महिलाओं में 62.58 प्रतिशत महिलाएँ परिवार नियोजन को सांस्कृतिक परम्परा के अनुकूल स्वीकार नहीं करती।

उपरोक्त सारणी में दिये गये तथ्यों के आधार पर यह कहा जा सकता है कि अनुसूचित जाति की प्रौढ़ निरक्षर या निम्न स्तर तक शिक्षा प्राप्त अधिकांश ग्रामीण महिलाएं परिवार नियोजन को सांस्कृतिक परम्परा के

अनुकूल स्वीकार नहीं करतीं। इस सम्बन्ध में प्राप्त काई स्क्वायर मूल्य तथ्यों की उच्चस्तरीय सार्थकता को व्यक्त करते हैं।

उपरोक्त सारणी में दिए गये तथ्यों से यह स्पष्ट होता है कि अधिकतम उत्तरदात्रियों (56.00 प्रतिशत) ने परिवार नियोजन को सांस्कृतिक परम्परा के अनुकूल नहीं माना है, जबकि 44.00 प्रतिशत उत्तरदात्रियों ने इसे सांस्कृतिक परम्परा के अनुकूल स्वीकार किया है। तात्पर्य यह है कि परम्परागत रूप से परिवार नियोजन को भारतीय संस्कृति के अनुकूल स्वीकार करने में स्वयं को असमर्थ पा रहे हैं।

परिवार नियोजन का सांस्कृतिक परम्परा के अनुकूल होने को जब आयु के आधार पर विवेचन किया गया तो यह स्पष्ट हुआ कि परिवार नियोजन को सांस्कृतिक परम्परा के अनुकूल मानने वाली महिलाओं में 30 वर्ष से कम आयु की महिलाओं का प्रतिशत 54.55 था, जबकि 30 से 40 वर्ष की आयु संवर्ग में 45.45 प्रतिशत महिलाओं ने इसे सांस्कृतिक परम्परा के अनुकूल स्वीकार किया। 40 से 50 वर्ष आयु संवर्ग में इसे परम्परा के अनुकूल मानने वाली कोई महिला नहीं थी।

परिवार नियोजन को सांस्कृतिक परम्परा के अनुकूल स्वीकार न करने वाली महिलाओं में 30 वर्ष से कम आयु की महिलाओं का प्रतिशत 50 था, जबकि 30 से 40 वर्ष के आयु संवर्ग में 21.43 प्रतिशत महिलाओं ने इसे सांस्कृतिक परम्परा के विपरीत बताया। 40 से 50 वर्ष आयु संवर्ग में इसे परम्परा के अनुकूल न मानने वाली महिलाओं का प्रतिशत 28.57 था। अध्ययन में सम्मिलित 30 वर्ष से कम आयु संवर्ग की महिलाओं में इसे स्वीकार करने वालों का प्रतिशत 48.15 था, 30 से 40 वर्ष आयु संवर्ग की ग्रामीण महिलाओं में इसे स्वीकार करने वाली (62.5 प्रतिशत) महिलाएँ थीं। 40 से 50 वर्ष आयु संवर्ग की सभी महिलाओं ने इसे परम्परा के विपरीत स्वीकार किया। परिवार नियोजन की स्वीकृति हेतु शिक्षित एवम् अशिक्षित स्थिति के कारण उत्पन्न अन्तर से सहमति के सम्बन्ध में उत्तरदात्रियों से प्रश्न पूछे गये थे। इससे सम्बन्धित संकलित तथ्यों को सारणी संख्या 4.2 में दिया गया है।

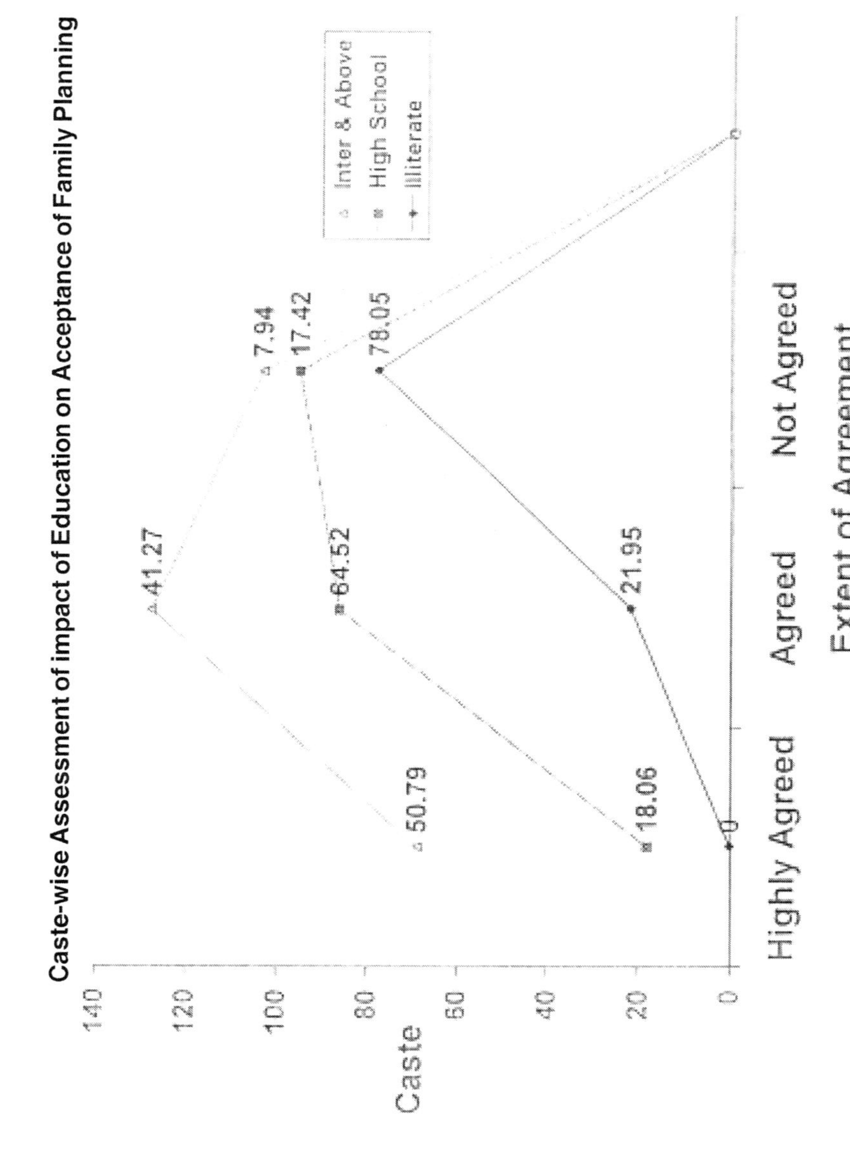

Caste-wise Assessment of impact of Education on Acceptance of Family Planning
Inter & Above
High School
Illiterate
50.79
41.27
7.94
18.06
64.52
17.42
0
21.95
78.05
140
120
100
80
60
40
20
0
Caste
Highly Agreed
Agreed
Not Agreed
Extent of Agreement

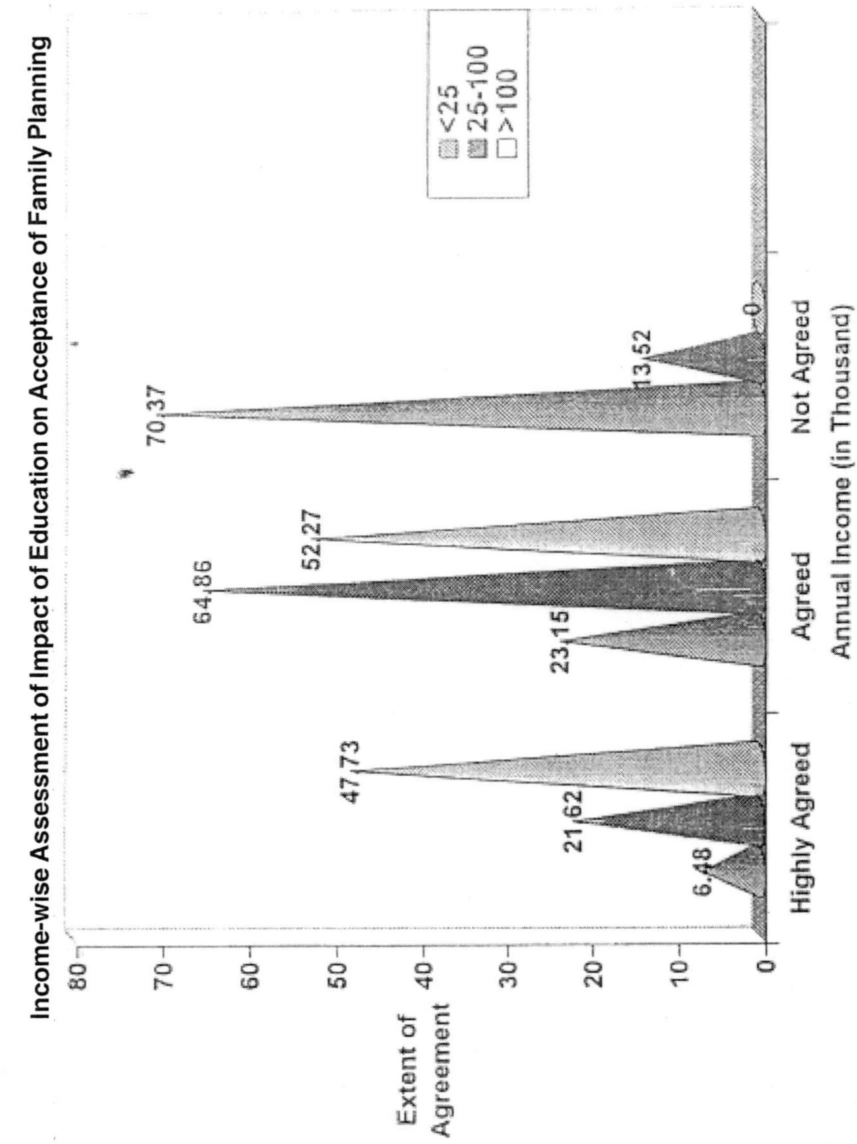
Income-wise Assessment of Impact of Education on Acceptance of Family Planning
Extent of Agreement
0
10
20
30
40
50
60
70
80
6.48
21.62
47.73
23.15
64.86
52.27
70.37
13.52
0
Highly Agreed
Agreed
Not Agreed
Annual Income (in Thousand)
<25
25-100
>100

सारणी संख्या 4.2
आयु, जाति और आय के आधार पर परिवार नियोजन की स्वीकृति पर शिक्षा के प्रभाव की प्रतिक्रिया

शिक्षा का प्रभाव

स्वतंत्र चर	पूर्णतः सहमत	सहमत	असहमत	योग
आयु* : 20-30	32	76	48	156
	20.51	48.72	30.77	100.0
30-40	18	42	36	96
	18.75	43.75	37.50	100.0
40-50	20	16	12	48
	41.67	33.33	25.00	100.0
जाति** : उच्च	36	102	4	142
	25.35	71.83	2.82	100.0
पिछड़ी	121	4	8	133
	90.98	3.01	6.01	100.0
अनुसूचित	12	38	46	96
	12.50	39.58	47.92	100.0
शिक्षा*** : निरक्षर	0	18	64	82
	.00	21.95	78.05	100.0
हाईस्कूल	28	100	27	155
	18.06	64.52	17.42	100.0
इण्टरमीडिएट एवम् उच्च	32	26	5	63
	50.79	41.27	7.94	100.0
औसत वार्षिक आय				
(हज़ार रुपये में)****	7	25	76	108
<25	6.48	23.15	70.37	100.0
25-100	32	96	20	148
	21.62	64.86	13.52	100.0
>100	21	23	0	44
	47.73	52.27	.00	100.0
योग	**60**	**144**	**96**	**300**

*df=4χ^2 = 12.00 P< 0.05, **df= 4 2=266.61 P < 0.05, *** df = 4 2 = 143.59 P < 0.05, **** df = 4 2= 129-39 P<0.05.

ग्रामीण महिलाओं की आयु, जाति और परिवार की औसत वार्षिक आय तथा शिक्षा के आधार पर परिवार नियोजन की स्वीकृति पर शिक्षा के प्रभाव के सम्बन्ध में प्राप्त किये गये तथ्यों का विवरण दिया गया है। ग्रामीण महिलाओं की आयु के आधार पर दिये गये तथ्य यह इंगित करते हैं कि परिवार नियोजन की स्वीकृति पर शिक्षा के प्रभाव के प्रति 40 वर्ष से अधिक आयु की 41.67 प्रतिशत ग्रामीण महिलाएँ पूर्णतः सहमत थीं, अन्य आय वर्गों में सामान्य सहमति पायी गयी है। पिछड़ी जाति की 90.98 प्रतिशत महिलाएँ इससे पूर्णतः सहमत थीं, उनका मानना था कि परिवार नियोजन की स्वीकृति पर शिक्षा का उल्लेखनीय प्रभाव पाया जाता है। उच्च जाति की 71.83 प्रतिशत महिलाएँ शिक्षा के प्रभाव के प्रति सहमत थीं, परन्तु अनुसूचित जाति की महिलाओं में 47.92 प्रतिशत महिलाएं ऐसी थीं, जिन्होंने असहमति व्यक्त की थी।

शैक्षणिक प्रस्थिति के आधार प्राप्त तथ्य यह इंगित करते हैं कि निरक्षर महिलाओं में 78.05 प्रतिशत महिलाएँ परिवार नियोजन की स्वीकृति पर शिक्षा के प्रभाव से सहमत नहीं थीं, लेकिन हाईस्कूल स्तर तक शिक्षित 64.52 प्रतिशत महिलाएँ शिक्षा के प्रभाव से सहमत थीं। इण्टरमीडिएट एवम् उच्च स्तर तक शिक्षित 50.79 प्रतिशत महिलाएँ परिवार नियोजन की स्वीकृति पर शिक्षा के प्रभाव के प्रति पूर्ण सहमत थीं। परिवार की औसत वार्षिक आय के आधार पर उपर्युक्त तथ्यों का विश्लेषण यह इंगित करता है कि जहाँ निम्न आय वर्गों में 70.37 प्रतिशत महिलाएं शिक्षा के प्रभाव से असहमत थीं, वहीं मध्यम् और उच्च आय वर्ग में क्रमशः अधिकांश महिलाएँ सहमत एवं पूर्ण सहमत थीं।

महिलाओं की आयु की अपेक्षा अन्य चरों के साथ उपर्युक्त प्रभाव के सम्बन्धित तथ्य उच्च स्तरीय सार्थकता प्रदर्शित करते हैं। उपरोक्त सारणी में दिये गये तथ्यों से यह स्पष्ट होता है कि 48.00 प्रतिशत उत्तरदात्रियों ने परिवार नियोजन की स्वीकृति हेतु शिक्षित एवम् अशिक्षित महिलाओं में निहित भिन्नता के सम्बन्ध में अपनी सहमति दिखाई है तथा पूर्णतः सहमत महिलाओं का प्रतिशत मात्र 20.00 था। 32.00 प्रतिशत महिलाओं ने शिक्षा एवं परिवार नियोजन की स्वीकृति के सम्बन्ध में अपनी असहमति प्रदर्शित की है। ग्रामीण महिलाओं में परिवार नियोजन की प्रविधियों के प्रयोग के सम्बन्ध में प्रचलित मान्यताओं का भी परिवार में सदस्यों की संख्या के निर्धारण में महत्त्वपूर्ण

प्रभाव पाया जाता है। अशिक्षा और अज्ञानता के कारण महिलाएँ परिवार नियोजन की आधुनिक प्रविधियों का उपयोग नहीं कर पातीं। साथ ही वे सांस्कृतिक मान्यताओं के कारण भी संकोचवश आधुनिक नियोजन प्रविधियों से दूर रहती हैं। परिवार नियोजन प्रविधि के उपयोग महिलाओं की अपेक्षा पुरुषों द्वारा अधिक अपनाये जाने के सम्बन्ध में पूछे गये प्रश्नों का विवरण अग्रिम सारणी में दिया गया है।

सारणी संख्या 4.3

महिलाओं की अपेक्षा पुरुषों द्वारा परिवार नियोजन साधनों का अधिक उपयोग

साधनों का अपनाना

स्वतंत्र चर	पुरुष	महिला	योग
आयु* : 20-30	50	106	156
	32.50	67.95	100.0
30-40	38	58	96
	39.58	60.42	100.0
40-50	32	16	48
	66.67	33.33	100.0
शिक्षा** : निरक्षर	22	60	82
	26.83	73.17	100.0
हाईस्कूल	83	72	155
	53.55	46.46	100.0
इण्टरमीडिएट एवम् उच्च	15	48	63
	23.81	76.19	100.0
आय***	<25	13	95 108
	12.04	87.96	100.0
25-100	79	69	148
	53.38	49.62	100.0
>25	28	16	44
	63.64	36.36	100.0
योग	**120**	**180**	**300**

*df=4 $\chi^2 = 12.34$ $P < 0.05$, **df= 4 $\chi^2=24.66$ $P < 0.05$, *** df = 4 $\chi^2 = 56.47$ $P < 0.05$.

ग्रामीण महिलाओं की आयु शिक्षा और परिवार की औसत वार्षिक आय के आधार पर परिवार नियोजन के साधनों को अपनाने की स्थिति के सम्बन्ध में तथ्य दिये गये हैं। महिलाओं की आयु के आधार पर दिये गये तथ्य यह इंगित करते हैं कि 40 वर्ष तक की आयु की अधिकांश महिलाएँ ही परिवार नियोजन के साधनों को अपनाती थीं, जबकि 40 वर्ष से अधिक आयु की महिलाओं का कहना था कि (66.67 प्रतिशत) पुरुष ही इन साधनों को अपनाते हैं।

महिलाओं की शैक्षणिक प्रस्थिति के आधार पर दिये गये तथ्य यह इंगित करते हैं कि निरक्षर और इण्टमीडिएट एवम् उच्च स्तर तक शिक्षित महिलाओं में क्रमशः 73.17 प्रतिशत और 76.19 प्रतिशत के अनुसार महिलाएँ ही परिवार नियोजन के साधनों को अपनाती हैं, जबकि हाईस्कूल तथा शिक्षित महिलाओं में 53.55 प्रतिशत का कहना था कि पुरुष ही इन साधनों को अपनाते हैं।

महिलाओं की परिवार की औसत वार्षिक आय के आधार पर दिये गये तथ्य यह इंगित करते हैं कि समस्त आय वर्गों में 87.96 प्रतिशत महिलाओं के अनुसार महिलाएँ ही परिवार नियोजन के साधनों को अपनाती हैं। जबकि उच्च एवम् मध्यम आय वर्ग की अधिकांश महिलाओं का कहना था कि पुरुष ही इन साधनों को अपनाते हैं।

सारणी में दिये गये तथ्य यह इंगित करते हैं कि युवा शिक्षित महिलाएं तुलनात्मक रूप से परिवार नियोजन के साधनों को अपनाने के प्रति सकारात्मक दृष्टिकोण रखती हैं, उच्च आय वर्गों में पुरुषों द्वारा इन साधनों को अपनाने की प्रवृत्ति अधिक पायी गयी है। महिलाओं की आयु, शिक्षा और औसत वार्षिक आय से सम्बन्धित तथ्य उच्चस्तरीय सार्थकता प्रदर्शित करते हैं।

उपर्युक्त सारणी में दिये गये तथ्यों से यह स्पष्ट होता है कि महिलाओं की अपेक्षा पुरुषों द्वारा परिवार नियोजन की प्रविधि अधिक अपनाये जाने के सम्बन्ध में 40.00 प्रतिशत महिलाओं ने अपनी सहमति प्रदर्शित की है, जबकि 60.00 प्रतिशत महिलाओं ने इसे स्वीकार नहीं किया है। आधुनिक सामाजिक एवम् आर्थिक परिवर्तन के कारण उत्पन्न होने वाली विभिन्न समस्याएं परिवार को नियोजित रखने के लिए प्रायः सभी को अभिप्रेरित करती हैं। शिक्षित परिवारों में यह अभिप्रेरणा तुलनात्मक रूप से अधिक पायी जाती है। इस सम्बन्ध में यह उल्लेखनीय है कि ग्रामीण क्षेत्रों में महिलाओं में शिक्षा का प्रचार-प्रसार नगरों की अपेक्षा अत्यधिक सीमित है।

शिक्षा के अभाव के कारण आर्थिक समस्याओं की गम्भीरता के प्रति महिलाओं में जागरुकता स्तर भी निम्न पाया जाता है। इसे दृष्टि में रखते हुए उत्तरदात्रियों से यह पूछा गया था कि परिवार नियोजन की अनिवार्यता के सम्बन्ध में उनका क्या विचार है? संकलित तथ्यों का विवरण निम्न सारणी के अन्तर्गत दिया गया है।

सारणी संख्या 4.4

आयु, परिवार का स्वरूप, शिक्षा और आय के आधार पर परिवार नियोजन की आवश्यकता के प्रति प्रतिक्रिया

परिवार नियोजन की आवश्यकता

	स्वतंत्र चर	हाँ	नहीं	योग
आयु* :	20-30	84	72	156
		53.85	46.15	100.0
	30-40	63	33	96
		65.62	34.38	100.0
	40-50	21	27	48
		43.75	56.25	100.0
परिवार का स्वरूप** :	संयुक्त	57	39	96
		59.38	40.63	100.0
	एकाकी	78	28	106
		73.58	26.42	100.0
	विस्तृत	33	65	98
		33.67	66.33	100.0
शिक्षा***	निरक्षर	29	53	82
		35.37	64.63	100.0
	हाईस्कूल	83	72	155
		53.55	46.45	100.0
इण्टरमीडिएट एवम् उच्च		56	60	116
		48.28	51.72	100.0

औसत वार्षिक आय	42	66	108
(हज़ार रुपये)**** <25	38.89	61.11	100.0
25-100	94	54	148
	63.51	36.498	100.00
>100	32	12	44
	72.73	27.27	100.0
योग	**168**	**132**	**300**

*df=2χ^2 = 6.83 P< 0.05, **df= 2χ^2=33.57 P < 0.05, *** df = 2χ^2 =7.14 P < 0.05, **** df=4χ^2 =21.22 P< 0.05.

ग्रामीण महिलाओं की आयु परिवार के स्वरूप, शिक्षा और परिवार की औसत वार्षिक आय के आधार पर परिवार नियोजन की आवश्यकता के प्रति महिलाओं की प्रतिक्रिया के विवेचन से यह स्पष्ट होता है युवा आयु वर्ग में सकारात्मक अभिवृत्ति पायी गयी है। जबकि 40 वर्ष से अधिक आयु वर्ग में 56.25 प्रतिशत महिलाओं का कहना था कि उन्हें परिवार नियोजन की कोई आवश्यकता महसूस नहीं होती, इसका मूल कारण उनमें सन्तानोत्पत्ति की क्षमता के ह्रास की स्थिति हो सकती है। परिवार के स्वरूप के आधार पर परिवार नियोजन की आवश्यकता के प्रति महिलाओं द्वारा व्यक्त प्रतिक्रिया से यह स्पष्ट होता है कि विस्तृत परिवार की अधिकांश महिलाएं जहाँ परिवार नियोजन की आवश्यकत के प्रति नकारात्मक दृष्टिकोण रखती हैं। वहीं एकाकी परिवार में 73.58 प्रतिशत महिलाएं और संयुक्त परिवार में 59.38 प्रतिशत महिलाएं परिवार नियोजन की आवश्यकता के प्रति सकारात्मक दृष्टिकोण रखती हैं। इस सम्बन्ध में उनकी शैक्षणिक प्रस्थिति के आधार पर भी तथ्यों का विवरण दिया गया है। जिससे यह स्पष्ट होता है कि निरक्षर महिलाओं की तुलना में साक्षर महिलाएं परिवार नियोजन की आवश्यकता के प्रति सकारात्मक दृष्टिकोण रखती थीं।

निरक्षर महिलाओं में जहाँ 64.63 प्रतिशत महिलाएं नकारात्मक दृष्टिकोण रखती थीं, वहीं हाईस्कूल तक शिक्षित महिलाओं में 53.55 प्रतिशत महिलाएँ सकारात्मक दृष्टिकोण रखती थीं। इण्टरमीडिएट एवम् उच्च स्तर तक शिक्षित महिलाओं में 51.22 महिलाएं नकारात्मक दृष्टिकोण रखती थीं, जबकि अन्य सभी का दृष्टिकोण सकारात्मक था।

परिवार की औसत वार्षिक आय के आधार पर उपर्युक्त तथ्यों के विश्लेषण से यह स्पष्ट होता है कि मध्यम व उच्च वर्ग की क्रमशः 63.51 प्रतिशत और 72.73 प्रतिशत महिलाएं परिवार नियोजन की आवश्यकता के प्रति सकारात्मक दृष्टिकोण रखती थीं। जबकि निम्न आय वर्ग की 61.11 प्रतिशत महिलाएं परिवार नियोजन की आवश्यकता के प्रति नकारात्मक दृष्टिकोण रखती थीं।

सारणी में दिये गये तथ्यों के आधार पर यह कहा जा सकता है कि युवा, एकाकी, शिक्षित और उच्च आय वर्गों में परिवार नियोजन की आवश्यकता के प्रति सकारात्मक दृष्टिकोण पाया गया है।

अध्ययन से प्राप्त तथ्य विश्लेषण आदि द्वारा प्रदत्त निष्कर्ष से सामंजस्य रखते हैं। फूडफार 1996 के निष्कर्ष ही वर्तमान निष्कर्ष से साम्यता प्रदर्शित करते हैं, जिससे यह स्पष्ट हो गया है कि परिवार नियोजन की सफलताओं में महिलाओं की शिक्षा महत्त्वपूर्ण कारक है।

उपर्युक्त सारणी में दिये गये तथ्यों से यह स्पष्ट होता है कि मात्र 44 प्रतिशत उत्तरदात्रियों ने स्वीकार किया कि परिवार नियोजन आवश्यक नहीं है तथा अन्य 56.00 प्रतिशत उत्तरदात्रियों ने इसे स्वीकार किया। ग्रामीण महिलाओं से परिवार नियोजन की आवश्यकता के प्रमुख कारणों को जानने के लिए भी उनसे प्रश्न किये गये थे। संकलित तथ्यों का विवरण सारणी संख्या 5.6 के अन्तर्गत दिया गया है।

सारणी संख्या 4.5

आयु, शिक्षा और आय के आधार पर परिवार नियोजन की आवश्यकता के कारण के सम्बन्ध में प्रतिक्रिया

	परिवार नियोजन की आवश्यकता			
स्वतंत्र चर	देशहित	स्वहित पारिवारिक	विकास	योग
आयु* : 20-30	46	32	78	156
	29.49	20.51	50.00	100.0
30-40	32	12	52	96
	33.33	12.50	54.17	100.0
40-50	18	16	14	48
	37.50	33.33	29.17	100.0

शिक्षा** : निरक्षर	70	16	94	180
	38.89	8.89	52.22	100.0
हाईस्कूल	5	16	3	24
	20.83	66.67	12.50	100.0
इण्टरमीडिएट	21	28	47	96
	21.88	29.17	48.95	100.0
आय*** <25	14	24	70	108
	12.96	22.22	64.82	100.0
25-100	58	28	62	148
	39.19	18.92	41.89	100.0
>100	24	8	12	44
	54.55	18.18	27.27	100.0
योग	**96**	**60**	**144**	**300**

*df=4 χ^2 = 12.24 P< 0.05, **df= 4 χ^2=54.95 P < 0.05, *** df = 4 χ^2 =33.49 P < 0.05.

महिलाओं की आयु, शिक्षा और औसत वार्षिक आय के आधार पर परिवार नियोजन की आवश्यकता के कारण के संबंध में उनकी प्रतिक्रिया के विश्लेषण हेतु तथ्य दिये गये हैं।

ग्रामीण महिलाओं की आयु के आधार पर दिये गये तथ्य यह स्पष्ट करते हैं कि 20-30 वर्ष की आयु में 50 प्रतिशत महिलाओं तथा 30-40 वर्ष आयु वर्ग में 54.17 प्रतिशत महिलाएं पारिवारिक हित एवं विकास के लिए परिवार नियोजन को आवश्यक मानती हैं।

महिलाओं की शैक्षणिक प्रस्थिति के आधार पर दिये गये तथ्य यह इंगित करते हैं कि 52.22 प्रतिशत निरक्षर महिलाएं पारिवारिक हित एवं विकास हेतु परिवार नियोजन को आवश्यक मानती हैं, जबकि हाईस्कूल तक शिक्षित महिलाओं में 66.67 प्रतिशत महिलाओं का कहना था कि परिवार नियोजन महिलाओं के अपने हित के लिए आवश्यक है। निम्न आय वर्गों की 64.82 प्रतिशत महिलाएँ पारिवारिक हित विकास हेतु परिवार नियोजन की आवश्यकता को स्वीकार करती थीं। जबकि उच्च आय वर्ग की 54.55 प्रतिशत महिलाओं का कहना था कि देशहित के लिए परिवार का नियोजन रखा जाना आवश्यक है।

उपर्युक्त सारणी में दिये गये तथ्यों के आधार पर यह स्पष्ट होता है कि सामान्यतः महिलाएं अपने एवं पारिवारिक हित के लिए परिवार नियोजन को आवश्यक स्वीकार करती थीं। शिक्षित महिलाओं में भी समान अभिवृत्ति पायी गयी है। उच्च आय वर्ग की अपेक्षा मध्यम् एवं निम्न आय वर्ग के परिवारों की महिलाओं में पारिवारिक जीवन और वैयक्तिक हित के लिए परिवार नियोजन की आवश्यकता को स्वीकार किया गया है।[40] अलओबीदी (1996)[41], बुलक्राट (1998)[42] और जुरैडो (1996)[43] द्वारा प्रतिस्थापित निष्कर्ष प्रस्तुत अध्ययन के निष्कर्षों से साम्यता रखते हैं।

उपर्युक्त सारणी में दिये गये तथ्यों से यह स्पष्ट होता है कि 32 प्रतिशत महिलाएँ इसे देशहित के लिए आवश्यक मानती थीं, जबकि 48 प्रतिशत का कहना था कि नियमित परिवार की आवश्यकता को आधुनिक परिवेश में परिवार के विकास के लिए उपयुक्त स्वीकार किया जाना चाहिए। इसके अतिरिक्त 20 प्रतिशत महिलाओं का मानना था कि स्वास्थ्य की दृष्टि से परिवार नियोजन नितान्त आवश्यक है।

जनसंख्या नियन्त्रण एक सरकारी योजना है जो जनस्वास्थ्य के हित में सामाजिक एवम् आर्थिक कारकों के प्रेरक *तत्वों* से निर्देशित होती है, जबकि परिवार-नियोजन परिवार में बच्चों की संख्या के नियोजक विवाहित पुरुष एवं स्त्री की जिम्मेदारी है। परिवार नियोजन मात्र जन्म पर नियन्त्रण नहीं, अपितु यह जन्म के परिसीमीकरण, पुनरुत्पादन की उचित व्यवस्था तथा पारिवारिक स्वास्थ्य के विभिन्न संदर्भों से संयुक्त है।

भारत सरकार ने मातृ और शिशु-कल्याण से परिवार नियोजन को समन्वित कर इसे वृहद् आधार प्रदान किया है। भारत के विकासशील आर्थिक परिवेश में प्रति व्यक्ति उत्पादकता, भोजन की उपलब्धता, आवासीय व्यवस्था और व्यावसायिक संचरण की समायोजनशीलता और पुनरूत्पादन स्तर में संतुलित सामंजस्य बनाये रखने के लिए आवश्यक है कि महिलाओं द्वारा गर्भधारण की आवृत्ति और स्वस्थ प्रसव की स्थितियों का योजनाबद्ध निर्माण किया जाये।

परिवार नियोजन का प्राथमिक उद्देश्य गर्भवती महिलाओं के जीवन की प्रसवकालीन सुनिश्चितता निर्धारित करना तथा बच्चों के स्वास्थ्य को नियंत्रित करते हुए सम्पूर्ण पारिवारिक व्यवस्था के संतुलन को बनाये रखना है। परिवार

का स्वास्थ्य पक्ष अनचाहे गर्भ को रोकना, जन्म को सीमित करना और दो शिशुओं के जन्म के मध्य एक निश्चित समयबद्ध कार्यक्रम को लागू करना और इसके साथ माँ के प्रजननकाल में जन्म की अन्तर्दशाओं का निर्धारण करना है ताकि परिवार के गुणात्मक एवं संख्यात्मक पक्षों को सन्तुलित किया जा सके।

विकासशील देशों में बढ़ती हुई जनसंख्या एक प्रमुख समस्या है। पुनरूत्पादक आयु की अधिकांश विवाहित महिलाएं परिवार नियोजन के साधनों का उपयोग करती हैं। यह प्रतिशतता भिन्न-भिन्न देशों में अलग-अलग है। परिवार नियोजन के साधनों का उपयोग सामान्यतः परिवार के आकार में वृद्धि को रोकने के लिए किया जाता है। एशिया में इन साधनों का उपयोग करने वाले एक चौथाई लोगों का कहना है कि वे बच्चों के जन्म के समय में दूरी बनाये रखने के लिए इसका उपयोग करते हैं, परन्तु वे अधिक बच्चे चाहती हैं।

भारतीय समाज में परिवार नियोजन के साधनों को अपनाने के सम्बन्ध में किये गये अध्ययन यह स्पष्ट करते हैं कि पुरुषों की तुलना में महिलाएँ परिवार नियोजन के साधनों को कम अपनाती हैं। इस सम्बन्ध में कई परम्परागत कारकों को उत्तरदायी बताया जाता है, परन्तु महानगरीय और नगरीय क्षेत्रों में शिक्षित महिलाओं द्वारा परिवार नियोजन के साधनों के प्रयोग में अभिरुचि निरन्तर बढ़ती जा रही है, जिसका कारण उनकी शैक्षणिक प्रस्थिति और परिवेश हो सकता है। इस सम्बन्ध में ग्रामीण महिलाओं से यह पूछा गया था कि क्या वे परिवार नियोजन के साधनों को अपनाती हैं। सम्बन्धित विवरण निम्न सारणी में दिया गया है।

सारणी संख्या 4.6

परिवार नियोजन के साधनों के उपयोग के प्रति विचार प्रतिक्रिया

स्वतंत्र चर	हाँ	नहीं	योग
आयु* : 20-30	76	80	156
	48.72	51.28	100.0
30-40	40	56	96
	41.67	58.33	100.0

40-50	16	32	48
	33.33	66.67	100.0
जाति** : उच्च	89	91	180
	49.44	50.56	100.0
पिछड़ी	10	14	24
	41.57	58.33	100.0
अनुसूचित	33	63	96
	34.38	65.63	100.0
परिवार*** : संयुक्त	41	55	96
	42.71	57.29	100.0
एकाकी	52	54	106
	49.06	50.94	100.0
विस्तृत	39	59	98
	39.80	60.20	100.0
शिक्षा**** : निरक्षर	15	67	82
	18.29	81.71	100.0
हाईस्कूल	77	78	155
	49.68	50.32	100.0
इण्टरमीडिएट एवम् उच्च	40	23	63
	63.49	36.51	100.0
आय***** <25	28	80	108
	25.93	74.07	100.0
25-100	72	76	148
	48.65	51.35	100.0
>100	32	12	44
	72.73	27.27	100.0
योग	**132**	**168**	**300**

*df=2 χ^2 = 3.84 $P < 0.05$, **df= 2 χ^2=5.83 $P < 0.05$, *** df = 2 2 =1.87 $P < 0.05$, ****df=4 2 =33.74 $P < 0.05$, *****df= 4 2=30.35 $P < 0.05$.

ग्रामीण परिवारों में परिवार नियोजन के साधनों के उपयोग के संबंध में संकलित तथ्यों का विवरण उत्तरदात्रियों की आयु, जाति, परिवार का स्वरूप, शिक्षा और परिवार की औसत वार्षिक आय के आधार पर तथ्य दिये गये हैं। महिलाओं की आयु के आधार पर दिये गये तथ्य यह स्पष्ट करते हैं कि प्रायः सभी आयु वर्गों में अधिकांश महिलाओं द्वारा परिवार नियोजन के साधनों का उपयोग नहीं किया जाता था, लेकिन 20-30 आयु वर्ग की महिलाओं में तुलनात्मक रूप से परिवार नियोजन के साधनों में उपयोग की प्रवृत्ति अधिक पायी गयी है।

जाति के आधार पर दिये गये तथ्य यह इंगित करते हैं कि किसी भी जाति के संबंध में सकारात्मक अभिवृत्ति उच्च स्तरीय नहीं पायी गयी है। अनुसूचित जाति की महिलाओं की अपेक्षा पिछड़ी जातियों में और पिछड़ी जाति की महिलाओं की अपेक्षा उच्च जाति की महिलाओं में परिवार नियोजन के साधनों के उपयोग की प्रवृत्ति अधिक पायी गयी है।

एकाकी परिवार की अपेक्षा संयुक्त परिवार में और संयुक्त परिवार की अपेक्षा विस्तृत परिवार में नियोजन के साधनों के उपयोग की प्रवृत्ति कम पायी गयी है। इस संबंध में अलओबेदी (1996) के अध्ययन से प्राप्त तथ्य उल्लेखनीय हैं, जिनमें यह स्पष्ट किया गया है कि विहित परिवारों के प्रति विवाहित महिला के अनुपात में बच्चों की संख्या अधिक पायी गयी है। तात्पर्य यह है कि इनमें परिवार नियोजन के साधनों को अपनाने की प्रवृत्ति कम पायी जाती है।[44]

महिलाओं की शैक्षणिक प्रस्थिति के आधार पर दिये गये तथ्य इंगित करते हैं कि निरन्तर महिलाएं परिवार नियोजन के साधनों के उपयोग के प्रति नकारात्मक थीं, जबकि उच्च शिक्षित महिलाओं में 63.49 प्रतिशत महिलाएं परिवार नियोजन के साधनों को अपनाती थीं। इस संबंध में केरल राज्य में जनसंख्या नियन्त्रण और जनसंख्या की गुणवत्ता को प्रदर्शित करते हैं। वस्तुतः प्रजनन दर के आधार पर आर्थिक प्रस्थिति के आधार पर प्रसन्नता पर कम करने के प्रति सकारात्मक उन्मुखता का आकलन किया जा सकता है। (काई वर्ग 1998) परिवार की अपेक्षा अन्य चरों के साथ तथ्य उच्च स्तरीय सार्थकता प्रदर्शित करते हैं।

उपर्युक्त सारणी में दिए गये तथ्यों से यह स्पष्ट होता है कि 56 प्रतिशत ग्रामीण महिलाएं परिवार नियोजन के किसी भी उपकरणों का प्रयोग नहीं

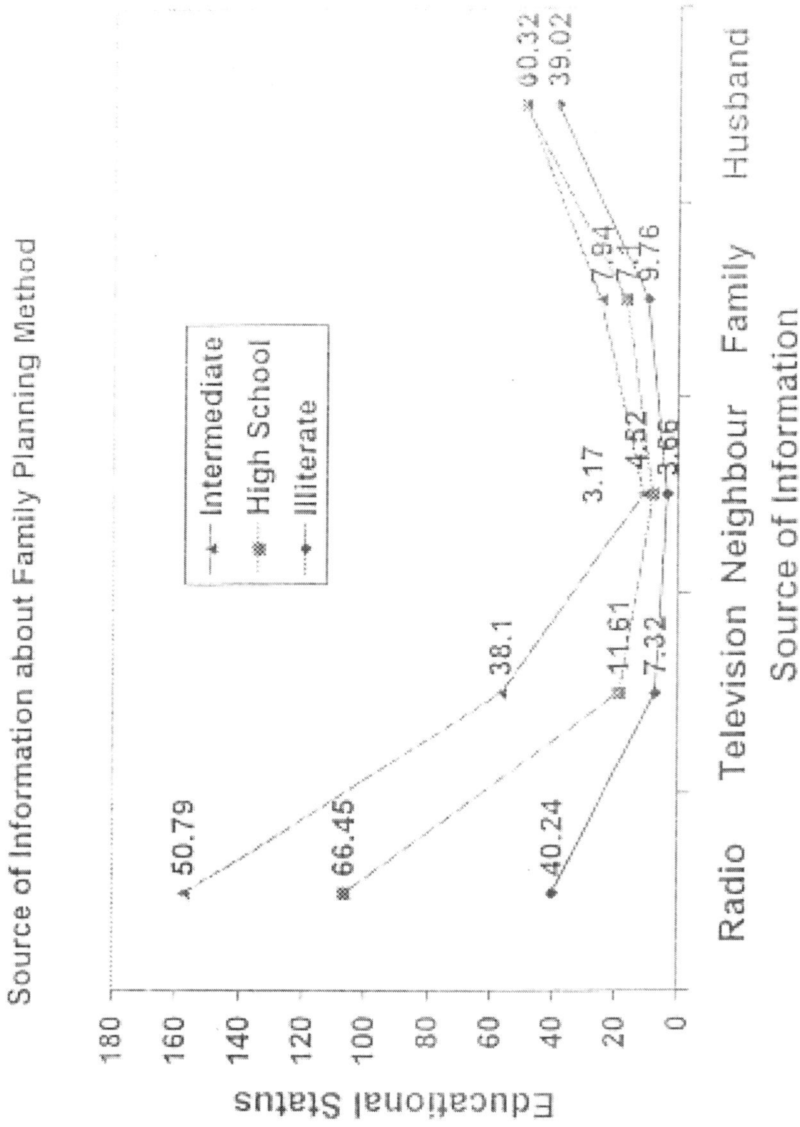
Source of Information about Family Planning Method
Intermediate
High School
Illiterate
50.79
66.45
40.24
38.1
11.61
7.32
3.17
4.52
3.66
7.94
7.1
9.76
60.32
39.02
180
160
140
120
100
80
60
40
20
0
Educational Status
Radio
Television
Neighbour
Family
Husband
Source of Information

करतीं, जबकि 44.00 प्रतिशत ग्रामीण महिलाओं को परिवार नियोजन के साधनों के संबंध में जानकारी कहाँ से प्राप्त होती है। संकलित तथ्यों का विवरण सारणी संख्या 4.7 के अन्तर्गत दिया गया है। उपकरणों का प्रयोग करना स्वीकार किया है। इस सम्बन्ध में ग्रामीण महिलाओं से यह पूछा गया था कि उन्हें परिवार नियोजन के साधनों के संबंध में जानकारी कहाँ से प्राप्त होती है। संकलित तथ्यों का विवरण सारणी संख्या 4.7 में दिया गया है।

सारणी संख्या 4.7

परिवार नियोजन के साधनों के बारे में जानकारी

स्वतंत्र चर		रेडियो	दूरदर्शन	पड़ोसी	परिवार	पति	योग
शिक्षा* :	निरक्षर	33	6	3	8	32	82
		40.24	7.32	3.66	9.76	39.02	100.0
	हाईस्कूल	103	18	7	11	16	155
		66.45	11.61	4.52	7.10	10.32	100.0
	इण्टरमीडिएट	32	24	2	5	0	63
		50.79	38.10	3.17	7.94	.00	100.0
आय**	< 25	87	0	6	5	10	108
		80.56	.00	5.56	4.63	9.26	100.0
	25-100	72	36	4	14	22	148
		48.65	24.32	2.70	9.46	14.86	100.0
	<25	9	12	2	5	16	44
		20.45	27.27	4.55	11.36	36.36	100.0
योग		**168**	**48**	**12**	**24**	**48**	**300**

*df=4 χ^2 = 72.99 P< 0.05, **df= 4 χ^2 =6862, P < 0.05

परिवार नियोजन के साधनों की जानकारी के माध्यमों के संबंध में प्राप्त किये गये तथ्य यह स्पष्ट करते हैं कि रेडियो, दूरदर्शन, आस-पड़ोस, परिवार और पति ऐसे प्रमुख माध्यम हैं, जिनसे ग्रामीण महिलाएं परिवार नियोजन के साधनों के प्रति जानकारी प्राप्त करती हैं। शिक्षित महिलाएं जहाँ समाचार पत्रों एवं पत्र-पत्रिकाओं के माध्यम से इस संबंध में सूचनाएं प्राप्त कर लेती हैं, वहीं निरक्षर महिलाओं के लिए सूचना स्रोत रेडियो, आस-पड़ोस, परिवार, पति या

दूरदर्शन के विज्ञापन आदि होते हैं। ग्रामीण महिलाओं की शैक्षणिक प्रस्थिति के आधार पर शैक्षणिक तथ्यों के विश्लेषण से यह स्पष्ट होता है कि निरक्षर महिलाओं में 40.24 प्रतिशत रेडियो से और 39.02 प्रतिशत पति से परिवार नियोजन के साधनों के संबंध में जानकारी प्राप्त करती है। शिक्षित महिलाओं में 66.45 प्रतिशत महिलाओं का कहना था कि वे रेडियो के माध्यम से जानकारी प्राप्त करती हैं। इण्टरमीडिएट एवम् उच्च शिक्षा प्राप्त 50.79 प्रतिशत रेडियो से और 38.40 प्रतिशत महिलायें महिलाएं दूरदर्शन से परिवार नियोजन के साधनों के बारे में जानकारी प्राप्त करती हैं।

ग्रामीण महिलाओं के परिवार की औसत वार्षिक आय के आधार पर दिये गये तथ्य यह स्पष्ट करते हैं कि निम्न आय वर्ग में 20.56 प्रतिशत महिलाएं परिवार नियोजन के साधनों के बारे में रेडियो से जानकारी प्राप्त करती हैं। उच्च आय वर्गों में 36.36 प्रतिशत महिलाओं का कहना था कि उन्हें इस संबंध में पति से जानकारी प्राप्त होती है। जबकि मध्यम आय वर्ग की 48.65 प्रतिशत महिलाओं को रेडियो से इस संबंध में जानकारी प्राप्त होती है।

ग्रामीण महिलाओं की शिक्षा और परिवार की औसत वार्षिक आय के आधार पर दिये गये तथ्यों से यह निष्कर्ष प्राप्त किया जा सकता है कि अशिक्षित निर्धन संवर्गों में महिलाओं को सामान्यतः रेडियो और परिवार के अन्य सदस्य उनकी जागरुकता के अभिकरण का कार्य करते हैं। इस संबंध में प्राप्त काई-स्क्वायर मूल्य तथ्यों की उच्चस्तरीय सार्थकता को इंगित करते हैं। (हेलमिनर 1996)[45] और (हुडफार 1966)[46] के निष्कर्ष हमारे तथ्यों से समानता प्रदर्शित करते हैं।

उपर्युक्त सारणी में दिये गये तथ्यों से यह स्पष्ट होता है कि परिवार नियोजन सम्बन्धी साधनों की जानकारी के माध्यम से रूप में 56.00 प्रतिशत महिलाओं ने बताया कि दूरदर्शन पर प्रसारित होने वाले कार्यक्रमों से उन्हें जानकारी प्राप्त होती है, जबकि मात्र 4 प्रतिशत महिलाओं ने पड़ोसियों से जानकारी प्राप्त होना स्वीकार किया। रेडियो द्वारा 16 प्रतिशत एवं पति द्वारा जानकारी की बात 16 प्रतिशत महिलाओं ने स्वीकार किया। परिवार नियोजन के साधनों के प्रयोग पर विश्वास के सम्बन्ध में संकलित तथ्यों का विवरण सारणी संख्या 4.8 में दिया गया है।

सारणी संख्या 4.8

परिवार नियोजन के साधनों पर विश्वास

प्रतिक्रिया

स्वतंत्र चर	हाँ	नहीं	योग
आयु* : 20-30	114	42	156
	73.08	26.92	100.0
30-40	26	70	96
	27.08	72.92	100.0
40-50	8	40	48
	16.67	83.33	100.0
जाति** : उच्च	102	78	180
	56.67	43.33	100.0
पिछड़ी	18	6	24
	75.00	25.00	100.0
अनुसूचित	28	68	96
	29.17	70.83	100.0
परिवार*** : संयुक्त	22	60	82
	26.83	73.70	100.0
एकाकी	78	77	155
	50.32	49.68	100.0
विस्तृत	48	15	63
	76.19	23.81	100.0
योग	**148**	**152**	**300**

*df=2χ^2 = 74.69 $P < 0.05$, **df= 2χ^2=25.82 $P < 0.05$, *** df = 2χ^2 =34.85 $P < 0.05$.

परिवार नियोजन के विभिन्न साधनों पर विश्वास के सम्बन्ध में ग्रामीण महिलाओं की प्रतिक्रिया को सारणी संख्या 4.8 के अन्तर्गत उनकी आयु, जाति और शैक्षणिक प्रस्थिति के आधार पर प्रस्तुत किया गया है। सारणी में दिये गये तथ्य यह स्पष्ट करते हैं कि युवा आयु वर्ग की अधिकांश महिलाओं को आधुनिक साधनों पर विश्वास है, जबकि मध्यम एवम् उच्च आयु वर्ग में

अधिकांश महिलाओं में अविश्वास पाया गया है। जाति के आधार पर सम्बन्धित प्रतिक्रिया के विश्लेषण से यह स्पष्ट होता है कि उच्च और पिछड़ी जाति की अधिकांश महिलाओं में जहाँ सकारात्मक स्वीकृति निहित थी, वहीं अनुसूचित जाति की 70.83 प्रतिशत महिलाएं नकारात्मक विचार रखती थीं।

महिलाओं की शैक्षणिक प्रस्थिति के आधार पर दिये गये तथ्य यह इंगित करते हैं कि अधिकांश निरक्षर महिलाएं परिवार नियोजन के वर्तमान साधनों पर विश्वास नहीं करतीं, जबकि अधिकांश शिक्षित महिलाओं में विश्वास पाया गया है। सारणी में दिये गये तथ्य यह स्पष्ट करते हैं कि पिछड़ी और उच्च जातियों की शिक्षित युवा महिलाएं परिवार नियोजन के आधुनिक साधनों के प्रति सकारात्मक अभिवृत्ति रखती हैं। इस सम्बन्ध में प्राप्त काई स्क्वायर मूल्य उच्च स्तरीय सार्थकता प्रदर्शित करते हैं।

उपर्युक्त सारणी में दिये गये तथ्यों से यह स्पष्ट होता है कि परिवार नियोजन के साधनों पर 49.33 प्रतिशत महिलाएं विश्वास करती थीं, जबकि 50.67 प्रतिशत का कहना था कि वे इन साधनों पर विश्वास नहीं करतीं।

सारणी संख्या 4.9

आय के आधार पर परिवार नियोजन की प्रविधि के प्रति विश्वास का विवरण

आय	हाँ	नहीं	योग
<25	132 (78.57) (57.89)	96 (100.00) (42.11)	228 (100.00)
25-100	24 (14.29) (100.00)	0 (0.00)	24 (100.00)
<100	12 (7.14) (100.0)	0 (0.00)	12 (100.00)
योग	**148**	**152**	**300**

उपर्युक्त सारणी में परिवार नियोजन के साधनों पर विश्वास किये जाने से सम्बन्धित तथ्यों की जब आय संवर्ग के आधार पर विवेचित किये जाने वाले तथ्यों से तुलना की जाती है तो यह स्पष्ट होता है कि 25 हज़ार से ऊपर आय संवर्ग वाले परिवारों की महिलाओं और परिवार नियोजन के साधनों पर

विश्वास प्रदर्शित करने वाली महिलाओं का प्रतिशत बराबर है, जबकि परिवार नियोजन के साधनों पर विश्वास करने की बात स्वीकार किये जाने वाली कुल 168 महिलाओं में 25 हज़ार से 1 लाख तक आय संवर्ग वाले परिवारों की (14.29 प्रतिशत) महिलाएं थीं, इसके अलावा सर्वाधिक 78.57 प्रतिशत महिलाएँ 25 हजार से कम आय संवर्ग वाले परिवारों की पायी गयी।

सारणी संख्या 4.10

शिक्षा के आधार पर परिवार नियोजन की प्रविधियों में विश्वास का विवरण

शिक्षा	हाँ	नहीं	योग
निरक्षर	23 (28.05)	59 (71.95)	82
हाईस्कूल	74 (47.94)	81 (52.26)	155
इण्टर	51 (80.95)	12 (19.05)	63
योग	**148**	**152**	**300**

उपर्युक्त सारणी में दिये गये तथ्यों से यह स्पष्ट होता है कि शैक्षणिक प्रस्थिति में वृद्धि के साथ-साथ परिवार नियोजन के प्रति ग्रामीण महिलाओं के विश्वास में भी वृद्धि हुई है। अशिक्षित महिलाओं में जहाँ अधिकांश महिलाएँ आधुनिक प्रविधियों के प्रति अविश्वास प्रदर्शित करती थीं, वहीं इण्टर एवम् उच्च शिक्षा प्राप्त अधिकांश महिलाएँ विश्वास रखती हैं।

सारणी संख्या 4.11

आय के आधार पर परिवार नियोजन प्रविधियों से असहमति का विवरण

आय	स्वास्थ्य समस्या	पुत्र का न होना	अन्य	योग
<25	82 (75.93)	17 (14.74)	9 (8.33)	108
25-1000	54 (36.49)	27 (18.24)	67 (45.27)	148
>100	5 (11.36)	2 (4.55)	37 (84.09)	44
योग	**141 (47.00)**	**46 (15.33)**	**113 (37.67)**	**300**

उपर्युक्त सारणी में दिये गये तथ्यों से यह स्पष्ट होता है कि अधिकांश परिवारों में महिलाओं द्वारा परिवार नियोजन की प्रविधियों को न अपनाने का मूल कारण उनकी स्वास्थ्य सम्बन्धी समस्या रही है। मात्र 15.53 प्रतिशत

महिलाएं ऐसी थीं, जिनका कहना था कि पुत्र न होने के कारण वे परिवार नियोजन के साधनों को अपनाने में सहमत नहीं हैं। ऐसी महिलाओं के परिवार में सामान्यतः पुत्रियों की संख्या अधिक पाई गयी है, परन्तु 37.67 प्रतिशत परिवार ऐसे भी थे, जो प्रविधियों की अनुपयुक्तता, अज्ञानता या एक ही पुत्र होने के कारण स्थायी बन्ध्याकरण और परिवार नियोजन के आधुनिक साधनों को अपनाने के प्रति रुचि नहीं रखते थे। ग्रामीण परिवेश में अज्ञानता और अशिक्षा के साथ-साथ परम्परागत रूढ़ियों और अन्य बाध्यकारी दशाओं के कारण महिलाएँ स्वतंत्रतापूर्वक न तो परिवार नियोजन के साधनों का क्रय कर पाती हैं और न ही स्वास्थ्य केन्द्रों से सरलतापूर्वक प्राप्त करने का प्रयास ही करती हैं। परिणामतः वे चाहते हुए भी आधुनिक साधनों का उपयोग नहीं कर पाती है। अध्ययन अवधि में ग्रामीण महिलाओं से साक्षात्कार के समय यह ज्ञात हुआ था कि अधिकांश महिलाएँ परिवार के सदस्यों और समाज के अन्य लोगों के संकोच के कारण स्वयं उन सामग्रियों का क्रय करने में असमर्थ रहती हैं। परिवार नियोजन के साधनों का नियमित प्रयोग करने वाले सदस्य के विषय में प्राप्त तथ्यों का विवरण सारणी संख्या 4.12 के अन्तर्गत दिया गया है।

सारणी संख्या 4.12

परिवार नियोजन के साधन अपनाने वाले के सम्बन्ध में विचार

सदस्य	संख्या	प्रतिशत
स्वयं	132	44.00
पति	120	40.00
कोई नहीं	48	16.00
योग	**300**	**100.00**

उपरोक्त सारणी में दिए गये तथ्यों से यह स्पष्ट होता है कि मात्र 40 प्रतिशत परिवारों में पुरुषों द्वारा परिवार नियोजन के साधनों का प्रयोग किया गया था जबकि 16 प्रतिशत महिलाएँ ऐसी भी थीं, जहाँ परिवार नियोजन के साधनों का प्रयोग नहीं किया गया था। कुल उत्तरदात्रियों में 44 प्रतिशत महिलाएं ऐसी भी पाई गयीं, जिन्होंने परिवार नियोजन के उपकरणों के उपयोग को स्वीकार किया।

सारणी संख्या 4.13
शिक्षा के आधार पर परिवार नियोजन अपनाने के सम्बन्ध में दृष्टिकोण का विवरण

शिक्षा	सकारात्मक	नकारात्मक	योग
निरक्षर	23 (28.05)	59 (71.95)	82
हाईस्कूल	68 (43.87)	87 (56.13)	155
इण्टर	41 (65.08)	22 (34.92)	63
योग	**132 (44.00)**	**168 (56.00)**	**300**

उपर्युक्त सारणी में दिये गये तथ्यों से यह स्पष्ट होता है कि अधिकांश ग्रामीण महिलाएँ परिवार नियोजन की आधुनिक प्रविधियों के प्रति नकारात्मक दृष्टिकोण रखती थीं, परन्तु शैक्षणिक स्थिति में वृद्धि के साथ उनके दृष्टिकोण में सकारात्मक परिवर्तन पाया गया है। निरक्षर ग्रामीण महिलाओं में जहाँ मात्र 28.05 प्रतिशत ही परिवार नियोजन की प्रविधियों को अपनाने के प्रति सकारात्मक दृष्टिकोण रखती थीं, वहीं हाईस्कूल शिक्षा प्राप्त 43.87 प्रतिशत और इण्टर तथा उच्च शिक्षित महिलाओं में 65.08 प्रतिशत सकारात्मक दृष्टिकोण रखती थीं। तात्पर्य यह है कि परिवार नियोजन की आधुनिक प्रविधियों के प्रचार-प्रसार की उपयोगिता शैक्षणिक जागरुकता पर भी निर्भर है। परिवार नियोजन के उपकरणों के प्रयोग में प्रेरक कारक के सम्बन्ध में उत्तरदात्रियों द्वारा दिये गये तथ्यों का विवरण सारणी संख्या 4.14 में प्रदर्शित किया गया है।

सारणी संख्या 4.14
परिवार नियोजन के साधन अपनाने में प्रेरक कारक

प्रेरक कारक	संख्या	प्रतिशत
स्वयं का निर्णय	72	24.00
पति की इच्छा	132	44.00
परिवार नियोजन	12	4.00
स्वास्थ्य सम्बन्धी	72	24.00
योग	**300**	**100.00**

उपर्युक्त सारणी में दिए गये तथ्यों से यह स्पष्ट होता है कि 44.00 प्रतिशत ग्रामीण महिलाओं ने यह स्वीकार किया कि उन्होंने पति की इच्छा से परिवार नियोजन के उपकरण अपनाने में कारक स्वीकार किया, जबकि 24 प्रतिशत महिलाओं ने यह स्वीकार किया कि उन्होंने स्वयं की इच्छा से परिवार नियोजन के उपकरण को अपनाना स्वीकार किया। 24.00 प्रतिशत महिलाओं ने स्वास्थ्य सम्बन्धी कारणों से परिवार नियोजन के उपकरणों को अपनाना स्वीकार किया। परिवार नियोजन से लाभ के सम्बन्ध में उत्तरदात्रियों से संकलित तथ्यों का विवरण सारणी संख्या 4.15 में प्रस्तुत किया गया है।

सारणी संख्या 4.15

परिवार नियोजन के लाभ के सम्बन्ध में उत्तरदात्रियों का विचार

प्रेरक कारक	संख्या	प्रतिशत
आर्थिक स्तर	60	20.00
शैक्षणिक स्तर	60	20.00
देशहित	12	4.00
परिवार की उन्नति	36	12.00
उपरोक्त सभी	96	32.00
कोई लाभ नहीं	36	12.00
योग	**300**	**100.00**

उपर्युक्त सारणी में दिए गये तथ्यों से यह स्पष्ट होता है कि 32.00 प्रतिशत महिलाओं ने परिवार नियोजन की प्रक्रिया को अपनाने से आर्थिक स्थिति में सुधार, शैक्षणिक स्थिति में सुधार, देशहित और परिवार की उन्नति के सम्बन्ध में लाभ स्वीकार किया, जबकि 12.00 प्रतिशत महिलाओं ने परिवार नियोजन से कोई लाभ होना स्वीकार नहीं किया है। 20.00 प्रतिशत महिलाओं ने आर्थिक स्थिति में सुधार, शैक्षणिक स्थिति में सुधार होना माना था, जबकि मात्र 4.00 प्रतिशत महिलाओं ने परिवार नियोजन को देशहित में बतलाया। 12.00 प्रतिशत महिलाओं ने इससे परिवार की उन्नति होना स्वीकार किया था। इन तथ्यों को महिलाओं की शिक्षा, परिवार में सदस्यों की संख्या और आयु के आधार पर भी विवेचित किया गया है। परिवार नियोजन के परिणामस्वरूप जहाँ परिवार को बच्चों की देख-रेख और उनकी शिक्षा का

समुचित अवसर उपलब्ध हो पाता है, वहीं वे उनके भविष्य के लिये भी सकारात्मक योजनाओं का निर्माण करने में स्वयं को सक्षम बना सकते हैं। परिवार नियोजन से परिवार में सदस्यों की संख्या कम होने के विभिन्न लाभ देखे गये हैं।

सारणी संख्या 4.16

शिक्षा के आधार पर परिवार नियोजन से लाभ के सम्बन्ध में दृष्टिकोण का विवरण

आयु	आर्थिक	शैक्षणिक	देशहित	परिवार की प्रगति	सभी	कुछ भी नहीं	योग
निरक्षर	21	2	2	4	41	12	
	(25.61)	(2.44)	(2.44)	(4.88)	(50.00)	(14.63)	82
हाईस्कूल	27	36	8	8	52	24	155
	(17.42)	(23.23)	(5.16)	(5.16)	(33.65)	(16.13)	
इण्टर एवम्	12	22	2	24	3	0	63
उच्च शिक्षा		(1905)	(34.92)	(3.17)	(38.10)	(4.76)	(0.00)
योग	**60**	**60**	**12**	**36**	**96**	**36**	**300**

उपर्युक्त सारणी में दिये गये तथ्यों से यह स्पष्ट होता है कि परिवार नियोजन से होने वाले लाभ के प्रति अधिकांश ग्रामीण महिलाएं भिज्ञ थीं। उनसे प्राप्त किये गये विवरण यह स्पष्ट करते हैं कि परिवार की आर्थिक और शैक्षणिक प्रगति के साथ-साथ सामान्य विकास के प्रति परिवार नियोजन से होने वाले लाभ से वे सहमत थीं। अधिकांश शिक्षित महिलाएं यह स्वीकार करती थीं कि नियोजित परिवार में बच्चों की शिक्षा-दीक्षा के उत्तम अवसर प्राप्त होते हैं तथा इससे परिवार की आर्थिक स्थिति को सन्तुलित रखा जा सकता है। अध्ययन में सम्मिलित परिवारों में मात्र 28 प्रतिशत परिवार की लघु परिवारों की श्रेणी में रखे जा सकते हैं, जबकि 40 प्रतिशत परिवारों में 6 से 10 सदस्य थे और 32 प्रतिशत परिवार ऐसे थे, जिनमें सदस्यों की संख्या 11 से 20 के मध्य पायी गयी। इस सम्बन्ध में यह उल्लेखनीय है कि अध्ययन में सम्मिलित 64 प्रतिशत परिवार आर्थिक दृष्टि से मध्यम श्रेणी के थे, उनमें सामान्यतः अपनी प्रस्थिति के प्रति सन्तुष्टि पायी गयी थी। अधिकांश ग्रामीण

महिलाएं कृषि कार्य (32 प्रतिशत) और मज़दूरी (24 प्रतिशत) में संलग्न थीं तथा उनके परिवार की सामान्य वृत्ति भी कृषि या कृषि मज़दूरी पायी गयी है।

व्यावसायिक एवम् आर्थिक स्थिति के साथ-साथ महिलाओं की शैक्षणिक प्रस्थिति के अवलोकन से यह स्पष्ट होता है कि ग्रामीण कृषि संरचना में उनके लिए आत्मनिर्णय के सीमित अवसर भी उपलब्ध हैं, जो उनकी सोच और जागरुकता से प्रभावित होते हैं। परिवार में सदस्यों की संख्या के आधार पर भी परिवार नियोजन से प्राप्त होने वाले लाभ के प्रति ग्रामीण महिलाओं के दृष्टिकोण का विवेचन किया गया है, जिसका विवरण निम्नलिखित सारणी में दिया जा रहा है।

सारणी संख्या 4.17

परिवार में सदस्यों की संख्या के आधार पर परिवार नियोजन से लाभ के प्रति विचार

सदस्य संख्या	आर्थिक	शैक्षणिक	देशहित	परिवार की प्रगति	सभी	कुछ भी नहीं	योग
2-5	12 (20.00)	12 (20.00)	12 (100.00)	12 (33.33)	36 (37.50)	0 (0.00)	84
6-10	36 (60.00)	36 (60.00)	0. (0.00)	0 (0.00)	36 (37.50)	12 (33.33)	120
11-15	12 (20.00)	12 (20.00)	0 (0.00)	24 (66.67)	24 (25.00)	12 (33.33)	84
16-20	0 (0.00)	0 (0.00)	0 (0.00)	0 (0.00)	0 (0.00)	12 (33.33)	12
योग	**60**	**60**	**12**	**36**	**96**	**36**	**300**

उपर्युक्त सारणी में दिये गये तथ्यों से यह स्पष्ट होता है कि परिवार नियोजन से होने वाले लाभ के प्रति जहाँ कम सदस्यों वाले परिवारों की महिलाएं अधिक सकारात्मक दृष्टिकोण रखती थीं, वहीं परिवार में सदस्यों की संख्या में वृद्धि के साथ-साथ उनके दृष्टिकोण में भी नकारात्मक सोच परिलक्षित होती है।

सारणी संख्या 4.18
आयु के आधार पर परिवार नियोजन से लाभ के प्रति विवरण

आयु	आर्थिक	शैक्षणिक	देशहित	परिवार की प्रगति	सभी	कुछ भी नहीं	योग
<30	24	36	0	12	72	12	156
	(40.00)	(60.00)	(0.00)	(33.33)	(75.00)	(33.33)	
30-40	12	24	12	12	24	12	96
	(20.00)	(40.00)	(33.33)	(33.33)	(25.00)	(33.33)	
40-50	24	0	0	12	0	12	48
	(40.00)	(0.00)	(0.00)	(33.33)	(33.33)	(33.33)	
योग	**60**	**60**	**12**	**36**	**96**	**36**	**300**

उपर्युक्त सारणी के अन्तर्गत ग्रामीण महिलाओं की आयु के आधार पर परिवार नियोजन से होने वाले लाभ के प्रति उनके दृष्टिकोण का विवेचन किया गया है। सारणी में दिये गये तथ्यों से यह स्पष्ट होता है कि परिवार नियोजन से होने वाले लाभ के प्रति युवा महिलाएं अधिक जागरुक थीं। 40 वर्ष से अधिक आयु की महिलाओं में तुलनात्मक जागरुकता स्तर सीमित पाया गया है।

सारणी संख्या 4.19
परिवार नियोजन के प्रति उत्तरदात्रियों का दृष्टिकोण
परिवार नियोजन धर्म विरुद्ध

स्वतंत्र चर	धर्म विरुद्ध	प्रयोग उचित	कुछ कह नहीं सकती	योग
आयु* : 20-30	10	128	18	156
	6.41	82.05	11.54	100.0
30-40	20	64	12	96
	20.83	66.67	12.50	100.0
40-50	26	102	10	48
	54.17	25.00	20.83	100.0
जाति** : उच्च	21	152	-	180
	11.67	84.44	3.89	100.0

पिछड़ी	8	11	5	24
	33.33	45.83	20.83	100.0
अनुसूचित	27	41	28	98
	28.13	42.71	29.17	100.0
शिक्षा*** निरक्षर	41	19	22	82
	50.00	23.17	26.83	100.0
हाईस्कूल	12	131	12	155
	7.74	84.52	7.74	100.0
इण्टरमीडिएट	3	54	6	63
	4.76	85.17	9.52	100.0
योग	**56**	**204**	**40**	**300**

*df=4χ^2 = 65-26 P< 0.05, **df=4χ^2=61.12 P < 0.05, *** df=4χ^2 =108.44 P < 0.05.

परिवार नियोजन के धर्म विरुद्ध होने के प्रति महिलाओं की प्रतिक्रिया के सम्बन्ध में प्राप्त विवरण स्पष्ट करते हैं कि 40 वर्ष की आयु तक की अधिकांश महिलाएं इसे धर्म विरुद्ध नहीं मानतीं, जबकि 40 से 50 वर्ष आयु वर्ग की 54.17 प्रतिशत महिलाओं का कहना था कि परिवार नियोजन धर्म विरुद्ध है। इस सम्बन्ध में यह उल्लेखनीय है कि परिवार नियोजन को अपनाने में धर्म महत्त्वपूर्ण भूमिका का निर्वाह करता है। कुल धर्मों के अन्तर्गत केवल प्राकृतिक विधियों की ही स्वीकृति है। परिवार नियोजन की किसी बनावटी विधि के वे विरुद्ध हैं। (लक्ष्मना, 1988 : 135)[47] लेकिन अधिकांश युवा महिलाएं परिवार नियोजन को धर्म विरुद्ध नहीं मानती थीं और वे इसके प्रयोग को उचित मानती थीं।

उच्च जातियों में 84.44 प्रतिशत और पिछड़ी जातियों में 45.83 प्रतिशत तथा अनुसूचित जातियों में 42.71 प्रतिशत महिलाओं का कहना था कि वे इसका प्रयोग उचित मानती हैं। मात्र 19 प्रतिशत महिलाएँ ही ऐसी थीं जो इसे धर्म विरुद्ध मानती थीं। इसमें अधिकांश निरक्षर और अनुसूचित जातियों की थी। अध्ययन से प्राप्त तथ्य लक्ष्मना द्वारा प्रस्तुत निष्कर्ष से साम्यता रखते हैं।

उपर्युक्त सारणी में दिये गये तथ्यों से यह स्पष्ट होता है कि 18.67 प्रतिशत ग्रामीण महिलाएं परिवार नियोजन को अपने धर्म की परम्परागत मान्यताओं के विरुद्ध मानती थीं, परन्तु अधिकांश महिलाओं ने उचित माना

है। परिवार नियोजन के सम्बन्ध में विगत 50 वर्षों के सक्रिय प्रयासों के परिणामस्वरूप समाज में जो जागरुकता उत्पन्न हुई है, उससे यह स्पष्ट होता है कि अधिकांश लोग लघु परिवार को सुखी परिवार के स्वीकृत प्रारूप के रूप में स्वीकार करने लगे हैं।

ग्रामीण एवं नगरीय क्षेत्रों में इस प्रकार की धारणाएँ धीरे-धीरे बलवती होती जा रही हैं कि आधुनिक आर्थिक दबाव में परिवार में सदस्यों की संख्या विशेष रूप से बच्चों की संख्या जितनी ही कम रहेगी, परिवार की आर्थिक स्थिति के विकास में वह उतना ही लाभकारी रहेगा। सन् 1980 के दशक में लघु परिवार के प्रति विस्तृत प्रचार-प्रसार किया गया था। 20 सूत्रीय कार्यक्रम के अन्तर्गत परिवार नियोजन को केन्द्र और राज्य सरकारों द्वारा बड़ी तीव्रता के साथ लागू किया गया था। सरकार द्वारा इस योजना को रूपान्तरित करते हुए इसे परिवार कल्याण कार्यक्रम के रूप में प्रचारित किया गया और इसे अपनाने वाले सरकारी कर्मचारियों को उनके नियमित वेतनमान में एक वार्षिक वेतन वृद्धि का भी प्राविधान किया गया है। इसे दृष्टि में रखते हुए इस सम्बन्ध में तथ्यों का संकलन किया गया था, जिसे सारणी संख्या 4.20 के अन्तर्गत दिया गया है।

सारणी संख्या 4.20

छोटा परिवार सुखी परिवार के कथन से सहमति के सम्बन्ध में उत्तरदात्रियों का विचार

	प्रतिक्रिया		
स्वतंत्र चर	**हाँ**	**नहीं**	**योग**
आयु* : 20-30	117	39	156
	75.00	25.00	100.0
30-40	50	46	96
	52.08	47.92	100.0
40-50	37	11	48
	77.08	22.92	100.0
जाति** : उच्च	162	18	180
	90.00	10.00	100.0

पिछड़ी	8	16	24
	33.33	66.67	100.0
अनुसूचित	34	62	96
	35.42	64.58	100.0
परिवार*** : संयुक्त	34	32	66
	51.52	48.48	100.0
एकाकी	59	47	106
	55.66	44.34	100.0
विस्तृत	81	17	98
	82.65	17.35	100.0
शिक्षा**** : निरक्षर	14	68	82
	17.07	82.93	100.0
हाईस्कूल	134	21	155
	86.45	13.55	100.0
इण्टरमीडिएट	56	7	63
	88.89	11.11	100.0
आयु***** : < 25	87	21	108
	80.56	19.44	100.0
25-100	85	63	148
	57.43	42.57	100.0
<100	32	12	44
	72.73	27.27	100.0
योग	**204**	**96**	**300**

*df=2 χ^2 = 16.51 $P < 0.05$, **df= 2 χ^2=100.13 $P < 0.05$, *** df= 2 χ^2 =22.56 $P < 0.05$ **** df= 2 χ^2 =134.62 $P < 0.05$, ***** df = 2 2 =15.87 $P < 0.05$.

परिवार नियोजन की प्रविधियों के उपयोग के सम्बन्ध में महिलाओं की प्रतिक्रिया से यह स्पष्ट होता है कि 20 से 30 वर्ष आयु वर्ग की 75 प्रतिशत, 30-40 वर्ष आयु वर्ग की 52.08 प्रतिशत और 40 से 50 वर्ष आयु वर्ग की 77.01 प्रतिशत महिलाएं परिवार नियोजन की प्रविधियों का उपयोग करती हैं। उच्च जातियों में 90 प्रतिशत महिलाएं इसका प्रयोग करती थीं, जबकि पिछड़ी

जाति और अनुसूचित जाति की लगभग एक तिहाई महिलाएं इसका प्रयोग करती थीं।

संयुक्त परिवार (51.52 प्रतिशत), एकाकी परिवार (55.56 प्रतिशत) और विस्तृत परिवार की (82.65 प्रतिशत) महिलाएं परिवार नियोजन की प्रविधियों का उपयोग करती थीं। शिक्षित महिलाओं में अधिकांश महिलाओं द्वारा इसका उपयोग किया जाता था। समान स्थिति विभिन्न आय वर्गों में भी पायी गयी है।

उपर्युक्त सारणी में दिये गये तथ्यों के आधार पर यह कहा जा सकता है कि युवा महिलाएं तथा उच्च जातियों की महिलाएं अपेक्षाकृत परिवार नियोजन के साधनों का अधिक प्रयोग करती हैं। निरक्षर महिलाओं की तुलना में साक्षर महिलाएं और संयुक्त परिवारों की तुलना में विस्तृत परिवारों की अधिकांश महिलाएं परिवार नियोजन के साधनों का अधिक प्रयोग करती हैं। तथ्यों के संबंध में परिगणित काई स्क्वायर मूल्य उच्चस्तरीय सार्थकता प्रदर्शित करते हैं।

उपर्युक्त सारणी में दिये गये तथ्यों से यह स्पष्ट होता है कि अधिकांश ग्रामीण महिलाएं लघु परिवार को सुखी परिवार के प्रारूप के रूप में स्वीकार करती हैं। मात्र 32 प्रतिशत महिलाएं ही ऐसी थीं, जिनकी दृष्टि में बड़े परिवार सम्पन्नता के प्रतीक होते हैं। कृषि क्षेत्र में मानव श्रम की आवश्यकता को दृष्टि में रखते हुए सामान्यतः मज़दूरी और सीमान्त कृषि से सम्बद्ध परिवारों में सदस्यों की अधिक से अधिक संख्या को उपार्जक के रूप में देखा जाता है। इसलिए बच्चे केवल उपभोक्ता होकर भविष्य के उपार्जक स्वीकार किये जाते हैं, साथ ही साथ उन्हें ईश्वरीय देन के नाम पर भी अवधारित किया जाता है। इस प्रकार की वैचारिकी निर्धन और पिछड़े हुए संवर्गों में अधिक पायी जाती है।

सारणी संख्या 4.21

लड़कियों की नापसंदगी के सम्बन्ध में उत्तरदात्रियों के विचार

आयु	संख्या	प्रतिशत
दहेज एवं धार्मिक	180	60.00
पराई धरोहर	108	36.00
अन्य	12	4.00
योग	**300**	**100.00**

उपर्युक्त सारणी में दिये गये तथ्यों से यह स्पष्ट होता है कि 60 प्रतिशत महिलाएं यह मानती थी कि लड़कियों के विवाह हेतु दहेज संचित करना सबसे प्रमुख समस्या है, इसलिए उनका उत्पन्न होना परिवार पर आर्थिक दबाव में वृद्धि स्वीकार किया जाता है। इनका यह भी मानना था कि परिवार के सदस्यों को पिण्डदान देने में उनकी कोई भूमिका नहीं होती और वे केवल पितृ परिवार की सम्पत्ति को कम ही करती हैं। 36 प्रतिशत का जिक्र ही नहीं किया दूसरी ओर 4.00 प्रतिशत महिलाएँ ऐसी भी थीं, जिनका यह मानना था कि परिवार की मर्यादा और कई अन्य ऐसे कारक हैं, जिन्हें लड़कियों के पक्ष में नकारात्मक स्वीकार किया जा सकता है। कुछ महिलाएं ऐसी भी थीं कि लड़कियाँ पिता के लिए अनुपयोगी होती हैं। लड़कों के समान उनका पालन-पोषण करना और बाद में उन्हें दूसरों को प्रदान कर देना आर्थिक दृष्टि से अलाभकारी होता है। सम्भवतः यह मूल कारण है, जिससे उन्हें स्वीकार नहीं किया जाता। इस सम्बन्ध में उत्तरदात्रियों से यह भी पूछा गया था कि क्या वे लड़कियों की अपेक्षा लड़कों को अधिक पसन्द करती हैं और यदि हाँ तो उसका मूल कारण क्या है। इस विषय में संकलित तथ्यों का विवरण सारणी संख्या 4.22 में दिया गया है।

सारणी संख्या 4.22

लड़कों की पसंदगी के सम्बन्ध में उत्तरदात्रियों का विचार

लड़कों की पसंद का कारण	संख्या	प्रतिशत
आय	60	20.00
बुढ़ापे का सहारा	144	48.00
पारिवारिक श्रम में वृद्धि	48	16.00
परम्परा	24	8.00
अन्य	24	8.00
योग	**300**	**100.0**

उपर्युक्त सारणी में दिये गये तथ्यों से यह स्पष्ट होता है कि अधिकांश महिलाओं की दृष्टि में लड़के पारिवारिक आय में वृद्धि करते हैं तथा वृद्धावस्था में माता-पिता का सहारा बनते हैं। परिवार की निरन्तरता बनाये रखने में लड़कों की महत्त्वपूर्ण भूमिका होती है। वस्तुतः वे वंशवृक्ष हैं, जिन पर भावी पीढ़ी की निरन्तरता आश्रित होती है। कुछ महिलाएं यह मानती हैं

कि परम्परागत मान्यताएं अथवा पुरुष प्रधान वैचारिकी लड़कों के जन्म को प्रधानता देती है। सम्भवतः यही कारण है कि समाज में उनके जन्म को स्वागत योग्य माना जाता है और प्रत्येक विवाहित दम्पति पुत्र की कामना रखता है। 48 प्रतिशत ग्रामीण महिलाओं का कहना था कि परम्परागत रूप से परिवार में पुरूष सदस्यों के जन्म का स्वागत इसलिए किया जाता था कि वे अपने माता-पिता के लिए वृद्धावस्था में सहारे का कार्य करते हैं, साथ ही साथ 20 प्रतिशत महिलाओं का कहना था कि जहाँ पुत्री विवाहित होने के उपरान्त अपने पति के घर चली जाती है, वहीं पुत्र अपनी आय से अपने मूल परिवार को बनाये रखने में सहयोग करता है। 16 प्रतिशत महिलाओं का कहना था कि पुत्र का जन्म परिवार में न केवल एक नये सदस्य के रूप में स्वागत योग्य होता है, अपितु वह परिवार के श्रम और वृद्धि में सहयोग भी देता है। इस सम्बन्ध में यह उल्लेखनीय है कि ग्रामीण महिलाओं में पुत्र के साथ-साथ कन्यादान हेतु पुत्री का जन्म भी अनिवार्य स्वीकार किया जाता है। ऐसे परिवार जिनमें कई पुत्र होते हैं, उनमें भी दम्पति द्वारा पुत्री की आकांक्षा में परिवार नियोजन की प्रविधियों को नहीं अपनाया जाता। आधुनिक शल्य क्रिया के प्रति उनमें अभिरुचि नहीं पायी जाती। इसके अतिरिक्त कुछ अन्य कारण भी हैं, जिनसे ग्रामीण महिलाए शल्य क्रिया के प्रति अभिरुचि विकसित नहीं कर पातीं। इस सम्बन्ध में उत्तरदात्रियों से प्राप्त किये गये तथ्यों का विवरण सारणी संख्या 4.23 के अन्तर्गत दिया गया है।

सारणी संख्या 4.23

आयु के आधार पर परिवार नियोजन की शल्य चिकित्सा प्रविधि न अपनाये जाने का विवरण

आयु	स्वास्थ्य समस्या	पुत्र का न होना	अन्य	योग
20-30	86(55.13)	10(64.10)	60(38.46)	156
30-40	72(75.00)	12(12.50)	12(12.50)	96
40-50	0(0.00)	24(50.00)	24(50.00)	48
योग	**158**	**46**	**96**	**300**

उत्तरदात्रियों की आयु के आधार पर परिवार नियोजन के लिए शल्य क्रिया अपनाये जाने के प्रति उनके दृष्टिकोण के सम्बन्ध में संकलित तथ्यों से यह

स्पष्ट होता है कि अधिकांश महिलाएं स्वास्थ्य समस्या के कारण शल्य क्रिया से अरुचि प्रदर्शित करती हैं। कुछ महिलाओं ने पारिवारिक स्थिति और अन्य कारणों जैसे परिवार के सदस्यों का सहमत न होना या संसाधनों का सुलभ न होना स्पष्ट किया था।

सारणी संख्या 4.24

आयु के आधार पर स्वास्थ्य प्रस्थिति का विवरण

आयु	सामान्य	स्वस्थ	अस्वस्थ	योग
20-30	120 (62.50)	24 (40.00)	12 (25.00)	156
30-40	48 (25.00)	36 (60.00)	12 (25.00)	96
40-50	24 (12.50)	0 (0.00)	24 (50.00)	48
योग	**192 (64.00)**	**60 (20.00)**	**48 (16.00)**	**300**

ग्रामीण महिलाओं से उपर्युक्त सम्बन्ध में प्राप्त किये गये तथ्यों से यह स्पष्ट होता है कि अधिकांश महिलाएं (64 प्रतिशत) शल्य क्रिया के परिणामस्वरूप किसी विशेष परिवर्तन का उल्लेख नहीं करतीं, अपितु उनका मानना था कि स्थिति सामान्य रहती है। कुछ महिलाओं (16 प्रतिशत) का मानना था कि शल्य क्रिया के उपरान्त स्वास्थ्य की समस्या उत्पन्न हो जाती है।

सारणी संख्या 4.25

आयु के आधार पर लड़के एवं लड़कियों का संतान के रूप में वांछनीयता का विवरण

आयु	पुत्र या पुत्री	प्रथम पुत्र	पुत्र होना आवश्यक	पुत्री	जो भी हो	योग
30	108 (64.29)	36 (60.00)	0 (0.00)	0 (0.00)	12 (25.00)	156
30-40	48 (24.57)	24 (40.00)	0 (0.00)	12 (100.00)	12 (25.00)	96
40-50	12 (7.14)	0 (0.00)	0 (0.00)	0 (0.00)	24 (50.00)	48
योग	**168 (56.00)**	**60 (20.00)**	**12 (4.00)**	**12 (4.00)**	**48 (16.00)**	**300**

पुत्र अथवा पुत्री को संतान के रूप में प्राप्त करने के प्रति उनके दृष्टिकोण के सम्बन्ध में संकलित तथ्यों से यह स्पष्ट होता है कि अधिकांश महिलाएं प्रथम संतान के रूप में पुत्र या पुत्री चाहती थीं, जबकि 20 प्रतिशत महिलाएं पुत्र चाहती थीं।

सारणी संख्या 4.26

परिवार नियोजन की स्थिति और परिणाम के सम्बन्ध में उत्तरदात्रियों के विचार

प्रतिक्रिया

स्वतंत्र	सामान्य	स्वस्थ	रोगी	योग
परिवार* : संयुक्त	70	12	14	96
	72.92	12.50	14.58	100.0
एकाकी	62	26	18	106
	58.49	24.53	16.98	100.0
विस्तृत	60	22	16	98
	61.22	22.45	16.33	100.0
शिक्षा** : निरक्षर	49	11	22	82
	59.76	13.41	26.83	100.0
हाईस्कूल	113	28	14	155
	72.90	18.06	9.03	100.0
इण्टरमीडिएट	30	21	12	63
	47.62	33.33	19.05	100.0
आय*** :<25	72	16	20	108
	66.67	14.81	18.52	100.0
25-100	89	38	21	148
	60.14	25.68	14.19	100.0
>100	31	6	7	44
	70.45	13.64	15.91	100.0

*df=4 $\chi^2 = 6.08$ $P < 0.05$, **df= 4 χ^2=2354 $P < 0.05$, *** df = 4 χ^2 =6.21 $P < 0.05$.

परिवार नियोजन की प्रविधियों के उपयोग की स्थिति तथा उससे उत्पन्न होने वाले परिणामों के विषय में प्राप्त तथ्य यह स्पष्ट करते है कि 64 प्रतिशत महिलाएं इसे सामान्य स्वीकार करती हैं। महिलाओं की पारिवारिक संरचना के आधार पर दिये गये तथ्य यह इंगित करते हैं कि संयुक्त परिवार में 72.92 प्रतिशत, एकाकी परिवार की 58.49 प्रतिशत और विस्तृत परिवार की 61.22 प्रतिशत इसे सामान्य स्वीकार करती थीं।

शैक्षणिक परिस्थिति के आधार पर प्राप्त तथ्य यह स्पष्ट करते हैं कि हाईस्कूल स्तर तक शिक्षित 72.90 प्रतिशत महिलाएं तथा निरक्षर महिलाओं में 59.76 प्रतिशत महिलाएँ इसे सामान्य स्वीकार करती हैं। जबकि 26.83 प्रतिशत महिलाओं का कहना था कि परिवार नियोजन के अभिकरणों का उपयोग उन्हें रोगी बना देता है।

महिलाओं की परिवार की औसत वार्षिक आय के आधार पर दिये गये तथ्य यह स्पष्ट करते हैं कि लगभग सभी आय वर्गों में अधिकांश महिलाएं इसे सामान्य स्वीकार करती हैं। उपर्युक्त तथ्यों के सम्बन्ध में परिगणित काई स्क्वायर मूल्य परिवार और आय के साथ सार्थक नहीं पाये गये हैं। जबकि शैक्षणिक प्रस्थिति के साथ उनकी सार्थकता पायी गयी है।

उपर्युक्त सारणी में दिये गये तथ्यों से यह स्पष्ट होता है कि 64.00 प्रतिशत महिलाओं ने परिवार नियोजन स्थिति और परिणाम को सामान्य माना है, जबकि 20.00 प्रतिशत महिलाओं ने स्वस्थ रहने में परिवार नियोजन स्थिति और परिणाम की भूमिका स्वीकार की है। मात्र 16.00 प्रतिशत महिलाओं ने इसके परिणामस्वरूप रोगी होना स्वीकार किया है। परिवार नियोजन स्थिति और परिणाम की जानकारी प्राप्त करने के उपरान्त उत्तरदात्रियों से उनके बच्चों के स्वास्थ्य के सम्बन्ध में संकलित तथ्यों का विवरण सारणी संख्या 4.27 में दिया गया है।

सारणी संख्या 4.27

बच्चों के स्वास्थ्य के सम्बन्ध में उत्तरदात्रियों का विचार

आयु	संख्या	प्रतिशत
सामान्य	180	60.00
स्वस्थ	96	32.00
रोगी	24	8.00
योग	**300**	**100.00**

उपर्युक्त सारणी में दिये गये तथ्यों से यह स्पष्ट होता है कि बच्चों के स्वास्थ्य के सम्बन्ध में 60.00 प्रतिशत महिलाओं ने यह माना है कि उनके बच्चे का स्वास्थ्य सामान्य है, जबकि 8.00 प्रतिशत महिलाओं ने बच्चे को रोगी स्वीकार किया है। 32.00 प्रतिशत महिलाओं ने अपने बच्चों को स्वस्थ माना है। उपचार हेतु स्वास्थ्य केन्द्र पर जाने के सम्बन्ध में संकलित तथ्यों का विवरण सारणी संख्या 4.28 के अन्तर्गत विवेचित किया गया है।

सारणी संख्या 4.28

उपचार हेतु स्वास्थ्य केन्द्र जाने के सम्बन्ध में उत्तरदात्रियों का विचार

स्वास्थ्य केन्द्र जाना	संख्या	प्रतिशत
हाँ	156	52.00
नहीं	132	44.00
योग	**300**	**100.00**

उपर्युक्त सारणी में दिये गये तथ्यों से यह स्पष्ट होता है कि 52.00 प्रतिशत महिलाओं ने स्वास्थ्य केन्द्रों पर उपचार हेतु जाना स्वीकार किया है, जबकि 48.00 प्रतिशत महिलाओं ने उपचार हेतु केन्द्रों की सुविधा उपयोग में न लाया जाना स्वीकार किया है। स्वास्थ्य केन्द्रों पर उपलब्ध सेवाओं के सम्बन्ध में उत्तरदात्रियों की संतुष्टि से सम्बन्धित तथ्यों का विवरण सारणी संख्या 4.29 के अन्तर्गत प्रस्तुत किया गया है।

सारणी संख्या 4.29

स्वास्थ्य केन्द्रों पर उपलब्ध सेवाओं से संतुष्टि के सम्बन्ध में उत्तरदात्रियों का विचार

सेवासे संतुष्टि	संख्या	प्रतिशत
डॉक्टरों द्वारा अप्रिय व्यवहार	120	40.00
कर्मचारियों द्वारा अप्रिय व्यवहार	132	44.00
डाक्टरों की अनुपलब्धता	24	8.00
दवा की अनुपलब्धता	12	4.00
अधिक समय का लगना	12	4.00
योग	**300**	**100.00**

उपरोक्त सारणी में दिए गये तथ्यों से यह स्पष्ट होता है कि सर्वाधिक 44.00 प्रतिशत महिलायें कर्मचारियों द्वारा अप्रिय व्यवहार के कारण स्वास्थ्य केन्द्रों से विमुख रहती हैं। जबकि 40.00 प्रतिशत महिलाओं ने डाक्टरों द्वारा अप्रिय व्यवहार को उपलब्ध सुविधाओं के प्रति उदासीन रहना प्रमुख कारण प्रदर्शित किया है। डाक्टरों की अनुपलब्धता को 8.00 प्रतिशत महिलाओं ने, दवाओं की अनुपलब्धता को 4.00 प्रतिशत महिलाओं ने तथा 4.00 प्रतिशत महिलाओं ने अधिक समय लगने को स्वास्थ्य केन्द्रों पर न जाने में प्रमुख भूमिका के रूप में प्रदर्शित किया। इसी परिप्रेक्ष्य में परिवार नियोजन से सम्बन्धित नारों की जानकारी के सम्बन्ध में संकलित तथ्यों का विवरण सारणी संख्या 4.30 के अन्तर्गत दिया गया है।

सारणी संख्या 4.30

परिवार नियोजन के नारों आदि के सम्बन्ध में उत्तरदात्रियों का विचार

परिवार नियोजन	संख्या	प्रतिशत
हाँ	84	28.00
नहीं	216	72.00
योग	**300**	**100.00**

उपर्युक्त सारणी में दिए गये तथ्यों से यह स्पष्ट होता है कि परिवार नियोजन के नारों से भिज्ञता रखने के सम्बन्ध में 72.00 प्रतिशत महिलाओं ने नकारात्मक उत्तर दिया, जबकि 28.00 प्रतिशत महिलाओं ने नारों से स्वयं को जानकार पाया। परिवार नियोजन कार्यक्रम से सम्बन्धित विषयों का दूरदर्शन पर विज्ञापन के रूप में प्रसारण के सम्बन्ध में उत्तरदात्रियों द्वारा संकलित तथ्यों का विवरण सारणी संख्या 4.31 में दिया गया है।

सारणी संख्या 4.31

परिवार नियोजन के दूरदर्शन पर विज्ञापन के सम्बन्ध में उत्तरदात्रियों का विचार

विचार	संख्या	प्रतिशत
हाँ	108	36.00
नहीं	192	64.00
योग	**300**	**100.00**

उपर्युक्त सारणी में दिए गये तथ्यों से यह स्पष्ट होता है कि 64.00 प्रतिशत महिलाओं ने परिवार नियोजन के दूरदर्शन पर विज्ञापन के रूप में प्रसारण को नहीं स्वीकार किया है। वहीं 36.00 प्रतिशत महिलाओं ने इस विज्ञापन प्रसारण को स्वीकार किया है। परिवार नियोजन को सफल बनाने के लिए साधन अपनाने के सम्बन्ध में उत्तरदात्रियों से संकलित तथ्यों का विवरण सारणी संख्या 4.32 के अन्तर्गत दिया गया है।

सारणी संख्या 4.32

परिवार नियोजन के साधन अपनाने के सम्बन्ध में उत्तरदात्रियों की प्रतिक्रिया

स्वतंत्र चर	हाँ	नहीं	अन्य	योग
आयु* : 20-30	69	73	14	156
	44.23	46.79	8.97	100.0
30-40	42	33	21	96
	43.75	34.38	21.88	100.0
40-50	21	14	13	48
	43.75	29.17	27.08	100.0
आय** : <25	68	20	20	108
	62.96	18.52	18.52	100.0
25-100	46	81	21	148
	31.08	54.73	14.19	100.0
<100	18	19	7	44
	40.91	43.18	15.91	100.0
योग	**132**	**120**	**48**	**300**

*df=4 $\chi^2 = 14.54$ $P < 0.05$, **df= 4 $\chi^2=35.87$ $P < 0.05$.

परिवार नियोजन के आधुनिक साधनों को अपनाने के प्रति महिलाओं द्वारा व्यक्त विचारों को उनकी आयु और परिवार की औसत वार्षिक आय के आधार पर सारणी संख्या 4.32 के अन्तर्गत प्रस्तुत किया गया है। जिससे यह स्पष्ट होता है कि 44.23 प्रतिशत महिलाएं जो 20-30 वर्ष आयु वर्ग की थी, आधुनिक साधनों को अपनाती थीं, जबकि 8.97 प्रतिशत अन्य साधनों का

उपयोग करती थीं, अन्य साधनों का उपयोग करने वाली महिलाएं 30-40 वर्ष और 40-50 वर्ष आयु वर्ग में अधिक पायी गयी हैं।

परिवार की औसत वार्षिक आय के आधार पर परिवार नियोजन के आधुनिक साधनों को अपनाने के विषय में प्रस्तुत किये गये तथ्य इंगित करते हैं कि निम्न आय वर्ग की 62.96% महिलाएँ इसका उपयोग करती थी। मध्यम आय वर्ग की अधिकांश महिलाएँ (54.73%) इसका उपयोग नहीं करती थीं।

अध्ययन से प्राप्त तथ्य यह स्पष्ट करते हैं कि अधिकांश महिलाएँ परिवार नियोजन के आधुनिक साधनों का उपयोग करती हैं, इस सम्बन्ध में परिमाणित काई स्क्वायर मूल्य तथ्यों की सार्थकता को प्रस्थापित करते हैं।

उपर्युक्त सारणी में दिये गये तथ्यों से यह स्पष्ट होता है कि 44.00 प्रतिशत महिलाओं ने परिवार नियोजन के साधन अपनाने के सम्बन्ध में विचार प्रकट किये, जबकि 40.00 प्रतिशत महिलाओं ने परिवार नियोजन हेतु किसी भी साधन को अपनाने से इन्कार किया था। महिलाओं में 16.00 प्रतिशत ऐसी भी महिलाएँ थीं, जो इस सम्बन्ध में स्पष्ट विचार प्रकट करने में संकोच करती थीं।

सारांश

इस अध्याय के अन्तर्गत जनसंख्या समस्या और परिवार नियोजन से सम्बन्धित तथ्यों का विवेचन किया गया है। परिवार नियोजन का सांस्कृतिक परम्परा के अनुकूल होने, परिवार नियोजन की स्वीकृति पर शिक्षा के प्रभाव, परिवार नियोजन के साधनों का उपयोग, उसकी आवश्यकता, परिवार नियोजन की आवश्यकता के कारण साधनों की उपयोगिता एवं जानकारी, विश्वास, परिवार नियोजन की आधुनिक प्रविधियों से असहमति का कारण, परिवार नियोजन के साधनों को अपनाने वाले सदस्य की स्थिति एवं परिवार नियोजन के प्रेरक तत्त्व, परिवार नियोजन से लाभ, धर्म सम्बन्धी मान्यता, छोटा परिवार सुखी परिवार जैसी मान्यताओं के प्रति विचार, लड़कों एवं लड़कियों में पसंद को वरीयता, परिवार नियोजन में शल्य चिकित्सा प्रविधि की उपादेयता, स्वास्थ्य केन्द्रों पर जाने की स्थिति और जागरुकता जैसे विविध पक्षों पर विवाहित ग्रामीण महिलाओं से प्राप्त किये गये तथ्यों का विवेचन किया गया।

अध्ययन से प्राप्त तथ्य यह स्पष्ट करते हैं कि अधिकांश महिलाएँ (56%) परिवार नियोजन को सांस्कृतिक परम्परा के अनुकूल स्वीकार नहीं करतीं। इसमें अधिकांश प्रौढ़ महिलाएँ थीं। निरक्षर महिलाओं में 80.49 प्रतिशत

महिलाएँ परिवार नियोजन को सांस्कृतिक परम्परा के अनुकूल स्वीकार नहीं करतीं, जबकि इण्टरमीडिएट एवम् उच्च शैक्षणिक प्रस्थिति वाली 92.06 प्रतिशत महिलाएँ इसे सांस्कृतिक परम्परा के अनुकूल स्वीकार करती हैं।

परिवार नियोजन की स्वीकृति पर शिक्षा के प्रभाव से अधिकांश महिलाएं सहमत थीं। युवा आयु वर्ग की, उच्च तथा पिछड़ी जातियों की, शिक्षित, मध्यम और उच्च आय वर्ग की अधिकांश महिलाएँ यह स्वीकार करती थीं कि परिवार नियोजन से सम्बन्धित विचारों की स्वीकृति पर शिक्षा का महत्त्वपूर्ण प्रभाव पाया जाता है।

ग्रामीण परिवार में सामान्यतः महिलाएँ पुरुषों की अपेक्षा परिवार नियोजन के साधनों का अधिक उपयोग करती हैं। इस सम्बन्ध में युवा शिक्षित महिलाओं ने सकारात्मक प्रतिक्रिया व्यक्त की थी। उच्च आय वर्गों की अपेक्षा निम्न आय वर्गों की अधिकांश महिलाओं का कहना था कि पुरुषों की अपेक्षा महिलाएँ ही परिवार नियोजन के साधनों का उपयोग करती हैं।

विवाहित ग्रामीण महिलाओं में 56 प्रतिशत महिलाओं का कहना था कि आधुनिक परिवेश में आर्थिक दबाव से मुक्ति और प्रगति के लिए लघु परिवार आवश्यक है। इसलिए परिवार नियोजन की विस्तृत आवश्यकता है। मध्यम और उच्च आय वर्ग की अधिकांश एकाकी परिवारों की युवा महिलाएँ इस सम्बन्ध में सकारात्मक दृष्टिकोण रखती थीं। अधिकांश महिलाओं का मानना था कि परिवार नियोजन की आवश्यकता देशहित की अपेक्षा स्वहित और पारिवारिक विकास के लिए है। उच्च आय वर्गों की अधिकांश महिलाएँ इसे देशहित के लिए आवश्यक मानती थीं, जबकि निम्न आय वर्ग की अधिकांश महिलाओं का कहना था कि यह पारिवारिक विकास के लिए आवश्यक है। परिवार नियोजन से साधनों का उपयोग 44 प्रतिशत परिवारों द्वारा नियमित रूप से किया जाता था। इनमें मध्यम् और उच्च वर्गीय परिवार अधिक सकारात्मक दृष्टिकोण रखते थे। अधिकांश ग्रामीण महिलाओं का कहना था कि परिवार नियोजन के साधनों के विषय में जानकारी उन्हें रेडियो, दूरदर्शन और पति से प्राप्त हुई है। परन्तु 51.67 प्रतिशत महिलाएँ उपलब्ध साधनों में विश्वास नहीं रखती थीं। उच्च आय वर्गों की शत प्रतिशत महिलाएँ इसमें विश्वास रखती थीं।

परिवार नियोजन की आधुनिक प्रविधियों के प्रति अधिकांश महिलाओं ने सकारात्मक दृष्टिकोण व्यक्त किया था। परिवार नियोजन की प्रविधियों से

असहमति रखने वाली अधिकांश महिलाओं का कहना था कि इससे स्वास्थ्य एवम् अन्य कई समस्याएँ उत्पन्न होती हैं। सामान्यतः पति और स्वास्थ्य सम्बन्धी दृष्टिकोण परिवार नियोजन को अपनाने के लिए महिलाओं को प्रेरित करते हैं। कुछ महिलाएँ ही इसे धर्मविरुद्ध मानती थीं जबकि 68 प्रतिशत महिलाएँ सकारात्मक दृष्टिकोण रखती थीं। अध्ययन से प्राप्त तथ्य यह इंगित करते हैं कि इस कार्यक्रम से सम्बद्ध लोगों के व्यवहार एवं क्रियाकलापों के कारण ग्रामीण महिलाएँ स्वास्थ्य केन्द्रों और स्थानीय चिकित्सा सुविधाओं को प्रदान करने वाली संस्थाओं के प्रति वांछित अभिरुचि नहीं रखतीं। परिणामतः ग्रामीण क्षेत्रों में अभी भी बड़े आकार के परिवार देखे जाते हैं।

References

1. Brockigton, C.F., (1954) : The Health of the Community, London : Churchill.
2. International Seminar on Maternal Mortality, (1969) : The Federation of Obstetrics and Gynaecological Society of India.
3. Smith, A., The Wealth of Nation, Modern Library, Edition, p. 352.
4. New Internationalist Publications, (1985) : The State of the World's Women, United Nations : Oxford, p. 19.
5. Khasiani, S.A., (1985) : Adolescent Fertility in Kenya with Special reference to High School Teenage Pregnancy and Childbearing. p. 105.
6. Kwast, B.E., Kidane-Mariam, W., Saed, E.M. and Fowrkes, F.G.R., (1984) : Report of maternal Health in Addis Ababa, Sep. 1981-Sept. 1983. A Community – based survey on the Incidence and Aetiology of Maternal mortality and the use of maternity services ; and confidential enquiries into maternal deaths in Addis Abada, Ethipopin Swedish, Save the Children Federation, p. 139. See also, Potter, J.E., Use of Internal Health Services in Rural Mexico, Aug. 1985, p. 17.
7. Harrison, K.A., (1980) : "Approaches to Reduce Maternal and Prenatal Mortality", in Africa. In : Philpott. R.B. ed. Maternity Services in the Developing World-What The Community Needs, London : Royal College of Obsterics and Gynaecologists, pp. 55-95.
8. Henry, A. And Piotrew, P.T., (1979) : " Age at Marriage and Fertility", Population Reports, Series No. 4. Baltimore, Johns Hopkins University, Population Information Programme, p. 56.
9. Census Reports 1981 & 1991, 2001, 2011, New Delhi : Government of India.

10. Mishra, B., (1987), op.cit.

11. Naik, S. and Sharma, A.K., (1985) : "Social Structure and Family Planning : A case Study of Two Tribal Villages", Journal of Family Welfare, Vol. 32, No. 1, pp. 50-58.

12. Harrison K.A, Rossiter, C.E., Chong H., Lister, UG. Bano, Q., Briggs, N.D., Ekwempu, C.C. and Memberr, M.T., 1985 : "The Influence of Maternal Age and Parity of Child-bearing with Speical reference of Primitive ages 15 years and under". British Journal of Obst. And Gynae.

13. Bulley, M., (1984) : "Early Childhood Marriage and Female Circumcision in Ghana", SMOH & NGO Working Group.

14. Henry, A. And Piotrew, P.T., (1979) : "Age at Marriage and Fertility ", Population Reports, No 4, p. 56.

15. Ong. H.C., (1974) Anania in Pregnancyingn Aborigical Population", Journal of Tropical Medicine and Hygiene, Vol. 77, pp. 22-56.

16. Devi, D.R. (1966) Persisting Descrimination Against Women, Mcmillan, London, pp. 17-18.

17. Keening, M.A., Fauveau, V., Chowdhury, A.I., Chakraborty, J. and Khan, M.A., 1988 : "Maternal Mortality in Matlab, Bangladesh : 1976-85", Studies in Family Planning, Vol. 19, No, 2, p. 38.

18. *Ibid.*

19. Ray, S.K., Mukhopadhyay, B.B., Das, R. Ganguly, M.M. Mandal, A., and Roy, S.C, 1984 : "Extent of Utilisation of Maternal Care Services of PHC by the Families of Rural Area", Ind. Jr. Of Public Health, Vol. 3, No. 28, pp. 122-127.

20. *Ibid.*

21. Murthy, N., 1982 : "Reluctant Patients. The Women of India", World Health Forum, Vol. 3, pp. 315-316.

22. Marshall, L. B.N., 1985 : "Influences on the Mantenatal Clinic Attendance of Central Province Women in Port Moresby, PNG", Social Science and Medicine, Vol. 21, No. 3, pp. 341-350.

23. Leslie, J. & Gupta, G., 1988 : "Utilization of Formal Services for Maternal Nutrition and Health Care", Int. Centre for Research on Women. P. 89.

24. *Ibid.*

25. Supra Note 22 and 23.

26. Simpson-Hebert, M., Piotrow, P.T., Christic. L.J. and Streich, J., 1980 : "Traditional Midwives and Family Planning", Population Report, Series J., No. 22, p. 54.

27. *Ibid.*

28. ACNM, 1984 : Manual for the Training of Traditional Birth Attendants, Washington, D.C.

29. Lartson, L.I., Sodipe, O.A., Ebrahim, G.J. and Abet, R., 1987 : "The Trained Traditional Birth Attendant : A Study of her Role in Two Cultures", Journal of Tropical Pediatrics, Vol. 33, No. 1, pp. 29-34.

30. Pratinidhi, A.K., Shrotri, A.N., Shah, U., and chavan, H.H., 1985 : "Birth Attendants and Prenatal Mortality", World Health Forum, Vol. 6, No. 2, pp. 115-117.

31. Sharma, N. And Bali, P., 1989 : "Traditional Birth Attendants : Present Status of Delhi", The Journal of Family Welfare, Vol. 35, No. 4, pp. 49-54.

32. Lawson, J.B. and Stewart, D.B., 1967 : Obsterics and Gynecology in the Tropics and Developing Countries, London : Edward Arnold. P. 630.

33. Population Reports, 1988 : "Mother' lives Matter : Maternal Health in Community", Issues in World Health, Series L. Hopkins University, pp. 1-26.

34. *Ibid.*

35. Walia, 1979, Challenge of Infant Mortality in India, Health and Population : Perspective and issues, Vol. 2, Vol 2, No. 1, pp. 26-31.

36. Prabasi, S., 1977. Statistical Profile of Children and Youth in India, New Delhi, UNICEF.

37. Supra Note 35.

38. Tahzib, F. And Daniel, S.O., 1986 : Traditional Medicine and the Modern Medical Curriculam, Lancel, Vol. 2, pp. 203-204.

39. Prema, K., 1980 : "Effect of location on Maternal Nutrition and Fertility", Proceedings of Nurition Society of India, Vol. 26, pp. 48-51. See also, Jelliffe, D.B. and maddocks, I., 1964, "Notes on Ecological Malnutrition in the New Guinea Highlands", Clinical Pedeatrics, Vol. I p.7.

40. Hoodfar, H., Barganing with Fundamentalism : Women and the Politics of Population Control in Iran, Reproductive Health Matters, 1996, 8, Nov. 30-40.

41. Al-Obeidy, I. M., Types of Families in the City of Rivdh, Journal of the Gulf and Arabian Penisular Studies, 1996, 21, 81, 33-60 (ARA).

42. Bulcroft, R.A. Carmody, D.C. & Burlcroft, K.A., : Family Structure and Patterns of Independence Giving to Adolscents : Variations by Age, Race and Gender of Child, Journal of Family Issues, 1998, 19, 4, July 404-435.

43. Jurado, G.T. and Nandini, M. : Is the South so Different? Italian and Spanish Families in Comparative Parspective, South European Society & Politics, 1996, 1, 3, Winter, 42-66.

44. Supra Note 41.

45. Helzner, JF., Men's Involvement in Family Planning, Reproductive Health Matters, 1996, 7, May 146-154.

46. Supra Note 40.

47. Lakshmana, M., 1988. Population Control and Family Planning in India, Discovery Publishing House, Delhi.

अध्याय-5

पारिवारिक एवं वैवाहिक जीवन

परिचय

प्रस्तुत पंचम अध्याय के अन्तर्गत ग्रामीण महिलाओं के पारिवारिक एवं वैवाहिक जीवन को स्पष्ट करने वाले विभिन्न पक्षों का विश्लेषण किया जा रहा है। भारतीय समाज में सामाजिक-आर्थिक विकास और परिवार नियोजन से सम्बन्धित विभिन्न कार्यक्रमों के प्रचार-प्रसार के साथ-साथ परिवार नामक प्राथमिक संस्था में महत्त्वपूर्ण परिवर्तन हुआ है। यह परिवर्तन आधुनिक समाज की संस्कृति और आर्थिक व्यवस्था को संचालित करने वाले विविध कारकों का प्रतिफल है। इस सम्बन्ध में समाजशास्त्रियों द्वारा कुछ मौलिक प्रस्थापनाएं की गयी हैं, जिनका विवेचन शोध की विषयवस्तु को समझने में सहायक हो सकता है। इसे दृष्टि में रखते हुए पारिवारिक संरचना में हुए परिवर्तन सम्बन्धी प्रस्थापनाओं के विवेचन के साथ-साथ सम्बन्धित कारकों का भी मूल्यांकन किया जा रहा है। ग्रामीण समाज में लड़कियों की शिक्षा, विवाह, विवाह के समय उनकी आयु, सम्बन्धी अभिप्रेरणा, पर्दा प्रथा की स्थिति, सन्तानोत्पत्ति सम्बन्धी दृष्टिकोण, विवाह के उद्‌देश्य, विवाह की उपादेयता, संतान सम्बन्धी मान्यता एवं संतान के प्रति उन्मुखता लघु परिवार के प्रति विचार तथा विवाह एवं परिवार के परम्परागत अन्तःसम्बन्धों की उपादेयता को स्पष्ट करने वाले तथ्यों का विवेचन किया जा रहा है।

परिवार में परिवर्तन की मौलिक प्रस्थापनाएं

पारिवारिक संरचना में जो परिवर्तन हो रहे हैं, उन्हें सामान्यतः दो प्रारूपों में प्रस्तुत करने का प्रयास सभी प्रमुख समाज वैज्ञानिकों द्वारा किया गया है, प्रथम तो यह कि क्यों और कैसे अलग-अलग पारिवारिक प्रतिमानों में विस्तृत या लघु ऐतिहासिक अवधि में परिवर्तन हुआ है और द्वितीय यह है कि क्या इन परिवर्तनों में कोई निर्धारित क्रमबद्धता निहित है। परिवार के स्वरूप और उसके सदस्यों की भूमिका में परिवर्तन क्यों होता है? अथवा वे कौन-से कारक

हैं जो परिवार के सदस्यों की संख्या और उनके अन्तःसम्बन्धों को प्रभावित करते है। परिवार में होने वाला परिवर्तन क्रमबद्ध है अथवा नहीं, इसे विश्लेषित किया जाना अत्यन्त दुरूह कार्य है, लेकिन यह स्वीकार किया जा सकता है कि परिवार का संगठनात्मक स्वरूप समाज की आर्थिक संरचना, समाज में निवास करने वाली जनसंख्या के शैक्षणिक स्तर और उसकी सामाजिक विचारधारा से प्रभावित हो सकता है।

विकसित और विकासशील राष्ट्रों में मानव विकास की विभिन्न प्रघटनाओं के सम्बन्ध में जो अध्ययन किये गये हैं, उनमें निहित तथ्यों के क्रमबद्ध विश्लेषण के आधार पर भी यह सुनिश्चित नहीं किया जा सकता है कि सभी समाजों में जहाँ समान स्थितियाँ हों, वहाँ सामाजिक-आर्थिक परिवर्तन में भी समरूपता हो सकती है। इस आधार पर यह कहा जा सकता है कि आधुनिक औद्योगिक समाज में परिवर्तन का जो स्वरूप विकसित हो रहा है, वह मूलतः आधुनिक है। यदि यह मान लिया जाय कि विकास की प्रक्रिया सामान्य से जटिल की ओर होती है तो आधुनिक परिवार में प्रकृति के विपरीत निष्कर्ष दिखलाई देंगे। औद्योगिक विकास के संदर्भ में परिवार के संगठनात्मक स्वरूप का यदि विश्लेषण किया जाय तो यह स्पष्ट होता है कि एकल विवाही परिवार प्रौद्योगिकी विकास के निचले स्तर से सम्बन्धित हैं। ऐसे परिवार की संयुक्तता जनजातीय समाज में पाई जाती है। औद्योगिक समाज भी इसके अपवाद नहीं हैं।[1]

परिवार की संरचना में परिवर्तन से सम्बन्धित सिद्धान्तों का विकास कुछ सामाजिक तरीक़ों के पहले या बाद में घटित होने से ही संबंधित नहीं है, अपितु ऐतिहासिक विकास में विभिन्न प्रघटनाओं में निहित क्रमबद्धता का भी निर्धारण इसे प्रभावित करता है। परिवार में सदस्यों की संख्या का कम होना या अधिक होना इस तथ्य पर निर्भर करता है कि सम्बन्धित परिवार में विवाहित प्रजनन योग्य युगल कितने हैं। प्रजनन क्षमता के साथ ही कई अन्य सामाजिक और आर्थिक कारक परिवार में सदस्यों की संख्या का निर्धारण करते हैं। इस सम्बन्ध में विस्तृत विवरण जनांकिकीय सिद्धान्तों के अन्तर्गत अभिव्यक्त किया जा चुका है।

इस अध्याय के अन्तर्गत ग्रामीण परिदृश्य में पारिवारिक संरचना और विवाह व्यवस्था में हो रहे परिवर्तन से सम्बन्धित तथ्यों का विश्लेषण किया जा रहा है, जिसका मूल उद्देश्य जनांकिकीय प्रवृत्तियों को समझना है। वस्तुतः ऐतिहासिक परिवर्तन के माध्यम से उन सामाजिक शक्तियों का पता लगाया जा सकता है, जिसके प्रतिफल में उपर्युक्त घटनाएँ घटित हुई हैं।

पारिवारिक व्यवस्था के विकास के लिए आवश्यक घटनाक्रमों की खोज के संदर्भ में किसी भी सैद्धान्तिक अभिमत को प्रस्थापित करने के पूर्व यह आवश्यक है कि उन घटनाओं की क्रमबद्धता का विवरण प्राप्त किया जाय। मानव समाज की प्रारम्भिक अवस्था में परिवार का स्वरूप क्या रहा होगा और तत्कालीन पारिवारिक व्यवस्था कैसी रही होगी, इसका उत्तर प्राप्त करना अत्यधिक जटिल ही नहीं, अपितु लगभग असम्भव है। ज्ञात इतिहास के उपलब्ध तथ्यों के संबंध में जो कुछ भी जानकारी सुलभ है, उससे केवल यह ज्ञात होता है कि मानव अनुभवों के कुछ तथ्य यहाँ-वहाँ बिखरे हुए हैं। उनसे केवल यह अनुमान लगाया जा सकता है कि विकासक्रम में कई शाखाएँ विकसित हुई हैं, जिन्होंने अलग-अलग क्षेत्रों में मानव-समाज की संरचना को आधार प्रदान किया है।

पारिवारिक संरचना में सदस्यों की संख्या के निर्धारण और उनके समन्वय से सम्बन्धित प्रघटनाओं के संबंध में जो बिखरे हुए तथ्य उपलब्ध हैं, वे यह इंगित करते हैं कि मानव समाज में विभिन्न परम्परागत संस्थाओं के विकास और निरन्तरता के सम्बन्ध में कोई भी अभिलेख सुलभ नहीं है, पारिवारिक व्यवस्था की विशिष्ट प्रकृति के संबंध में कोई भी अनुमान लगाया जा सके। जन्म, मृत्यु, विवाह और सम्पत्ति के उत्तराधिकार से सम्बन्धित विवादों के विषय में कुछ ऐतिहासिक विवरण प्राप्त होते हैं। लेकिन इस सम्बन्ध में जो कुछ सूचनाएँ उपलब्ध हैं, वे कुछ सौ वर्षों पूर्व की ही प्रघटनाओं की जानकारी प्रदान करती हैं। लैस्टलेट और रिचर्डवाल (1972)[2] तथा लारेंस स्टोन (1977)[3] ने प्राचीन समाज में परिवार के संबंध में विषद् विवरण प्रदान किया हैं। इंग्लैण्ड और यूरोप में परिवार में होने वाले परिवर्तन के सम्बन्ध में इनके द्वारा जो विवरण प्रदान किया गया है, उससे पारिवारिक व्यवस्था में परिवर्तन की क्रमबद्धता ज्ञात की जा सकती है।

स्टोन ने संभ्रान्त वर्ग के परिवारों में निहित सम्पन्नता का उल्लेख करते हुए यह कहा है कि इन परिवारों के सम्बन्ध में विशद् विवरण प्राप्त होता है, क्योंकि उनके सम्बन्धियों ने अधिक अभिलेख छोड़े हैं। साहित्यकारों और दार्शनिकों ने अपने समय के समाज के संबंध में जो टिप्पणियाँ प्रदान की हैं, उनके आधार पर वस्तुस्थिति का पूर्ण ज्ञान प्राप्त नहीं किया जा सकता। इसके अतिरिक्त जो कुछ अभिलेख और ऐतिहासिक विवरण उपलब्ध हैं, वे तत्कालीन समाज के

उच्च सामाजिक संवर्ग से ही संबंधित हैं। उनमें समाज के निचले वर्गों के संबंध में सूचनाएँ अत्यन्त सीमित हैं, जिससे यह अनुमान लगाना कठिन है कि प्राचीन समाज में पारिवारिक व्यवहार प्रतिमान क्या रहे होंगे? परिवार में होने वाले प्रकार्यात्मक सम्बन्धों में जो भी परिवर्तन सम्बन्धी नियम बनाये गये हैं, वे समाज के उच्च वर्ग द्वारा ही निर्धारित होते हैं, क्योंकि इन वर्गों को ही अपने परिवार में विभिन्न समस्याओं का सामना करना पड़ता है।

पारिवारिक परिवर्तन के उत्तरदायी कारक

सामाजिक परिवर्तन से सम्बन्धित सिद्धान्त संरचना में निहित पद्धतिशास्त्रीय जटिलताओं के बावुजूद समाजशास्त्रियों ने जिन सिद्धान्तों की संरचना की है, वे मूलतः सिद्धान्त न होकर बहुचरीय उपकल्पनाएँ हैं। उदाहरण के लिए यह प्रस्थापित किया जाता है कि परिवार या सामाजिक परिवर्तन का नियमन प्रजाति, परिवेश या आर्थिक दशाओं जैसे कारकों द्वारा किया जाता है। इसी प्रकार यह कहा जाता है कि प्रौद्योगिकी या उद्योगों में हो रहे परिवर्तन ही पारिवारिक संरचना में परिवर्तन के सबसे प्रमुख कारक हैं। इस प्रकार की उपकल्पनाएँ सामान्यतः अनुभवों से समर्थित हैं। स्पष्टतः औद्योगिक क्षेत्रों में और ग्रामीण क्षेत्रों में निवास करने वाले परिवारों के मध्य भिन्नता स्वाभाविक है। इस प्रकार की अन्य परिकल्पनाओं या बहुचरीय विश्लेषकों को प्रस्तुत किया जा सकता है, क्योंकि मानव समाज में प्रत्येक स्तर पर कुछ सामान्य विशिष्टताएँ पाई जाती हैं। नगरीकरण की भाँति औद्योगिकीकरण की अवधारणा का यदि विस्तृत अर्थ लगाया जाय तो इसमें केवल मशीनें ही नहीं, अपितु विज्ञान और तकनीकी भी सम्मिलित हो जायेगी। इसके अतिरिक्त परम्परा से हटकर आधुनिकतावादी दृष्टिकोण को भी इसमें सम्मिलित किया जा सकता है। औद्योगिकीकरण एक ऐसी सामाजिक प्रक्रिया है, जिसमें प्रतिस्पर्धा के आधार पर लोगों को नौकरी में स्थान दिया जाता है। यह एक ऐसा समाज है, जिसमें उच्च स्तरीय भौगोलिक गतिशीलता पायी जाती है और उसमें एक मुक्तवर्गीय व्यवस्था भी होती है जो पश्चिमी इतिहास के विशिष्ट समय को इंगित करती है।

औद्योगिकीकरण को पारिवारिक व्यवस्था में परिवर्तन के प्रमुख विश्लेषक कारक के रूप में स्थापित करने के लिए यह आवश्यक है कि उन कारकों की खोज की जाय जो औद्योगिकीकरण व्यवस्था से सम्बद्ध हों और जिन्हें मानव

समाज में प्रथम प्रविष्टि प्राप्त हो। पारिवारिक जीवन के विभिन्न क्षेत्रों में उनके प्रभाव का मूल्यांकन किया जाना भी आवश्यक होता है। इन कारकों के द्वारा किस प्रकार शक्ति, सम्मान, सम्पत्ति को प्रभावित किया जाता है और किस प्रकार वे परिवार या उसके अलग-अलग सदस्यों या परिवार में निहित सम्बन्धों या रक्त संबंधियों के वृहद् समूह को तनाव में या इससे अलग रहने का अवसर प्रदान करते हैं। इसका मूल्यांकन भी आवश्यक है। व्यवस्था के *उद्‌विकास* की पूर्वसंरचना का विश्लेषण भी प्रस्तुत किया जाना आवश्यक होता है। परिवार में परिवर्तन का यह एकमात्र समन्वित सिद्धान्त है। सन् 1920 के दशक में इस सिद्धान्त की अत्यधिक आलोचना की गई, लेकिन इसका कोई विकल्प प्रस्तुत नहीं किया गया। पिछले कुछ दशकों से इसका रूपान्तरित स्वरूप ही प्रस्तुत किया जाता रहा है।

आस्ट्रेलिया और ब्रिटेन में उद्‌विकासीय सिद्धान्तकारों ने औद्योगिक विकास के प्रत्येक चरण के साथ परिवार के विशिष्ट स्वरूप तथा धर्म की पारिवारिक व्यवस्था में होने वाले परिवर्तन का विवरण प्रदान किया है। इस प्रकार के अध्ययन मातृसत्तात्मक स्थितियों में पितृसत्तात्मक स्थिति की ओर हुए परिवर्तनों के प्रत्येक चरण का विवरण प्रदान करते हैं। 20वीं शताब्दी के पूर्वार्द्ध में पारिवारिक व्यवस्था के सम्बन्ध में जो प्रस्थापनाएँ की गई हैं, उसका तो तथ्यपरक् विवरण उपलब्ध है, लेकिन इसके पूर्व पारिवारिक व्यवस्था में एक विशिष्ट अर्थव्यवस्था का निहित होना तथ्यों से स्थापित नहीं हो पाया है। परिवार और अर्थव्यवस्था के मध्य निहित सम्बन्धों के विषय में कार्ल मार्क्स और ऐन्जिल ने विस्तृत विवरण प्रदान किया है। मार्क्स स्वयं सामाजिक उद्‌विकासवादी सिद्धान्तकार नहीं था। मार्क्स (1936)[4] के विचार में मानव समाज का इतिहास और उसका प्रत्येक चरण अलग-अलग सामाजिक नियमों और विशेषताओं से युक्त है।

मार्क्स ने पारिवारिक व्यवस्था में परिवर्तन का कोई सामान्य सिद्धान्त प्रस्तुत नहीं किया है, अपितु उनका एकमात्र लक्ष्य था कि पूंजीवादी उत्पादन व्यवस्था के अन्तर्निहित विरोधों के कारण जो स्थितियां उत्पन्न होंगी, उन्हें प्रगट किया जाये अथवा उनकी समन्वित स्थिति का पूर्वानुमान लगाया जाये। इस आधार पर उन्होंने सभी सामाजिक स्तरों को श्रमिकों और शोषकों के मध्य वर्गीकृत किया है और यह विचार व्यक्त किया कि इसका अन्तिम परिणाम समाजवादी व्यवस्था की स्थापना के रूप में प्राप्त होगा।

अन्य राजनैतिक और सामाजिक विचारकों ने यह विचार व्यक्त किया है कि औद्योगिकीकरण का प्रभाव समाज या परिवार संरचना पर कुछ-न-कुछ अवश्य पड़ेगा। अपने प्रारम्भिक अध्ययनों के अन्तर्गत आगबर्न (1955)[5] ने यह मत प्रस्थापित किया कि सामाजिक परिवर्तन का प्रमुख अभिप्रेरक प्रौद्योगिकी है और परिवार तथा धर्म जैसी इकाई कुछ समय के अन्तराल में इससे समायोजन कर लेती है। उससे आगबर्न का यह मानना था कि आधुनिक परिवार अपने परम्परागत प्रकार्यों से विलग हो रहे हैं, जिसका मूल कारण यह है कि कारखानों में औद्योगिक उत्पादन हो रहा है, विद्यालयों में शिक्षा दी जा रही है। गिरिजाघरों में धार्मिक शिक्षा प्रदान की जा रही है, तात्पर्य यह है कि व्यक्ति की आजीविका के लिए आवश्यक वस्तुओं का उत्पादन जहाँ पहले परिवार में ही सुनिश्चित होता था, वहीं इसके कई अन्य अभिकरण प्रस्थापित हो गये हैं। बच्चों को शिक्षा देना, सामाजिक रीति-रिवाजों के अनुरूप व्यवहार करने तथा धार्मिक संस्कारों के अनुपालन के लिए उन्हें तैयार करने की जिम्मेदारी जहाँ परिवार की थी, वहीं अन्य संस्थाओं ने इन कार्यों को अंगीकृत कर लिया है। तात्पर्य यह है कि सामाजिक, धार्मिक और आर्थिक कार्यों पर परिवार का एकाधिकार समाप्त हो गया है। आगबर्न द्वारा प्रस्थापित सिद्धान्त को अधिकांश समाजशास्त्रियों एवं विचारकों ने समर्थन प्रदान किया है, लेकिन इसके अधिकांश अभिकथन ऐसे हैं, जो परिवर्तित हो रही दशाओं में सत्यापित नहीं हुए हैं। इस प्रकार हम कह सकते हैं कि आगबर्न का सिद्धान्त एक सामान्य उपागम था न कि अन्तःसम्बन्धित उपकल्पनाओं का समुच्चय। यह सिद्धान्त विशिष्ट प्रौद्योगिकी अनुसंधान के परिणामस्वरूप परिवार में होने वाले परिवर्तन के प्रारम्भ की ओर इंगित करता है। इनका मानना था कि औद्योगिकीकरण एवं तकनीकी उपलब्धियाँ युक्तिसंगतता के आधार पर स्वीकार कर ली जायेगी परिवार के कई सामाजिक प्रकार्य प्रौद्योगिकी द्वारा सम्पादित किये जायेंगे।

औद्योगिकीकरण और पारिवारिक व्यवस्था

विश्व इतिहास में 20वीं शताब्दी के प्रारम्भ से ही सभी सामाजिक व्यवस्थाएं एक विशिष्ट स्वरूप की ओर परिवर्तित हो रही हैं। यह परिवर्तन समाज में अत्यधिक तीव्र और कम विकसित समाज में धीमा है। औद्योगिकीकरण के साथ-साथ परम्परागत परिवार व्यवस्था, जो सामान्यतः विस्तृत या संयुक्त

प्रकृति की थी, में विघटन दिखलाई देता है। दूसरी ओर चूँकि प्रत्येक व्यवस्था अलग-अलग विकास स्तरों या विकास के मानकों से सम्बन्धित है। इसलिए उनके परिवार में होने वाला परिवर्तन भी भिन्न हो सकता है। विवाह सम्बन्धों में विघटन की स्थितियाँ एक ही समय में जहाँ अविकसित समाज में कम होती हैं, वहीं विकसित समाजों में इनकी गति तीव्र पायी जाती है। इस संबंध में गुडे[6] का कथन है कि परिवार में होने वाले परिवर्तन से सम्बन्धित सिद्धान्त के निर्धारण के पूर्व उसकी कुछ सीमाओं को भी ध्यान में रखना चाहिए। उदाहरण के लिए विकसित समाजों में औद्योगिकीकरण के पूर्व ही लघु परिवार व्यवस्था के अभिलक्षण निहित थे। प्रत्येक समाज में परिवारों की संगठनात्मक और संरचनात्मक स्थिति में परिवर्तन होता है। यह आवश्यक नहीं है कि केवल औद्योगिक समाज में परिवार परिवर्तित होते हैं। कई पारिवारिक प्रतिमान ऐसे होते हैं, जो एक या दो या कई पीढ़ियों तक औद्योगिकीकरण को प्रभावी नहीं होने देते। उदाहरण के लिए औद्योगिकीकरण समाज में भी रक्त संबंधियों का महत्त्व बनाये रखा जाता है। औद्योगिकीकरण की स्थिति में कुछ ऐसे कारक पाये जाते हैं, जो पारिवारिक व्यवहार में परिवर्तन सुनिश्चित करते हैं। अधिकांश पारिवारिक प्रतिमानों में शीघ्र परिवर्तन संभव नहीं होता है। उदाहरण के लिए, दहेज व्यवस्था कई पीढ़ियों से चली आ रही है, उसमें वांछित परिवर्तन नहीं हो रहा है।

औद्योगिकीकरण की प्रक्रिया का प्रभाव परिवार में परिवर्तन लाने में किस प्रकार सहयोग करती है, इसका मूल्यांकन अलग-अलग समाजों में अलग-अलग दृष्टिकोण से किया जा सकता है। गुडे (1987)[7] का कथन है कि पारिवारिक नियन्त्रण की परम्परागत व्यवस्था को कमजोर करने में कारणस्वरूप औद्योगिकीकरण की तीन महत्त्वपूर्ण क्रियाएँ उत्तरदायी स्वीकार करती की जा सकती हैं–

1. नौकरियों के परिणामस्वरूप अधिक लोगों द्वारा आय अर्जित करना और उसके परिणामस्वरूप उनमें आर्थिक आत्मनिर्भरता का विकास होना।
2. उद्योगों में कौशल की आवश्यकता का महत्त्व बढ़ना तथा प्रतिस्पर्धा को बनाये रखने के लिए अधिक से अधिक उत्पादन सुनिश्चित करना।
3. प्रतिस्पर्धा में कार्य और प्रोन्नति के अन्तर्सम्बन्धों में लोगों के लिए अधिक प्रगतिपरक् अवसर सुनिश्चित करना।

इन स्थितियों के कारण पारिवारिक भूमिका के परम्परागत स्वरूप में परिवर्तन हुआ है। श्रमिक अपने परिवार के उत्तरदायित्व का पालन कर रहा है या नहीं, यह देखना रोजग़ार देने वाले का कार्य नहीं है। ऐसा व्यक्ति जो अपने पारिवारिक उत्तरदायित्व का पालन नहीं करता, वह भी समाज में अपनी स्थिति बनाये रखने का प्रयास करता है। लेकिन ऐसा नहीं हैं कि समाज का उच्च वर्ग अधिक स्थिर एवं समायोजित पारिवारिक जीवन व्यतीत करता है। वस्तुतः औद्योगिक समाज में बाजार अर्थव्यवस्था ऐसी सम्भावनाओं का सृजन करती है, जिसमें लोग वैयक्तिक रूप से स्वतन्त्र और व्यक्तिवादी जीवन निर्वाह में सक्षम होते हैं। परिवार के सदस्यों के रूप में जीवन-यापन करना बाज़ार अर्थव्यवस्था की बाध्यता नहीं होती। यह स्थिति परिवार में सदस्यों की संख्या की वृद्धि को रोकती है।

इस परिप्रेक्ष्य में भारत में औद्योगिकीकरण के प्रभावों का मूल्यांकन जनसंख्या वृद्धि के सम्बन्ध में किया जा सकता है। विश्व के अन्य समाजों पर औद्योगिकीकरण का प्रभाव मूलतः यह इंगित करता है कि पूरे विश्व में मातृ स्थानिक मातृवंशीय एवं मातृसत्तात्मक परिवार व्यवस्था में गिरावट आ रही है। वृहद् सहकारी रक्त संबंधियों के समूह और उनके प्रभाव सीमित होते जा रहे हैं। दहेज प्रथा या वधू मूल्य की प्रवृत्ति में भी परिवर्तन हो रहा है। विवाह के समय लड़के या लड़कियों की आयु में निहित दूरी भी कम होती जा रही है। वर्तमान समय में किसी वृद्ध पुरुष द्वारा युवा लड़कियों से विवाह सरल नहीं रह गया है। विवाह के सम्बन्ध में युवा स्वयं निर्णय लेने लगे हैं। घनिष्ठ रक्त संबंधियों में विवाह की दर कम हो रही है। विवाह-विच्छेद की दर बढ़ रही है। महिलाएँ रोज़गार में स्वतन्त्रतापूर्वक सम्मिलित हो रही हैं। बच्चों के लैंगिक सम्बन्धों पर अभिभावकों का नियन्त्रण कम हो रहा है। लैंगिक सम्बन्धों को व्यक्तिगत स्वतन्त्रता के रूप में स्वीकार किया जा रहा है। इन्हें प्राकृतिक संबंध माना जाता है। वस्तुतः औद्योगिकीकरण के साथ-साथ लैंगिक सम्बन्धों की स्वतन्त्रता के विकास ने वैयक्तिक अधिकारों की वैचारिकी पर बल दिया है। पश्चिमी देशों में अविवाहित लैंगिक सम्बन्ध बढ़ रहे हैं और अधिकांश लोग ऐसे भी हैं, जो कभी विवाह नहीं करना चाहते। विश्व इतिहास में इस प्रकार की घटनाएँ अत्यधिक महत्त्वपूर्ण हैं। लैटिन अमेरिका में कई शताब्दियों से अविवाहित लोगों के एक साथ रहने की प्रथा पाई गई हैं।[8] लेकिन गैर पश्चिमी

समाज में प्राचीन इतिहास के अन्तर्गत इस प्रकार की प्रघटनाएँ नहीं पाई गयी हैं। पश्चिमी समाज में संभ्रान्त वर्ग बहुविवाह प्रथा को भी अवधारित करता है। लेकिन 1980 में संयुक्त राज्य अमेरिका में लगभग 15 लाख अविवाहित युगलों में साथ रहने के संबंध में तथ्य प्राप्त किये गये हैं। इसके अतिरिक्त महिलाओं की वैवाहिक आयु में भी वृद्धि हुई है। विभिन्न प्राकृतिक साधनों के उपयोग से गर्भधारण और बच्चों के जन्म दर में भी कमी आई है। इस प्रकार की सामान्य स्थितियाँ प्रायः सभी समाजों में देखी जा सकती हैं।

लड़कियों की शिक्षा

आधुनिक समाज व्यवस्था में समायोजन हेतु शिक्षा एक महत्त्वपूर्ण अभिकरण है। शिक्षा संस्कृति का एक प्रमुख घटक है। शिक्षा के स्तर और प्रजनन दर के मध्य विपरीत सह-सम्बन्ध पाया जाता है। ऐसे समाज जहाँ महिलाओं में शैक्षणिक स्तर उच्च है, वहाँ प्रजनन दर कम पायी जाती है, जबकि अशिक्षित महिलाओं में प्रजनन दर ऊँची होती है। तात्पर्य यह है कि शिक्षा के स्तर में वृद्धि के साथ-साथ प्रजनन दर में गिरावट आती है।

उपर्युक्त तथ्यों को दृष्टि में रखते हुए महिला उत्तरदात्रियों से यह पूछा गया था कि वे अपनी लड़कियों का शिक्षा के प्रति क्या दृष्टिकोण रखती हैं? इस सम्बन्ध में प्राप्त किये गये तथ्यों का विवरण सारणी संख्या 5.1 में दिया गया है।

सारणी संख्या 5.1

आयु, जाति, परिवार, शिक्षा और आय के आधार पर लड़कियों की शिक्षा के प्रति दृष्टिकोण

लड़कियों की शिक्षा का सम्भावित स्तर

स्वतंत्र चर	उच्च	स्नातक	इण्टर	योग
आयु* : 20-30	40	18	98	156
	25.64	11.54	62.82	100.0
30-40	42	21	33	96
	43.75	21.88	34.37	100.0
40-50	26	9	13	48
	54.17	18.75	27.08	100.0

जाति** : उच्च	93	34	53	180
	51.67	18.89	29.44	100.0
पिछड़ी	12	3	9	24
	50.00	12.50	37.50	100.0
अनुसूचित	3	11	82	96
	3.13	11.46	85.42	100.0
परिवार*** : संयुक्त	10	3	83	96
	10.42	3.12	86.46	100.0
एकाकी	62	7	37	106
	58.49	6.60	34.91	100.0
विस्तृत	36	38	24	98
	36.73	38.78	24.49	100.0
शिक्षा**** : निरक्षर	2	0	80	82
	2.44	.00	97.56	100.0
हाईस्कूल	50	42	63	155
	32.26	27.10	40.65	100.0
इण्टरमीडिएट एवम् उच्च	56	6	1	63
	88.89	9.52	1.59	100.0
औसत वार्षिक आय***** :				
(हज़ार रुपये में) : <25	7	2	99	108
	6.48	1.85	91.67	100.0
25-100	78	30	40	148
	52.70	20.27	27.03	100.0
<100	23	16	5	44
	52.27	36.36	11.36	100.0
योग	**108**	**48**	**144**	**300**

*df=4χ^2 = 30.12 P< 0.05, **df= 4χ^2=86.22 P < 0.05 ***df=4χ^2 = 124.58 P< 0.05, ****df= 4χ^2=173.89 P < 0.05 *****df=4χ^2 = 136.22 P< 0.05.

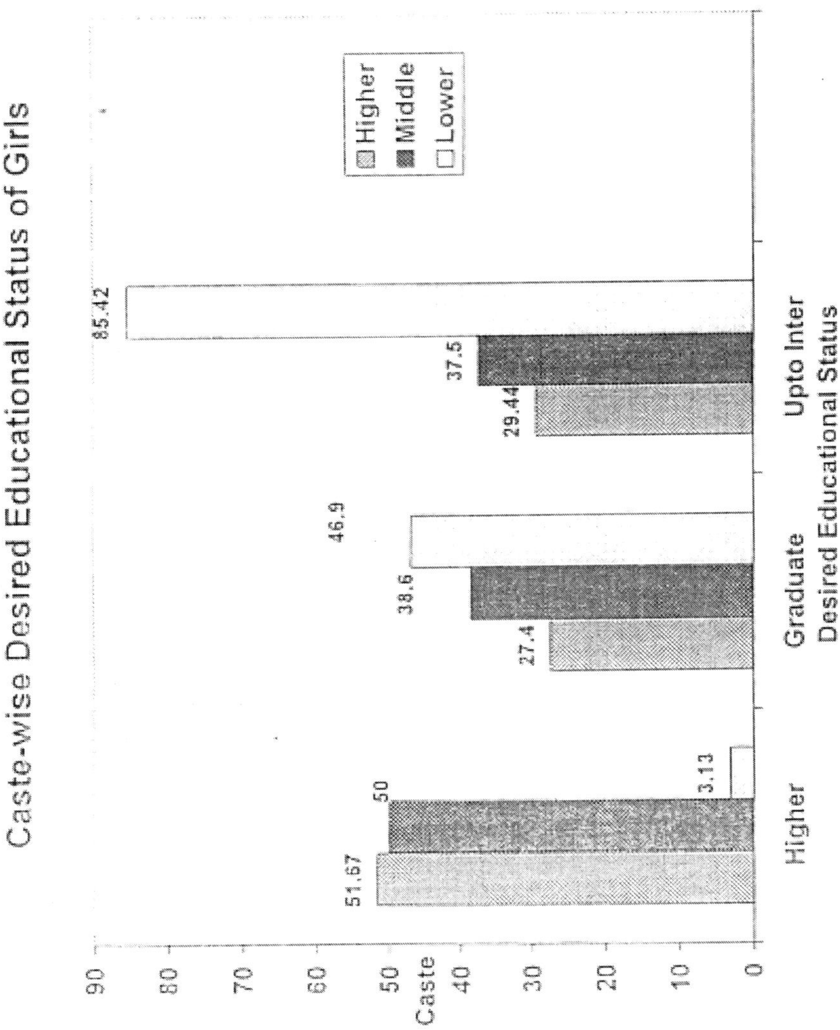
Caste-wise Desired Educational Status of Girls
Higher
Middle
Lower
51.67
50
3.13
27.4
38.6
46.9
29.44
37.5
85.42
Higher
Graduate
Upto Inter
Desired Educational Status
Caste
0
10
20
30
40
50
60
70
80
90

महिलाओं की आयु के आधार पर लड़कियों की शिक्षा के सम्भावित स्तर के विषय में उनकी प्रतिक्रिया के विश्लेषण से यह स्पष्ट होता है कि युवा आयु वर्ग की अधिकांश महिलाएं अपनी लड़कियों को इण्टरमीडिएट तक शिक्षा प्रदान कराना चाहती थीं, जबकि 40-50 वर्ष के आयु वर्ग में 54.17 प्रतिशत महिलाओं का कहना था कि वे अपनी लड़कियों को स्नातकोत्तर या उच्च शैक्षणिक प्रस्थिति में देखना चाहती हैं।

ग्रामीण महिलाओं के जाति के आधार पर प्राप्त तथ्य यह इंगित करते हैं कि उच्च (51.67 प्रतिशत) और पिछड़ी जाति (50 प्रतिशत) की अधिकांश महिलाएँ जहाँ लड़कियों को उच्च स्तर तक शिक्षा प्राप्त कराना चाहती हैं। वहीं अनुसूचित जाति संवर्ग में 85.42 प्रतिशत महिलाएं अपनी लड़कियों को इण्टरमीडिएट स्तर तक शिक्षा प्रदान कराना चाहती हैं। वर्तमान प्रवृत्तियाँ बदल रही हैं, आज उच्च शिक्षा की तरफ अनुसूचित जाति की महिलाओं का भी रुझान हो रहा है।

परिवार के संगठनात्मक स्वरूप और लड़कियों की शिक्षा के सम्भावित स्तर के विषय में संकलित तथ्य यह स्पष्ट करते हैं कि जहाँ संयुक्त परिवार की अधिकांश महिलाएं (86.46 प्रतिशत) लड़कियों को इण्टरमीडिएट स्तर तक शिक्षित करना चाहती थीं, वहीं एकाकी परिवार की अधिकांश महिलाएं (58.49 प्रतिशत) उन्हें स्नातकोत्तर एवम् उच्च शैक्षणिक प्रस्थिति में देखना चाहती थीं।

निरक्षर ग्रामीण महिलाओं में अधिकांश (97.56 प्रतिशत) अपनी लड़कियों को इण्टरमीडिएट स्तर तक और इण्टरमीडिएट एवम् उच्च शिक्षा प्राप्त अधिकांश महिलाएं (88.89 प्रतिशत) अपनी लड़कियों को स्नातकोत्तर एवम् उच्च स्तर तक शिक्षित बनाना चाहती थीं। ग्रामीण महिलाओं के परिवार की औसत वार्षिक आय के आधार पर प्रस्तुत किये गये तथ्य यह इंगित करते हैं कि मध्यम् (52.70 प्रतिशत) एवम् उच्च आय (52.27 प्रतिशत) वर्गों में अधिकांश परिवारों की महिलाएं अपनी लड़कियों को उच्च शैक्षणिक प्रस्थिति में देखना चाहती हैं, जबकि निम्न आय संवर्ग में 91.67 प्रतिशत महिलाएं अपनी लड़कियों को इण्टरमीडिएट स्तर तक शिक्षित करना चाहती हैं।

उपर्युक्त सारणी में दिये गये तथ्यों के आधार पर यह कहा जा सकता है कि युवा उच्च जाति की, एकाकी परिवारों की और इण्टरमीडिएट एवम् उच्च शिक्षा प्राप्त महिलाएं अपने परिवार की लड़कियों को मध्यम एवम् उच्च

शैक्षणिक प्रस्थिति में देखना चाहती थीं। सारणी संख्या 5.1 के अन्तर्गत दिये गये तथ्यों से यह स्पष्ट होता है कि 48 प्रतिशत महिलाएं अपनी लड़कियों को इण्टरमीडिएट तक शिक्षा दिलाना चाहती थीं, परन्तु 36 प्रतिशत ग्रामीण महिलाओं का कहना था कि वे अपनी लड़कियों को स्नातकोत्तर स्तर तक शिक्षा दिलाना चाहती हैं।

कुछ महिलाओं का कहना था कि वे अपनी लड़कियों को स्नातक बनाना चाहती हैं। इस सम्बन्ध में उत्तरदात्रियों की आय, जाति, धर्म, परिवार का स्वरूप, शैक्षिक स्तर और पारिवारिक आय के आधार पर लड़कियों की शिक्षा के प्रति उनके विचारों का विवरण अग्रिम सारणी में दिया जा रहा है। सारणी के दिये गये तथ्य लड़कियों की सम्भावित शैक्षणिक प्रस्थिति और महिलाओं की आयु को भी स्पष्ट करते हैं।

ग्रामीण समाज में परिवारों की आर्थिक प्रस्थिति यह निर्धारित करती है कि परिवार की लड़कियों की शिक्षा का स्तर क्या हो और वे किस प्रकार की शैक्षणिक संस्थाओं से सम्बद्ध हों। आय के विभिन्न अवसरों से परिवार की सम्बद्धता तथा उन अवसरों की उपादेयता यह निर्धारित करती है कि परिवार के सदस्यों की शैक्षणिक उन्मुखता और शिक्षा के प्रति परिवार के सदस्य विशेष के लगाव की प्रकृति क्या होगी? सामान्यतः उच्च आर्थिक प्रस्थिति वाले परिवारों में महिलाओं की शैक्षणिक प्रस्थिति के उच्च होने की संभावना व्यक्त की जा सकती है, जबकि निर्धन परिवारों में महिलाएँ निरक्षर या निम्न स्तर तक ही शिक्षित हो सकती हैं। महिलाओं द्वारा परिवारों में लड़कियों की शिक्षा के प्रति व्यक्त किये गये विचार को परिवार की आर्थिक प्रस्थिति के आधार पर विश्लेषित करने पर उपर्युक्त प्रस्थापनाएं सत्यापित हुई हैं।

उच्च आय वर्ग में अधिकांश महिलाएं अपने परिवार की लड़कियों को उच्च स्तर तक शिक्षित बनाना चाहती थीं। जबकि निम्न आय वर्ग में अधिकांश महिलाएं अपने परिवार की लड़कियों को इण्टरमीडिएट स्तर तक शिक्षित बनाना चाहती थीं। इस सम्बन्ध में प्राप्त का स्क्वायर मूल्य तथ्यों की सार्थकता को स्पष्ट करते हैं।

वैवाहिक आयु

प्रजनन दर के निर्धारण में धार्मिक मान्यताओं की भाँति ही सामाजिक, रीति-रिवाज, प्रथा, परम्परा, लोकाचार, सामाजिक मूल्य एवम् आदर्शों का भी

महत्त्वपूर्ण प्रभाव पाया जाता है। प्रत्येक समुदाय के इन सांस्कृतिक घटकों द्वारा ही विवाह, विवाह सम्बन्धी धारणा, विवाह की आयु, तलाक, विधवा पुनर्विवाह, रहन-सहन परिवार का स्वरूप एवम् प्रकार, विवाह का स्वरूप, स्त्री शिक्षा एवम् उसकी सामाजिक स्थिति, सन्तान के प्रति धारणा, ब्रह्मचर्य सम्बन्धी नियम, परिवार नियोजन व सन्तति निग्रह आदि बातों का निर्धारण होता है, जिनसे प्रजनन दर बहुत अधिक प्रभावित व निर्धारित होती है; जिन समुदायों में उपर्युक्त सामाजिक प्रथाएँ और मान्यताएं स्त्री शिक्षा एवम् उनके स्वतन्त्र अस्तित्व, विलम्ब विवाह, विवेकपूर्ण मातृत्व और परिवार नियोजन के अनुकूल है, वहाँ प्रजनन दर कम है, जैसे पाश्चात्य व अन्य विकसित देश। इसके विपरीत जहाँ उपर्युक्त सामाजिक परिस्थितियाँ प्रतिकूल हैं, वहाँ प्रजनन दर ऊँची है, जैसे भारत सहित पूर्वी व अन्य अल्प विकसित देश।

विवाह के सम्बन्ध में प्रचलित विचार है कि यह स्त्री-पुरुष के बीच का संयोग है, जबकि लोवी (Lowie)[9], मरडॉक (Murdock)[10] तथा वेस्टरमार्क (Westermark)[11] जैसे मानवशास्त्रियों ने इस संयोग में सामाजिक स्वीकृति पर बल दिया है, और इस तथ्य पर कि यह विविध संस्कारों एवं समारोहों द्वारा किस प्रकार सम्पन्न होता है। दूसरी ओर समाजशास्त्रियों का विचार है कि विवाह प्राथमिक संबंधों की भूमिकाओं की एक व्यवस्था हैं। भारतीय विद्या विदों (Indologist), जैसे-के.एम. कपाड़िया, इरावती कर्वे आदि की दृष्टि में विवाह एक संस्कार का धर्म है।

प्रत्येक व्यक्ति को अपने जीवन में अनेक भूमिकाओं का निर्वाह करना होता है। वस्तुतः जीवन अनेक भूमिकाओं का एक संयोग है, जिन्हें विविध संस्थाओं के परिवेश में सम्पन्न करना होता है। जीवन की विविध भूमिकाओं में दो भूमिकाएँ महत्त्वपूर्ण हैं। आर्थिक भूमिका और वैवाहिक या परिवार की भूमिका। आर्थिक भूमिका निःसन्देह ही प्रमुख है, क्योंकि प्रत्येक व्यक्ति अपने जीवन का एक बड़ा भाग इसी भूमिका में लगाता है। दूसरी ओर वैवाहिक भूमिका में भी प्रत्येक व्यक्ति अपने जीवन के अधिकांश वर्ष व्यतीत करता है और भावी समाज के लिए नयी पीढ़ी तैयार करता है। किन्तु इन दोनों भूमिकाओं में आर्थिक भूमिका की अपेक्षा वैवाहिक भूमिका प्रधान है, क्योंकि

आर्थिक भूमिका में द्वितीयक संबंध सम्मिलित होते हैं और वैवाहिक भूमिका में प्राथमिक संबंधों की प्रधानता होती है।

विवाह में प्राथमिक सम्बन्ध दो महत्त्वपूर्ण कार्य करते हैं, आवश्यकता पूर्ति तथा सामाजिक नियन्त्रण। यह व्यक्ति की जैविक (यौन संतुष्टि), मनोवैज्ञानिक (स्नेह और सहानुभूति) और आर्थिक (भोजन, वस्त्र एवं निवास) आवश्यकताओं की पूर्ति करता है तथा नैतिकता एवं नीतिशास्त्र के प्राथमिक स्रोतों का कार्य करता है। जब एक व्यक्ति यह देखता है कि उसका जीवन साथी उसके लिए कोई कार्य कर रहा है तो वह यह सोचता है कि यह उसका नैतिक दायित्व है कि वह उसकी देखभाल करे या उसकी बात सुने। अतः कोई भी सामाजिक व्यक्ति अनैतिक तथा उत्तरदायित्वविहीन नहीं है।

विवाह समाज व्यवस्था का सूक्ष्मतम मूल प्रारूप है। ऐसी स्थिति में विवाह सम्बन्धों को सन्तुलन में रहना चाहिए, अन्यथा सभी प्राथमिक संबंधों के विघटित होने की सम्भावना बनी रहती है। विवाह सम्बन्धों में सन्तुलन के लिए समायोजन की आवश्यकता होती है, जो आदान-प्रदान पर आधारित होती है। विवाह सम्बन्धों में सन्तुलन पति व पत्नी दोनों से ही त्याग की अपेक्षा रखता है। यह एक युग्म व्यवस्था है।

व्यक्ति और समाज की सभी भूमिकाओं के पीछे कुछ अभिप्रेरणाएँ होती हैं। प्रारम्भिक समाजों में व्यक्ति विवाह इसलिए करता था, क्योंकि जीवन-यापन की समस्या उसके सामने थी। कृषि हेतु उसे अधिक से अधिक श्रमशक्ति की आवश्यकता होती थी। तात्पर्य यह है कि आर्थिक कारणों से मनुष्य को बच्चों की आवश्यकता होती थी, जो न केवल उसके कार्यों में आवश्यक सहायता प्रदान करे, बल्कि जब माता-पिता कार्य करने योग्य न रहें, तब उनके बच्चे उनकी सहायता के लिए आ सकें। उन्हें खेतों पर काम करने के लिए अधिक स्त्रियों की भी आवश्यकता होती थी। ऐसी स्थिति में प्राथमिक समाज में जनसंख्या वृद्धि जैसी कोई समस्या नहीं थी। मृत्यु दर के अधिक होने और प्राकृतिक आपदाओं की अधिकता के कारण अधिक से अधिक पुत्रों वाली माताओं को सौभाग्यशालिनी समझा जाता था परन्तु आधुनिक समाज में मृत्यु दर में हो रही निरन्तर कमी और श्रम आधिक्यता की स्थिति ने जनसंख्या वृद्धि को समस्या के रूप में स्थापित कर दिया है।

हिन्दू विवाह एक धार्मिक संस्कार है, जो कि धर्म के निर्वाह के लिए किया जाता है, न कि आनन्द के लिए। हिन्दू विवाह को पवित्र मानने के कई कारण दिये जा सकते हैं–1. धर्म (धार्मिक कृत्यों की पूर्ति) हिन्दू विवाह का सर्वोच्च उद्‌देश्य था, 2. धार्मिक संस्कारों को पूरा करना, जैसे यज्ञ, कन्यादान, पाणिग्रहण, सप्तपदी आदि, 3. संस्कार अग्नि के समक्ष किये जाते थे, जिनमें ब्राह्मणों द्वारा वेदों से मंत्रोच्चार किया जाता था, 4. विवाह बन्धन अटूट समझा जाता था तथा पति-पत्नी मृत्युपर्यन्त परस्पर बन्धनयुक्त रहते थे, 5. यद्यपि पुरुष अपने जीवन में अनेक धार्मिक संस्कारों की पूर्ति करता था, किन्तु स्त्री के लिए विवाह ही एकमात्र संस्कार था, 6. स्त्रियों की कौमार्य (Chastity or Virginity) तथा पुरुषों की निष्ठा पर बल दिया जाता था, 7. विवाह परिवार तथा समुदाय के प्रति एक सामाजिक कर्त्तव्य माना जाता था तथा व्यक्तिगत रुचियों और आकांक्षाओं का विचार कम किया जाता था। परन्तु इस स्थिति में आधुनिक समाज की मान्यताओं के अनुरूप बृहद परिवर्तन हुआ है।

विमल शाह (1975-301)[12] ने 1960-61 में गुजरात विश्वविद्यालय के 281 विद्यार्थियों को जीवन साथी के चुनाव में स्वयम् उनके परिवार द्वारा पसन्द किये जाने वाले लक्षणों का विश्लेषण किया। उन्होंने पाया कि 71.7 प्रतिशत लड़कों ने स्वभाव को, 70.7 प्रतिशत ने शिक्षा को, 58.1 प्रतिशत ने रूप को, 44.9 प्रतिशत ने व्यक्तित्व को, 39.5 प्रतिशत ने कार्य कुशलता को, 12.2 प्रतिशत ने सामाजिक स्थिति को और 10.7 प्रतिशत ने आर्थिक स्थिति को पत्नी के चुनाव में वरीयता प्रदान की। इसके विपरीत लड़कियों में 88.2 प्रतिशत ने स्वभाव को 88.2 प्रतिशत ने शिक्षा को, 56.9 प्रतिशत ने व्यक्तित्व को, 43.1 प्रतिशत ने आर्थिक स्थिति को, 39.2 प्रतिशत ने कार्य कुशलता को, 33.3 प्रतिशत ने रूप एवं सौन्दर्य को और 9.8 प्रतिशत ने सामाजिक स्तर को वरीयता प्रदान की थी। इस प्रकार लड़कियों ने आर्थिक कल्याण को और लड़कों ने गृहकार्य कुशलता को अधिक महत्त्व दिया था। जीवन साथी के चयन की प्रक्रिया और इसमें युगलों की सहभागिता इस पर निर्भर करती है कि उनकी आयु क्या है? इसे दृष्टि में रखते हुए ग्रामीण महिलाओं से यह पूछा गया था कि वे अपनी लड़कियों का विवाह किस आयु में करना चाहती हैं? इस सम्बन्ध में प्राप्त तथ्यों का विवरण सारणी संख्या 5.2 के अन्तर्गत किया गया है।

सारणी संख्या 5.2

आयु, जाति, धर्म, परिवार, शिक्षा और परिवार की आय के आधार पर पुत्री के विवाह की आयु के प्रति उनके विचारों का विवरण

	पुत्री के विवाह की आयु (वर्ष में)				
स्वतंत्र चर	<18	18-21	21-24	>24	योग
आयु* : <30	58	82	12	4	156
	37.18	52.56	7.69	2.57	100.0
30-40	30	54	10	2	96
	31.25	56.25	10.42	2.08	100.0
40-50	36	10	0	2	48
	75.00	20.83	0.00	4.17	100.0
जाति** : उच्च जाति	48	118	12	2	180
	26.67	65.56	6.67	1.11	100.0
पिछड़ी जाति	4	6	8	6	24
	16.67	25.00	33.33	25.00	100.0
अनुसूचित जाति	72	22	2	0	96
	75.00	22.92	2.08	.00	100.0
धर्म*** : हिन्दू	108	138	13	5	
	40.91	52.27	4.92	1.89	264
				100.0	
इस्लाम	16	8	9	3	36
	44.44	22.22	25.00	8.33	100.0
परिवार**** : संयुक्त	55	24	15	2	96
	57.29	25.00	15.63	2.08	100.0
एकाकी	33	62	6	5	106
	31.13	58.49	5.66	4.72	100.0
विस्तृत	36	60	1	1	98
	36.73	61.22	1.02	1.02	100.0
शिक्षा***** : निरक्षर	66	11	4	1	82
	80.49	13.41	4.88	1.22	100.0

हाईस्कूल	44	105	1	5	155
	28.39	67.74	.65	3.23	100.0
इण्टरमीडिएट एवम् उच्च	14	30	17	2	63
शिक्षा	22.22	47.62	22.98	3.17	100.0
औसत वार्षिक आय****** :					
(हज़ार रू0) : <25	91	93	15	0	199
	45.73	46.73	7.54	.00	100.0
25-100	18	32	4	3	57
	31.58	56.14	7.02	5.26	100.0
>100	15	21	3	5	44
	34.09	47.73	6.82	11.36	100.0
योग	**124**	**146**	**22**	**8**	**300**
	41.33	**48.67**	**7.33**	**2.67**	**100.0**

*df=6χ^2 = 30.90 P< 0.05, **df= 6χ^2=140.53 P < 0.05 ***df=3χ^2= 28.31 P< 0.05, ****df= 6χ^2=42.93 P < 0.05 *****df=6χ^2 = 103.78 P< 0.05.

सारणी में दिये गये तथ्यों से यह स्पष्ट होता है कि कुल 41.35 प्रतिशत परिवारों में लड़कियों का विवाह 18 वर्ष से कम आयु में करने की प्रवृत्ति विद्यमान थी। मात्र 10 प्रतिशत परिवार ऐसे थे, जो लड़कियों का विवाह 21 वर्ष से अधिक आयु में करना चाहते थे। उत्तरदात्रियों की आयु के आधार पर उपर्युक्त तथ्यों के विश्लेषण से स्पष्ट हुआ है कि 30 वर्ष से कम आयु की अधिकांश उत्तरदात्रियां अपनी लड़कियों का विवाह 18 वर्ष से अधिक आयु में करना चाहती थीं। समान प्रतिक्रिया 30-40 वर्ष आयु वर्ग की महिलाओं में भी पाई गयी है। परन्तु 40 वर्ष से अधिक आयु की 75 प्रतिशत उत्तरदात्रियों का विचार था कि लड़कियों का विवाह 18 वर्ष से पूर्व किया जाना चाहिए। सारणी में दिए गये तथ्य सांख्यिकीय विश्लेषण की दृष्टि से सार्थक पाये गये हैं।

उत्तरदात्रियों की जाति के आधार पर पुत्री के विवाह की आयु के सम्बन्ध में संकलित तथ्यों से यह स्पष्ट होता है कि उच्च जाति की अपेक्षा अनुसूचित जाति की अधिकांश परिवारों की महिलाएं लड़कियों का विवाह 21 वर्ष की आयु तक करना चाहती थीं।

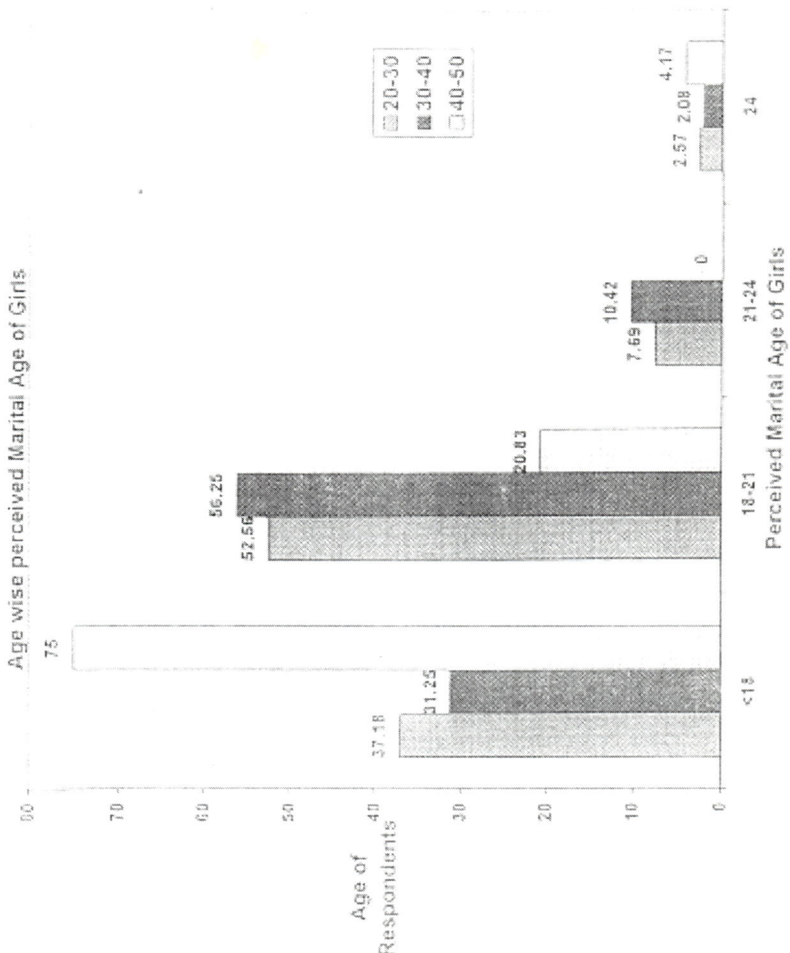

उच्च जाति की 26.67 प्रतिशत, पिछड़ी जाति की 16.67 प्रतिशत और अनुसूचित जाति की 75 प्रतिशत महिलाएं अपनी लड़कियों का विवाह 18 वर्ष से कम आयु में करना चाहती थीं। उच्च जाति की 65.56 प्रतिशत महिलाओं का कहना था कि वे अपनी लड़कियों का विवाह 18 से 21 वर्ष की आयु के मध्य करना चाहती थीं, जबकि 6.7 प्रतिशत महिलाएं अपनी लड़कियों का विवाह 21 से 24 वर्ष के मध्य और 1.11 प्रतिशत महिलाएं 24 वर्ष से अधिक आयु में विवाह करना चाहती थीं। पिछड़ी जातियों में 16.67 प्रतिशत महिलाएँ

18 वर्ष से कम आयु में, 25 प्रतिशत महिलाएं 18 से 21 वर्ष की आयु में, 33.33 प्रतिशत महिलाएँ 21 से 24 वर्ष की आयु में और 25 प्रतिशत महिलाएं 24 वर्ष से अधिक आयु में अपनी लड़कियों का विवाह करना चाहती थी। अनुसूचित जातियों में 75 प्रतिशत महिलाएं 18 वर्ष से कम आयु में, 22.92 प्रतिशत महिलाएं 18 से 21 वर्ष की आयु में, 2.08 प्रतिशत महिलाएं 21 से 24 वर्ष की आयु में लड़कियों का विवाह करना चाहती थीं। कोई भी अनुसूचित जाति की महिला 24 वर्ष से अधिक आयु में अपनी लड़कियों का विवाह नहीं करना चाहती थी। तात्पर्य यह है कि अनुसूचित जाति के परिवारों में कम आयु में लड़कियों के विवाह के प्रति उन्मुखता अभी भी बनी हुई है, लेकिन साथ ही साथ विवाह की आयु के प्रति कुछ महिलाओं में सजगता भी पायी गयी है, जबकि पिछड़ी जातियों में तुलनात्मक रूप से अधिक आयु में विवाह के प्रति सजगता पायी गयी है।

हिन्दू धर्मावलम्बी 40.9 प्रतिशत महिलाएं अपनी लड़कियों का विवाह 18 वर्ष से कम आयु में और मुस्लिम धर्मावलम्बी 44 प्रतिशत महिलाएँ अपनी लड़कियों का विवाह 18 वर्ष से कम आयु में करना चाहती थीं। हिन्दू धर्मावलम्बी अधिकांश महिलाएं (52.27 प्रतिशत) अपनी लड़कियों का विवाह 18 से 21 वर्ष की आयु में, 4.29 प्रतिशत महिलाएँ 21 से 24 वर्ष की आयु में और अन्य 1.89 प्रतिशत महिलाएं 24 वर्ष से अधिक आयु में अपनी लड़कियों का विवाह करना चाहती थीं।

इस्लाम धर्मावलम्बी महिलाओं में 22.22 प्रतिशत महिलाओं का कहना था कि वे अपनी लड़कियों का विवाह 18 से 21 वर्ष की आयु में करना चाहती हैं, जबकि 25 प्रतिशत महिलाओं ने 21-24 वर्ष की आयु में तथा 8.33 प्रतिशत महिलाओं ने 24 वर्ष से अधिक आयु में अपनी लड़कियों का विवाह करने की इच्छा व्यक्त की थी। तथ्यों के आधार पर यह कहा जा सकता है कि दोनों धर्मों की अधिकांश महिलाएं यह चाहती थीं कि उनकी लड़कियों का विवाह 18 वर्ष से अधिक आयु में सम्पन्न किया जाय।

संयुक्त परिवार की अधिकांश महिलाएं (57.29 प्रतिशत) अपनी लड़कियों का विवाह 18 वर्ष से कम आयु में करना चाहती थीं, जबकि एकाकी परिवार की 58.49 प्रतिशत महिलाएं और विस्तृत परिवार की 61.22 प्रतिशत उत्तरदात्रियाँ अपनी लड़कियों का विवाह 18 से 21 वर्ष की आयु में करना चाहती थीं।

परिवार के स्वरूप के आधार पर प्रस्तुत किये गये तथ्य यह स्पष्ट करते हैं कि संयुक्त परिवार में 2.08 प्रतिशत, एकाकी परिवार में 4.72 प्रतिशत और विस्तृत परिवार में 1.02 प्रतिशत महिलाएं ऐसी थीं, जो अपनी लड़कियों का विवाह 24 वर्ष से अधिक आयु में करना चाहती थीं। तात्पर्य यह है कि 24 वर्ष से अधिक आयु में लड़कियों का विवाह करने की प्रवृत्ति अत्यधिक कम महिलाओं में पायी गयी है। सामान्यतः महिलाएँ अपनी लड़कियों का विवाह 21 वर्ष से कम आयु में कर देना चाहती हैं। इस सम्बन्ध में प्राप्त काई स्क्वायर मूल्य तथ्यों की सार्थकता को इंगित करते हैं।

निरक्षर महिलाओं में 80.49 प्रतिशत महिलाएँ अपनी लड़कियों का विवाह 18 वर्ष से कम आयु में, 13.41 प्रतिशत महिलाएं 18 से 21 वर्ष आयु में, 4.88 प्रतिशत महिलाएं 21 से 24 वर्ष की आयु और 1.22 प्रतिशत महिलाएं 24 वर्ष से अधिक आयु में अपनी लड़कियों का विवाह करना चाहती हैं।

हाईस्कूल तक शिक्षित महिलाओं में 28.39 प्रतिशत महिलाएं अपनी लड़कियों का विवाह 18 वर्ष से कम आयु में, 67.74 प्रतिशत महिलाएं 18 से 21 वर्ष की आयु में, 0.56 प्रतिशत महिलाएं 21 से 24 वर्ष की आयु और 3.23 प्रतिशत महिलाएं 24 वर्ष से अधिक आयु में करना चाहती हैं।

इण्टरमीडिएट एवम् उच्च शिक्षा प्राप्त महिलाओं में 22.22 प्रतिशत महिलाएं अपनी लड़कियों का विवाह 18 वर्ष से कम आयु में, 47.62 प्रतिशत महिलाएँ 18 से 21 वर्ष की आयु में, 26.98 प्रतिशत महिलाएं 21 से 24 वर्ष की आयु और 3.17 प्रतिशत महिलाएं 24 वर्ष से अधिक आयु में करना चाहती हैं। उपर्युक्त तथ्यों के विश्लेषण के आधार पर यह कहा जा सकता है कि इण्टरमीडिएट एवम् उच्च शिक्षा प्राप्त महिलाओं में लड़कियों का विवाह 18 वर्ष से कम आयु में करने की प्रवृत्ति सीमित पायी गयी है, जो आधुनिक दृष्टि से अपनी उपयुक्तता प्रदर्शित करती है। अधिकांश शिक्षित महिलाएं अपनी लड़कियों का विवाह 18 वर्ष से अधिक आयु में करना चाहती थीं।

निम्न आय वर्ग में जहाँ 45.73 प्रतिशत महिलाएँ अपनी लड़कियों का विवाह 18 वर्ष से कम आयु में करना चाहती थीं, वहीं मध्यम् आय वर्ग में 56.14 प्रतिशत महिलाएं अपनी लड़कियों का विवाह 18 से 21 वर्ष की आयु में और अन्य 21 वर्ष से अधिक आयु में करना चाहती थीं। उच्च आय वर्ग

में अधिकांश महिलाएं अपनी लड़कियों का विवाह 18 वर्ष से अधिक आयु में करना चाहती थीं। तथ्यों के विश्लेषण के आधार पर यह कहा जा सकता है कि पारिवारिक आय में वृद्धि के साथ-साथ विवाह के प्रति विकसित हो रहे आधुनिक मूल्यों के प्रति लगाव में वृद्धि पाई जाती है। उच्च आय वर्गों के साथ-साथ मध्यम् आय वर्ग में ही उन्मुखता सकारात्मक पायी गयी है, जिसका प्रभाव निम्न आय वर्ग में देखा जा सकता है।

आधुनिक भारत में आए परिवर्तनों में से एक है, विवाह के प्रति दृष्टिकोण में परिवर्तन, इसलिए विवाह के विविध पक्षों यथा- 1. विवाह आयु, 2. साथी के चुनाव के सम्बन्ध में, 3. विवाह में पति या पत्नी की संख्या 4. विवाह विच्छेद, 5. दहेज लेन-देन और 6. पुनर्विवाह पर अधिनियम लागू किये गये हैं। उपर्युक्त छह पक्षों से सम्बद्ध विविध विधान इस प्रकार हैं–1. बाल विवाह निग्रह अधिनियम 1929 (विवाह आयु के सम्बन्ध में), 2. हिन्दू विवाह निर्योग्यता निवारक अधिनियम, 1946 तथा हिन्दू विवाह वैधता अधिनियम, 1949 (साथी के चुनाव के सम्बन्ध में), 3. विशेष विवाह अधिनियम, 1954 (विवाह आयु, माता-पिता की सहमति के बिना बच्चों को स्वतंत्रता, द्विपत्नी विवाह, विवाह विच्छेद से संबंधित), 4. हिन्दू विवाह अधिनियम, 1955 (विवाह की आयु, माता-पिता की सहमति से, द्विपत्नी विवाह तथा विवाह विच्छेद के संबंध में), 5. दहेज अधिनियम (1961) और 6. विधवा पुनर्विवाह अधिनियम, 1856। इन विधानों का जनांकिकीय गुणवत्ता पर महत्त्वपूर्ण प्रभाव पड़ा है।

सन् 1978 में विवाह के समय आयु सम्बन्धी अधिनियम में सुधार के साथ ही विवाह के समय लड़के की आयु 21 वर्ष तथा लड़की की आयु 18 वर्ष कर दी गयी है। अधिनियम के उल्लंघन पर दण्ड का प्रावधान है, लेकिन विवाह स्वयं में वैध रहता है। अधिनियम के अन्तर्गत दिये गये प्राविधान अपराध सज्ञेय (non-cognisable) हैं और इसके अन्तर्गत माता-पिता, वर, संरक्षक और पण्डित तक के लिए तीन माह का साधारण कारावास और 1000 रुपये तक का अर्थदण्ड है। किसी महिला को कारावास का दण्ड सम्मिलित नहीं है।

भारतीय समाज में परिवार की प्रस्थिति एवं परिवार में वृद्ध सदस्यों द्वारा प्रतिपादित परम्पराओं के प्रयोग का अपना महत्त्व है। उन्हीं परम्पराओं में परिवार में पर्दा प्रथा और परिवार के बड़ों के प्रति सम्मान प्रदर्शित करने का

एक सर्वाधिक सशक्त सांकेतिक माध्यम माना जाता है। यह रीति महिलाओं के आधुनिकीकरण में बाधा भी उत्पन्न करती है तथा उन्हें परिवार नियोजन के उपलब्ध साधनों को अपनाने से वंचित भी करती है। इसे दृष्टि में रखते हुए उत्तरदात्रियों से उनके अपने परिवार में पर्दा प्रथा के सम्बन्ध में संकलित तथ्यों का विवरण सारणी संख्या 5.3 में दिया गया है।

सारणी संख्या 5.3

आयु, परिवार, जाति और शिक्षा के आधार पर पर्दा प्रथा की निरन्तरता के प्रति प्रतिक्रिया

	पर्दा प्रथा की निरन्तरता			
स्वतंत्र चर	**पूर्णतः**	**सास-ससुर के सामने**	**स्वयं पर निर्भर**	**योग**
आयु* : 20-30	10	41	105	156
	6.41	26.28	67.31	100.0
30-40	22	47	27	96
	22.92	48.96	28.13	100.0
40-50	24	20	4	48
	50.00	41.57	8.33	100.0
जाति** : उच्च	36	59	85	180
	20.00	32.78	47.22	100.0
पिछड़ी	11	10	3	24
	45.58	41.67	12.50	100.0
अनुसूचित	9	39	48	96
	9.38	40.63	50.00	100.0
परिवार*** : संयुक्त	32	57	7	96
	33.33	59.38	7.29	100.0
एकाकी	0	42	64	106
	.00	39.62	60.38	100.0
विस्तृत	24	9	65	98
	24.49	9.18	66.33	100.0

शिक्षा**** : निरक्षर	16	41	25	82
	19.51	50.00	30.49	100.0
हाईस्कूल	28			
	18.06	39		
	25.16	88		
	56.77	155		
	100.0			
इण्टरमीडिएट एवम् उच्च	12	28	23	63
शिक्षा	19.05	44.44	36.51	100.0
योग	**56**	**108**	**136**	**300**
	(18.67)	**(36.00)**	**(45.33)**	**(100.0)**

*df=4χ^2 = 85.11 P< 0.05, **df= 4χ^2=21.71 P < 0.05 ***df=4χ^2 = 112.63 P<0.05, ****df=4χ^2=20.38 P<0.05.

भारतीय समाज में पर्दा प्रथा के उन्मूलन के सम्बन्ध में 19वीं शताब्दी के पूर्वार्द्ध में समाज सुधारकों द्वारा जो प्रयास किये गये थे, उसका प्रतिफल सामान्य जन की अपेक्षा कुलीन वर्ग और उच्चवर्गीय परिवारों में अधिक दिखाई देता है। वस्तुतः कुलीन वर्ग में ही यह प्रथा अधिक प्रचलन में रही है, जिसका प्रभाव धीरे-धीरे उच्च जातियों और उसके बाद पिछड़ी जातियों तथा अनुसूचित जातियों में भी व्याप्त हो गया था। पश्चिमी शिक्षा के विकास और सामाजिक-आर्थिक परिवर्तन के कारण परम्परागत शक्ति संरचना तथा व्यक्तिगत अभिप्रेरकों के अन्तःसम्बन्धों में जो परिवर्तन आया है, उसका प्रभाव युक्तिहीन क्रियाओं और प्रगतिहीन व्यवहार प्रतिमान की समाप्ति के रूप में भी दिखलाई देता है। अधिकांशतः महिलाएँ शैक्षिक परिवेश से प्रभावित होने के उपरान्त राजनीति, उद्योग और व्यवसाय के विभिन्न क्षेत्रों में संलग्न हुई हैं। परिणामतः पर्दा प्रथा जैसी बाध्यताएँ एक विशेष परिवेश तक ही सीमित रह गयी हैं। हरहुआ विकासखण्ड के मुर्दहा, बेलवरिया तथा चौका (भुसौला) गाँवों की व्यावसायिक एवम् आर्थिक संरचना का प्रभाव उसके सटे हुए ग्रामीण क्षेत्रों में भी दिखलाई देता है। ऐसी स्थिति में अधिकांश महिलाएँ कुछ विशेष स्थितियों में ही पर्दा प्रथा का पालन करती हैं। उदाहरण के लिए परिवार में विवाहित

महिला अपने जेठ, ससुर और अन्य समकक्षीय लोगों के समक्ष पर्दा करती है, जबकि बाज़ार, मेला और अन्य सामाजिक उत्सवों के अवसर पर वे पर्दा नहीं करतीं। आज के 50 वर्ष पूर्व ऐसे अवसरों पर भी अधिकांश महिलाएं नगरों एवं महानगरों में भी पर्दे में दिखलाई देती थीं। घूँघट एक सामान्य प्रचलित रिवाज था। जो धीरे-धीरे कम होता जा रहा है। महानगरों में यह प्रथा समाप्त हो गयी है। ग्रामीण क्षेत्रों में इसका सीमित प्रभाव देखा जा सकता है। इस सम्बन्ध में प्राप्त तथ्य यह इंगित करते हैं कि युवा महिलाओं की अपेक्षा 40 वर्ष से अधिक आयु की 50 प्रतिशत महिलाएं अभी भी इस प्रथा का पूर्णतः पालन करती हैं, जबकि इनमें 41.67 प्रतिशत महिलाएं केवल सास-ससुर के सामने पर्दा करती हैं। यह प्रथा अनुसूचित जातियों की अपेक्षा पिछड़ी जातियों में और पिछड़ी जातियों की अपेक्षा उच्च जातियों में तुलनात्मक रूप से अधिक पाई गयी है।

परिवार की प्रकृति के आधार पर पर्दा प्रथा की निरन्तरता के सम्बन्ध में प्राप्त तथ्य यह इंगित करते हैं कि संयुक्त परिवार में 59.38 प्रतिशत महिलाएँ सास-ससुर के सामने पर्दा करती थीं। एकाकी परिवारों में रहने वाली (39.62 प्रतिशत) महिलाएं भी सास-ससुर के आने पर पर्दा करती थीं, जबकि इनमें अधिकांश महिलाओं का कहना था कि वे अपनी इच्छानुसार इसका अनुपालन करती हैं।

महिलाओं की शैक्षणिक प्रस्थिति के आधार पर पर्दा प्रथा की निरन्तरता के सम्बन्ध में ग्रामीण महिलाओं की प्रतिक्रिया से यह ज्ञात होता है कि 50 प्रतिशत निरक्षर महिलाएँ सास-ससुर के सामने और 19.51 प्रतिशत पूर्णतः पर्दा प्रथा का पालन करती थीं। हाईस्कूल तक शिक्षित महिलाओं में 25.16 प्रतिशत और इण्टरमीडिएट एवम् उच्च स्तर तक शिक्षित महिलाओं में 44.44 प्रतिशत सास-ससुर के सामने पर्दा करती थीं।

उपर्युक्त सारणी में दिये गये तथ्यों के आधार पर यह कहा जा सकता है कि युवा शिक्षित महिलाएँ तथा एकाकी और विस्तृत परिवार की महिलाएँ अपेक्षाकृत कम पर्दा करती थीं। अनुसूचित जाति की महिलाओं में भी अधिकांश अपनी इच्छानुसार इसका अनुपालन करती थीं। तथ्यों के परिगणित काई स्क्वायर मूल्यों से तथ्यों की उच्च स्तरीय सार्थकता प्रकट होती है।

सारणी संख्या 5.4

आयु और औसत वार्षिक आय के आधार पर संततिविहीन नारी की स्थिति के प्रति प्रतिक्रिया

	संतति के अभाव में नारी जीवन		
स्वतंत्र चर	**अपूर्ण**	**ईश्वर की इच्छा**	**योग**
आयु* : 20-30	156	.00	156
	100.0	0	100.0
30-40	82	14	96
	85.42	14.58	100.0
40-50	14	34	48
	29.17	70.83	100.0
औसत वार्षिक आय** :	58	24	82
(हज़ार रू0) <25	70.73	29.27	100.0
25-100	13	21	34
	38.24	61.76	100.0
>100	60	3	63
	95.24	4.76	100.0
योग	**252**	**48**	**300**
	(84.00)	**(16.0)**	**(100.0)**

*df=2 χ^2 = 137.24 $P < 0.05$, **df= 2 χ^2=37.03 $P < 0.05$.

ग्रामीण महिलाओं की आयु और शैक्षणिक प्रस्थिति के आधार पर संतति के अभाव में नारी जीवन की सार्थकता के संबंध में उनकी प्रतिक्रिया से संबंधित तथ्यों के विश्लेषण से यह स्पष्ट होता है कि युवा आयु वर्ग की शत-प्रतिशत महिलाएँ ऐसी महिलाओं के जीवन को अपूर्ण मानती हैं, जबकि 40 वर्ष से अधिक आयु की 70.83 प्रतिशत महिलाओं का कहना था कि इसमें ईश्वर की इच्छा ही प्रमुख है।

परिवार की औसत वार्षिक आय के आधार पर उपर्युक्त तथ्यों के विश्लेषण से यह स्पष्ट हुआ कि उच्च आय वर्ग की अधिकांश महिलाएँ ऐसी स्थिति को नारी जीवन की अपूर्णता के रूप में स्वीकार करती हैं। इस संबंध में प्राप्त काई स्क्वायर मूल्य 0.05 स्तर पर सार्थक पाये गये हैं।

उपर्युक्त सारणी में दिये गये तथ्यों से यह स्पष्ट होता है कि 84.00 प्रतिशत महिलाओं ने स्वीकार किया है कि संतति के बिना नारी की पूर्णता की कल्पना करना सम्भव नहीं है, जबकि 16.00 प्रतिशत महिलाओं की दृष्टि में यह ईश्वर की इच्छा है।

विवाह उद्देश्य

मानव सृष्टि के सृजन में नारी की उपादेयता उसकी प्रजनन शक्ति में निहित होती है। मानव समाज के सृजन में नारी की भूमिका को स्पष्ट तौर पर प्रतिबिम्बित करने का उपाय संतति ही है। वैवाहिक जीवन का मुख्य एवं प्राथमिक लक्ष्य संतति प्राप्ति है। भारतीय समाज में संततिहीन नारी को विभिन्न समस्याओं का सामना करना पड़ता है। ग्रामीण जीवन में ऐसी नारी का जीवन अभिशप्त हो जाता है। तात्पर्य यह है कि संतति को ही उसके जीवन का प्रमुख आधार माना जाता है। बिना संतति के नारी स्वयं को पूर्ण नहीं मानती है। ऐसी स्त्रियाँ जिन्हें संतान का सुख प्राप्त नहीं होता, उन्हें ग्रामीण महिलाएँ बन्ध्या के रूप में त्याग देती हैं। शुभ अवसरों पर उन्हें विभिन्न अन्तःविरोधों का सामना करना पड़ता है। अतएव प्रत्येक विवाहित स्त्री यह प्रयास करती है कि वह संततिवती हो। इस सम्बन्ध में संकलित तथ्यों का विवरण सारणी संख्या 5.5 में दिया गया है।

सारणी संख्या 5.5

संतानहीन नारी के सम्बन्ध में उत्तरदात्रियों का विचार

आय	संख्या	प्रतिशत
निपूति	60	20.00
बांझ	216	72.00
कोई दबाव नहीं	24	8.0
योग	**300**	**100.00**

उपर्युक्त सारणी में दिये गये तथ्यों से यह स्पष्ट होता है कि सर्वाधिक 72.00 प्रतिशत महिलाओं ने सन्तानोत्पादन में अक्षम महिलाओं को बाँझ के रूप में मान्यता दी है, जबकि 20.00 महिलाओं ने ऐसी महिलाओं को निपूती कहकर सम्बोधित किया है। मात्र 8.00 महिलाओं ने ऐसा मानना बाध्यकारी नहीं माना है।

इस सम्बन्ध में ग्रामीण महिलाओं से यह भी पूछा गया था कि उनके विवाह का उद्देश्य क्या रहा है। विवाह के उद्देश्य के संबंध में संकलित तथ्यों का विवरण सारणी संख्या 5.6 के अन्तर्गत दिया गया है।

सारणी संख्या 5.6

विवाह के उद्देश्य के संबंध में उत्तरदात्रियों का विचार

विवाह का उद्देश्य	**संख्या**	**प्रतिशत**
संतान प्राप्ति	102	34.00
वंश की निरन्तरता	86	28.67
परम्परा का पालन	112	37.33
योग	**300**	**100.00**

उपर्युक्त सारणी में दिये गये तथ्यों से यह स्पष्ट होता है कि 34.00 प्रतिशत महिलाओं ने संतान प्राप्ति को विवाह का मूल्य उद्देश्य स्वीकार किया था, जबकि 37.33 प्रतिशत महिलाओं का कहना था कि परम्परा का पालन ही विवाह का उद्देश्य रहा है। दूसरी ओर 28.67 प्रतिशत महिलाओं का कहना था कि विवाह का उद्देश्य वंश परम्परा की निरन्तरता को बनाये रखना है। महिलाओं के लिए विवाह की उपादेयता के संबंध में संकलित तथ्यों का विवरण सारणी संख्या 5.7 में विवेचित किया गया है।

सारणी संख्या 5.7

महिलाओं के लिए विवाह की उपादेयता के सम्बन्ध में विचार

विवाह की उपादेयता	**संख्या**	**प्रतिशत**
सामाजिक जीवन हेतु	92	30.67
निजी जीवन हेतु	42	14.00
परिवार के लिए	141	47.00
परम्परा का अनुपालन	25	8.33
योग	**300**	**100.00**

उपर्युक्त सारणी में दिये गये तथ्यों से यह स्पष्ट होता है कि सर्वाधिक 47.00 प्रतिशत महिलाओं ने विवाह की उपादेयता को पारिवारिक जीवन के रूप में स्वीकार किया है, जबकि 8.33 प्रतिशत महिलाओं का कहना था कि

विवाह की उपादेयता परम्परा के अनुपालन में निहित है। 30.67 प्रतिशत महिलाओं की दृष्टि में सामाजिक जीवन के लिए यह आवश्यक है कि महिलाएँ विवाहित हों और समाज की प्रस्थापित व्यवस्था के अनुरूप व्यवहार करें। मात्र 14 प्रतिशत महिलाएं विवाह को निजी जीवन के लिए आवश्यक मानती थीं। कोई भी ग्रामीण उत्तरदात्री ऐसी नहीं थी, जिसने विवाह की उपादेयता को स्वीकार करने में अपनी असमर्थता प्रदर्शित की हो।

सारणी संख्या 5.8

उत्तरदात्रियों की आयु, जाति, धर्म, शिक्षा, परिवार और औसत वार्षिक आय के आधार पर विवाह की उपादेयता के प्रति उनके विचारों का विवरण

स्वतंत्र चर	संतान प्राप्ति	वंश की निरन्तरता	परम्परा का अनुपालन	योग
आयु*: 20-30	56	42	58	156
	35.90	26.92	37.18	100.0
30-40	26	28	42	96
	27.08	29.17	43.75	100.0
40-50	20	16	12	48
	41.67	33.33	25.00	100.0
जाति**: उच्च जाति	80	23	77	180
	44.44	12.78	42.78	100.0
पिछड़ी जाति	8	9	7	24
	33.33	37.50	29.17	100.0
अनुसूचित जाति	14	54	28	
	14.58	56.25	29.17	96
			100.0	
धर्म***: हिन्दू	83	78	103	264
	31.44	29.55	39.02	100.0
इस्लाम	19	8	9	36
	52.78	22.22	25.00	100.0

परिवार का स्वरूप****				
: संयुक्त	41	22	33	96
		42.71	22.92	100.0
एकाकी	48	34	24	106
		45.28	32.08	100.0
विस्तृत	13	30	55	98
		13.27	30.61	100.0
शिक्षा*****:				
निरक्षर	38	18	28	84
	45.24	21.43	33.33	100.0
हाईस्कूल	55	42	58	155
	35.48	27.10	37.42	100.0
इण्टरमीडिएट	11	26	26	63
एवम् उच्च शिक्षा	17.46	41.27	41.27	100.0
औसत वार्षिक आय (हज़ार रू.)******:				
<25	42	75	82	199
	21.11	37.69	41.21	100.0
25-100	35	8	14	57
	61.40	14.04	24.56	100.0
>100	25	3	16	44
	56.82	6.82	36.36	100.0
योग	**102**	**86**	**112**	**300**

*df=4 χ^2 =59.05 $P<0.05$, **df= 4 χ^2=61.98 $P<0.05$ ***df=4 χ^2 = 6.50 $P<0.05$, ****df= 4 χ^2=35.79 $P<0.05$***** df=4 χ^2 = 13.98 $P<0.05$, ******df= 4 χ^2=49.59 $P<0.05$.

सारणी संख्या 5.8 के अन्तर्गत दिये गये तथ्यों से यह स्पष्ट होता है कि 30 वर्ष से कम आयु की 35.90 प्रतिशत महिलाओं की दृष्टि में विवाह का उद्देश्य संतान प्राप्त करना होता है, जबकि 36.92 प्रतिशत महिलाओं का कहना था कि विवाह का उद्देश्य वंश की निरन्तरता को बनाये रखना है। इस

आयु वर्ग की 38.18 प्रतिशत महिलाओं के अनुसार विवाह परम्परा की रक्षा के लिए किया जाता है। कुल उत्तरदात्रियों में 40 से 50 वर्ष आयु वर्ग की 41.67 प्रतिशत महिलाओं का कहना था कि विवाह संतान प्राप्ति के लिए किया जाता है, जबकि 33.33÷ महिलाओं के अनुसार विवाह वंश की निरन्तरता बनाये रखने के लिए किया जाता है। सारणी में दिये गये तथ्यों के सम्बन्ध में परिगणित काई स्क्वायर मूल्य .05 स्तर पर सार्थक नहीं पाये गये हैं।

उत्तरदात्रियों की जाति के आधार पर दिये गये तथ्यों से यह स्पष्ट होता है कि उच्च जाति की 49.4 प्रतिशत महिलाएं विवाह का उद्देश्य सन्तान प्राप्ति, 12.78 प्रतिशत वंश की निरन्तरता और 42.78 प्रतिशत परम्परा का अनुपालन स्वीकार करती थीं।

पिछड़ी जाति की 33.33 प्रतिशत महिलाएं संतान प्राप्ति, 37.5 प्रतिशत महिलाएं वंश की निरन्तरता और 29.17 प्रतिशत महिलाएं परम्परा अनुपालन को विवाह का उद्देश्य मानती थीं। अनुसूचित जाति की अधिकांश महिलाएं (56.25 प्रतिशत) विवाह का उद्देश्य वंश की निरन्तरता स्वीकार करती थीं। काई स्क्वायर मूल्य तथ्यों की उच्चस्तरीय (0.05 प्रतिशत) सार्थकता स्पष्ट करते हैं।

सारणी संख्या 5.8 के अन्तर्गत दिये गये तथ्यों से यह स्पष्ट होता है कि इस्लाम धर्मावलम्बी अधिकांश महिलाएं (52.78 प्रतिशत) विवाह का उद्देश्य संतान प्राप्ति स्वीकार करती थीं, जबकि हिन्दू धर्मावलम्बी 31.44 प्रतिशत महिलाएं संतान प्राप्ति, 29.55 प्रतिशत वंश की निरन्तरता और 39.02 प्रतिशत परम्परा अनुपालन को विवाह का उद्देश्य मानती थीं। परिगणित काई स्क्वायर मूल्य .05 स्तर पर सार्थक पाये गये हैं। उत्तरदात्रियों के परिवार के संगठनात्मक स्वरूप के आधार पर दिये गये तथ्य यह स्पष्ट करते हैं कि संयुक्त परिवार की 42.71 प्रतिशत महिलाएं विवाह का उद्देश्य संतान प्राप्ति, 22.92 प्रतिशत महिलाएं वंश की निरन्तरता और 34.38 प्रतिशत महिलाएं परम्परा अनुपालन स्वीकार करती थीं। एकाकी परिवारों की 45.28 प्रतिशत महिलाओं का कहना था कि विवाह संतान प्राप्ति हेतु किया जाता है, जबकि विस्तृत परिवार की अधिकांश महिलाओं (56.12 प्रतिशत) की दृष्टि में विवाह परम्परा अनुपालन के लिए किया जाता है। काई स्क्वायर मूल्य तथ्यों की उच्च सार्थकता प्रकट करते हैं।

संतति भाव

परम्परागत भारतीय समाज में पुत्र और पुत्री के प्रति परिवार और महिलाओं में भावनात्मक भिन्नता की स्थिति देखने को मिलती है। सामाजिक जीवन में विवाह और विवाह के उपरान्त बच्चों की आवश्यकता प्रायः सभी समाजों में स्वीकार की जाती हैं। परम्परागत समाज में कृषि कार्य हेतु पारिवारिक श्रम की उपलब्धता बनाये रखने के लिए पुत्रवती महिलाओं का अत्यधिक सम्मान किया जाता था। हिन्दू धर्म में आध्यात्मिक कृत्यों के लिए भी पुत्र का जन्म आवश्यक माना जाता है। संतान के प्रति भावनात्मक लगाव सभी परिवारों में पाया जाता है। परिवार में संतान, विशेष रूप से पुत्र के जन्म को न केवल वंश की निरन्तरता के लिए आवश्यक माना जाता है, अपितु विभिन्न धार्मिक कर्मकाण्डों का सम्पादन भी पुत्र पर आश्रित रहा है। पुत्र परिवार की आय में सहयोग करते हैं तथा उन्हें गृहकार्य में सहयोग का प्रमुख अभिकरण स्वीकार किया जाता है। इस सम्बन्ध में ग्रामीण महिलाओं से यह पूछा गया था कि परिवार में बच्चों की आवश्यकता के मूल कारणों के विषय में उनकी क्या प्रतिक्रिया है? परिवार में बच्चों की आवश्यकता के सम्बन्ध में संकलित तथ्यों का विवरण सारणी संख्या 5.9 में दिया गया है।

सारणी संख्या 5.9

परिवार में बच्चों की आवश्यकता

आवश्यकता के कारण	संख्या	प्रतिशत
आय में सहयोग	36	12.00
धार्मिक	36	12.00
गृह कार्य में सहयोग	60	20.00
वंश वृद्धि के लिए	168	56.00
योग	**300**	**100.0**

उपर्युक्त सारणी में दिये गये तथ्यों से यह स्पष्ट होता है कि सर्वाधिक 56.00 प्रतिशत महिलाओं ने बच्चों को वंश वृद्धि के लिए आवश्यक माना है। दूसरी ओर 20.00 प्रतिशत महिलाओं का कहना था कि घर के कार्यों के लिए बच्चों की आवश्यकता होती है। धार्मिक कार्यो में उपयोगिता को 12.00 प्रतिशत महिलाओं ने तथा 12.00 प्रतिशत महिलाओं ने बच्चों को आय में वृद्धि के लिए स्वीकार किया है।

भारतीय समाज में, विशेष रूप से हिन्दू समाज में लड़कों का जन्म पिण्डदान के लिए आवश्यक माना जाता है। दूसरी ओर लड़की का जन्म परिवार में संकट के रूप में स्वीकार किया जाता है। परन्तु स्वतन्त्रता प्राप्ति के बाद इस स्थिति में वृहद् परिवर्तन हुआ है। इसे दृष्टि में रखते हुए महिलाओं से पूछा गया था कि उनके परिवार में क्या लड़कों को लड़कियों की अपेक्षा अधिक महत्त्व दिया जाता है। इसका मूल कारण लड़कियों के विवाह में होने वाला अत्यधिक व्यय और पितृ परिवार के लिए लड़कियों की अलाभकर स्थिति हो सकती है। दूसरी ओर पुत्र का जन्म स्वागत योग्य स्वीकार किया जाता है, क्योंकि वह वृद्ध माता-पिता के लिए आर्थिक सहयोग प्रदान करने का प्रमुख अभिकरण होता है। साथ ही साथ पुत्र आध्यात्मिक दृष्टिकोण से भी माता-पिता के लिए पुण्य सुलभ कराता है। इसे दृष्टि में रखते हुए परिवार में लड़का या लड़की के महत्व के सम्बन्ध में संकलित तथ्यों का विवरण सारणी संख्या 5.10 के अन्तर्गत दिया गया है।

सारणी संख्या 5.10

आयु, जाति, परिवार, शिक्षा और आय के आधार पर पुत्र-पुत्री के प्रति भावनात्मक प्रतिक्रिया

स्वतंत्र चर	लड़का	लड़की	दोनों में से कोई	योग
आयु* : 20-30	53	21	82	156
	33.97	13.46	52.56	100.0
30-40	75	7	14	96
	78.13	7.29	14.58	100.0
40-50	32	4	12	48
	66.67	8.33	25.00	100.0
जाति**: उच्च जाति	91	17	72	180
	50.56	9.44	40.00	100.0
पिछड़ी जाति	16	3	5	24
	66.67	12.50	20.83	100.0
अनुसूचित जाति	53	12	31	96
	55.21	12.50	32.29	100.0

परिवार*** : संयुक्त	82	3	11	96
	85.42	3.13	11.46	100.0
एकाकी	46	18	42	106
	43.40	16.98	39.62	100.0
विस्तृत	32	11	55	98
	32.65	11.22	56.12	100.0
शिक्षा**** : निरक्षर	58	2	22	82
	70.73	2.44	26.83	100.0
हाईस्कूल	85	16	54	155
	54.84	10.32	34.84	100.0
इण्टरमीडिएट एवम् उच्च	17	14	32	63
शिक्षा	26.98	22.22	50.79	100.0
आय***** :				
(हज़ार रू.) <25	78	0	30	108
	72.22	.00	27.78	100.0
25-100	56	24	68	148
	37.87	16.22	45.95	100.0
>100	26	8	10	44
	59.09	18.18	22.73	100.0
योग	**160**	**32**	**108**	**300**
	(53.33)	**(10.67)**	**(36.00)**	**(100.0)**

*df=4 χ^2 =51.77 $P<0.05$, **df= 4 χ^2=4.45 $P<0.05$ ***df=4 χ^2 = 64.93 $P<0.05$, ****df= 4 χ^2=31.83 $P<0.05$ *****df= 4 χ^2=40.53 $P<0.05$.

उपर्युक्त सारणी में दिये गये तथ्यों से यह स्पष्ट होता है कि 53.3 प्रतिशत महिलाओं ने लड़के के जन्म को वरीयता प्रदान की थी, जबकि मात्र 10.7 प्रतिशत महिलाओं ने ही लड़कियों के जन्म के प्रति विचार व्यक्त किया था। तथ्यों के आधार पर यह कहा जा सकता है कि वर्तमान परिवेश में लड़का और लड़की में अन्तर मानने वालों की संख्या में निरन्तर कमी आती जा रही है। परन्तु अभी भी कई परिवार ऐसे हैं, जहाँ लड़कियों को लड़कों के समान

2महत्त्व नहीं दिया जाता। इसे दृष्टि में रखते हुए ग्रामीण महिलाओं से यह भी पूछा गया था कि विवाह के उपरान्त सीमित परिवार के प्रति उनके पति का क्या दृष्टिकोण रहा है? इस सम्बन्ध में प्राप्त किये गये तथ्यों का विवरण सारणी संख्या 5.11 के अन्तर्गत दिया गया है।

सारणी संख्या 5.11

आयु, जाति, परिवार, शिक्षा और आय के आधार पर सीमित परिवार हेतु पति के दृष्टिकोण के प्रति प्रतिक्रिया

पति का दृष्टिकोण

स्वतंत्र चर	लापरवाह	अधिक बच्चे	सहमत	योग
आयु* : 20-30	106	26	24	156
	67.95	16.67	15.38	100.0
30-40	44	47	5	96
	45.83	48.96	5.21	100.0
40-50	17	29	2	48
	35.42	60.42	4.17	100.0
जाति** : उच्च	96	63	21	180
	55.53	35.00	11.67	100.0
पिछड़ी	8	10	6	24
	33.33	41.67	25.00	100.0
अनुसूचित	63	29	4	96
	65.63	30.21	4.17	100.0
परिवार*** : संयुक्त	59	32	5	96
	61.46	33.33	5.21	100.0
एकाकी	57	27	22	106
	53.77	2547	20.75	100.0
विस्तृत	51	43	4	98
	52.04	43.88	4.08	100.0
शिक्षा****:निरक्षर	70	9	3	82
	85.37	10.98	3.66	100.0
हाईस्कूल	79	65	11	155
	50.97	41.94	7.10	100.0

इण्टरमीडिएट एवम् उच्च	18	28	17	63
शिक्षा	28.57	44.44	26.98	100.0
औसत वार्षिक आय*****:				
(हज़ार रू0) <25	87	17	4	108
	80.56	15.74	3.70	100.0
25-100	70	62	16	148
	47.30	41.89	10.81	100.0
>100	10	23	11	44
	22.73	52.27	25.00	100.0
योग	**167**	**102**	**31**	**300**
	(55.67)	**(34.00)**	**(10.33)**	**(100.0)**

*df=4 χ^2 =47.44 $P<0.05$, **df= 4 χ^2=13.75 $P<0.05$ ***df=4 χ^2 = 23.26 $P<0.05$, ****df= 4 χ^2=61.60 $P<0.05$ *****df= 4 χ^2=53.86 $P<0.05$.

स्वतंत्र चरों के आधार पर सीमित परिवार हेतु पति के दृष्टिकोण के संबंध में दिये गये तथ्य यह स्पष्ट करते हैं कि युवा आयु वर्ग की अधिकांश महिलाएँ (67.95 प्रतिशत) जहाँ सीमित परिवार के प्रति पति को लापरवाह स्वीकार करती हैं, वहीं 40 वर्ष से अधिक आयु की अधिकांश महिलाओं का कहना था कि सीमित परिवार के स्वीकृत मानव स्तर से उनके परिवार का आकार बड़ा है। इस आयु वर्ग की 35 प्रतिशत से अधिक महिलाएँ पति की लापरवाही मानती थीं।

इस संबंध में महिलाओं के जाति के आधार पर दिये गये तथ्य यह इंगित करते हैं कि उच्च व अनुसूचित जातियों की अधिकांश महिलाएँ पति की लापरवाही मानती हैं, जबकि पिछड़ी जातियों में अधिकांश महिलाओं के परिवार में बच्चों की संख्या अधिक थी। परिवार के स्वरूप में आधार पर लघु परिवार के प्रति पति के दृष्टिकोण के मूल्यांकन से स्पष्ट होता है, लगभग सभी प्रकार के परिवारों में अधिकांश महिलाएँ इस सम्बन्ध में पति की लापरवाही मानती हैं। संयुक्त परिवारों में 61.46 प्रतिशत महिलाएँ पति की लापरवाही मानती हैं। निरक्षर व हाईस्कूल स्तर तक शिक्षा प्राप्त क्रमशः 85.37 प्रतिशत और 50.97 प्रतिशत महिलाएं पति की लापरवाही मानती हैं। निम्न आय वर्ग की 80.56 प्रतिशत महिलाएँ सीमित परिवार के प्रति पति की लापरवाही मानती थीं, जबकि उच्च आय वर्ग में अधिकांश परिवार ऐसे थे,

जिनमें बच्चों की संख्या अधिक थी। मध्यम् आय वर्ग में 47.30 प्रतिशत महिलाएँ पति की लापरवाही मानती थीं।

उपर्युक्त सारणी में दिये गये तथ्यों से यह स्पष्ट होता है कि सीमित परिवार के सम्बन्ध में पति के दृष्टिकोण के सम्बन्ध में 44.00 प्रतिशत उत्तरदात्रियों ने स्वीकार किया कि उनके पति अधिक बच्चों की आवश्यकता रखते हैं, जबकि 28.00 प्रतिशत महिलाओं ने स्वीकार किया कि उनके पति बच्चों की संख्या सीमित रखने के सम्बन्ध में अधिक लापरवाह रहते हैं। 28.00 प्रतिशत महिलाओं ने अपने पति की सहमति को प्रदर्शित किया था। परिवार को सीमित रखने के लिए धर्म वाक्य के सम्बन्ध में संख्या 5.12 और 5.13 के अन्तर्गत दिया गया है।

सारणी संख्या 5.12

बच्चों की सीमित संख्या के सम्बन्ध में उत्तरदात्रियों का विचार

कारण	संख्या	प्रतिशत
उन्नति	132	44.00
गरीबी	24	8.00
माता के स्वास्थ्य के लिए	48	16.00
उपर्युक्त सभी	96	32.00
योग	**300**	**100.00**

उपर्युक्त सारणी में दिये गये तथ्यों से यह स्पष्ट होता है कि बच्चों की संख्या सीमित रखने के सम्बन्ध में 44.00 प्रतिशत महिलाओं ने बच्चों की उन्नति हेतु, 16.00 प्रतिशत महिलाओं ने बच्चों की सीमित संख्या को माता के स्वास्थ्य के लिए उपयुक्त बताया है। 8.00 प्रतिशत महिलाओं ने ग़रीबी के कारण बच्चों की संख्या सीमित रखने की आवश्यकता पर बल दिया है। उपर्युक्त सभी कारणों को 32.00 प्रतिशत महिलाओं ने बच्चों की संख्या को सीमित रखने के सम्बन्ध में उचित बताया है। धार्मिक मान्यताओं के अनुरूप हिन्दू परिवारों में तेजस्वी संतान, विशेष रूप से पुत्र के प्रति अत्यधिक लगाव पाया जाता है। हिन्दू धर्म तेजस्वी पुत्रों वाली माताओं के प्रति अत्यधिक सकारात्मक रहा है। कुछ धर्मवाक्य इसे प्रमाणित करते हैं। धर्मवाक्यों में तेजस्वी संतान की आकांक्षा के संबंध में उत्तरदात्रियों के विचार जानने हेतु जो

तथ्य संकलित किये गये हैं, उनका विवरण सारणी संख्या 5.13 में दिया गया है।

सारणी संख्या 5.13
तेजस्वी संतान की आकांक्षा के सम्बन्ध में हिन्दू उत्तरदात्रियों का विचार

आकांक्षा के कारण	संख्या	प्रतिशत
एक पुत्र	156	59.09
एकांगी कथन	84	31.82
कम से कम	24	9.09
योग	**264**	**100.00**

उपर्युक्त सारणी में दिये गये तथ्यों से यह स्पष्ट होता है कि तेजस्वी संतान की आकांक्षा के सम्बन्ध में एक पुत्र की आवश्यकता 59.09 प्रतिशत महिलाओं ने स्वीकार किया है, जबकि 31.82 प्रतिशत महिलाओं ने एकांगी कथन स्वीकार किया है। इस सम्बन्ध में मुस्लिम महिलाओं के विचार भी आमंत्रित किये गये थे। ग्रामीण परिवेश में निवास करने वाले अधिकांश मुस्लिम परिवार अति निर्धनता की स्थिति में जीवन-यापन कर रहे हैं। उनमें बच्चों की अधिक संख्या परिवार की आय में वृद्धि के लिये आवश्यक स्वीकार की जाती है। इस सम्बन्ध में सन्तान प्राप्ति की आवश्यकता के प्रति उनसे प्रतिक्रिया ज्ञात की गयी थी। ग्रामीण मुस्लिम समुदाय में संतान प्राप्ति हेतु उत्तरदात्रियों से संकलित तथ्यों का विवरण सारणी संख्या 5.14 में दिया गया है।

सारणी संख्या 5.14
मुस्लिम समुदाय में संतान प्राप्ति के सम्बन्ध में उत्तरदात्रियों का विचार

संतान प्राप्ति	संख्या	प्रतिशत
हाँ	21	58.33
कह नहीं सकती	15	41.67
योग	**36**	**100.00**

उपर्युक्त सारणी में दिये गये तथ्यों से यह स्पष्ट होता है कि 58.33 प्रतिशत ग्रामीण मुस्लिम महिलाओं ने अपना सकारात्मक दृष्टिकोण स्पष्ट किया,

जबकि 41.67÷ महिलाओं का कहना था कि उन्हें इस सम्बन्ध में कोई ज्ञान नहीं है।

सारणी संख्या 5.15

परिवार को सीमित रखने के लिए धर्म वाक्य के संबंध में उत्तरदात्रियों का विचार

धर्म वाक्य की जानकारी	संख्या	प्रतिशत
हाँ	24	8.00
कह नहीं सकती	276	92.00
योग	**36**	**100.00**

उपर्युक्त सारणी में दिये गये तथ्यों से यह स्पष्ट होता है कि 92.00 प्रतिशत महिलाओं को किसी ऐसे धर्म वाक्य के सम्बन्ध में जानकारी नहीं थी, जिसमें परिवार को सीमित रखने के लिए कहा गया है। मात्र 8.00 प्रतिशत महिलाओं का कहना था कि धर्मवाक्यों में परिवार को सीमित रखने पर बल दिया गया है। पारिवारिक-सामाजिक भूमिका में जब संतान, सम्मान, पद और स्मृति में चयन की बात आती है तो महिलाओं को काफ़ी संकट का सामना करना पड़ता है, परन्तु प्रश्नावली में किये गये इस प्रश्न का उत्तर उत्तरदात्रियों ने दिया है। इस सम्बन्ध में संकलित तथ्यों का विवरण सारणी संख्या 5.16 में दिया गया है।

सारणी संख्या 5.16

आयु, शिक्षा और आय के आधार पर पुत्र या सम्मान में चयन में वरीयता की स्थिति का विवरण

	चयन में वरीयता			
स्वतंत्र चर	**पुत्र**	**सम्मान**	**कह नहीं सकती**	**योग**
आयु* : 20-30	97	57	2	156
	62.18	36.54	1.28	100.0
30-40	80	12	4	96
	83.33	12.50	4.17	100.0
40-50	33	13	2	48
	68.75	27.08	4.17	100.0
शिक्षा** : निरक्षर	75	6	1	82
	91.46	7.32	1.22	100.0

हाईस्कूल	97	56	2	155
	62.58	36.13	1.29	100.0
इण्टरमीडिएट एवम्	38	20	5	63
उच्च शिक्षा	60.32	31.75	7.94	100.0
औसत वार्षिक आय	97	11	0	108
(हज़ार रुपये में)***<25	89.81	10.19	.00	100.0
25-100	96	50	2	148
	64.86	33.78	1.35	100.0
>100	17	21	6	44
	38.64	47.73	13.64	100.0
योग	**210**	**82**	**8**	**300**
	(70.00)	**(27.33)**	**(2.67)**	**(100.0)**

*df=4 χ^2 =18.17 $P<0.05$, **df= 4 χ^2=32.62 $P<0.05$ ***df=4 χ^2 = 57.06 $P<0.05$.

सारणी संख्या 5.16 के अन्तर्गत ग्रामीण महिलाओं की आयु, शिक्षा और परिवार की औसत वार्षिक आय के आधार पर पुत्र और परिवार के सम्मान में चयन की वरीयता के संबंध में तथ्य दिये गये हैं। तथ्यों से यह स्पष्ट हुआ है कि निम्न आयु वर्गों में अधिकांश महिलाओं में सम्मान की अपेक्षा पुत्र को वरीयता दी गई है। समान निष्कर्ष शैक्षणिक प्रस्थिति के अन्तर्गत भी पाया गया है। परन्तु उच्च आय वर्गों में सम्मान को वरीयता दी गयी है।

महिलाओं की आयु के आधार पर विश्लेषित तथ्य यह इंगित करते हैं कि 30-40 वर्ष आयु वर्ग में 83.33 प्रतिशत महिलाएं सम्मान की अपेक्षा पुत्र को वरीयता देती हैं, जबकि 20-30 वर्ष आयु वर्ग में ऐसी 62.18 प्रतिशत महिलाएं पायी गयी थीं।

शैक्षणिक प्रस्थिति के आधार पर उपर्युक्त चयन से संबंधित तथ्य यह स्पष्ट करते हैं कि निरक्षर महिलाओं में 91.46 प्रतिशत महिलाएं सम्मान की अपेक्षा पुत्र को वरीयता देती हैं, जबकि माध्यमिक एवम् उच्च शैक्षणिक प्रस्थिति वाली अधिकांश महिलाओं (60.32 प्रतिशत) ने भी इसी प्रकार की प्रतिक्रिया व्यक्त की थी।

पारिवारिक आय के आधार पर पुत्र या सम्मान के चयन में वरीयता की स्थिति के विश्लेषण से यह स्पष्ट होता है कि निम्न आय वर्गों में अधिकांश

महिलाएं (89..81 प्रतिशत) सम्मान की अपेक्षा पुत्र को वरीयता देती हैं, जबकि मध्यम आय वर्ग में इस अभिमत की 64.86÷ महिलाएँ और उच्च आय वर्ग में केवल 39.64 प्रतिशत प्रतिशत महिलाएं ऐसा विचार रखती थीं। तथ्यों के सांख्यिकीय मूल्य उच्चस्तरीय सार्थकता व्यक्त करते हैं।

उपर्युक्त सारणी में दिये गये तथ्यों से यह स्पष्ट होता है कि 80.00 प्रतिशत महिलाओं ने पुत्र के चयन को प्राथमिकता दी है। मात्र 20.00 प्रतिशत महिलाओं ने सम्मान को चयनित किया है। तात्पर्य यह कि आज के भौतिकतावादी युग में भी नारी अपने नारीत्व के गुणों के अनुरूप ही पुत्र के चयन को प्राथमिकता देना स्वीकार करती है। इसी परिप्रेक्ष्य में उत्तरदात्रियों से लड़का या लड़की में से किसी एक के चयन के सम्बन्ध में संकलित तथ्यों का विवरण सारणी संख्या 5.17 के अन्तर्गत दिया गया है।

सारणी संख्या 5.17

आयु, जाति, परिवार, शिक्षा और आय के आधार पर लड़का या लड़की में वरीयता के प्रति विचार

लड़का या लड़की में वरीयता

स्वतंत्र चर	लड़का	लड़की	कह नहीं सकती	योग
आयु* : 20-30	149	4	3	156
	95.51	2.56	1.92	100.0
30-40	90	2	4	96
	93.75	2.08	4.17	100.0
40-50	27	18	3	48
	56.25	37.50	6.25	100.0
जाति** : उच्च	159	16	5	180
	88.83	8.89	2.78	100.0
पिछड़ी	20	2	2	24
	83.33	8.33	8.33	100.0
अनुसूचित	87	6	3	96
	90.63	6.25	3.13	100.0

परिवार*** संयुक्त	90	4	2	96
	93.75	4.17	2.08	100.0
एकाकी	93	8	5	106
	87.74	7.55	4.72	100.0
विस्तृत	83	12	3	98
	84.69	12.24	3.06	100.0
शिक्षा**** निरक्षर	71	7	4	82
	86.59	8.54	4.88	100.0
हाईस्कूल	142	11	2	
	91.61	7.10	1.29	155
			100.0	
इण्टरमीडिएट एवम् उच्च	53	6	4	63
शिक्षा	84.13	9.52	6.35	100.0
औसत वार्षिक आय (हज़ार	96	7	5	108
रुपये में) शिक्षा*****<25	88.89	6.48	4.63	100.0
25-100	136	9	3	148
	91.89	6.08	2.03	100.0
>100	34	8	2	44
	77.27	18.18	4.55	100.0
योग	**266**	**24**	**10**	**300**
	(88.67)	**(8.00)**	**(3.33)**	**(100.0)**

*df=4χ^2 =71.33 P< 0.05, **df= 4χ^2=2.65 P < 0.05 ***df=4χ^2 = 5.54 P< 0.05****df=4χ^2 =4.96 P< 0.05, *****df= 4χ^2=9-01 P < 0.05

स्वतंत्र चरों के आधार पर पुत्र या पुत्री में किसी एक के चयन के प्रति ग्रामीण महिलाओं की प्रतिक्रिया से सम्बन्धित तथ्यों को उपर्युक्त सारणी में दिया गया है। सारणी में दिये गये तथ्य यह स्पष्ट करते हैं कि 20-30 वर्ष आयु वर्ग में 95.51 प्रतिशत और 30-40 वर्ष आयु वर्ग में 93.75 प्रतिशत महिलाएं लड़की की अपेक्षा लड़के को वरीयता प्रदान करती हैं, जबकि 40-50 वर्ष

आयु वर्ग में ऐसी 56.25 प्रतिशत महिलाएं थीं। तात्पर्य यह कि अधिकांश महिलाएं लड़की की अपेक्षा लड़कों को ही वरीयता प्रदान करती हैं।

ग्रामीण महिलाओं की जाति के आधार पर लड़का या लड़की के चयन में वरीयता से सम्बन्धित तथ्य यह स्पष्ट करते हैं कि अधिकांश महिलाएं लड़की की अपेक्षा लड़के को वरीयता प्रदान करती हैं। समान स्थिति परिवार के संगठनात्मक स्वरूप, शैक्षणिक स्तर और परिवार की औसत वार्षिक आय के आधार पर विश्लेषित तथ्यों से भी स्पष्ट हुआ है। परन्तु सांख्यिकीय मूल्य केवल आयु से सम्बन्धित विश्लेषण में ही तथ्यों की सार्थकता को स्पष्ट करते हैं, अन्य चरों के साथ तथ्य सार्थक नहीं पाये गये हैं।

उपरोक्त सारणी में दिये गये तथ्यों से यह स्पष्ट होता है कि 92.00÷ महिलाओं ने लड़की की अपेक्षा लड़कों का चयन किया है, जबकि लड़की का चयन मात्र 8.00÷ महिलाओं ने ही किया है। वर्तमान युग में नारी ही लड़की को चयनित नहीं कर सकती। परिणामस्वरूप नारी ही नारी की पक्षधर नहीं होती दिख रही है। राष्ट्रहित में संतति की इच्छा छोड़ने के सम्बन्ध में उत्तरदात्रियों से संकलित तथ्यों का विवरण सारणी संख्या 5.18 के अन्तर्गत दिया गया है।

सारणी संख्या 5.18

देशहित में संतति की इच्छा छोड़ने के सम्बन्ध में प्रतिक्रिया

देशहित में संतति निरोध

प्रतिक्रिया	हाँ	नहीं	योग
20-30	60	96	156
	38.46	61.54	100.0
30-40	46	53	99
	46.46	53.54	100.0
40-50	29	19	48
	60.42	39.58	100.0
योग	**135**	**168**	**300**
	(45.0)	**(56.0)**	**(100.0)**

*df=4χ^2 =7.38 P< 0.05

उत्तरदात्रियों की आयु के आधार पर देशहित में संतति निरोध के संबंध में ग्रामीण महिलाओं की प्रतिक्रिया के अवलोकन से यह स्पष्ट होता है कि 20-30 वर्ष आयु वर्ग की 61.45 प्रतिशत महिलाएँ अस्वीकृतिमूलक विचार रखती थीं, जबकि 40-50 वर्ष आयु वर्ग में 60.42 प्रतिशत महिलाएं स्वीकृतिमूलक विचार रखती थीं। काई स्क्वायर मूल्य तथ्यों की उच्च स्तरीय सार्थकता को स्पष्ट करते हैं।

उपर्युक्त सारणी में दिये गये तथ्यों से यह स्पष्ट होता है कि राष्ट्रहित को सर्वोपरि मानते हुए सन्तान की चाहत को नकारना 44.00 प्रतिशत महिलाओं ने स्वीकार किया है, जबकि 56.00 प्रतिशत महिलाओं ने राष्ट्रहित में सन्तति निरोध से अपना विरोध प्रदर्शित किया है। विवाह सम्बन्धी अधिनियमों के विषय में ग्रामीण महिलाओं की जानकारी से सम्बन्धित संकलित तथ्यों का विवरण सारणी संख्या 5.19 में दिया गया है।

सारणी संख्या 5.19

आयु, जाति, धर्म, शिक्षा परिवार के स्वरूप और परिवार की औसत वार्षिक आय के आधार पर विवाह सम्बन्धी अधिनियमों के प्रति उनके विचारों का विवरण

स्वतंत्र चर	हाँ	नहीं	योग
आयु* : 20-30	56	100	156
	35.90	26.92	100.0
30-40	26	70	96
	27.08	29.17	100.0
40-50	20	28	48
	41.67	33.33	100.0
जाति** : उच्च जाति	80	100	180
	44.44	12.78	100.0
पिछड़ी जाति	8	16	24
	33.33	37.50	100.0
अनुसूचित जाति	14	82	96
	14.58	56.25	100.0

धर्म*** हिन्दू	83	181	264
	31.44	29.55	100.0
इस्लाम	19	17	36
	52.78	22.22	100.0
परिवार का स्वरूप****: संयुक्त	41	55	96
	42.71	22.92	100.0
एकाकी	48	58	106
	45.28	32.08	100.0
विस्तृत	13	85	98
	13.27	30.61	100.0
शिक्षा*****निरक्षर	38	46	84
	45.24	21.43	100.0
हाईस्कूल तक	55	100	155
	35.48	27.10	100.0
इण्टरमीडिएट एवम् उच्च	11	52	63
शिक्षा	17.46	41.27	100.0
औसत वार्षिक आय (हज़ार	42	157	199
रुपये में)******<25	21.11	37.69	100.0
25-100	35	22	57
	61.40	14.04	100.0
>100	25	19	44
	56.82	6.82	100.0
योग	**102**	**198**	**300**
	(34.0)	**(66.0)**	**(100.0)**

*$df=4\chi^2=5.90$ $P<0.05$, **$df=4\chi^2=61.98$ $P<0.05$ ***$df=4\chi^2=6.50$ $P<0.05$****$df=4\chi^2=13.98$ $P<0.05$, *****$df=4\chi^2=35.79$ $P<0.05$ ******$df=4\chi^2=49.59$ $P<0.05$.

सारणी संख्या 5.19 के अन्तर्गत यह स्पष्ट होता है कि 30 वर्ष से कम आयु की 35.90 प्रतिशत ग्रामीण महिलाएं विवाह सम्बन्धी अधिनियमों के बारे में जानकारी रखती हैं। उच्च जाति की 44.44 प्रतिशत महिलाएँ विवाह

सम्बन्धी अधिनियमों के बारे में जानकारी रखती हैं। हिन्दू धर्मावलम्बी महिलाओं में 31.44 प्रतिशत और मुस्लिम महिलाओं में 52.78 प्रतिशत का कहना था कि वे विवाह सम्बन्धी नियमों के बारे में जानकारी रखती हैं।

संयुक्त परिवार की 42.17 प्रतिशत और एकाकी परिवार की 45.28 प्रतिशत महिलाएं सम्बन्धित विधानों की जानकारी रखती थी। उच्च आय वर्गों की 56.82 प्रतिशत और मध्यम आय वर्ग की 61.4 प्रतिशत महिलाएं इस सम्बन्ध में जानकारी रखती थीं, जबकि निम्न आय वर्ग की मात्र 21.11 प्रतिशत महिलाएँ ही इस सम्बन्ध में जानकारी रखती थीं।

सारांश

इस अध्याय के अन्तर्गत हरहुआ विकास खण्ड के अन्तर्गत आने वाले मुर्दहा, चौका (भुसौला) एवं बेलवरिया ग्रामों में चयनित विवाहित महिलाओं द्वारा पारिवारिक एवं वैवाहिक जीवन के विभिन्न पक्षों पर व्यक्त किये गये विचारों का विश्लेषण किया गया। परिवार की प्राथमिक इकाई एवं जननांकिकीय व्यवस्था से सक्रिय सहभागिता करने वाली महिलाओं से कुछ विशेष बिन्दुओं पर प्रतिक्रिया प्राप्त की गयी थी, जिनके अन्तर्गत लड़कियों की शिक्षा, विवाह के समय लड़कियों की आयु, विवाह संबंधी अभिप्रेरणा, विवाह का उद्देश्य और उपादेयता, संतान संबंधी मान्यता, संतान विशेष के प्रति लगाव, लघु परिवार के प्रति पति के दृष्टिकोण और विवाह एवं परिवार के परम्परागत अन्तर्सम्बन्धों से संबंधित तथ्यों का विवेचन किया गया। हमारा यह मानना था कि ग्रामीण परिवेश में निवास करने वाले निर्धन परिवारों में सम्पन्न परिवारों की तुलना में बच्चों की संख्या अधिक होती है। ऐसे परिवारों में साक्षरता का स्तर भी निम्न होता है तथा उनमें बच्चे उपभोक्ता की तुलना में उत्पादक के रूप में स्वीकार किये जाते हैं। तात्पर्य यह है कि ज्यों -ज्यों परिवार की आर्थिक स्थिति में सुधार होता जाता है और साक्षरता में वृद्धि होती रहती है, त्यों-त्यों परिवार में बच्चों की संख्या को सीमित रखने की प्रवृत्ति में भी विकास होता जाता है। अध्ययन से प्राप्त तथ्य यह स्पष्ट करते हैं कि ग्रामीण महिलाओं में लड़कियों की शिक्षा के प्रति उन्मुखता पायी गयी है एवं विकास हेतु भी महिलाओं में शिक्षा-व्यवस्था को बालिकाओं हेतु अति आवश्यक रूप बताया है।

पारिवारिक एवं वैवाहिक जीवन के प्रति ग्रामीण महिलाओं में निहित विचारों तथा परिवर्तित सामाजिक व्यवस्था के अनुरूप स्वयं को समायोजित

करने की प्रवृत्ति का विकास तथ्यों के विश्लेषण का मुख्य अभिकेन्द्र था। तद्नुरूप अध्याय के अन्तर्गत विश्लेषित किये गये तथ्यों का सारांश निम्नलिखित है।

युवा वर्ग की अधिकांश ग्रामीण महिलाएं (52.67 प्रतिशत) अपनी लड़कियों को उच्च शिक्षा प्रदान करना चाहती थीं। लेकिन कुछ महिलाएं ऐसी भी थीं, जो लड़कियों को इण्टरमीडिएट स्तर तक शिक्षा प्रदान करना चाहती थीं। इनमें अधिकांश महिलाएं (62.82 प्रतिशत) 20-30 वर्ष आयु वर्ग की थीं।

अनुसूचित जातियों में 85.42 प्रतिशत और पिछड़ी जातियों में 37.50 प्रतिशत महिलाएँ लड़कियों को इण्टरमीडिएट स्तर तक शिक्षा प्रदान करना चाहती थीं। शैक्षणिक उन्मुखता एकाकी और विस्तृत प्रकृति के परिवारों में तथा इण्टरमीडिएट एवम् उच्च शिक्षा प्राप्त महिलाओं में अधिक पायी गयी है। सामान्य स्थिति आय संवर्गों में भी देखी गयी है, जहाँ निम्न आय वर्ग की तुलना में मध्यम् एवम् उच्च आय वर्ग की अधिकांश महिलाएं लड़कियों की शिक्षा के प्रति उच्च स्तरीय सकारात्मक उन्मुखता रखती थीं। उच्च शैक्षणिक प्रस्थिति के प्रति अभिरुचि रखने वाली अधिकांश महिलाएं एकाकी परिवारों से थीं।

विवाहित ग्रामीण महिलाओं की शैक्षिक प्रस्थिति और परिवार में लड़कियों की शिक्षा में अन्तर्सम्बन्ध सकारात्मक पाये गये हैं। परिगणित काई स्क्वायर मूल्य तथ्यों की उच्च स्तरीय सार्थकता को प्रदर्शित करते हैं।

लड़कियों की वैवाहिक आयु के संबंध में ग्रामीण महिलाओं की प्रतिक्रिया से यह स्पष्ट हुआ है कि 58.67 प्रतिशत महिलाएं ऐसी थीं जो अपनी लड़कियों का विवाह 18 वर्ष से अधिक आयु में करना चाहती थीं। इनमें युवा आयु वर्ग की उच्च एवं पिछड़ी जातियों की शिक्षित महिलाओं की संख्या अधिक थीं। निम्न आय वर्गों की अपेक्षा उच्च आय वर्गों की महिलाएँ अपनी लड़कियों का विवाह 18 वर्ष से अधिक आयु में करना चाहती थीं। निम्न आय वर्ग में 45.73 प्रतिशत महिलाएं ऐसी थीं जो लड़कियों का विवाह 18 वर्ष से कम आयु वर्ग में करना चाहती थीं।

वैवाहिक संबंधों के निर्धारण में संस्कृति के परम्परागत मूल्य निर्णायक भूमिका का निर्वाह करते रहे। शिक्षा और आर्थिक विकास के प्रतिफल में विवाह के प्रति सामान्य दृष्टिकोण में ही परिवर्तन उत्पन्न हुआ है। भारतीय समाज में महिलाओं की सामाजिक-आर्थिक प्रस्थिति में सुधार हेतु विवाह के

समय आयु, जीवन साथी का चुनाव, विवाह में पति या पत्नी की संख्या, विवाह संबंधों की निरन्तरता, पुनर्विवाह और दहेज आदि विषयों पर विभिन्न अधिनियम बनाये गये हैं, जिनका प्रभाव समाज के प्रत्येक वर्ग पर देखा जा सकता है। ग्रामीण महिलाओं से इस संबंध में प्रचलित प्रथाओं के विषय में प्राप्त किये गये तथ्य यह इंगित करते हैं कि परम्परागत प्रथाओं का प्रभाव क्षीण हो रहा है। उदाहरण के लिए मात्र 18.67 प्रतिशत महिलाएं ही पर्दा प्रथा का पूर्णतः पालन करती थीं। इनमें अधिकांश संयुक्त परिवारों की और उच्च जाति की 40 वर्ष से अधिक आयु की महिलाएं थीं।

संततिहीन नारी की सामाजिक स्थिति के संबंध में प्रचलित मान्यताओं के विषय में प्राप्त तथ्य यह इंगित करते हैं कि 84.0 प्रतिशत ग्रामीण महिलाएं ऐसी स्त्रियों को अपूर्ण मानती हैं। इनमें अधिकांश निर्धन परिवारों की महिलाएं थीं। 20-30 वर्ष आयु की शत् प्रतिशत महिलाओं ने भी इस प्रकार की प्रतिक्रिया व्यक्त की थी, जबकि 40 वर्ष से अधिक आयु की अधिकांश महिलाएँ इसे ईश्वर की इच्छा मानती थीं।

विवाह के उद्देश्य के सम्बन्ध में प्राप्त तथ्य यह इंगित करते हैं कि अधिकांश महिलाएं इसे परम्परा के अनुपालन, वंश की निरन्तरता और संतान प्राप्ति के लिए आवश्यक मानती थीं। विवाह की उपादेयता के सम्बन्ध में प्राप्त किये गये तथ्य यह इंगित करते हैं कि 30 वर्ष से कम आयु की 35.90 प्रतिशत महिलाएं इसे संतान प्राप्ति के लिए आवश्यक मानती थीं, जबकि 30 से 40 वर्ष वर्ग में 43.75 प्रतिशत महिलाओं का मानना था कि यह परम्परा के अनुपालन के लिए आवश्यक है। इस्लाम धर्मावलम्बी 52.78 प्रतिशत महिलाएं विवाह को संतान प्राप्ति के लिए आवश्यक मानती थीं।

संयुक्त और एकाकी परिवारों की उच्च जाति की सम्पन्न वर्गों की अधिकांश महिलाएं विवाह की उपादेयता संतान प्राप्ति के रूप में देखती थीं। 50.0 प्रतिशत महिलाओं का कहना था कि वंश वृद्धि के लिए बच्चों का जन्म आवश्यक होता है। 53.33 प्रतिशत महिलाओं का मानना था कि प्रथम संतान के रूप में पुत्र का जन्म होना चाहिए। इनमें अधिकांश 30 वर्ष से अधिक आयु की संयुक्त परिवारों की निरक्षर और निम्न वर्ग की महिलाएं थीं। इस सम्बन्ध में प्राप्त काई स्क्वायर मूल्य उच्च स्तरीय सार्थकता प्रकट करते हैं।

लघु परिवारों या परिवार में बच्चों की कम संख्या के सम्बन्ध में पति के दृष्टिकोण के प्रति महिलाओं की प्रतिक्रिया से यह ज्ञात हुआ है कि 55.67 प्रतिशत महिलाएं अपने पति की लापरवाही मानती थीं। इनमें अधिकांश निम्न आय वर्ग (80.56 प्रतिशत), निरक्षर (85.37 प्रतिशत), अनुसूचित जातियों की (65.63 प्रतिशत) महिलाएं थीं तथा 20 से 30 वर्ष आयु वर्ग की 67.95 प्रतिशत महिलाएं थीं। काई स्क्वायर मूल्य तथ्यों की उच्च स्तरीय सार्थकता को इंगित करते हैं।

बच्चों की सीमित संख्या के विषय में उत्तरदात्रियों के विचार यह स्पष्ट करते हैं कि 44 प्रतिशत महिलाएं परिवार की उन्नति के लिए और 16 प्रतिशत माँ के स्वास्थ्य के लिए इसे आवश्यक मानती थीं। तेजस्वी संतान की आकांक्षा के कारणों के विषय में प्राप्त तथ्य यह इंगित करते हैं कि अधिकांश महिलाएं एक पुत्र की वैचारिकी को स्वीकार करती हैं। अधिकांश मुस्लिम महिलाएँ भी संतान की आवश्यकता पर बल देती हैं।

परिवार को सीमित रखने के विषय में धार्मिक मान्यताओं के सम्बन्ध में 92 प्रतिशत महिलाओं को कोई जानकारी नहीं थी। परिवार के सम्मान की अपेक्षा अधिकांश महिलाएं (70 प्रतिशत) पुत्र को प्राथमिकता देती हैं। इनमें निरक्षर निम्न आय वर्ग की प्रौढ़ महिलाओं की संख्या अधिक थी।

परिवार में पुत्र और पुत्री में वरीयता के सम्बन्ध में प्राप्त तथ्य यह स्पष्ट करते हैं कि 88.67 प्रतिशत महिलाएं पुत्र को वरीयता देती हैं, जबकि मात्र 8 प्रतिशत महिलाओं ने पुत्री को वरीयता दी थी। इनमें अधिकांश निम्न और मध्यम आय वर्ग की अनुसूचित जातियों की युवा महिलाएं थीं। 56 प्रतिशत महिलाएं देशहित में संतति की इच्छा छोड़ने के प्रति सकारात्मक विचार नहीं रखती थीं। अधिकांश महिलाओं का मानना था कि संततिविहीन नारी का जीवन निष्फल होता है और समाज उसे बाँझ के रूप में देखता है। संततिविहीन नारी को विभिन्न सामाजिक और मानसिक प्रताड़नाओं का शिकार होना पड़ता है। विवाह सम्बन्धी अधिनियमों की जानकारी के प्रति प्राप्त तथ्य यह इंगित करते हैं कि 66 प्रतिशत महिलाएं विवाह अधिनियमों से भिज्ञ नहीं थीं।

इस अध्याय के अन्तर्गत विश्लेषित तथ्यों से यह स्पष्ट हुआ है कि सामाजिक-आर्थिक दशाओं के रूप से शिक्षा और आय में वृद्धि के परिणामस्वरूप ग्रामीण महिलाओं के जागरुकता स्तर में वृद्धि हुई है। लड़कियों की शिक्षा,

विवाह के समय आयु, संतान की आकांक्षा जैसे महत्त्वपूर्ण पक्षों पर ग्रामीण महिलाओं में उच्च स्तरीय सकारात्मक परिवर्तन पाया गया है व साथ ही साथ महिलाओं में जनांकिकीय प्रवृत्तियों के प्रति परिवर्तन स्पष्ट रूप से दृष्टिगोचर होता है जो कि भविष्य के सर्वांगीण विकास से अपना सरोकार रखती है।

References

1. Kapadia, K.M., "Marriage and Family in India", 2nd edition, Bombay: Oxford University Press, 1958, p. 245.
2. Lastell, P. and Richard, W. (eds.), Household and Family in Past Time, (Combridge University Press, 1972), Chp.1.
3. Stone, L. The Family, Sex and Marriage in England 1500-188 (New York Haper and Row, 1977), chp. 1-2.
4. Marx, K. (1936), Capital, Modern Librarym, New York, chp. 16.
5. See for details Ogburn, W.F., Technology and the Changing Family, Hougnton Miffin, Boston, 1955.
6. For a more extended historical analysis of these problems along with trends. See William J. Goode, World Population and Family Patterns, New York, Pree Press, 1963.
7. Goode, J.W. (1987), The Family, Prentice Hall of India, New Delhi, pp. 8-9.
8. For a brief summary of the data on the United States, See F. Ivan etal., The Family, Macmillan, New York, 1973, pp. 407-434.
9. Marin J. Lovy, "Contrasting Factors in the modernization of China and Japan, in "Economic Growth : Brazil, India, Japan". Eds. Simon S. Kuznets, W. Lebert, E More, and Joseph J. Spenglar (N.C.: Duke University Press, 1955). For another view giving more importance to international power relations, see farneine V. Moulaler, Japan, China and the Modern World Economy, New York : Cambridge University Press, 1977.
10. Muadock. G.P., Social Structure, Macmillan and Co., New York, 1949.
11. Quoted in Goode, J.G. Op. cit., pp. 68-69.
12. Shah, V., Marriage in India : A Case Study in Gujarat University, 1975, p. 301.

अध्याय-6

नियोजन कार्यक्रम एवं जनांकिकीय परिदृश्य

इस अध्याय के अन्तर्गत जनांकिकीय परिदृश्य से सम्बन्धित तथ्यों के साथ-साथ ग्रामीण महिलाओं में निहित जागरुकता के सम्बन्ध में संकलित तथ्यों का विश्लेषण किया जा रहा है। स्वतंत्रता प्राप्ति के समय भारत की जनसंख्या 34 करोड़ 20 लाख और इसकी वार्षिक वृद्धि दर 1.3 प्रतिशत थी। स्वतंत्र भारत में संविधान बनने और कल्याणकारी राज्य की स्थापना के साथ भारत के समस्त नागरिकों के कल्याण हेतु सामाजिक-आर्थिक उत्थान के उद्देश्यों की प्रतिपूर्ति हेतु चलाये गये विभिन्न कार्यक्रमों के क्रियान्वयन, खाद्यान्नों के उत्पादन में तेज़ी से सुधार होने और अकाल की स्थिति पैदा न होने, स्वास्थ्य सुविधाओं के विस्तार, निवारक स्वास्थ्य कार्यक्रम के सफल कार्यान्वयन, बड़े स्तर पर फैलने वाले अथवा महामारी उत्पन्न करने वाले रोगों के उन्मूलन, उपचार की नई और आधुनिक विधियों से मृत्यु दर में तेज़ी से कमी आई है। अशोधित मृत्यु दर 1951 में प्रति हज़ार पर 27 थी, यह 1981 में घटकर 12.5 हो गई थी और जीवन प्रत्याशा 52 वर्ष से बढ़कर 58 वर्ष हो गयी थी। मृत्यु दर में भारी कमी की वजह से जनसंख्या 1961 में बढ़कर 43 करोड़ 90 लाख, 1971 में 54 करोड़ 80 लाख, 1981 में 68 करोड़ 30 लाख और वर्ष 1991 की जनगणना के अनुसार भारत की जनसंख्या 84 करोड़ 63 लाख और सन् 2001 ई0 में 1 अरब से भी अधिक हो गई थी। सन् 2011 की जनगणना के अनुसार भारत में 1 अरब 21 करोड़ लोगों के होने की बात प्रस्तुत होती है।

जनसंख्या में हो रही तीव्र वृद्धि को रोकने एवं तद्जनित समस्याओं को हल करने के लिए भारत सरकार ने 1951 में नैदानिक दृष्टिकोण से राष्ट्रीय परिवार कल्याण कार्यक्रम आरम्भ किया था। छठें दशक के मध्य में प्रसार शिक्षा नीति अपनाई गई और सातवें दशक के मध्य से परिवार नियोजन सेवा प्रदाय प्रणाली का धीरे-धीरे समुदायोन्मुख सेवा नेटवर्क में विस्तार किया गया, जिसमें परिवार नियोजन सेवाएँ विशेष रूप से मातृ एवं शिशु स्वास्थ्य और

पोषण कार्य-कलाप, समग्र स्वास्थ्य सेवाओं के पैकेज के रूप में प्रदान की जाती है। इस कार्यक्रम को केवल जन्म नियन्त्रण के रूप में अलग से नहीं माना गया, बल्कि इसे अन्य विकास कार्यक्रमों के अन्तर्गत लोगों के जीवन की गुणवत्ता में सुधार लाने के लिए संचालित करने का प्रस्ताव प्रस्तुत किया गया था। इसलिए 1977 में परिवार नियोजन कार्यक्रम को रूपान्तरित करके इसे परिवार कल्याण कार्यक्रम कर दिया गया था। इस कार्यक्रम में एक ओर विशेष रूप से मातृ शिशु स्वास्थ्य परिचर्या सेवाओं के माध्यम से सामुदायिक स्वास्थ्य सुविधाओं को सुदृढ़ करने की बात है, तो दूसरी ओर विवाहित दम्पतियों को गर्भ-निरोधन की सुविधाएँ और सेवाएँ मुफ़्त प्रदान की जाती हैं। अप्रत्यक्ष रूप से परिवार कल्याण कार्यक्रम सामाजिक-आर्थिक विकास की सभी अन्य परियोजनाओं को सुदृढ़ करने का भी स्रोत है। सामाजिक-आर्थिक विकासात्मक योजनाओं में परिवार कल्याण कार्यक्रम की महत्ता को अच्छी तरह समझने का प्रयास भी किया जा रहा है।

देश के विभिन्न भागों में परिवार के बड़े आकार के पक्ष में प्रचलित रीति-रिवाज, परम्पराएँ और सामाजिक-सांस्कृतिक विश्वास की जड़ें गहरी हैं और ये छोटे परिवार के आदर्श को अपनाने की इच्छा को बढ़ाने की प्रक्रिया में बाधक है। समग्र प्रजनन दर पर महिला साक्षरता का गहरा प्रभाव पड़ता है, क्योंकि साक्षर महिलाएँ अशिक्षित महिलाओं की अपेक्षा देर से शादी करती हैं और वे परिवार नियोजन और मातृ एवं शिशु परिचर्या सेवाओं का बेहतर उपयोग करती हैं। दूसरी ओर महिला साक्षरता, लड़कियों की शादी की आयु, पुत्र को प्राथमिकता प्रदान करने की प्रबल इच्छा तथा महिलाओं को रोज़गार देने का विरोध आदि जैसी सामाजिक-आर्थिक स्थितियों का अशिक्षित महिलाओं के प्रजनन व्यवहार पर महत्त्वपूर्ण प्रभाव पड़ता है।

राष्ट्रीय परिवार कल्याण कार्यक्रम का मुख्य उद्देश्य राष्ट्रीय अर्थ व्यवस्था की अपेक्षाओं के अनुरूप स्तर तक जन्म दर में कमी करना है। देश की प्रजातांत्रिक परम्पराओं को ध्यान में रखते हुए परिवार कल्याण कार्यक्रम में व्यक्ति को उसे सर्वाधिक सुविधाजनक परिवार नियोजन तरीक़ों का स्वेच्छा और मनचाहे ढंग से चयन करके उत्तरदायी और नियोजित प्रजननता को बढ़ावा दिया जाता है। विभिन्न स्तरों पर स्थानीय निकायों, स्वैच्छिक संगठनों, सामाजिक, कार्यकर्ताओं और जन नेताओं के माध्यम से लोगों की सहभागिता

प्राप्त की जाती है। छोटे परिवार के आदर्श के लाभों पर बल देने तथा परिवार को सीमित रखने के कार्यक्रमों को अपनाने में आने वाली सामाजिक-सांस्कृतिक बाधाओं को दूर करने के लिए जन प्रचार और पारम्परिक संचार माध्यमों का कल्पनाशील उपयोग किया जा रहा है।[1]

राष्ट्रीय स्वास्थ्य नीति 1983 में निर्धारित दीर्घावधि जनांकिकीय लक्ष्य सन् 2000 ई0 तक कुल प्रजनन दर एक पर लाने का था। इसका अर्थ जन्म दर प्रति हज़ार पर 21 मृत्यु दर प्रति हज़ार पर 9 तथा सहज जनसंख्या वृद्धि दर 1.2 प्रतिशत प्राप्त करना है। राष्ट्रीय स्वास्थ्य नीति में देश में इस सदी के अन्त तक शिशु मृत्यु दर को कम करके प्रति हज़ार जीवित जन्मों पर 60 से नीचे लाने का भी प्रस्ताव था।[2]

जनसंख्या समस्या के दो प्रधान पक्ष प्रस्तुत किये जाते हैं (अ) परिमाणात्मक पक्ष तथा (ब) गुणात्मक पक्ष। यद्यपि जनसंख्या के इन दोनों पक्षों के मध्य स्पष्ट विभाजन की सीमा रेखा खींचना कठिन है। फिर भी विषय की स्पष्टता और सुविधा के लिए इन्हें एक-दूसरे से अलग-अलग कर अध्ययन करना ज्यादा उपयुक्त होगा। इसे दृष्टि में रखते हुए इनकी मूलभूत विशिष्टताओं का विवेचन किया जा रहा है।

(अ) परिमाणात्मक पक्ष

जनसंख्या के इस पक्ष के अन्तर्गत जनसंख्या की उन सभी विशेषताओं को सम्मिलित किया जाता है, जिनका संबंध जनसंख्या के आकार व संरचना से होता है, यथा- जनसंख्या का आकार, जन्मदर, मृत्यु दर, आयु संरचना, जनसंख्या का वितरण, कार्यशील जनसंख्या व बेरोज़गारी आदि।

(ब) गुणात्मक पक्ष

जनसंख्या के गुणात्मक पक्ष के अन्तर्गत जनसंख्या की उन विशेषताओं को सम्मिलित किया जाता है, जो उसकी गुणवत्ता से सम्बन्धित होती हैं, जैसे- जनसंख्या की आयु, साक्षरता, स्वास्थ्य स्तर, जीवन-स्तर, कार्य क्षमता एवं कुशलता आदि।

विकासशील देशों की जनसंख्या में वृद्धि तथा जनसंख्या की मात्रा विकसित देशों की तुलना में अधिक होती है। इन देशों में अशिक्षा, अंधविश्वास, धार्मिक और सामाजिक रूढ़ियों का व्यापक साम्राज्य होने के कारण प्रत्येक पैदा होने वाले बालक को उपभोक्ता तथा परिवार के दायित्व के रूप में नहीं देखा

जाता, परन्तु उसे एक उत्पादक एवं सम्पत्ति के रूप में देखा जाता है। भारत की जनसंख्या वृद्धि के आँकड़ों से यह स्पष्ट होता है कि केवल 1931 से 1950 के मध्य जनसंख्या में 8.1 करोड़ की बढ़ोत्तरी हुई थी, जो इंग्लैण्ड की जनसंख्या से 10 गुनी है तथा कनाडा की जनसंख्या से 5 गुनी है। सन् 1941-50 के मध्य यह वृद्धि 4.4 करोड़ की रही है, जिसे स्विट्जरलैण्ड, पुर्तकाल तथा स्पेन की कुल जनसंख्या के बराबर कहा जा सकता है। सन् 1956-60 के बीच होने वाली जनसंख्या में वृद्धि ब्रिटेन, इटली व जर्मनी आदि की जनसंख्या से भी अधिक है। इसी तरह भारत में 1951 से 1971 तक जनसंख्या में 24.57 प्रतिशत की वृद्धि हुई है। सन् 1981-91 के बीच जनसंख्या में 23.85 प्रतिशत अथवा 16.28 करोड़ की वृद्धि हुई जो ब्राजील की कुल जनसंख्या से अधिक है। सन् 1991-2001 के बीच जनसंख्या में 21.65 प्रतिशत की वृद्धि हुई तथा 2001-2011 में जनसंख्या वृद्धि दर 17.64 प्रतिशत आँकी गयी है। सन् 2001 से 2011 के बीच लगभग 18 करोड़ से भी ज्यादा जनसंख्या में वृद्धि हुई है।[3]

जनसंख्या में होने वाली तीव्र वृद्धि केवल भारत में ही नहीं, बल्कि अन्य विकासशील देशों में भी पायी जाती है। इन देशों में जनसंख्या वृद्धि की वर्तमान दर 2 से 4 प्रतिशत के मध्य है। यदि जनसंख्या इसी दर से बढ़ती रही तो 22 से 35 वर्ष के मध्य विकासशील देशों में जनसंख्या दुगूनी हो जाएगी। वर्तमान समय में विश्व की 65 प्रतिशत जनसंख्या इन्हीं देशों में निवास करती है। दूसरी ओर आय के आँकड़ों पर विचार करें तो यह स्पष्ट होता है कि कुल आय का मात्र 17 प्रतिशत भाग ही इन देशों के हक में है। ऐसी स्थिति में यदि यह कहा जाये कि इन देशों में जनसंख्या विस्फोट की स्थिति बनी हुई है तो अतिशयोक्ति न होगी।

जनसंख्या की वृद्धि दर प्रत्यक्ष रूप से जन्म और मृत्यु दर से प्रभावित होती है। विकासशील देश केवल सामाजिक, आर्थिक व स्वास्थ्य और चिकित्सा क्षेत्र में ही पिछड़े हुए नहीं हैं, बल्कि इन देशों में जन्म और मृत्यु दर में भी व्यापक भिन्नता मौजूद है। विकासशील देशों की जनसंख्या की परिमाणात्मक विशेषताओं की एक उल्लेखनीय विशेषता यह भी है कि यहां जन्म और मृत्यु दरें विकसित देशों की तुलना में बहुत अधिक होती है, परन्तु यदि हम जन्म दर और मृत्यु दर के अनुपात को देखें तो स्पष्ट होता है कि इन देशों में मृत्यु दर की अपेक्षा जन्म दर ही अधिक होती है। जैसे-जैसे इन देशों में शिक्षा, सार्वजनिक स्वास्थ्य और चिकित्सा की सेवाओं में प्रसार, प्रति व्यक्ति आय, रहन-सहन के स्तर में

वृद्धि, औद्योगिकीकरण एवं नगरीकरण का विकास होता है, मृत्यु दर तुलनात्मक दृष्टि से घटती जाती है, लेकिन जन्म दर में इसी अनुपात से कमी नहीं हो पाती, जिसका मूल कारण इन देशों में प्रचलित बाल विवाह, धार्मिक व सामाजिक अन्धविश्वास, संयुक्त परिवार की ओर परम्परागत उन्मुखता, निर्धनता, विवाह की अनिवार्यता, बहु विवाह, पौष्टिक आहार का अभाव, कृषि प्रधान अर्थव्यवस्था एवम् सन्तान निरोधक साधनों की कमी एवम् उनके सम्बन्ध में अज्ञानता आदि प्रमुख हैं।

जनसंख्या की गुणात्मक विशेषताएँ

निम्न प्रत्याशित आयु

कोल एवं हूबर के अनुसार एक ग्रामीण अर्थ व्यवस्था में सामान्य अविकसित दशा रहने के कारण जन्म व मृत्यु दरें ऊँची रहती हैं।[4] अर्द्ध-विकसित देशों की जनसंख्या की जीवन अवधि विकसित देशों से बहुत कम होती है। विकसित देशों में जहाँ सामान्य औसत आयु 65 से 70 वर्ष की है, वहीं इन देशों की औसत आयु 40 या उसके आसपास ही है। वास्तव में जनसंख्या का दीर्घ-जीवन उस राष्ट्र के विकास और समृद्धि का सूचक होता है, पर अर्द्ध-विकसित देशों में यह स्थिति बड़ी निराशाजनक है। वर्तमान समय में हमारे देश में औसत आयु बढ़कर लगभग 65 वर्ष हो गयी है, जो 1971 में 53 वर्ष थी। यद्यपि 1981 के बाद भारतीय जनसंख्या की प्रत्याशित आयु में काफ़ी वृद्धि हुई है, फिर भी यह आयु विकसित देशों की तुलना में बहुत कम ही है। सन् 1984 में जहाँ संयुक्त राज्य अमेरिका में प्रत्याशित आयु 76 वर्ष, कनाडा में 76 वर्ष, जर्मनी में 75 वर्ष, फ्रांस में 87 वर्ष की थी, वहीं भारत में केवल 56 वर्ष ही थी। सन् 1991-2001 के दौरान विकास की नयी दर के फलस्वरूप हमारे देश में व्यक्ति की औसत प्रत्याशित आयु 65 वर्ष मानी गयी है। भारत में प्रत्याशित आयु के सम्बन्ध में उल्लेखनीय बात यह है कि यहाँ पुरुषों की तुलना में स्त्रियों की जीवन अवधि कम है, जबकि अन्य पाश्चात्य देशों में दोनों की औसत आयु लगभग बराबर या पुरुषों से अधिक पायी जाती है। साथ ही प्रत्येक प्रांत की औसत आयु में भी काफी अन्तर पाया जाता है।[5]

अधिकांश जनसंख्या का अशिक्षित होना

अर्द्ध-विकसित देशों में निरक्षरता का प्रतिशत भी विकसित देशों से बहुत अधिक पाया जाता है। यहाँ की जनसंख्या का अधिकांश भाग अशिक्षा के

अंधकार में डूबा रहता है। शिक्षा के अभाव के कारण अधिकांश जनसंख्या भाग्यवादी, निराशावादी एवं रूढ़िवादी जीवन व्यतीत करती है। यह निरक्षरता न केवल जनसंख्या के गुणात्मक स्तर को ही गिराती है, बल्कि देश के विकास में बहुत बड़ी बाधा का कार्य करती है। साक्षरता से ही किसी भी देश की जनसंख्या की भावनाओं और सामाजिक मूल्यों का पता चलता है। शिक्षा देश के आर्थिक विकास, कला व विज्ञान संबंधी विकास का महत्त्वपूर्ण तत्व है। यह जनशक्ति के निर्माण का साधन है, पर अर्द्ध-विकसित देशों में इसकी सुविधाओं के अभाव एवम् अपनी प्राचीनतम रूढ़िगत मान्यताओं के कारण अधिकांश जनसंख्या आज भी अशिक्षित है।[6]

स्वास्थ्य का निम्न स्तर

यदि स्वास्थ्य की दृष्टि से अर्द्ध विकसित देशों की जनसंख्या पर विचार किया जाय तो स्पष्ट होता है कि विकसित राष्ट्रों की जनसंख्या के स्वास्थ्य स्तर से यहाँ का स्वास्थ्य स्तर काफ़ी निम्न एवं गिरा हुआ है। वास्तव में मानव की सर्वांगीण उन्नति और विकास का आधार स्वास्थ्य ही होता है। कहा जाता है कि अच्छे स्वस्थ शरीर में स्वस्थ मन का वास होता है। स्वास्थ्य का स्तर देश की जनसंख्या की शक्ति (शारीरिक-मानसिक) और कार्यक्षमता का मापदण्ड या प्रतीक ही नहीं, बल्कि सम्पूर्ण राष्ट्र की उन्नति का प्रतीक है।

स्वास्थ्य की दृष्टि से विकासशील देशों की स्थिति काफ़ी चिन्तनीय होती है। सर जान मेगा ने भारत के पौष्टिक भोजन के सम्बन्ध में कहा है कि भारत में केवल 39 प्रतिशत को पौष्टिक एवं 51 प्रतिशत को अपौष्टिक भोजन मिल पाता है, शेष 10 प्रतिशत को तो बिलकुल ही भोजन नहीं मिल पाता है।[7]

पोषक आहार सलाहकार समिति

भारत में 30 प्रतिशत परिवारों को भोजन में आवश्यक मात्रा में कैलोरी नहीं मिल पाती और यदि भोजन पर्याप्त मात्रा में मिल जाता है तो भी, निश्चय ही वह असन्तुलित रहता है, जिसमें अन्न की ही प्रधानता रहती है और उत्तम पोषक तत्त्व वाले स्वास्थ्यवर्द्धक पदार्थ का अभाव रहता है। परिणामतः भोजन में पर्याप्त मात्रा में विटामिन, चर्बी, क्षार, प्रोटीन तथा अन्य आवश्यक तत्त्वों का अभाव होता है, जिससे इन देशों के निवासियों का स्वास्थ्य स्तर गिरा रहता है और श्रम शक्ति दुर्बल होती है। इन देशों में चिकित्सा सुविधा का भी अभाव

पाया गया है। अर्द्ध-विकसित देशों में प्रति व्यक्ति सार्वजनिक स्वास्थ्य पर जहाँ 2 से लेकर 12 रुपये तक ही व्यय किया जाता था, वहीं भारत में यह व्यय मात्र 2 रुपये के आस-पास है, जबकि अमेरिका में 140 रू0 से अधिक व्यय किया जाता है।[8]

जनसंख्या की निम्न उत्पादकता एवं कार्य कुशलता

अर्द्ध-विकसित देशों की जनसंख्या की एक गुणात्मक विशेषता यह है कि यहाँ जनसंख्या में कार्य करने की शक्ति एवं क्षमता तथा ज्ञान का स्तर बहुत निम्न होता है। यदि हम इन देशों के श्रमिकों की कार्यक्षमता की तुलना विकसित देशों के श्रमिकों से करें तो यह कहना ग़लत न होगा कि विकसित देशों में श्रमिक हर दृष्टि से 2 से 4 गुनी अधिक कुशलता रखते हैं। अर्द्ध-विकसित देशों की जनसंख्या शिक्षा, चिकित्सा, स्वास्थ्य, स्वच्छता एवं पौष्टिक भोजन के अभाव में सापेक्ष व तुलनात्मक दृष्टि से अकुशल होती है, जबकि विकसित देशों में उपरोक्त सुविधाएँ पर्याप्त मात्रा में उपलब्ध होने के कारण वहाँ के श्रमिक कई गुना अधिक कुशलता रखते हैं।[9]

भारत की स्थिति इस दृष्टि में काफ़ी चिन्तनीय है। मैक राबर्ट के अनुसार 'भारतीय श्रमिक की तुलना में यूरोपीय श्रमिक 2 गुना अधिक कुशल हैं। अल्फ्रैड वीन ने भी अपना मत व्यक्त किया है कि यद्यपि अर्द्ध-विकसित राष्ट्रों में प्रति व्यक्ति व्यय कम किया जाता है। विकसित देशों की तुलना में प्रति व्यक्ति कुल उत्पादन में सदैव ही इन्हें हानि उठानी पड़ती है।[10] उपरोक्त विशेषताओं के अतिरिक्त भारतीय जनसंख्या की कुछ अन्य विशेषतायें भी हैं, जिनका यहाँ उल्लेख करना आवश्यक होगा–

1. भारतीय जनसंख्या में स्त्री–पुरुषों के अनुपात में भिन्नता

यदि भारतीय जनसंख्या के लिंगीय अनुपात पर विचार किया जाये तो स्पष्ट होगा कि स्त्री और पुरुषों की संख्या बराबर नहीं है। भारतीय जनगणना 1971 के अनुसार भारत में पुरुषों की संख्या 283,5,987 तथा स्त्रियों की संख्या 263,899,954 थी। इस तरह प्रति हज़ार पुरुषों के पीछे 932 स्त्रियाँ थीं, जबकि 1961 में यह औसत 941 था। जब 1981 की जनगणना के अनुसार 1000 पुरुषों के पीछे 935 स्त्रियाँ थीं। देश में 353,347,249 पुरुष तथा 330,462,802 स्त्रियाँ हैं। सन् 1991 की जनगणना के अनुसार भारत में 1000 पुरुषों के पीछे 937 महिलाएँ थीं। 2001 की जनगणना के अनुसार भारत में लिंगानुपात 1000

पुरूषों के पीछे 933 महिलाएँ थीं, वहीं यह 2011 में थोड़ा-सा बढ़कर 940 हो गया है।[11]

2. भारतीय जनसंख्या में भाषागत विभिन्नता

भारतीय जनसंख्या की एक उल्लेखनीय विशेषता यह भी है कि यहाँ जनसंख्या के विचारों के आदान-प्रदान का माध्यम (भाषायें) इतनी अधिक है कि शायद ही विश्व का कोई देश इस क्षेत्र में भारत के समकक्ष हो। जहाँ तक बोलियों का सवाल है, उनकी इतनी अधिक संख्या है कि शायद साधारण प्रयासों से उसकी गणना ही नहीं की जा सकती है। अर्थात् बोलियों की संख्या हज़ारों में है। जहाँ तक प्रमुख भाषाओं का प्रश्न है, उनमें 15 को भारतीय संविधान में स्थान दिया गया है, जो इस प्रकार हैं—हिन्दी, तेलुगू, बंगाली, मराठी, तमिल, उर्दू, गुजराती, कन्नड़, मलयालम, उड़िया, पंजाबी, असमिया, कश्मीरी, सिन्धी और संस्कृत।

3. भारतीय जनसंख्या की धार्मिक भिन्नता

भारतीय जनसंख्या की एक उल्लेखनीय विशेषता यह भी है कि यहाँ अनेक धर्म और मत-मतान्तर के मानने वाले लोग निवास करते हैं। अन्य किसी देश में इतनी अधिक भिन्नता नहीं पाई जाती। भारत में 82.6 प्रतिशत हिन्दू, 11.36ः मुस्लिम, 2.43 प्रतिशत ईसाई, 1.96 प्रतिशत सिक्ख, 0.71 प्रतिशत बौद्ध, 0.48 प्रतिशत जैन तथा 0.42 प्रतिशत पारसी एवम् अन्य धर्म हैं। देश में मुसलमानों की जनसंख्या वृद्धि का प्रतिफल सर्वाधिक रहा है, जबकि ईसाइयों का सबसे कम।

4. जनसंख्या के घनत्व में भिन्नता

यदि हम घनत्व की दृष्टि से भारतीय जनसंख्या पर विचार करें तो स्पष्ट होता है कि प्रत्येक क्षेत्र में प्रति वर्ग किलोमीटर में निवास करने वाली जनसंख्या की मात्रा समान नहीं है। सन् 1991 की जनगणना के अनुसार भारत में जनसंख्या का घनत्व 273 व्यक्ति प्रति वर्ग किलोमीटर था। सन् 1981-91 के दशक में भारत में प्रति वर्ग किमी0 43 लोगों की वृद्धि हो गयी है। सन् 2001 की जनगणना के अनुसार भारत में जनसंख्या का घनत्व 324 व्यक्ति प्रतिवर्ग किमी. था, वहीं 2011 में यह घनत्व बढ़कर 382 व्यक्ति प्रति वर्ग किमी. हो गया है।[12]

5. जनसंख्या में प्रजातीय भिन्नता

यदि प्रजातीय आधार पर भारतीय जनसंख्या का अध्ययन करें तो इस क्षेत्र में भी भारतीय जनसंख्या में समानता नहीं मिलती है। यद्यपि कुछ विद्वानों का

यह मत है कि भारत में केवल दो ही प्रमुख प्रजातियाँ द्रविड़ और आर्य विशेष रूप से पाई जाती हैं, परन्तु कुछ विद्वानों का मत है कि जाति की भाँति भारत प्रजातियों का भी एक अजायबघर है।

जनसंख्या विस्फोट

भारत की जनसंख्या की प्रवृत्तियों के अध्ययन के आधार पर जनसंख्या विस्फोट की स्थिति को स्पष्ट किया जा सकता है। 19वीं तथा 20वीं शताब्दी के प्रारम्भिक दशकों में देश अनेक अकाल और महामारियों से त्रस्त था, परन्तु धीरे-धीरे स्वास्थ्य सुविधाओं एवं खाद्यान्न आपूर्ति में वृद्धि हुई जिससे जनसंख्या का आकार बढ़ने लगा। सन् 1981 से लेकर 1991 तक की जनगणना रिपोर्टों का अध्ययन करने पर भारत की जनसंख्या वृद्धि की प्रवृत्तियों में तीन अवस्थाएँ दृष्टिगत होती हैं। सन् 1891 से 1921 तक के 30 वर्षों की अवस्था, 1921 से 1951 तक के 30 वर्षों की द्वितीय अवस्था और 1951 से 1991 तक के 40 वर्षों की तृतीय अवस्था। 1991 के बाद से लेकर दो दशकों के दौरान जनसंख्या में काफ़ी वृद्धि हुई है।

सन् 1891 से सन् 1921 की प्रथम अवस्था में भारत की जनसंख्या लगभग स्थिर थी। सन् 1891 में देश की कुल जनसंख्या 23.6 करोड़ थी। जो 1921 में 25.1 करोड़ के स्तर तक पहुँची। जनसंख्या में सिर्फ 1.5 करोड़ अर्थात् 0.19% प्रतिवर्ष वृद्धि हुई। इसका कारण जन्म दर और मृत्यु दर दोनों का उच्च होना है। इस अवधि में जन्म दर 45 से 49 प्रति हज़ार के बीच की रही, जबकि मृत्यु दर 44 से 48 प्रति हज़ार के बीच। इस प्रकार स्पष्ट है कि इस अवधि में भारत जनांकिकीय संक्रमण की प्रथम अवस्था में था।

यदि दूसरी अवस्था अर्थात् 1921 से 1951 की अवधि का अध्ययन किया जाय तो यह स्पष्ट होता है कि इस अवधि में देश की कुल जनसंख्या 25.1 करोड़ से बढ़कर 36.1 करोड़ हो गयी थी, अर्थात् इसमें 11 करोड़ की या 1.22 प्रतिवर्ष की वृद्धि हुई। इस अवस्था में जन्म दर 49 से 40 प्रति हजार और मृत्यु दर 48 से 27 प्रति हजार तक गिर गयी। स्पष्ट है कि इस अवधि में मृत्यु दर में तीव्र गिरावट हुई, जिसका कारण अकाल तथा महामारियों पर व्यापक प्रतिबन्ध लगाने में प्राप्त की गयी सफलता थी। फलस्वरूप जनसंख्या वृद्धि दर मध्यम रही। वास्तव में यह अवस्था जनांकिकीय संक्रमण के द्वितीय अवस्था में प्रवेश करने की तैयारी का काल था।

तृतीय अवस्था अर्थात् 1951 से वर्तमान काल तक भारतीय जनसंख्या में विस्फोटक गति से वृद्धि हुई। यह जनसंख्या विस्फोट की अवधि ही थी, जिसमें जनसंख्या 36.1 करोड़ से बढ़कर 1 अरब हो गयी। जनसंख्या वृद्धि दर 2.03 प्रतिशत वार्षिक रही। इस अवधि में जन्म दर 40 प्रति हजार से घटकर 30.5 प्रति हज़ार हो गयी, परन्तु मृत्यु दर और तेजी से घटकर 27.4 प्रति हज़ार से 10.2 प्रति हज़ार हो गयी। सरकार द्वारा नियोजित विकास की रणनीति के तहत परिवार कल्याण कार्यक्रम को चलाना था, जिसके अन्तर्गत सीमित परिवार के साथ-साथ स्वास्थ्य सुधार पर भी ध्यान दिया गया। स्वास्थ्य सुधार पर बल देने के कारण लोगों की जीवन प्रत्याशा बढ़ी और मृत्यु दर में कमी आई। जिसकी वजह से जनगणना में वृद्धि का दर बढ़ता रहा है।

सारणी संख्या 6.1

भारत में जनसंख्या की वृद्धि (1891 से 2011 तक)

जनगणना वर्ष	जनसंख्या (करोड़)	वृद्धि या ह्रास (करोड़)	वृद्धि दर %
1891	23.6	-	-
1901	23.6	0.0	0.0
1911	25.2	+ 1.6	+ 5.7
1921	25.1	- 0.1	- 0.3
1891-1921		+ 1.5	+ 0.19
1931	27.9	+ 2.8	+ 11.0
1941	31.9	+ 4.0	+ 14.2
1951	36.1	+ 4.2	+ 13.3
1921-1951		+ 11.0	+ 1.22
1961	43.9	+ 7.8	+ 21.5
1971	54.8	+ 10.9	+ 24.8
1981	68.3	+ 13.5	+ 24.7
1951-1981		+ 32.2	+ 2.14
1991	84.4	+ 16.1	+ 23.5
2001	102.8	+ 18.4	+ 21.15
2011	121.00	+ 18.2	+ 17.64

स्रोतःभारत की जनगणना के विभिन्न प्रतिवेदन

भारतीय जनसंख्या में हो रही तीव्र वृद्धि को रोकने के लिए आठवीं पंचवर्षीय योजना में सन् 1997 तक जन्मदर 26 प्रतिशत तक घटा लेने का लक्ष्य निर्धारित किया गया था। मार्च 1991 तक लक्ष्य दम्पति (15-44 वर्ष आयु वर्ग) परिवार नियोजन की परिसीमा में सम्मिलित किये जा चुके थे। इस प्रयास में नगरीकरण की प्रक्रिया का महत्त्वपूर्ण योगदान रहा है। नगरीकरण का तात्पर्य कुल जनसंख्या में से नगरीय जनसंख्या के अनुपात से है। अर्थशास्त्रियों में ऐसी मान्यता रही है कि विकास के साथ-साथ नगरीकरण में भी वृद्धि होती जाती है। प्रायः नगरों की स्थापना और उद्योग की स्थापना में प्रत्यक्ष सम्बन्ध रहा है। अतः किसी देश में नगरीकरण का अनुपात उच्च हो तो इससे ऐसा आभास होता है कि उस देश का आर्थिक विकास स्तर भी उच्च होगा। पश्चिमी देशों के उदाहरण से ऐसा ही प्रतीत भी होता है।

भारत में औद्योगिकीकरण और नगरीकरण की वृद्धि अपेक्षाकृत मन्द गति से हुई है, फलस्वरूप आज भी देश की सिर्फ़ एक चौथाई आबादी ही नगरों में रहती है। एक नगर की परिभाषा हेतु भारतीय जनगणना आयोग द्वारा कुछ मानक निर्धारित किये गये हैं–जैसे–1. उस स्थान की जनसंख्या 5000 से अधिक हो, 2. वहाँ के 75 प्रतिशत कार्यक्षम पुरुष ग़ैर कृषि कार्यों में लगे हुए हों, 3. वहाँ की जनसंख्या का घनत्व कम-से-कम 400 व्यक्ति प्रति वर्ग कि.मी. हो, 4. वहाँ पर नगरपालिका, नगर निगम, कैन्टोनमेन्ट बोर्ड या नोटीफाइड एरिया कमेटी कार्यरत हो।

सन् 1911 में भारत की सिर्फ 11 प्रतिशत आबादी शहरों में रहती थीं। स्वतन्त्रता प्राप्ति के पश्चात् 1951 में 17.3 प्रतिशत लोग नगरों में रहने लगे थे। 1991 की जनगणना के अनुसार अब 25.7 प्रतिशत जनसंख्या नगरीय थी। सन् 2001 की जनगणना के अनुसार 27.8 प्रतिशत लोग नगरीय रहे थे तथा 2011 की जनगणना के आधार पर लगभग 29.6 प्रतिशत लोग नगरीय क्षेत्र में निवास करते हैं।

भारत में नगरीकरण की एक और प्रवृत्ति उल्लेखनीय है। यहाँ बड़े नगरों या एक लाख से अधिक जनसंख्या वाले नगरों की आबादी में तथा संख्या में तेज़ी से वृद्धि हुई है। उदाहरण के लिए 1901 में 1 लाख से अधिक आबादी वाले नगरों की कुल जनसंख्या 6.6 मिलियन या 25.7 प्रतिशत थी, जो 1991 में बढ़कर 138.8 मिलियन या 65.2 प्रतिशत हो गयी है। इसके विपरीत

50,000 से 99,000 या 20,000 से 49,000 तक की जनसंख्या वाले नगरों की आबादी 1901 से 1991 के बीच लगभग स्थिति क्रमशः 10-11 प्रतिशत और 14-15 प्रतिशत रही है। फलस्वरूप 20 हजार से कम आबादी वाले नगरों की जनसंख्या में तीव्र गति से ह्रास हुआ है। जहाँ कुल नगरीय जनसंख्या में इनकी हिस्सेदारी 1901 में 47.2 प्रतिशत थी, वह 1991 में घटकर सिर्फ 10.7 प्रतिशत तक रह गई थी। यदि भारत के नगरीकरण की तुलना पाश्चात्य देशों के साथ की जाय, तो भारत की स्थिति काफ़ी पिछड़ी नज़र आती है। जहाँ सं.रा. अमेरिका में 74 प्रतिशत, जापान में 76 प्रतिशत, आस्ट्रेलिया में 86 प्रतिशत और यूनाइटेड किंगडम में 92 प्रतिशत जनसंख्या ही नगरों में रहती है। अतः भारत को इस क्षेत्र में अभी और विकास करने की आवश्यकता है।[13]

सारणी संख्या 6.2

ग्रामीण तथा शहरी जनसंख्याः 1901-2011

जनगणना वर्ष	कुल जनसंख्या का प्रतिशत	
	ग्रामीण	नगरीय
1901	89.0	11.0
1911	89.6	10.4
1921	88.7	11.3
1931	87.8	12.2
1941	85.9	14.1
1951	82.7	17.3
1961	82.0	18.0
1971	80.1	19.9
1981	76.7	23.3
1991	74.3	25.7
2001	72.2	27.8
2011	70.4	29.6

उपर्युक्त आँकड़ों से स्पष्ट है कि 1947 के पूर्व भारत में नगरीकरण की गति बहुत मंद थी। सन् 1951 से 1961 के बीच इसमें कुछ तेजी आई, परन्तु 1961 से 1971 के बीच इसकी गति पुनः मंद हो गई, जिसका कारण चीन तथा

पाकिस्तान के साथ युद्ध और 1966-67 में सूखे की स्थिति थी। पुनः 1971 से 1991 के बीच इसमें तीव्र वृद्धि हुई है।

प्रत्याशित आयु

19वीं शताब्दी में तथा 20वीं शताब्दी के पूर्वार्द्ध में भारत में चिकित्सा सुविधाओं की अपर्याप्तता के कारण लोगों की जीवन प्रत्याशा बहुत कम थी। अकाल तथा महामारियों, जैसे प्लेग, हैजा, चेचक आदि से भारी संख्या में लोग मौत के शिकार हो जाते थे। यही कारण था कि 1901-10 की अवधि में भारतीय लोगों की प्रत्याशित आयु सिर्फ 23 वर्ष थी, जो 1951 में कुछ बढ़कर 32 वर्ष हो गयी। स्वतन्त्रता प्राप्ति के पश्चात् स्वदेशी सरकार ने इस दिशा में अपना ध्यान विशेष रूप से केन्द्रित किया, जिसके परिणामस्वरूप जीवन प्रत्याशा में निरन्तर वृद्धि होती चली गयी। सन् 1961-71 में यह 46.4 वर्ष, 1981 में 54 वर्ष, 1991 में 55.4 वर्ष तथा 2001 में 64.4 वर्ष हो गई। वर्तमान समय में यह लगभग 65 वर्ष से अधिक मानी गई है। निश्चित रूप से यह एक उत्साहजनक परिणाम था। जीवन प्रत्याशा में वृद्धि का मुख्य कारण शिशु मृत्यु दर में कमी आना, जच्चा-बच्चा स्वास्थ्य पर बल देना तथा अन्य जानलेवा बीमारियों की रोकथाम की विशेष व्यवस्था करना है।

साक्षरता दर

साक्षरता दर किसी देश की जनसंख्या की गुणात्मकता को दर्शाने का प्रमुख आधार रहा है। इस दृष्टि से भारत का उदाहरण विशेष उत्साहवर्धक नहीं माना जा सकता। देश की अधिकांश जनसंख्या निर्धनता और अभावों में जीवन बिताती रही है, फलतः उसके लिए बच्चों की शिक्षा की व्यवस्था करना एक कठिन कार्य रहा है। जहाँ एक ओर बच्चों की पढ़ाई-लिखाई पर धन व्यय होता है, वहीं दूसरी ओर बच्चे के विद्यालय चले जाने से खेती एवम् अन्य कार्य करने वाले एक श्रमिक की भी कमी हो जाती है। इसी कारणवश भारत में शिक्षा पर लोगों ने कम ध्यान दिया। फलस्वरूप स्वतन्त्रता प्राप्ति के समय (1951 में) देश की सिर्फ 18 प्रतिशत आबादी ही साक्षर थी। परन्तु इसके पश्चात् सरकार के निरन्तर प्रयास से इस अनुपात में वृद्धि होती चली गयी। सन् 1961 में 28 प्रतिशत, 1981 में 41 प्रतिशत और 1991 में 52 प्रतिशत जनसंख्या साक्षर हो गई। सन् 2001 में 64 प्रतिशत तथा 2011 में 74.0 प्रतिशत जनसंख्या साक्षर हो गई है तथा साक्षरता वृद्धि दर 9.21 प्रतिशत की मानी गयी है।

पिछले दशकों में सरकार ने साक्षरता दर में वृद्धि करने हेतु अनेक गम्भीर उपाय किये। शिक्षा को जन-जन तक पहुँचाने हेतु इसे एक आन्दोलन का रूप दिया गया। सरकार ने नई शिक्षा नीति की घोषणा की, जिसमें शैक्षिक गतिविधियों के स्तर और श्रेष्ठता में सुधार लाने के अनेक उपाय सुझाये गये थे। सातवीं योजना में ही सरकार ने अपने सामने यह लक्ष्य रखा कि सन् 2000 तक 15 से 35 वर्ष के आयु वर्ग में कोई भी व्यक्ति निरक्षर नहीं रहे तथा 6 से 14 वर्ष के आयु वर्ग में सभी को प्राथमिक शिक्षा मिले। इसी उद्देश्य से विशिष्ट क्षेत्रों पर ध्यान देते हुए शैक्षिक योजनाओं की माइक्रोप्लानिंग नीति को तत्परता से समाज के सबसे निचले स्तरों पर लागू किया जा रहा है। आपरेशन ब्लैक बोर्ड नामक विशेष कार्यक्रम चलाकर प्राथमिक विद्यालयों में बुनियादी सुविधाएँ जुटाने और शिक्षकों की संख्या बढ़ाने पर ध्यान दिया गया है।[14]

शिक्षा के स्तर में सुधार के उद्देश्य से ही सरकार ने 1986 में नयी शिक्षा नीति की घोषणा की। इसके अन्तर्गत सबके लिए प्राथमिक शिक्षा, शिक्षा के समान अवसर, महिलाओं को शिक्षा और उनका विकास, स्कूल स्तर की शिक्षा का व्यवसायीकरण, उच्च शिक्षा को मज़बूत बनाना, तकनीकी शिक्षा का आधुनिकीकरण, सभी स्तरों पर शिक्षा प्रणाली और गुणवत्ता में सुधार सुनिश्चित करना आदि उद्देश्यों की प्राप्ति के लिए संकल्प किया गया।[15]

उपर्युक्त प्रयासों का ही परिणाम है कि 2011 में देश की साक्षरता का स्तर 74.04 प्रतिशत तक पहुँच गया। यद्यपि यह एक उत्साहजनक परिणाम माना जा सकता है, परन्तु हमें यह ध्यान में रखना चाहिए कि अभी भी देश की लगभग एक तिहाई जनसंख्या 25.96 प्रतिशत निरक्षर है। अतः इस दिशा में विशेष प्रयास करने की आवश्यकता है।

भारत की जनसंख्या नीति

देश की तीव्र गति से बढ़ती जनसंख्या की समस्या को पहचान कर भारत सरकार ने 1952 से ही अपनी एक जनसंख्या नीति निर्धारित की हुई है, जिसका उद्देश्य जनसंख्या वृद्धि पर रोक लगाने के विभिन्न उपायों को अपनाकर उसे निर्धारित स्तर पर रोकना है। इसी उद्देश्य से सरकार ने जनसंख्या नियन्त्रण के उपायों के क्रियान्वयन हेतु पंचवर्षीय योजनाओं में धन की विशेष व्यवस्था की है। यद्यपि प्रथम, द्वितीय तथा तृतीय योजनाओं में यह राशि बहुत कम (क्रमशः 65 लाख, 5 करोड़ और 25 करोड़) थी, परन्तु धीरे-धीरे इस राशि में

वृद्धि होती गई। इसके लिए चौथी योजना में 277 करोड़, पाँचवीं में 409 करोड़, छठी में 1448 करोड़, सातवीं में 3256 करोड़ और आठवीं योजना में 6500 करोड़ रुपये के व्यय की व्यवस्था की गयी।[16] नवीं, तथा ग्यारहवीं पंचवर्षीय योजनाओं में शिक्षा के विभिन्न क्षेत्रों पर खर्च को बढ़ाया गया तथा वर्तमान में यह 19000 करोड़ से अधिक के व्यय का प्रावधान है।

पंचवर्षीय योजनाओं में सरकार की जनसंख्या नीति के मुख्य कार्यक्रम निम्न थे–

1. लोगों को परिवार नियोजन के तरीक़ों को अपनाने के लिए प्रेरित करना और इसके लिए सभी प्रसार माध्यमों जैसे अख़बार, रेडियो, टी.वी., फिल्मों का सहारा लेना।
2. ग्रामीण तथा नगरीय क्षेत्रों के सभी वर्गों को गर्भनिरोधक सामग्रियों की आपूर्ति।
3. नसबंदी कराने हेतु नकद प्रोत्साहन।
4. पुरुष तथा महिला दोनों की नसबंदी के व्यापक प्रयास।

वास्तव में भारत में जिस परिवार नियोजन तकनीक को अपनाया गया है, वह किसी एक उपाय पर आधारित न होकर अनेक उपायों का समूह रहा है। इसलिए इस कार्यक्रम को कैफेटेरिया उपागम भी कहा गया। परिवार नियोजन के इन उपायों के अलावा सरकार ने शिक्षा के प्रसार तथा आर्थिक संवृद्धि लाने के प्रयास भी किये हैं, ताकि लोग छोटे परिवार के महत्त्व को समझ सकें। सन् 1976 में आपातकाल के दौरान सरकार ने नयी जनसंख्या नीति की घोषणा की, जिसके अन्तर्गत कई क्रान्तिकारी लक्ष्य रखे गये और इसके लिए कई उपाय भी किये गये, जैसे-विवाह की न्यूनतम आयु लड़कियों के लिए 18 वर्ष और लड़कों के लिए 21 वर्ष कर दी गयी। स्त्री शिक्षा की प्रगति के उपाय करना, नसबंदी हेतु नकद प्रोत्साहन में वृद्धि आदि। इसके साथ ही सरकार द्वारा आपातकाल का सहारा लेकर जबरन नसबंदी अभियान का अकुशल, अशिक्षित व अप्रशिक्षित होना है। भारत के आर्थिक विकास के मार्ग में एक बड़ी बाधा देश में कुशल प्रशिक्षित श्रम शक्ति का अभाव है। इस प्रकार जनसंख्या वृद्धि और बेरोज़गारी में सह-सम्बन्ध स्थापित करना उपयुक्त स्वीकार नहीं किया जा सकता।

कीन्स का मत है कि आर्थिक विकास के लिए प्रभावपूर्ण माँग का बना रहना अति आवश्यक है। प्रभावपूर्ण मांग जनसंख्या वृद्धि के साथ आर्थिक विकास में भी सहायक होगी। लेकिन भारत के सन्दर्भ में यह कथन अनुपयुक्त है।[17]

स्वतन्त्रता प्राप्ति के 6 दशकों के बाद भी जनसंख्या में तीव्र वृद्धि के कारण भारत में प्रति व्यक्ति वास्तविक आय में विशेष वृद्धि नहीं हो सकी है। फलतः अधिकांश जनसंख्या के रहन-सहन का स्तर भी विशेष रूप में परिवर्तित नहीं हुआ है।

पूर्ण आर्थिक विकास की स्थिति में जनाधिक्य की समस्या स्वयं समाप्त हो सकती है। यह प्रस्थापित सत्य है कि विकास के साथ जन्म-दर अपने आप घट जायेगी, जैसा कि अनेक विकसित देशों में हुआ है। वस्तुतः आर्थिक दृष्टि से पिछड़ा होने के कारण जनसंख्या बहुलता, जनसंख्या की प्रकृति, नियोजित विकास के लाभांशों का अनियोजित वितरण, भ्रष्टाचार, अदूरदर्शिता तथा राजनीतिक स्वार्थपरता है। इस सम्बन्ध में यह भी कहा जा सकता है कि समुचित आर्थिक विकास के अभाव में भारत में जनाधिक्य की स्थिति बनी हुई है।

सारणी संख्या 6.3 के अन्तर्गत महिलाओं की आयु, जाति, शिक्षा और परिवार की औसत वार्षिक आय के आधार पर समाचार पत्र के अध्ययन के सम्बन्ध में संकलित तथ्यों का विवरण दिया गया है। अध्ययन में सम्मिलित मात्र 11.67 प्रतिशत महिलाएँ ही प्रतिदिन समाचार-पत्र पढ़ती थीं। महिलाओं की आयु के आधार पर प्राप्त किये गये तथ्य यह इंगित करते हैं कि समाचार-पत्र पढ़ने वाली महिलाओं में अधिकांश 20-30 वर्ष आयु वर्ग की थीं तथा अधिकांश उच्च जाति की उच्च आय वर्ग की तथा शत-प्रतिशत शिक्षित थीं। अभियान भी चलाया, फलतः 1976-77 में 82 लाख नसबंदियाँ (43 लाख) सम्पादित की गयीं।[18] परन्तु सरकार की इस नीति से व्यापक जनअसंतोष फैला और 1977 के आम चुनावों के पश्चात् नई सरकार ने नई जनसंख्या नीति की घोषणा की। उसने जबरन नसबंदी की नीति को पूर्णतया त्याग दिया और पुनः स्वैच्छिक परिवार नियोजन की प्रणाली को प्रोत्साहित करने का फैसला किया। इस कार्यक्रम को परिवार कल्याण कार्यक्रम नाम दिया गया।

जनसंख्या नीति की असफलता को देखते हुए सातवीं योजना में परिवार कल्याण कार्यक्रम को और अधिक विस्तार देने का प्रयास किया गया तथा सन् 2000 में नवीन राष्ट्रीय जनसंख्या नीति 2000 की घोषणा की गयी तथा जनसंख्या की वार्षिक वृद्धि दर को 1.66 प्रतिशत तक लाने का लक्ष्य नहीं प्राप्त किया जा सका। सन् 1990-91 में जनसंख्या वृद्धि दर 2.03 प्रतिशत तक ही

आ सकी। आठवीं पंचवर्षीय योजना में परिवार नियोजन कार्यक्रम को विशेष प्राथमिकता दी गयी और 1996 तक जनसंख्या वृद्धि दर को 1.2 प्रतिशत प्रतिवर्ष तक लाने का लक्ष्य रखा गया। इसके लिए परिवार का औसत आकार 4.2 प्रतिशत बच्चे से घटाकर 2.3 प्रतिशत बच्चे तक लाने का तथा प्रजनन आयु वर्ग के संरक्षित दम्पतियों का प्रतिशत 22 से बढ़ाकर 1996 में 60 तक ले जाने का लक्ष्य रखा गया था। सन् 2011 तक जनसंख्या की वृद्धि दर में 4.01 प्रतिशत की कमी आयी है तथा नवीन जनसंख्या नीति के अनुसार 2045 तक देश की जनसंख्या को स्थिर करने का लक्ष्य रखा गया है।

1991 में आरम्भ हुई आठवीं पंचवर्षीय योजना में विगत कार्यक्रमों की विफलता को ध्यान में रखते हुए और वृहद योजना तैयार की गयी। सन् 2011 की जनगणना रिपोर्ट के आधार पर जो कि जनसंख्या वृद्धि की दर 17.64 प्रतिशत से अधिक दर्शाती है, यह अनुमान किया गया कि सन् 2024 तक देश की आबादी 170 करोड़ के स्तर को पार कर जाएगी। इतनी बड़ी जनसंख्या की जरूरतों को पूरा करना देश के लिए निश्चित रूप से असम्भव-सा होगा। अतः योजना के अन्त तक जन्म दर को घटाकर 26 प्रति हज़ार तक लाने का लक्ष्य रखा गया। जन्म दर को 26 प्रति हज़ार तक लाने के उद्देश्य से आठवीं पंचवर्षीय योजना में परिवार कल्याण कार्यक्रम के विकेन्द्रीकृत आयोजन और क्रियान्वयन की नीति अपनाई गई है।

ग्राम पंचायतों, जिला परिषदों और स्वयंसेवी संस्थाओं की इस सम्बन्ध में विशेष भूमिका को स्वीकार किया गया है। महिलाओं के लिए शिक्षा और रोज़गार के अवसरों में वृद्धि, राज्यों को दी गई अनुदान राशि को परिवार नियोजन कार्यक्रम की सफलता से सम्बन्धित करना, वृद्धावस्था में सुरक्षा की भावना उत्पन्न करने हेतु नसबंदी कराने वालों को दीर्घकालीन वित्तीय बांड जारी करना (महाराष्ट्र एवं गुजरात में) आदि कार्यक्रम के महत्त्वपूर्ण बिन्दु हैं।

इस प्रकार स्पष्ट है कि भारत की विशाल एवं तीव्र गति से बढ़ रही जनसंख्या देश के लिए एक गम्भीर समस्या बन गई और उस पर नियन्त्रण लगाने की तमाम कोशिशें नाकाम होती जा रही हैं। वास्तव में इस पर नियन्त्रण हेतु सिर्फ सरकार ही नहीं, बल्कि जनता को भी सक्रिय प्रयास करना होगा।

भारत में अभी भी 40 प्रतिशत भूमि अनुत्पादक बनी हुई है। यदि अतिरिक्त भूमि को कृषि योग्य बना लिया जाये तथा वैज्ञानिक कृषि पद्धति

अपनाई जाये तो खाद्यान्न उत्पादन में भारत न केवल आत्मनिर्भर हो जायेगा, बल्कि वह खाद्यान्न का निर्यातक देश भी बन जायेगा। देश में सिंचाई के साधनों, खाद्य और उर्वरक तथा खाद्यान्न की समस्या बनी हुई है। वर्ष 1978-79 में ही खाद्यान्न का रिकार्ड उत्पादन हुआ था, फलतः भारत खाद्यान्न का निर्यात करने की स्थिति में पहुँच गया था। वर्ष 1980-81 में खाद्यान्नों का उत्पादन 12 करोड़ 96 लाख टन था वहाँ 2.7 प्रतिशत की दर से बढ़कर 1981-82 में 13 करोड़ 31 लाख टन हो गया था। तदनन्तर खाद्यान्न उत्पादकता में निरन्तर वृद्धि हो रही है और देश की खाद्यान्न निर्यात क्षमता भी बढ़ी है। इस सम्बन्ध में यह भी उल्लेखनीय है कि भारत में बेरोज़गारी व अर्द्धबेरोज़गारी का मूल कारण जनसंख्या की अधिकता न होकर श्रमिकों का

Caste-wise of Newspaper Reading

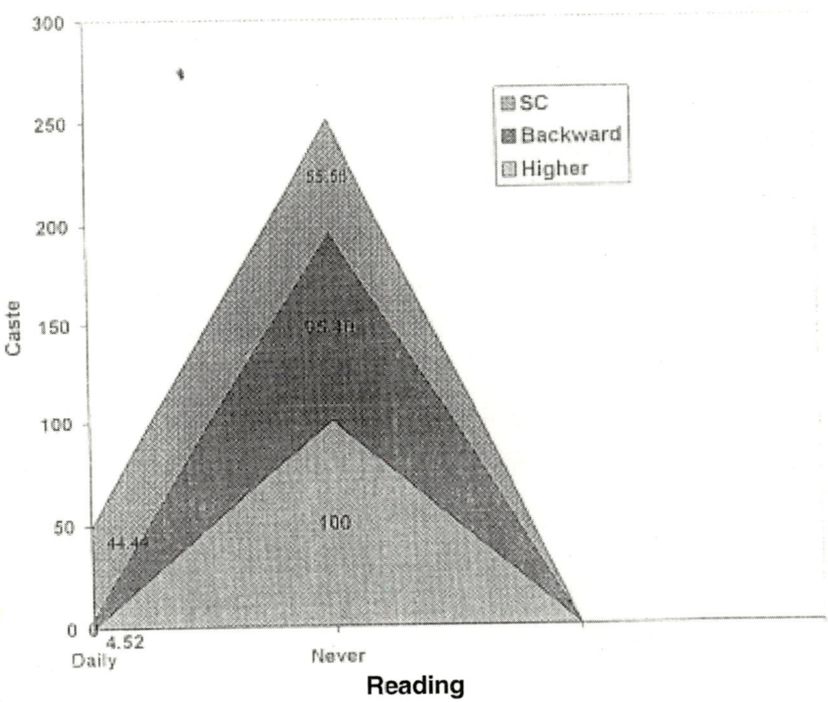

सारणी संख्या 6.3

आयु, जाति, शिक्षा एवम् आय के आधार पर उत्तरदात्रियों का समाचार-पत्र के अध्ययन के सन्दर्भ में विवरण

	समाचार पत्र के अध्ययन		
स्वतंत्र चर	**प्रतिदिन**	**कभी नहीं**	**योग**
आयु* : 20-30	26	130	156
	16.67	83.33	100.0
30-40	5	91	96
	5.21	94.79	100.0
40-50	4	44	48
	8.33	91.67	100.0
जाति** : उच्च	23	157	180
	12.78	87.22	100.0
पिछड़ी	6	18	24
	25.00	75.00	100.0
अनुसूचित	6	90	96
	6.25	93.75	100.0
शिक्षा*** निरक्षर	0	82	82
	0.0	100.0	100.0
हाईस्कूल	7	148	155
	4.52	95.48	100.0
इण्टरमीडिएट	28	35	63
	44.44	55.56	100.0
आय**** <25	3	105	108
	2.78	97.22	100.0
25-100	6	142	148
	4.05	95.95	100.0
<100	26	18	44
	59.09	40.91	100.0
योग	**35**	**265**	**300**

*df=2χ^2 =8.19 P< 0.05, **df= 2χ^2=7.09 P < 0.05 ***df=2χ^2 = 84.20 P< 0.05****df=4χ^2 =12.63 P< 0.05.

तथ्यों से यह भी स्पष्ट होता है कि सभी आयु वर्गों में अधिकांश महिलाएं समाचार-पत्र का अध्ययन नहीं करती थीं। सामान्य स्थिति जाति और शैक्षिक चर से भी व्यक्त होती है, लेकिन आय के आधार पर प्रस्तुत विवरण यह इंगित करता है कि उच्च आय वर्ग की अधिकांश महिलाएं समाचार-पत्र पढ़ती थीं। अध्ययन से प्राप्त तथ्य लक्ष्मण (1988) के निष्कर्षों से साम्यता रखते हैं। परिगणित काई स्क्वायर मूल्य तथ्यों की सार्थकता को इंगित करते हैं।

उपर्युक्त सारणी में दिए गए तथ्यों से यह स्पष्ट होता है कि मात्र 11.67 प्रतिशत ग्रामीण महिलाओं ने प्रतिदिन समाचार पत्रों का अवलोकन करना स्वीकार किया, जबकि 88.83 प्रतिशत ग्रामीण महिलाओं ने समाचार-पत्रों का अवलोकन कभी नहीं करने की बात बतायी। समाचार-पत्रों के अध्ययन के माध्यम के सम्बन्ध में संकलित तथ्यों का विवरण सारणी संख्या 6.4 के अन्तर्गत विवेचित किया गया है।

सारणी संख्या 6.4

आयु, जाति, शिक्षा एवम् आय के आधार पर उत्तरदात्रियों का समाचार-पत्र के अध्ययन माध्यम से संदर्भ में विवरण

	प्रतिक्रिया		
स्वतंत्र चर	क्रय करके	पड़ोसी से	योग
आयु* : 20-30	15	11	26
	57.69	42.31	100.0
30-40	3	2	5
	60.00	40.00	100.0
40-50	1	3	4
	25.00	75.00	100.0
जाति** : उच्च	16	7	23
	69.57	30.43	100.0
पिछड़ी	2	4	6
	33.33	66.67	100.0
अनुसूचित	1	5	6
	16.67	83.33	100.0

शिक्षा***: निरक्षर	0	0	0
	-	-	100.0
हाईस्कूल	4	3	7
	57.14	42.86	100.0
इण्टरमीडिएट	15	13	28
	53.57	46.13	100.0
आय**** : < 25	1	2	3
	33.33	66.67	100.0
25-100	4	2	6
	66.67	33.33	100.0
>100	14	12	26
	53.85	46.15	100.0
योग	**19**	**16**	**300**

*df=2 χ^2 =1.57 P< 0.05, **df= 2 χ^2=6.85 P < 0.05 ***df=1 χ^2 = .03 P< 0.05****df=2 χ^2 =-90 P< 0.05.

समाचार-पत्र पढ़ने वाली महिलाओं द्वारा समाचार-पत्र प्राप्त करने के माध्यम के विषय में जो तथ्य संकलित किये गये हैं, उनसे यह स्पष्ट होता है कि 20-30 वर्ष आयु वर्ग की 57.69 प्रतिशत महिलाएँ 30-40 वर्ष आयु वर्ग की 60 प्रतिशत महिलाएँ क्रय करके समाचार-पत्र पढ़ती थीं, जबकि अन्य पड़ोसियों से माँगकर पढ़ती थीं। 40 वर्ष से अधिक आयु की 75 प्रतिशत महिलाएँ पड़ोसी से माँगकर समाचार-पत्र पढ़ती थीं।

उच्च जातियों की 69.57 प्रतिशत महिलाएँ क्रय करके तथा पिछड़ी जाति एवं अनुसूचित जातियों की क्रमशः 66.67 प्रतिशत महिलाएँ और 83.33 प्रतिशत महिलाएँ पड़ोसी से माँगकर समाचार-पत्रों का अध्ययन करती थीं। अधिकांश शिक्षित महिलाएँ क्रय करके समाचार-पत्रों का अध्ययन करती थीं। पड़ोस से माँगकर समाचार-पत्रों का अध्ययन करने वाली महिलाएँ प्रायः सभी संवर्गों में पायी जाती हैं। लेकिन सर्वाधिक उच्च आय वर्ग में देखी गयी हैं। इस तथ्य के सम्बन्ध में परिगणित काई स्क्वायर मूल्य सार्थक नहीं पाये गये हैं।

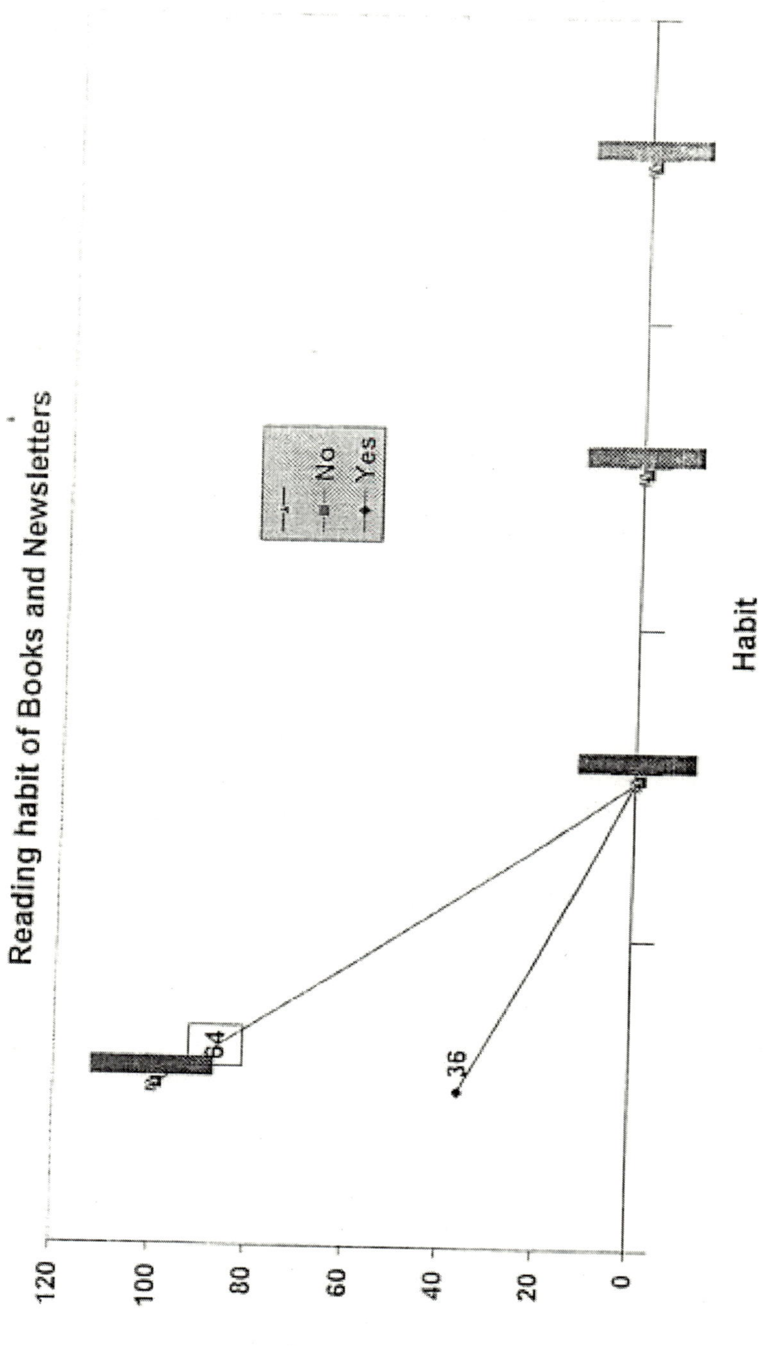
Reading habit of Books and Newsletters
64
36
No
Yes
Habit
120
100
80
60
40
20
0

यह स्पष्ट होता है कि 54.29 प्रतिशत ग्रामीण महिलाओं ने बताया कि वे समाचार-पत्रों को क्रय करके पढ़ती हैं, जबकि 45.71 प्रतिशत महिलायें पड़ोसी के यहाँ से माँगकर समाचार-पत्रों का अवलोकन सुनिश्चित करती हैं। समाचारों के अध्ययन में विशेष रुचि के समाचारों की जानकारी के सम्बन्ध में पूछे गये प्रश्नों के उत्तर का विवरण सारणी संख्या 6.5 के अन्तर्गत दिया गया है।

सारणी संख्या 6.5

समाचार-पत्र के अध्ययन में रुचि के सम्बन्ध में उत्तरदात्रियों का विचार

अध्ययन का विषय	संख्या	प्रतिशत
राजनीति	3	8.57
अपराध	12	34.29
ग्रामीण	8	22.86
खेलकूद	6	17.14
विशिष्ट	6	17.14
योग	**35**	**100.00**

उपर्युक्त सारणी में दिए गए तथ्यों से यह स्पष्ट होता है कि 34.29 प्रतिशत ग्रामीण महिलाओं ने अपराध सम्बन्धी समाचारों में अपनी रुचि प्रदर्शित की जबकि ग्रामीण परिवेश से सम्बन्धित समाचारों को 22.86 प्रतिशत महिलाओं ने रुचि से पढ़ना स्वीकार किया। 8.57 प्रतिशत महिलाओं ने ही राजनीतिक समाचारों के अध्ययन को प्रमुखता प्रदान की। 17.14 प्रतिशत महिलाओं ने खेलकूद एवं विशिष्ट समाचारों के अध्ययन में अपनी रुचि दिखलायी। समाचार-पत्रों की भाषा के सम्बन्ध में संकलित तथ्यों का विवरण सारणी संख्या 6.6 के अन्तर्गत दिया गया है।

सारणी संख्या 6.6

समाचार-पत्र के अध्ययन के सम्बन्ध में उत्तरदात्रियों का विचार

आयु	संख्या	प्रतिशत
हिन्दी	35	100.0
अंग्रेजी	0	-
योग	**35**	**100.00**

उपर्युक्त सारणी में दिए गए तथ्यों से यह स्पष्ट होता है कि समाचार-पत्रों का अध्ययन करने वाली शत-प्रतिशत ग्रामीण महिलाएँ केवल हिन्दी समाचार-पत्रों का ही अध्ययन करती थीं। ग्रामीण महिलाओं से यह भी पूछा गया था कि क्या वे समाचार-पत्र के अतिरिक्त किन्हीं पत्र-पत्रिकाओं का भी अध्ययन करती हैं? इस सम्बन्ध में तथ्यों का विवरण सारणी संख्या 6.7 के अन्तर्गत दिया गया है।

सारणी संख्या 6.7

पत्र-पत्रिका के अध्ययन के संबंध में उत्तरदात्रियों का विचार

प्रत्युत्तर	संख्या	प्रतिशत
हाँ	108	36.00
नहीं	192	64.00
योग	**300**	**100.00**

उपर्युक्त सारणी में दिए गये तथ्यों से स्पष्ट होता है कि पत्र-पत्रिकाओं के अध्ययन के सम्बन्ध में 64.00 प्रतिशत ग्रामीण महिलाओं ने स्वीकार किया कि वे पत्र-पत्रिकाओं का अध्ययन नहीं कर पाती हैं, जबकि 36.00 प्रतिशत ग्रामीण महिलाओं ने बताया कि वे पत्र-पत्रिकाओं का अध्ययन करती हैं। इस सम्बन्ध में यह उल्लेखनीय है कि पत्र-पत्रिकाएँ परिवार नियोजन एवं जनसंख्या नियंत्रण से सम्बन्धित कार्यक्रम का एक विशिष्ट प्रचार माध्यम है। समाचार-पत्रों के अतिरिक्त प्रकाशन साहित्य के रूप में लोक कल्याण एवं मानव संसाधन मन्त्रालय द्वारा जनसंख्या नियन्त्रण से सम्बन्धित सूचनाओं के प्रचार-प्रसार हेतु विभिन्न पत्र-पत्रिकाओं में विज्ञापन दिया जाता है। केन्द्र एवं राज्य सरकारों द्वारा अपनी नीतियों के विस्तृत प्रचार-प्रसार हेतु विभिन्न विज्ञापनों को रेडियो के माध्यम से प्रसारित किया जाता है। सामान्य जन जो पढ़ना-लिखना नहीं जानते, उनके लिए भी रेडियो एक ऐसा माध्यम है, जिससे वे आवश्यक सूचनाएँ प्राप्त कर सकते हैं और सरकार की नीतियों के विषय में या समस्याओं के विषय में जानकारी प्राप्त कर सकते हैं। ग्रमीण क्षेत्रों में रेडियो एवं ट्रांजिस्टर जैसे संगीत, सूचना सम्प्रेषण, विज्ञापन एवं मनोरंजन के साधन सुलभ हैं। अधिकांश परिवारों में रेडियो की उपलब्धता पाई गयी। अध्ययन क्षेत्र के ग्रामीण परिवेश में तथ्य संकलन के पूर्व किये गये सर्वेक्षण के समय यह पाया गया था कि श्रमिक वर्ग के परिवारों में भी घर के सामने ट्रांजिस्टर बज

रहा है और परिवार के सदस्य बैठकर आपस में बात कर रहे हैं। ट्रांजिस्टर से प्रसारित होने वाले लोक गीतों और कृषकों से सम्बन्धित कार्यक्रमों के प्रति सामान्य ग्रामीण जनों की अभिरुचि देखी गयी थी। युवा वर्ग फिल्म संगीत और महिलाएं महिला कार्यक्रमों के प्रति अधिक सकारात्मक अभिरुचि रखती थीं। इसे दृष्टि में रखते हुए ग्रामीण महिलाओं से यह भी पूछा गया था कि क्या वे पत्र-पत्रिकाओं के अतिरिक्त रेडियो भी सुनती हैं। इस सम्बन्ध में संकलित तथ्यों का विवरण सारणी संख्या 6.8 के अन्तर्गत दिया गया है।

सारणी संख्या 6.8

आयु, जाति, शिक्षा और आय के आधार पर उत्तरदात्रियों का रेडियो सुनने के संदर्भ में विवरण

	प्रतिक्रिया			
स्वतंत्र चर	**नियमित**	**कभी-कभी**	**कभी नहीं**	**योग**
आयु* : 20-30	118	38	0	156
	75.64	24.36	0.0	100.0
30-40	30	58	8	96
	31.25	60.42	8.33	100.0
40-50	12	24	12	48
	25.00	50.00	25.00	100.0
जाति** : उच्च	126	37	17	180
	70.00	20.56	9.44	100.0
पिछड़ी	20	4	0	24
	83.33	16.67	.00	100.0
अनुसूचित	14	79	3	96
	14.58	82.29	3.13	100.0
शिक्षा*** निरक्षर	7	19	3	29
	24.14	65.52	10.34	100.0
हाईस्कूल	70	74	11	155
	45.16	47.74	7.10	100.0
इण्टरमीडिएट	30	27	6	63
	47.62	42.86	9.52	100.0

आय**** : <25	40	58	10	108
	37.04	53.70	9.26	100.0
25-100	103	37	8	148
	69.59	25.00	5.41	100.0
<100	17	25	2	44
	38.64	56.82	4.55	100.0
योग	**100**	**120**	**20**	**300**

*df=4χ^2 =86.30 P< 0.05, **df= 4χ^2 =109.15 P < 0.05 ***df=4χ^2 = 5.54 P<0.05****df=4χ^2 =32.74 P<0.05.

स्वतन्त्र चरों के आधार पर महिलाओं द्वारा रेडियो सुनने के सम्बन्ध में दिये गये तथ्यों से यह स्पष्ट होता है कि 20 से 30 वर्ष आयु की 75.64 प्रतिशत महिलाएँ नियमित रूप से रेडियो सुनती थीं। अन्य आयु वर्गों की महिलाएँ कभी-कभी रेडियो सुनती थीं।

उच्च जातियों में 70 प्रतिशत और पिछड़ी जाति में 83.33 प्रतिशत महिलाएँ नियमित रूप से रेडियो सुनती थीं, जबकि अनुसूचित जाति की 82.29 प्रतिशत महिलाएँ कभी-कभी रेडियो सुनती थीं।

शैक्षणिक प्रस्थिति के आधार पर तथ्यों के विश्लेषण से यह स्पष्ट होता है कि निरक्षर महिलाओं में 65.52 प्रतिशत महिलाएँ कभी-कभी रेडियो सुनती थीं। हाईस्कूल और इण्टरमीडिएट एवम् उच्च स्तर तक शिक्षा प्राप्त महिलाओं में क्रमशः 45.16 प्रतिशत और 47.62 प्रतिशत महिलाएँ नियमित रूप से रेडियो सुनती थीं।

परिवार की औसत वार्षिक आय के आधार पर प्रस्तुत तथ्य यह स्पष्ट करते हैं कि मध्यम आय वर्ग की 69.59 प्रतिशत महिलाएँ नियमित रूप से रेडियो सुनती थीं, जबकि उच्च आय वर्ग की 56.82 प्रतिशत और निम्न आय वर्ग की 53.70 प्रतिशत महिलाएँ कभी-कभी रेडियो सुनती थीं।

तथ्यों के आधार पर यह कहा जा सकता है कि नव युवा उच्च जातियों की शिक्षित मध्यमूवर्गीय परिवारों की अधिकांश महिलाएँ रेडियो सुनती हैं। परिगणित काई स्क्वायर मूल्य, आयु, जाति और आय के सम्बन्ध में तथ्यों की सार्थकता को स्पष्ट करते हैं।

उपर्युक्त सारणी में दिये गये तथ्यों से यह स्पष्ट होता है कि मात्र 6.67 प्रतिशत ग्रामीण महिलाओं ने रेडियो न सुनने की बात बताई है, जबकि 40.00 प्रतिशत ग्रामीण महिलाओं ने कभी-कभी रेडियो सुनने की बात स्वीकार की। 53.33 प्रतिशत ग्रामीण महिलाओं ने ही रेडियो सुनना स्वीकार किया। उनके रेडियो सुनने वालों से रेडियो पर विशेष रुचि के कार्यक्रमों के सम्बन्ध में उत्तरदात्रियों से संकलित तथ्यों का विवरण सारणी संख्या 6.9 के अन्तर्गत दिया गया है।

सारणी संख्या 6.9

रेडियो पर विशेष रुचि के कार्यक्रमों के सम्बन्ध में उत्तरदात्रियों का विचार

विशेष रुचि	संख्या	प्रतिशत
महिला कार्यक्रम	148	52.86
नाटक	72	25.71
लोक संगीत	24	8.57
फिल्म संगीत	36	12.86
योग	**280**	**100.00**

उपर्युक्त सारणी में दिए गये तथ्यों से यह स्पष्ट होता है कि 52.86 प्रतिशत ग्रामीण महिलाओं ने महिला कार्यक्रम के प्रति अपनी अभिरुचि प्रदर्शित की, जबकि नाटक सुनने को 25.71 प्रतिशत ग्रामीण महिलाओं ने स्वीकार किया। फिल्म संगीत सुनने के प्रति 12.86 प्रतिशत ग्रामीण महिलाओं ने अपनी रुचि प्रदर्शित की तथा मात्र 8.57 प्रतिशत ग्रामीण महिलाओं ने लोक संगीत को अपनी पसन्द बताया। दूरदर्शन आज संचार माध्यमों में एक सशक्त माध्यम बन कर उभरा है। इसे दृष्टि में रखते हुए ग्रामीण महिलाओं से दूरदर्शन देखने के सम्बन्ध में संकलित किये गये तथ्यों को सारणी संख्या 6.10 में प्रदर्शित किया गया है।

सारणी संख्या 6.10

आयु, जाति, शिक्षा और आय के आधार पर उत्तरदात्रियों का दूरदर्शन देखने के सन्दर्भ में विवरण

	प्रतिक्रिया			
स्वतंत्र चर	**प्रतिदिन**	**कभी-कभी**	**कभी नहीं**	**योग**
आयु* : 20-30	60	76	20	156
	38.46	48.72	12.82	100.0

30-40	21	15	60	96
	21.88	15.63	62.50	100.0
40-50	3	5	40	48
	6.25	10.42	83.33	100.0
जाति** : उच्च	76	84	20	180
	42.22	46.67	11.11	100.0
पिछड़ी	6	8	10	24
	25.00	33.33	41.67	100.0
अनुसूचित	2	4	90	96
	2.08	4.17	93.75	100.0
शिक्षा*** निरक्षर	2	10	70	82
	2.44	12.20	85.37	100.0
हाईस्कूल	170	41	44	155
	45.16	26.45	28.39	100.0
इण्टरमीडिएट	12	45	6	63
	19.05	71.43	9.52	100.0
आय**** : <25	6	17	85	108
	5.56	15.74	78.70	100.0
25-100	60	63	25	148
	40.54	42.57	16.89	100.0
>100	18	16	10	44
	40.91	36.36	22.73	100.0
योग	**84**	**96**	**120**	**300**

*df=4χ^2 =107.64 $P< 0.05$, **df= 4χ^2=178.37 $P < 0.05$ ***df=4χ^2 = 141.43 $P< 0.05$****df=4χ^2 =108.20 $P< 0.05$.

आधुनिक संचार और सूचना सम्प्रेषण माध्यमों में दूरदर्शन की भूमिका विगत दो दशकों के अन्तराल में तेजी के साथ बढ़ी है। अधिकांश नगर और उपनगरीय क्षेत्र दूरदर्शन प्रसारण केन्द्रों के लक्ष्य क्षेत्रों में सम्मिलित हो गये हैं। दूरदर्शन के माध्यम से राष्ट्रीय एवम् अन्तर्राष्ट्रीय समाचारों के साथ-साथ

सामाजिक-आर्थिक-धार्मिक एवम् राजनैतिक मुद्दों पर विभिन्न कथानकों के साथ नाटक एवं नाटकीय यथार्थ चित्रण के रूप में प्रस्तुत किये जाते हैं। इनके प्रति अधिकांश महिलाओं में सकारात्मक अभिरुचि पाई जाती है। अध्ययन में सम्मिलित महिलाओं में भी जिनके पास दूरदर्शन की सुविधा उपलब्ध थी, वे नियमित रूप से इसका अवलोकन करती थीं, उनके अतिरिक्त पड़ोस की महिलाएँ भी सम्बन्धों की घनिष्ठता के आधार पर उपलब्ध सुविधाओं का लाभ प्राप्त करती थीं। विभिन्न कार्यक्रमों के साथ-साथ परिवार नियोजन से सम्बन्धित कार्यक्रम, सूचना और अपील का भी प्रसारण किया जाता है। जिसका उद्देश्य जनसंख्याओं को सीमित करने के लिए नियोजित परिवार की प्रवृत्ति का विकास करना है।

उपर्युक्त सारणी में दिये गये तथ्यों से यह स्पष्ट होता है कि 28.00 प्रतिशत ग्रामीण महिलाएँ प्रतिदिन दूरदर्शन पर प्रसारित होने वाले कार्यक्रम देखती थीं, जबकि 32 प्रतिशत महिलाओं का कहना था कि वे कभी-कभी ही कार्यक्रम देख पाती हैं। परन्तु 40.00 प्रतिशत महिलाएँ ऐसी थीं, जिन्होंने अभी तक दूरदर्शन पर प्रसारित होने वाले कार्यक्रम को नहीं देखा है, जिसका मूल कारण इनके परिवार में दूरदर्शन सेटों की अनुपलब्धता हो सकती है। ग्रामीण महिलाओं से यह भी पूछा गया था कि उनकी दृष्टि से सर्वाधिक प्रभावशाली सूचना माध्यम क्या है और वे रेडियो, दूरदर्शन तथा समाचार-पत्र में किसे प्राथमिक वरीयता प्रदान करती हैं। इस सम्बन्ध में प्राप्त तथ्यों का विवरण सारणी संख्या 6.11 के अन्तर्गत दिया गया है।

सारणी संख्या 6.11

वर्तमान परिप्रेक्ष्य में गाँव में रुचिकर सूचना माध्यमों के सम्बन्ध में विचार

माध्यम	संख्या	प्रतिशत
दूरदर्शन	180	60.00
समाचार-पत्र	46	15.53
रेडियो	74	24.67
योग	**300**	**100.00**

उपर्युक्त सारणी में दिये गये तथ्यों से यह स्पष्ट होता है कि अधिकांश ग्रामीण महिलाएँ दूरदर्शन को सूचना सम्प्रेषण का सबसे प्रभावशाली माध्यम

स्वीकार करती थीं। सबसे कम 15.33 प्रतिशत ग्रामीण महिलाओं का कहना था कि समाचार-पत्र प्रभावशाली सूचना माध्यम है। दूसरी ओर 24.67 प्रतिशत महिलाएँ ऐसी भी थीं, जिनकी दृष्टि में रेडियो सबसे अधिक प्रभावशाली सूचना माध्यम है। सारणी में दिये गये तथ्यों के आधार पर यह कहा जा सकता है कि ग्रामीण क्षेत्रों में भी दूरदर्शन और रेडियो जैसे आधुनिक सूचना सम्प्रेषण माध्यम की प्रभावी भूमिका को महिलाओं ने स्वीकार कर लिया है।

जनसंख्या नियन्त्रण और परिवार नियोजन से सम्बन्धित कार्यक्रमों के प्रचार-प्रसार के लिए राज्य सरकार द्वारा विभिन्न पंचवर्षीय योजनाओं के अन्तर्गत अल्पकालीन और दीर्घकालीन योजनाएँ बनायी गयी हैं। इन योजनाओं के अन्तर्गत यह निरन्तर प्रयास किया जाता रहा है कि प्रचार के लिए हर प्रकार के साधनों का अधिकाधिक प्रभावशाली ढंग से प्रयोग किया जाय। इसमें प्रशिक्षित कार्यकर्ताओं की संख्या में अत्यधिक वृद्धि भी की गयी है। अधिकाधिक शोध और प्रशिक्षण को प्राथमिकता दी गयी है। आठवीं पंचवर्षीय योजना के अन्तर्गत जन्म दर में कमी लाने का जो उद्देश्य प्रस्थापित किया गया था, उसके अनुसार भारत सरकार ने योजना के अन्त तक जन्म दर 26 प्रतिशत तक घटाने का लक्ष्य रखा गया था और यह विश्वास किया गया था कि आठवीं योजना के अन्त तक (1996-97) जन्म दर घटने के परिणामस्वरूप जनसंख्या वृद्धि दर 2.11 प्रतिशत से घटकर 1.58 प्रतिशत हो जायेगी। इसे दृष्टि में रखते हुए राज्य सरकारों को ग्रामीण विकास तथा गरीबी उन्मूलन कार्यक्रमों के लिए जिलों तथा पंचायतों को अनुदान राशि को जन्म दर नियन्त्रण में हुई प्रगति से सम्बन्धित करने का निर्देश दिया गया था, साथ ही साथ यह भी निर्देश दिया गया था कि इसके प्रचार-प्रसार के लिए सामाजिक कार्यकर्ताओं और परिवार नियोजन कार्यक्रमों के कर्मचारियों का अधिक से अधिक उपयोग किया जाय। परिवार नियोजन कार्यक्रम को जन-जन तक पहुँचाने एवं लोकप्रिय बनाने के लिए कार्यकर्ताओं के माध्यम से परिवार नियोजन की आवश्यकता, महत्त्व और निरोध के साधनों का अधिक से अधिक प्रसार किया जाय। इस बाबत ग्रामीण महिलाओं से यह पूछा गया था कि परिवार नियोजन के लिए सशक्त सूचना माध्यम के रूप में सामाजिक कार्यकर्ताओं की उपादेयता के सम्बन्ध में उनका क्या विचार है? इस सम्बन्ध में प्राप्त किये गये तथ्यों का विवरण सारणी संख्या 6.12 के अन्तर्गत दिया गया है।

सारणी संख्या 6.12

आयु, जाति, एवम् आय के आधार पर उत्तरदात्रियों का परिवार नियोजन से सम्बन्धित सूचना माध्यम के रूप में सामाजिक कार्यकर्ता की उपादेयता

	प्रतिक्रिया				
स्वतंत्र चर	**अत्यधिक**	**सामान्य**	**नहीं**	**अनुत्तरित**	**योग**
आयु* : 20-30	80	30	40	6	156
	51.28	19.23	25.64	3.85	100.0
30-40	35	20	20	21	96
	36.46	2083	20.83	21.88	100.0
40-50	5	10	12	21	48
	10.42	20.83	25.00	43.75	100.0
जाति** : उच्च	95	50	30	5	180
	52.78	27.78	16.67	2.78	100.0
पिछड़ी	15	6	2	1	24
	62.50	25.00	8.33	4.17	100.0
अनुसूचित	10	4	40	42	96
	10.42	4.17	41.67	43.75	100.0
औसत वार्षिक आय***	20	2	60	26	108
(हज़ार रू0) >25	18.52	1.85	55.56	24.07	100.0
25-100	70	50	10	18	148
	47.30	33.78	6.76	12.16	100.0
<100	30	8	2	4	44
	68.18	18.18	4.55	9.09	100.0
योग	**120**	**60**	**72**	**48**	**300**

*df=6 2 =56.03 P< 0.05, **df= 6 2=136.11 P < 0.05 ***df=6 2 = 132.24 P< 0.05.

परिवार नियोजन के प्रचार-प्रसार के लिए केन्द्र और राज्य सरकारों द्वारा जिन विभिन्न माध्यमों का उपयोग किया गया है, उनमें सामाजिक कार्यकर्ताओं की नियुक्ति तथा सरकारी कर्मचारियों का उपयोग उल्लेखनीय है। इस सम्बन्ध में महिलाओं से यह पूछा गया था कि परिवार नियोजन से सम्बन्धित सूचना

माध्यम के रूप में सामाजिक कार्यकर्ताओं की क्या उपादेयता है? सम्बन्धित तथ्यों का विवरण महिलाओं की आयु, जाति और परिवार की औसत वार्षिक आय के आधार पर दिया गया है, जिससे यह स्पष्ट होता है कि 20-30 वर्ष आयु वर्ग की 51.28 प्रतिशत महिलाएँ उनकी अत्यधिक उपादेयता स्वीकार करती हैं, जबकि अन्य आयु वर्गों में अत्यधिक एवं सामान्य उपादेयता भी सीमित स्वीकार की गयी है। 40-50 वर्ष आयु वर्ग में 43.75 प्रतिशत महिलाएँ ऐसी थीं, जिन्होंने इस सम्बन्ध में कोई प्रतिक्रिया व्यक्त नहीं की थी।

महिलाओं की जाति के आधार पर प्रस्तुत तथ्यों से यह स्पष्ट होता है कि उच्च और पिछड़ी जाति की अधिकांश महिलाएँ सामाजिक कार्यकर्ताओं की उपादेयता को स्वीकार करती थीं, समस्त स्थिति उच्च आय वर्ग की महिलाओं के सम्बन्ध में भी पायी गयी है। उच्च आय वर्ग में अधिकांश महिलाएँ ऐसी थीं, जो सामाजिक कार्यकर्ताओं की उपादेयता परिवार नियोजन से सम्बन्धित सूचनाओं के सम्प्रेषण माध्यम के रूप में स्वीकार करती हैं। तथ्यों के सम्बन्ध में परिगणित काई स्क्वायर मूल्य उच्चस्तरीय सार्थकता प्रकट करते हैं।

उपर्युक्त सारणी में दिये गये तथ्यों से यह स्पष्ट होता है कि अधिकांश ग्रामीण उत्तरदात्रियों की दृष्टि में सामाजिक कार्यकर्ताओं की परिवार नियोजन से सम्बन्धित कार्यक्रमों के प्रचार-प्रसार में अत्यधिक महत्त्वपूर्ण भूमिका होती है। कुल उत्तरदात्रियों में 20 प्रतिशत की दृष्टि में सामाजिक कार्यकर्ताओं की भूमिका सामान्य होती है, जबकि 24 प्रतिशत महिलाओं ने उनकी किसी भी प्रभावी भूमिका को स्वीकार नहीं किया, परन्तु 16 प्रतिशत महिलाओं ने इस सम्बन्ध में कोई उत्तर नहीं दिया था।

सारणी संख्या 6.13

सरकारी कर्मचारियों द्वारा प्रयुक्त सूचना माध्यम के सम्बन्ध में विचार

माध्यम	संख्या	प्रतिशत
फिल्म प्रदर्शन	12	4.00
पोस्टर	228	76.00
लिखित सामग्री	36	12.00
प्रदर्शनी	24	8.00
योग	**300**	**100.00**

उपर्युक्त सारणी में दिये गये तथ्यों से यह स्पष्ट होता है कि अधिकांश ग्रामीण महिलाओं का यह मानना था कि सरकारी कर्मचारियों द्वारा परिवार कल्याण कार्यक्रमों के सम्बन्ध में सामान्यतः पोस्टरों का ही प्रयोग किया जाता है। फिल्म प्रदर्शन, लिखित सामग्री और प्रदर्शनी के माध्यम से परिवार नियोजन का प्रचार-प्रसार मात्र 24 प्रतिशत सरकारी कर्मचारियों द्वारा ही किया जाता है। वस्तुतः सरकारी योजनाओं के अन्तर्गत परिवार कल्याण से सम्बन्धित कार्यक्रमों के प्रचार के लिए आवश्यकतानुसार विभिन्न उपयोगी माध्यमों का प्रयोग किया जाता है। सरकारी कर्मचारी तद्नुसार उनका प्रयोग करते हैं। माध्यमों के प्रयोग के सम्बन्ध में उनकी भूमिका सीमित ही होती है। अशिक्षित महिलाओं के लिए फिल्म प्रदर्शनी और पोस्टर जैसे माध्यम अधिक सशक्त स्वीकार किये जा सकते हैं। इसे दृष्टि में रखते हुए अध्ययन क्षेत्र में परिवार नियोजन के लिए अपनाये गये माध्यमों की सकारात्मक उपादेयता स्वीकार की जा सकती है। परिवार कल्याण कार्यक्रमों के माध्यम से जनसंख्या वृद्धि को रोकने के लिए सरकारी प्रयासों का प्रभाव पूर्णतः उसमें संलग्न कर्मचारियों की सामर्थ्य और लगन पर निर्भर करता है।

वस्तुतः योजनाओं की सफलता और असफलता का उत्तरदायित्व उन कार्यकर्ताओं पर आश्रित होता है, जो इसे लक्ष्य क्षेत्रों में क्रियान्वित करते हैं। इस सम्बन्ध में ग्रामीण महिलाओं से यह पूछा गया था कि क्या सरकार द्वारा प्रायोजित कार्यक्रमों को सरकारी कर्मचारी पूरी तरह ग्रामीण क्षेत्र में लागू करते हैं। ग्रामीण महिलाओं द्वारा प्रदत्त सूचनाओं का विवरण सारणी संख्या 6.14 के अन्तर्गत दिया गया है।

उपनगरीय एवं ग्रामीण क्षेत्रों में सरकारी कर्मचारियों द्वारा किये जाने वाले विभिन्न कार्यों के सम्बन्ध में महिलाओं की प्रतिक्रिया के विश्लेषण से यह स्पष्ट होता है कि 40 से 50 वर्ष आयु वर्ग की 68.75 प्रतिशत महिलाएं उनकी उपादेयता को स्वीकार करती हैं। 30 वर्ष तक की आयु की अधिकांश महिलाओं (78.85:) प्रतिशत का कहना था कि सरकारी कर्मचारियों की उपादेयता अत्यन्त सीमित है।

उच्च जाति की 66.67 प्रतिशत और अनुसूचित जाति की 47.92 प्रतिशत महिलाएँ सरकारी कर्मचारियों द्वारा किये गये जाने वाले कार्यों के प्रति सीमित सकारात्मक अभिवृत्ति रखती थीं।

महिलाओं के परिवार की औसत वार्षिक आय के आधार पर प्रस्तुत किये गये तथ्यों से यह स्पष्ट होता है कि उच्च आय वर्ग की 68.18% महिलाएं अपनी उपादेयता को पूर्णतः स्वीकार करती थीं, जबकि मध्यम आय वर्ग की अधिकांश महिलाएं (66.89 प्रतिशत) कुछ-कुछ स्वीकार करती थीं।

सारणी में दिये गये तथ्यों के आधार पर यह कहा जा सकता है कि प्रौढ़ और पिछड़ी जाति की तथा उच्च आय वर्ग की महिलाएँ ही सरकारी कर्मचारियों की उपादेयता के प्रति सकारात्मक दृष्टिकोण रखती हैं। तथ्यों के सम्बन्ध में परिगणित काई स्क्वायर मूल्य उच्च स्तरीय सार्थकता को प्रकट करते हैं। सारणी में दिये गये तथ्यों से यह स्पष्ट होता है कि अधिकांश ग्रामीण महिलाओं की दृष्टि में सरकारी कर्मचारी सरकार द्वारा प्रायोजित परिवार कल्याण कार्यक्रमों का कुछ-कुछ भाग ही क्रियान्वित करते हैं, जबकि 24 प्रतिशत महिलाओं का कहना था कि सम्बन्धित कार्यक्रमों का पूर्णतः क्रियान्वयन किया जाता है। दूसरी ओर 20 प्रतिशत महिलाएं ऐसी भी थीं, जिन्हें इस सम्बन्ध में कुछ भी ज्ञात नहीं था।

सरकारी कर्मचारियों में निहित *अनमयस्कता* और कार्यक्रमों का वांछित परिवेश के अनुरूप न होना भी परिवार नियोजन सम्बन्धी कार्यक्रमों की असफलता का प्रमुख कारण स्वीकार किया जाता है। ग्रामीण क्षेत्रों में व्याप्त अशिक्षा, अज्ञानता, रूढ़िवादिता, यौन सम्बन्धी जानकारी का अभाव, कुछ बुद्धिजीवियों द्वारा परिवार नियोजन का विरोध किया जाना, नैतिकता के आधार पर विरोध, आवास की समस्या, विज्ञापन का अभाव, कर्मचारियों की लापरवाही, सन्तति निरोध की आदर्श विधि का अभाव, कार्यकर्ताओं में प्रशिक्षण एवं कुशलता की कमी, स्वास्थ्य केन्द्रों का अभाव आदि कई ऐसी समस्याएँ हैं जिनके कारण परिवार कल्याण कार्यक्रम प्रभावी तरीक़े से संचालित नहीं हो पा रहे हैं। इसे दृष्टि में रखते हुए ग्रामीण महिलाओं से यह पूछा गया था कि उनके विचार में सरकारी कार्यक्रमों के प्रचार माध्यमों में क्या दोष निहित हैं, जिनके कारण परिवार कल्याण से सम्बन्धित कार्यक्रम अपना पूर्ण प्रभाव उत्पन्न करने में असफल रहे हैं। इस सम्बन्ध में प्राप्त किये गये तथ्यों का विवरण सारणी संख्या 6.15 के अन्तर्गत दिया गया है।

सारणी संख्या 6.15

सरकारी कार्यक्रमों में प्रचार माध्यमों की असफलता का कारण

प्रचार में दोष	संख्या	प्रतिशत
कर्मचारियों में रुचि की कमी	84	28.00
आँकड़ों की खानापूर्ति	24	8.00
ग्रामीण भाषा का अभाव	12	4.00
भ्रष्टाचार	180	60.00
योग	**300**	**100.00**

सारणी संख्या 6.15 के अन्तर्गत दिए गए तथ्यों से यह स्पष्ट होता है कि अधिकांश ग्रामीण महिलाओं की दृष्टि में परिवार कल्याण कार्यक्रमों के प्रचार-प्रसार में असफलता का मूल कारण सम्बन्धित विभाग में व्याप्त भ्रष्टाचार है। 28 प्रतिशत महिलाएँ इसमें कर्मचारियों में निहित अरुचि को महत्त्वपूर्ण मानती हैं, जबकि 8 प्रतिशत का कहना था कि सरकार द्वारा केवल आँकड़ों की खानापूर्ति ही की जाती है।

जनसंख्या नियन्त्रण और परिवार नियोजन के सफल क्रियान्वयन के सम्बन्ध में सरकार द्वारा विभिन्न कार्यक्रमों की उपादेयता मूलतः इस तथ्य पर निर्भर करती है कि उसे अपनाने में सम्बन्धित समाज के लोग अभिरुचि रखते हों। सामाजिक और धार्मिक बाधाओं के कारण परिवार नियोजन के कृत्रिम साधनों का प्रयोग ग्रामीण क्षेत्रों में सीमित पाया जाता है। परिवार नियोजन का परम्परानुसार विरोध भी किया जाता है। परम्परागत मान्यताओं और विश्वासों के कारण लोग न केवल परिवार नियोजन के कार्यक्रमों की उपेक्षा करते हैं, अपितु उनका विरोध भी करते हैं। सामान्य जन में यह विश्वास प्रचलित है कि गर्भ निरोध के कृत्रिम साधनों से यौन अनैतिकता को बढ़ावा मिलेगा, वेश्यावृत्ति में वृद्धि होगी और विवाह के पूर्व यौन सम्बन्धों में वृद्धि होगी। परिवार नियोजन के सम्बन्ध में ग्रामीण परिवारों, विशेष रूप से महिलाओं में जागरुकता उत्पन्न करना प्राथमिक आवश्यकता है। महिलाओं में जागरुकता के अभाव में परिवार कल्याण कार्यक्रमों की सफलता संदेहास्पद है। इसे दृष्टि में रखते हुए सरकार द्वारा विभिन्न कार्यक्रम संचालित किये गये हैं। इस सम्बन्ध में महिलाओं से यह पूछा गया था कि क्या संचार माध्यम ग्रामीण महिलाओं में जागरुकता

उत्पन्न करने में प्रभावी भूमिका का निर्वाह कर रहे हैं। सम्बन्धित तथ्यों का विवरण सारणी संख्या 6.16 के अन्तर्गत दिया गया है।

सारणी संख्या 6.16

संचार माध्यमों द्वारा परिवार नियोजन के संबंध में जागरुकता

प्रतिक्रिया	संख्या	प्रतिशत
हाँ	156	52.00
नहीं	144	48.00
योग	**300**	**100.00**

उपर्युक्त सारणी में दिये गये तथ्यों से यह स्पष्ट होता है कि अधिकांश ग्रामीण महिलाएँ (52 प्रतिशत) यह स्वीकार करती हैं कि ग्रामीण महिलाओं में जागरुकता उत्पन्न करने में संचार माध्यमों की भूमिका प्रभावी रही है। परन्तु 48 प्रतिशत ग्रामीण महिलाओं का कहना था कि संचार माध्यमों की इसमें कोई भी भूमिका नहीं रही है।

सारांश

इस अध्याय के अन्तर्गत हरहुआ विकास खण्ड के बेलवरियाँ, मुर्दहा तथा चौका (भुसौला) गाँवों की महिलाओं में जागरुकता स्तर के विवेचन के साथ-साथ ग्रामीण परिदृश्य में जनांकिकीय विशिष्टताओं के सम्बन्ध में संकलित तथ्यों का विश्लेषण किया गया। अध्ययन से प्राप्त तथ्य यह इंगित करते हैं कि मात्र 11.67 प्रतिशत ग्रामीण महिलाएं ही प्रतिदिन समाचार-पत्र पढ़ती थीं। समाचार-पत्र पढ़ने वाली महिलाओं में अधिकांश 20-30 वर्ष आयु वर्ग की एवम् अधिकांश उच्च जाति, उच्च आय वर्ग तथा शिक्षित थीं। अध्ययन से प्राप्त तथ्य लक्ष्मण (1988) द्वारा भारत में जनसंख्या नियंत्रण और परिवार नियोजन के सम्बन्ध में किये गये अध्ययन से साम्यता रखते हैं। परिगणित काई स्क्वायर मूल्य तथ्यों की सार्थकता को इंगित करते हैं। इस संबंध में यह उल्लेखनीय है कि मात्र 11.67 प्रतिशत ग्रामीण महिलाओं ने प्रतिदिन समाचार-पत्रों का अवलोकन करना स्वीकार किया था, जबकि 88.33 प्रतिशत ग्रामीण महिलाएं समाचार-पत्र नहीं पढ़ती थीं।

युवा आयु वर्ग (20-30 वर्ष) की 57.69: महिलाएं और 30-40 वर्ष आयु वर्ग की 60 प्रतिशत महिलाएँ क्रय करके समाचार-पत्र पढ़ती थीं, जबकि अन्य

पड़ोसियों से माँग कर पढ़ती थीं। 40 वर्ष से अधिक आयु की 75% महिलाएं पड़ोसी से माँगकर समाचार-पत्र पढ़ती थीं।

उच्च जातियों की 69.57 प्रतिशत महिलाएं क्रय करके तथा पिछड़ी जाति एवं अनुसूचित जातियों की क्रमशः 66.67 प्रतिशत महिलाएं और 83.33 प्रतिशत महिलाएं पड़ोसी से माँगकर समाचार-पत्रों का अध्ययन करती थीं। अधिकांश शिक्षित महिलाएं क्रय करके समाचार-पत्रों का अध्ययन करती थीं। पड़ोस से माँगकर समाचार-पत्रों का अध्ययन करने वाली महिलाएँ प्रायः सभी संवर्गों में पायी जाती हैं।

पत्र-पत्रिकाएँ परिवार नियोजन एवं जनसंख्या नियन्त्रण से सम्बन्धित कार्यक्रम का एक विशिष्ट प्रचार माध्यम हैं। अधिकांश ग्रामीण महिलाओं ने स्वीकार किया कि वे पत्र-पत्रिकाओं का अध्ययन नहीं कर पाती हैं, जबकि 36.00 प्रतिशत ग्रामीण महिलाओं ने बताया कि वे पत्र-पत्रिकाओं का अध्ययन करती हैं। जनसंख्या नियन्त्रण से सम्बन्धित सूचनाओं के प्रचार-प्रसार हेतु विभिन्न पत्र-पत्रिकाओं में विज्ञापन दिया जाता है। केन्द्र एवं राज्य सरकारों द्वारा अपनी नीतियों के विस्तृत प्रचार-प्रसार हेतु विभिन्न विज्ञापनों को रेडियो के माध्यम से प्रसारित किया जाता है। 28.00 प्रतिशत ग्रामीण महिलाएँ प्रतिदिन दूरदर्शन पर प्रसारित होने वाले कार्यक्रम देखती थीं, जबकि 32 प्रतिशत महिलाओं का कहना था कि वे कभी-कभी ही कार्यक्रम देख पाती हैं। परन्तु 40.00 प्रतिशत महिलाएँ ऐसी थीं, जिन्होंने अभी तक दूरदर्शन पर प्रसारित होने वाले कार्यक्रमों को नहीं देखा था। उच्च और पिछड़ी जाति की अधिकांश महिलाएँ सामाजिक कार्यकर्ताओं की उपादेयता को स्वीकार करती थीं। समस्त स्थिति उच्च आय वर्ग की महिलाओं के सम्बन्ध में भी पायी गयी है। उच्च आय वर्ग में अधिकांश महिलाएं ऐसी थीं, जो सामाजिक कार्यकर्ताओं की उपादेयता परिवार नियोजन से सम्बन्धित सूचनाओं के सम्प्रेक्षण माध्यम के रूप में स्वीकार करती हैं।

अधिकांश ग्रामीण महिलाओं की दृष्टि में सरकारी कर्मचारी सरकार द्वारा प्रायोजित परिवार कल्याण कार्यक्रमों का कुछ-कुछ भाग ही क्रियान्वित करते हैं, जबकि 24 प्रतिशत महिलाओं का कहना था कि सम्बन्धित कार्यक्रमों का पूर्णतः क्रियान्वयन किया जाता है। सामाजिक और धार्मिक बाधाओं के कारण

परिवार नियोजन के कृत्रिम साधनों का प्रयोग ग्रामीण क्षेत्रों में सीमित पाया जाता है। परिवार नियोजन का परम्परानुसार विरोध भी किया जाता है। परम्परागत मान्यताओं और विश्वासों के कारण लोग न केवल परिवार नियोजन के कार्यक्रमों की उपेक्षा करते हैं, अपितु उनका विरोध भी करते हैं।

References

1. Family Welfare Programme in India : Year Book, 1993-94; Government of India, Ministry of Health and Family Welfare, Department of Family Welfare, New Delhi.
2. Agrawal, S.N. (1985), India's Population Problem, Third Edition, Tata McGraw Hill Publishing Co. Ltd., New Delhi. pp. 233-237.
3. Coole, A.J. and Trussell, T.J. (1974), Model Fertility Scheduler, Population India, vol. 4, No.2, pp. 449-56.
4. See for details, Sharma, P. (1989), Family Welfare Programme in India, Deep & Deep Publication, New Delhi.
5. Potts, M. and Bhiwandiwala, p. (1981), Meeting the Family Planning at the Urban Poor, International Fertility Research Programme, North Carolina, and Premi, M.K., (1988), The Demographic Situation in India, East West Centre, Hawai.
6. Cale Vaughn, R.A. and Heaton Tim. B., Religions Influence on Martial Stability, Journal for the Scientific Study of Religion, 1997, 36, 3, Sep., pp. 382-392.
7. Gupta, S.K., Young People : Their Values and Beliefs Concerning Marriage and the Family in India, Guru Nanak Journal of Sociology, 1996, 17, 2, Oct., pp. 37-60.
8. Matakar, R.K. : Social Customs and Health, in Bhave et., "You and Your Health" G.Y., Rane Prakashan, Poona, 1967, p. 381.
9. Quoted in Sharma, P., Up. U.T., pp. 10-12.
10. Census of India, 2011, New Delhi.
11. *Ibid.*
12. *Ibid.*
13. Family Welfare Programme (1997), A Statement of Policy, Ministry of Health and Family Welfare, Government of India, New Delhi.
14. Report (2010), Ministry of Human Resource and Development, New Delhi.
15. T.N. Valunjkan and H.R. Chaturvedi : Religion and illness in kinds Society, Journal of The M.S. University of Baroda, 15 & 16 (2) 1967, pp. 45-52.
16. Srivastava, A. (1990), Family Planning in India, Classical Publishing Company, New Delhi. p. 168.
17. Journal of the Indian Association for the Study of Population Demography India, Vol. 18, No. 1 & 2, Jan.-Dec. 1989, Edited by Ashish Bose, p. 1.
18. Eighth Five year Plan, Planning, Commission, 401, pp. 20-21.

अध्याय-7

निष्कर्ष एवं सामान्यीकरण

यह शोध ग्रन्थ उत्तर प्रदेश राज्य के पूर्वी क्षेत्र में अवस्थित वाराणसी जिले के हरहुआ विकास खण्ड के तीन ग्रामों मुर्दहा, बेलवरियां एवं चौका (भुसौला) की महिलाओं पर आधारित जनसंख्या नियन्त्रण और परिवार नियोजन की दशाओं का विवरणमूलक अध्ययन है। भारत जैसे विकासशील देश में प्रतिवर्ष 1 करोड़ 30 लाख की दर से जनसंख्या की वृद्धि अत्यन्त चिन्तनीय है। ऐसी स्थिति में यह आवश्यक हो जाता है कि भारत में जनसंख्या वृद्धि को रोकने के प्रयास युद्ध स्तर पर किये जायें। डॉ0 जूलियन हक्सले के शब्दों में "जनसंख्या के सम्बन्ध में भारत की स्थिति बड़ी संकटपूर्ण है। यदि भारत जनसंख्या की समस्या के समाधान में विफल रहा तो इससे एक बड़ी राजनीतिक एवं सामाजिक अव्यवस्था उत्पन्न हो जायेगी और यदि वह सफल होता है तो न केवल उसे एशिया का नेतृत्व प्राप्त होगा वरन् वह सम्पूर्ण संसार की आशा का केन्द्र बन जायेगा।" इस सम्बन्ध में यह उल्लेखनीय है कि स्वतंत्रता प्राप्ति के साथ ही इस दिशा में नियोजित प्रयास प्रारम्भ कर दिया गया है। सन् 1960 के पश्चात् भारत सरकार द्वारा जनसंख्या वृद्धि पर नियन्त्रण की ओर विशेष ध्यान दिया जा रहा है। उसे इस कार्य में भारी सफलता भी मिली है। पर यह सफलता आंशिक ही कही जा सकती है। इस सम्बन्ध में चलाये जा रहे कार्यक्रमों से समस्या का सन्तोषजनक हल नहीं हो पाया है। सन् 1977 में कांग्रेस के लम्बे शासन के बाद केन्द्र में गठित जनता दल की सरकार द्वारा परिवार नियोजन के कार्यक्रम के नकारात्मक प्रभावों को देखते हुये परिवार कल्याण कार्यक्रम प्रारम्भ किया गया था परन्तु उससे भी आशातीत सफलता प्राप्त नहीं हुई है।

आधुनिक विश्व में विशाल जनसंख्या वाले राष्ट्रों में भारत का दूसरा स्थान है। यह देश विश्व के 1/7 भू-भाग पर फैला हुआ है। क्षेत्रीय विविधताओं से परिपूर्ण इस देश में जीवन निर्वाह सामाजिक एवम् आर्थिक दशाएं यथा-प्राथमिक

शिक्षा, स्वास्थ्य, पोषण तत्वों की उपलब्धता आदि की स्थिति दयनीय है। ग्रामीण परिवारों में सदस्यों की औसत संख्या भी तुलनात्मक रूप से अधिक है। इनमें अधिकांश परिवार ऐसे हैं जो अविकसित स्थिति में हैं। ग्रामीण क्षेत्रों में निवास करने वाली जनसंख्या में 36 प्रतिशत अभी भी निर्धनता रेखा के नीचे जीवन-यापन कर रही है। इनका जनसंख्या वृद्धि में प्रमुख योगदान है। ग्रामीण परिवेश में निर्धनता रेखा के नीचे निवास करने वाली जनसंख्या का मुख्य व्यवसाय कम उत्पादकता वाले क्षेत्र ही हैं।

सामाजिक-आर्थिक जीवन में परिवर्तन के नये मूल्यों को अवगाहित करने का प्रयास तो निरन्तर किया जा रहा है परन्तु इन मूल्यों की सार्थकता को बनाये रखने वाली महिलाओं के विकास के लिए उल्लेखनीय कार्य नहीं किये जा रहे हैं। परिणामतः उनमें वह चेतना अभी भी विकसित नहीं हुई है जिसकी सर्वांगीण विकास के लिये नितान्त आवश्यकता है। विभिन्न प्रयासों के बावुजूद सामाजिक न्याय का मूल लक्ष्य अभी भी प्राप्त नहीं किया जा सका है।

ग्रामीण क्षेत्र में निवास करने वाले लोगों को अपेक्षित सामाजिक एवम् आर्थिक सुरक्षा प्राप्त नहीं हो पायी है। पूर्ववर्ती अध्ययनों से प्राप्त तथ्यों से यह ज्ञात हुआ है कि परिवार नियोजन के वांछित परिणाम प्राप्त नहीं हुए हैं। वस्तुतः विकास की योजनाओं का अधिकतम लाभांश कुछ ही लोगों में सिमट कर रह गया है। निर्धनता, बेरोज़गारी और असमानता की समस्या जनसंख्या वृद्धि के साथ संयुक्त होकर सामाजिक व्यवस्था के समक्ष चुनौती के रूप में व्याप्त है। यद्यपि 1952 से ही सरकार द्वारा आर्थिक योजनाओं के अन्तर्गत परिवार नियोजन को एक आवश्यक और महत्त्वपूर्ण कार्यक्रम के रूप में संचालित किया जा रहा है, फिर भी जनसंख्या की समस्या का समाधान अभी तक नहीं हो पाया है। विभिन्न योजनाओं में जितना व्यय परिवार नियोजन कार्यक्रम के लिये किया गया है, उस अनुपात में सफलता प्राप्त नहीं हुई है। अधिकांश पिछड़े हुए ग्रामीण क्षेत्र में अधिकतर परिवार अभी भी परिवार नियोजन के साधनों को नहीं अपनाते। अशिक्षा, रूढ़िवादिता, यौन शिक्षा का अभाव, सामाजिक और आर्थिक बाधा, आवास की समस्या, नैतिकता के आधार पर विरोध, संतति निरोध की आदर्श विधि का अभाव, विज्ञापन का अभाव, कार्यकर्ताओं में प्रशिक्षण और कुशलता का अभाव आदि कुछ ऐसी स्थितियां हैं जो परिवार नियोजन की वैचारिकी को समुचित प्रचार-प्रसार का अवसर प्रदान नहीं करतीं।

परिवार नियोजन के सम्बन्ध में मिथ्या धारणा यह है कि भारत जैसे देश में प्रजनन व्यवहार (Reproductive Behaviour) में परिवर्तन विज्ञापन एवम् इश्तिहारों द्वारा किया जा सकता है। आर्थिक साधनों के अभाव में परिवार नियोजन कार्यक्रम को घर-घर पहुंचाना सम्भव नहीं हो पा रहा है। साधनों के अभाव में इस क्षेत्र में पर्याप्त शोध और प्रशिक्षण की आवश्यकता है। शोध की समस्या का चयन उपर्युक्त परिप्रेक्ष्य में किया गया था। ग्रामीण परिवेश में जीवन-यापन करने वाले परिवारों में जनसंख्या नियोजन के प्रति निहित वैचारिकी के विश्लेषण का प्रयास किया गया है। जनसंख्या वृद्धि और परिवार नियोजन के सम्बन्ध में ग्रामीण महिलाओं की उन्मुखता और उनमें निहित जागरूकता के विविध आयामों का समाजशास्त्रीय विवेचन किया गया है।

प्रस्तुत शोध की दिशा और उसकी सीमाओं को सुनिश्चित करने के लिये निम्नलिखित उद्देश्य सुनिश्चित किये गये थे

1. ग्रामीण परिवारों की समसामयिक संरचना एवं कार्यों का विश्लेषण करना।
2. ग्रामीण परिवेश में जीवन-यापन करने वाली महिलाओं की सामाजिक-आर्थिक जीवन दशाओं का विवेचन करना।
3. ग्रामीण महिलाओं की जीवनशैली एवं शैक्षणिक सांस्कृतिक परिवेश का मूल्यांकन करना।
4. जनसंख्या समस्या और परिवार नियोजन के सम्बन्ध में महिलाओं में जागरूकता स्तर पर स्वीकृत स्तर का मूल्यांकन करना।
5. अत्यधिक संतानोत्पत्ति के सामाजिक-आर्थिक दुष्परिणामों के प्रति जागरूकता के स्तर का ज्ञापन करना तथा नियोजित मातृत्व के प्रति चेतनात्मक जागृति का विवेचन करना।
6. ग्रामीण परिवारों में लड़कियों की शिक्षा के प्रति महिलाओं की उन्मुखता का विश्लेषण करना।
7. महिलाओं में स्वयं तथा बच्चों के प्रति स्वास्थ्य चेतना एवं गर्भकाल, प्रसव, पूर्व प्रसव एवं प्रसवोत्तर काल की चिकित्सकीय जागरूकता, उपचार एवं चिकित्सा आदि की प्रकृति का सर्वेक्षण करना।
8. महिलाओं की सामाजिक जागरूकता में संचार माध्यमों की भूमिका का विश्लेषण करना।

9. परिवार के सदस्यों और बच्चों के स्वास्थ्य के सम्बन्ध में महिलाओं की सोच का विवेचन करना।
10. पारिवारिक एवं वैवाहिक जीवन के प्रति ग्रामीण महिलाओं में निहित विचारों का मूल्यांकन करना।
11. महिलाओं में उभरते आत्मछवि, स्वावलम्बन अधिकार दायित्व बोध एवं सामाजिक--आर्थिक समानता की प्रकृति का विश्लेषण करना।
12. अर्थोपार्जन एवं वेतनभोगी जीवनवृत्ति के प्रति उभरते उन्मेष का मूल्यांकन करना।

उपकल्पना

1. ग्रामीण परिवेश में निवास करने वाले निर्धन परिवारों में सम्पन्न परिवारों की तुलना में बच्चों की संख्या अधिक होती है। ऐसे परिवारों में साक्षरता स्तर भी निम्न होता है तथा उनमें बच्चे उपभोक्ता की तुलना में उत्पादक के रूप में स्वीकार किये जाते हैं। तात्पर्य यह है कि ज्यों-ज्यों परिवार की आर्थिक स्थिति में सुधार होता जाता है और साक्षरता में वृद्धि होती जाती है, त्यों-त्यों परिवार में बच्चों की संख्या को सीमित रखने की प्रवृत्ति में भी विकास होता जाता है।
2. शिक्षित महिलाएँ अशिक्षित महिलाओं की तुलना में परिवार नियोजन के प्रति अधिक जागरूक हैं तथा वे परिवार नियोजन के आधुनिक संसाधनों को सरलता से अपनाती हैं जबकि अशिक्षित महिलाएँ पारिवारिक दबाव, परम्परागत धार्मिक मान्यता और रूढ़ियों के कारण परिवार नियोजन के साधनों के प्रति जानकारी रखते हुए भी उसे स्वतन्त्रतापूर्वक अपनाने से वंचित रहती हैं।
3. सामान्यतः सभी शिक्षित और सम्पन्न वर्ग की महिलाएँ छोटा परिवार सुखी परिवार के विचार से सहमत हैं जबकि निर्धन और अशिक्षित वर्ग की महिलाएँ अधिक से अधिक बच्चों को परिवार की इच्छा के अनुरूप अवधाारित करने का प्रयास करती हैं। परिणामतः वे सुखी परिवार की प्रस्थापित अवधारणा से तारतम्य बनाये रखने में असफल रहती हैं।
4. ग्रामीण महिलाएँ परिवार नियोजन से होने वाले लाभ के प्रति सचेष्ट हैं परन्तु परिवार नियोजन के साधनों को स्वीकार करने में परिवार के अन्य सदस्यों के कारण उन्हें कठिनाई होती है। अधिकांशतः महिलाओं के पतिभी आधुनिक साधनों का उपयोग करते हैं लेकिन यह स्थिति भी सीमित परिवारों में पायी जाती है।

5. परिवार नियोजन के साधनों एवम् उसकी उपलब्धियों के सम्बन्ध में अधिकांश ग्रामीण महिलाओं को जानकारी पास-पड़ोस तथा विशेष रूप से युवा वर्ग की महिलाओं से प्राप्त होती है। आधुनिक संचार माध्यमों की प्रभावी भूमिका ग्रामीण महिलाओं द्वारा स्वीकार की जाती है।

यह शोध पूर्वी उत्तर प्रदेश के वाराणसी जनपद के हरहुआ ब्लाक के मुर्दहा, बेलवरिया, चौका (भुसौला) ग्रामों में निवास करने वाले परिवारों के संदर्भ में किया गया। उत्तर प्रदेश राज्य के पूर्वी क्षेत्रों के सम्बन्ध में प्राप्त सांख्यिकी आँकड़ों से ज्ञात होता है कि यह क्षेत्र राज्य के पश्चिमी क्षेत्र की तुलना में अत्यन्त पिछड़ा हुआ है। अध्ययन क्षेत्र वाराणसी जनपद 1535 वर्ग किलोमीटर क्षेत्रफल में फैला हुआ है जिसमें प्रति वर्ग किलोमीटर जनसंख्या घनत्व 2399 व्यक्ति पाया गया है। जनपद की कुल जनसंख्या में ग्रामीण जनसंख्या का प्रतिशत 71.11 प्रतिशत था जो राज्य के औसत प्रतिशत से कहीं अधिक था। ग्रामीण क्षेत्र में परिवार का औसत आकार 7.68 व्यक्ति प्रति परिवार था। जनपद में साक्षरता दर मात्र 77.05 प्रतिशत थी। जनपद के हरहुआ विकासखण्ड की स्थापना 1 जुलाई 1972 को की गई थी। इस विकासखण्ड में 86 ग्राम पंचायत और 15 न्याय पंचायते हैं। विकासखण्ड में कुल 177 आबाद ग्राम हैं। विकासखण्ड में 2.18 लाख लोग निवास करते हैं जिनमें 38,340 अनुसूचित जाति के लोग और 1,34,497 लोग पिछड़ी जाति के लोग हैं। अध्ययन हेतु ग्राम का चयन हरहुआ विकासखण्ड से किया गया है। इस विकासखण्ड की विशिष्ट जनसंख्यात्मक प्रवृत्ति को दृष्टि में रखते हुये इसका चुनाव किया गया था। सन् 1981 से 1991 की अवधि में प्रदेश और जनपद की जनसंख्या में वृद्धि की जो गति रही है, वह इस विकासखण्ड में नहीं पायी गयी है। इस दृष्टि से यह विकासखण्ड शोध के लिये अत्यन्त उपयुक्त पाया गया था। इस विकासखण्ड से ऐसे ग्राम का चयन किया गया है जो तुलनात्मक रूप से अन्य ग्रामों की अपेक्षा विकसित और साधन सम्पन्न था। हरहुआ विकासखण्ड के मुर्दहा, बेलवरिया चौका (भुसौला) गाँव आर्थिक दृष्टि से अन्य ग्रामों की अपेक्षा विकसित स्थिति में है। मुर्दहा ग्राम में प्राइमरी विद्यालय के अतिरिक्त मर्चेन्ट इण्टर कालेज एवं कन्या जूनियर हाई स्कूल भी अवस्थित हैं विकासखण्ड के विकासशील गाँवों की श्रेणी में यह गाँव प्राथमिक स्तर पर रखा जा सकता है। शोध के अन्तर्गत उत्तरदात्रियों के चयन के लिए दैव निदर्शन पद्धति का

सहयोग लिया गया था। तद्नुसार अध्ययन विषय के अन्तर्गत कुछ प्रतिनिधिमूलक इकाईयों का चयन किया गया था, क्योंकि समग्र का जनगणनात्मक अध्ययन सम्भव नहीं था।

युवा वर्ग की अधिकांश ग्रामीण महिलायें (52.67 प्रतिशत) अपनी लड़कियों को उच्च शिक्षा प्रदान करना चाहती थी। लेकिन कुछ महिलायें ऐसी थीं जो लड़कियों को इण्टरमीडिएट स्तर तक ही शिक्षा प्रदान करना चाहती थी। इनमें अधिकांश महिलायें (62.82 प्रतिशत) 20-30 वर्ष आयु वर्ग की थीं। अनुसूचित जातियों में 75.42 प्रतिशत और पिछड़ी जातियों में 37.50 प्रतिशत महिलायें लड़कियों को इण्टरमीडिएट स्तर तक शिक्षा प्रदान करना चाहती थीं। शैक्षणिक उन्मुखता एकाकी और विस्तृत प्रकृति के परिवारों में तथा इण्टरमीडिएट एवम् उच्च शिक्षा प्राप्त महिलाओं में अधिक पाया गया है। सामान्य स्थिति आय संवर्गों में भी देखी गयी है, जहाँ निम्न आय वर्ग की तुलना में मध्यम एवम् उच्च आय वर्ग की अधिकांश महिलायें लड़कियों की शिक्षा के प्रति उच्चस्तरीय सकारात्मक उन्मुखता रखती थी। उच्च शैक्षणिक प्रस्थिति के प्रति अभिरुचि रखने वाली अधिकांश महिलायें एकाकी परिवारों से थी। महिलाओं की शिक्षा और परिवार में लड़कियों की शिक्षा के अन्तर्सम्बन्ध सकारात्मक पाये गये हैं। परिगणित काई स्क्वायर मूल्य तथ्यों की उच्चस्तरीय सार्थकता को प्रदर्शित करते हैं। लड़कियों की वैवाहिक आयु के संबंध में ग्रामीण महिलाओं की प्रतिक्रिया से यह स्पष्ट हुआ कि 58.67 महिलायें ऐसी थीं जो अपनी लड़कियों का विवाह 18 वर्ष से अधिक आयु में करना चाहती थीं। इनमें युवा आयु वर्ग की उच्च एवं पिछड़ी जातियों की शिक्षित महिलाओं की संख्या अधिक थी। निम्न आय वर्गों की अपेक्षा उच्च आय वर्गों की महिलायें अपनी लड़कियों का विवाह 18 वर्ष से अधिक आयु में करना चाहती थीं। निम्न आय वर्ग में 45.73 प्रतिशत महिलायें ऐसी थीं जो लड़कियों का विवाह 18 वर्ष से कम आयु वर्ग में करना चाहती थीं।

वैवाहिक संबंधों के निर्धारण में संस्कृति में परम्परागत मूल्य निर्णायक भूमिका का निर्वाह करते रहे हैं। शिक्षा और आर्थिक विकास के प्रतिफल में विवाह के प्रति सामान्य दृष्टिकोण में ही परिवर्तन उत्पन्न हुआ है। विवाह के समय आयु, जीवन साथी का चुनाव विवाह में पति या पत्नी की संख्या, विवाह

संबंधों की *निरूतरता,* पुनर्विवाह और दहेज आदि विषयों पर विभिन्न अधिनियम बनाये गये हैं जिनका प्रभाव समाज के प्रत्येक वर्ग पर देखा जा सकता है। ग्रामीण महिलाओं से इस संबंध में प्रचलित प्रथाओं के विषय में प्राप्त किये गये तथ्य यह इंगित करते हैं कि परम्परागत प्रथाओं का प्रभाव क्षीण हो रहा है। उदाहरण के लिये मात्र 18.67 प्रतिशत महिलायें ही पर्दाप्रथा का पूर्णतः पालन करती थीं। इनमें अधिकांश संयुक्त परिवारों की उच्च जाति की 40 वर्ष से अधिक वर्ष के आयु की महिलायें थीं।

संततिहीन नारी की सामाजिक स्थिति के सम्बन्ध में प्रचलित मान्यताओं के विषय में प्राप्त तथ्य यह इंगित करते हैं कि 84 प्रतिशत ग्रामीण महिलाएँ ऐसी स्त्रियों को अपूर्ण मानती हैं। इनमें अधिकांश निर्धन परिवारों की महिलायें थीं। 20-30 वर्ष आयु की शत प्रतिशत महिलाओं ने इस प्रकार की प्रतिक्रिया को व्यक्त किया था। जबकि 40 वर्ष से अधिक आयु की अधिकांश महिलायें इसे ईश्वर की इच्छा मानती थीं। ग्रामीण परिवेश में निवास करने वाले निर्धन परिवारों में सम्पन्न परिवारों की तुलना में बच्चों की संख्या अधिक पायी गयी है। ऐसे परिवारों में साक्षरता स्तर भी निम्न होता है तथा उनमें बच्चे उपभोक्ता की तुलना में उत्पादक के रूप में स्वीकार किये जाते हैं। ग्रामीण परिवेश में परिवार की आर्थिक स्थिति में सुधार के साथ साक्षरता में वृद्धि होती है जिससे परिवार में बच्चों की संख्या को सीमित रखने की प्रवृत्ति में भी विकास पाया गया है।

विवाह के उद्देश्य के सम्बन्ध में प्राप्त तथ्य यह इंगित करते हैं कि अधिकांश महिलायें इसे परम्परागत के अनुपालन वंश की निरन्तरता और संतान प्राप्ति के लिए आवश्यक मानती थीं। विवाह की उपादेयता के सम्बन्ध में प्राप्त किये गये तथ्य यह इंगित करते हैं कि 30 वर्ष से कम आयु की 35.9 प्रतिशत महिलायें इसे संतान प्राप्ति के लिए आवश्यक मानती थीं जबकि 30 से 40 वर्ष आयु वर्ग में 43.75 प्रतिशत महिलाओं का कहना था कि यह परम्परा के अनुपालन के लिए आवश्यक है। इस्लाम धर्मावलम्बी 52.78% महिलायें विवाह को संतान प्राप्ति के लिए आवश्यक मानती थीं। संयुक्त और एकाकी परिवारों की उच्च जाति की सम्पन्न वर्गों की अधिकांश महिलायें विवाह की उपादेयता संतान प्राप्ति के रूप में देखती थीं। 50 प्रतिशत महिलाओं का कहना था कि वंश वृद्धि के लिए बच्चों का जन्म आवश्यक होता है। 53.33 प्रतिशत

महिलाओं का मानना था कि प्रथम संतान के रूप में पुत्र का जन्म होना चाहिए। इनमें अधिकांश 30 वर्ष से अधिक आयु के संयुक्त परिवारों की निरक्षर और निम्न आय वर्ग की महिलायें थीं। इस सम्बन्ध में प्राप्त काई स्क्वायर मूल्य उच्चस्तरीय सार्थकता प्रगट करते हैं।

लघु परिवार या परिवार में बच्चों की कम संख्या के सम्बन्ध में पति के दृष्टिकोण के प्रति महिलाओं की प्रतिक्रिया से यह ज्ञात हुआ है कि 55.67 प्रतिशत महिलायें अपने पति को लापरवाह मानती थीं। इनमें अधिकांश निम्न आय वर्ग (80.56 प्रतिशत), निरक्षर (85.37 प्रतिशत), अनुसूचित जातियों की (65.53 प्रतिशत) महिलायें थीं और 20 से 30 वर्ष आयु वर्ग की 67.95 प्रतिशत महिलायें थीं। काई स्क्वायर मूल्य तथ्यों की उच्चस्तरीय सार्थकता को इंगित करते हैं।

बच्चों की सीमित संख्या के विषय में उत्तरदात्रियों के विचार यह स्पष्ट करते हैं कि 44 प्रतिशत महिलायें परिवार की उन्नति के लिए और 16 प्रतिशत माँ के स्वास्थ्य के लिए इसे आवश्यक मानती थीं। तेजस्वी संतान की आकांक्षा के कारणों के विषय में प्राप्त तथ्य यह इंगित करते हैं कि अधिकांश महिलायें एक पुत्र की वैचारिकी को स्वीकार करती हैं। अधिकांश मुस्लिम महिलायें भी संतान की आवश्यकता पर बल देती हैं।

परिवार को सीमित रखने के विषय में धाार्मिक मान्यताओं के *बाबत* 92 प्रतिशत महिलाओं को कोई जानकारी नहीं थीं। परिवार के सम्मान की अपेक्षा अधिकांश महिलायें (70 प्रतिशत) पुत्र को प्राथमिकता देती हैं। इनमें निरक्षर निम्न आय वर्ग की प्रौढ़ महिलाओं की संख्या अधिक थी।

परिवार में पुत्र और पुत्री में वरीयता के सम्बन्ध में प्राप्त तथ्य यह स्पष्ट करते हैं कि 88.67 प्रतिशत महिलायें पुत्र को वरीयता देती हैं जबकि 8 प्रतिशत महिलाओं ने पुत्री को वरीयता दी थी। इनमें अधिकांश निम्न और मध्यम् आय वर्ग की अनुसूचित जातियों की युवा महिलायें थीं। 56 प्रतिशत महिलायें देशहित में संतति की इच्छा छोड़ने के प्रति सकारात्मक विचार नहीं रखती थीं। अधिकांश महिलाओं का मानना था कि संततिहीन नारी का जीवन निष्फल होता है और समाज उसे बाँझ के रूप में देखता है। विवाह सम्बन्धी विभिन्न अधिनियमों की जानकारी के प्रति प्राप्त तथ्य यह इंगित करते हैं कि 66 प्रतिशत महिलायें विवाह सम्बन्धी अधिनियमों से भिज्ञ नहीं थीं।

सामाजिक-आर्थिक दशाओं के रूप से शिक्षा और आय में वृद्धि के परिणामस्वरूप ग्रामीण महिलाओं के जागरूकता स्तर में वृद्धि हुई है। लड़कियों की शिक्षा विवाह के समय अभी आयु जैसे महत्त्वपूर्ण पक्षों पर ग्रामीण महिलाओं में उच्चस्तरीय सकारात्मक परिवर्तन पाया गया है।

परिवार नियोजन का सांस्कृतिक परम्परा के अनुकूल होने, परिवार नियोजन की स्वीकृति पर शिक्षा के प्रभाव, परिवार नियोजन साधनों का उपयोग उसकी आवश्यकता, परिवार नियोजन की आवश्यकता के कारण साधनों की उपयोगिता जानकारी, विश्वास, नियोजन प्रविधियों से असहमति का कारण साधन अपनाये जाने वाले सदस्य की स्थिति एवं प्रेरक तत्वों, उससे लाभ धर्म सम्बन्धी मान्यता छोटा परिवार सुखी परिवार जैसी मान्यताओं के प्रति विचार लड़कियों में पसंद की वरीयता, शल्य चिकिल्सा प्रविधि की उपादेयता, स्वास्थ्य केन्द्रों पर जाने की स्थिति और जागरूकता जैसे विविध पक्षों पर ग्रामीण महिलाओं से प्राप्त किये गये तथ्यों का विवेचन किया गया।

अध्ययन से प्राप्त तथ्य यह स्पष्ट करते हैं कि अधिकांश महिलायें (56 प्रतिशत) परिवार नियोजन की सांस्कृतिक परम्परा के अनुकूल स्वीकार नहीं करतीं। इसमें अधिकांश प्रौढ़ निरक्षर 80.49 प्रतिशत महिलायें परिवार नियोजन को सांस्कृतिक परम्परा के अनुकूल स्वीकार नहीं करतीं जबकि इण्टरमीडिएट एवम् उच्च शैक्षणिक प्रस्थिति वाली 92.06 प्रतिशत महिलायें इसे सांस्कृतिक परम्परा के अनुकूल स्वीकार करती हैं। परिवार नियोजन की स्वीकृति पर शिक्षा के प्रभाव से अधिकांश महिलायें सहमत थीं। युवा आयु वर्ग की उच्च तथा पिछड़ी जातियों की शिक्षित मध्यम् और उच्च आय वर्ग की अधिकांश महिलायें यह स्वीकार करती थीं कि परिवार नियोजन की स्वीकृति पर शिक्षा का महत्त्वपूर्ण प्रभाव पाया जाता है। **स्पष्टतः शिक्षित महिलाएँ अशिक्षित महिलाओं की तुलना में परिवार नियोजन के प्रति अधिक जागरूक हैं तथा वे परिवार नियोजन के आधुनिक संसाधनों को सरलता से अपनाती हैं जबकि अशिक्षित महिलाएँ पारिवारिक दबाव, परम्परागत धार्मिक मान्यता और रूढ़ियों के कारण परिवार नियोजन के साधनों के प्रति जानकारी रखते हुए भी उसे स्वतन्त्रता पूर्वक अपनाने से वंचित रहती हैं।**

ग्रामीण परिवार में सामान्यतः महिलायें पुरुषों की अपेक्षा परिवार नियोजन के साधनों का अधिक उपयोग करती हैं। इस सम्बन्ध में युवा शिक्षित

महिलाओं ने सकारात्मक प्रतिक्रिया व्यक्त भी थी, उच्च आय वर्गों की अपेक्षा निम्न आय वर्गों की अधिकांश महिलाओं का कहना था कि पुरुषों की अपेक्षा महिलायें ही अधिकांशतः परिवार नियोजन के साधनों का उपयोग करती हैं। अधिकांश महिलाओं का कहना था कि आधुनिक परिवेश में आर्थिक दबाव से मुक्ति और प्रगति के लिए लघु परिवार आवश्यक है। इसलिए परिवार नियोजन की विस्तृत आवश्यकता है। मध्यम और उच्च आय वर्ग की अधिकांश एकाकी परिवारों की युवा महिलायें इस सम्बन्ध में सकारात्मक दृष्टिकोण रखती थीं। परिवार नियोजन की आवश्यकता देशहित की अपेक्षा स्वहित और पारिवारिक विकास के लिए है। उच्च आय वर्गों की अधिकांश महिलायें इसे देशहित के लिए आवश्यक मानती थीं। जबकि निम्न आय वर्ग की अधिकांश महिलाओं का कहना था कि यह पारिवारिक विकास के लिए आवश्यक है। परिवार नियोजन के साधनों का उपयोग 44 प्रतिशत परिवारों द्वारा नियमित रूप से किया जाता था। इनके बारे में मध्यम् और उच्च वर्गीय परिवार अधिक सकारात्मक दृष्टिकोण रखते थे। अधिकांश ग्रामीण महिलाओं का कहना था कि परिवार नियोजन के साधनों के विषय में जानकारी उन्हें रेडियो, दूरदर्शन और पति से प्राप्त हुई है। परन्तु 51.67 प्रतिशत महिलायें उपलब्ध साधनों में विश्वास नहीं रखती थीं। उच्च आय वर्गों की शत-प्रतिशत महिलायें इसमें विश्वास रखती थीं।

परिवार नियोजन की आधुनिक प्रविधियों के प्रति अधिकांश महिलाओं ने सकारात्मक दृष्टिकोण व्यक्त किया था। परिवार नियोजन की प्रविधियों से असहमत रहने वाली अधिकांश महिलाओं का कहना था कि इससे स्वास्थ्य एवम् अन्य कई समस्यायें उत्पन्न होती हैं। सामान्यतः पति और स्वास्थ्य सम्बन्धी दृष्टिकोण परिवार नियोजन को अपनाने के लिए महिलाओं को प्रेरित करते हैं। कुछ महिलायें ही इसे धर्मविरूद्ध मानती थीं जबकि 68 प्रतिशत महिलायें सकारात्मक दृष्टिकोण रखती थीं। परिवार में महिलायें परिवार नियोजन को सकारात्मक रूप में स्वीकार करती हैं लेकिन अध्ययन से प्राप्त तथ्य यह इंगित करते हैं कि इस कार्यक्रम से सम्बद्ध लोगों के व्यवहार एवं क्रियाकलापों के कारण ग्रामीण महिलायें स्वास्थ्य केन्द्रों और स्थानीय चिकित्सा सुविधाओं को प्राप्त करने वाली संस्थाओं के प्रति वांछित अभिरुचि नहीं रखती थीं। परिणामतः ग्रामीण क्षेत्रों में अभी भी बड़े आकार के परिवार देखे जाते हैं।

सामान्यतः सभी शिक्षित और सम्पन्न वर्ग की महिलाएँ छोटा परिवार सुखी परिवार के विचार से सहमत पायी गयी हैं जबकि निर्धन और अशिक्षित वर्ग की महिलाएँ अधिक से अधिक बच्चों को परिवार की इच्छा के अनुरूप अवधारित करने का प्रयास करती हैं। परिणामतः वे सुखी परिवार की प्रस्थापित अवधारणा से तारतम्य बनाये रखने में असफल रहती हैं।

अध्ययन से प्राप्त तथ्य यह इंगित करते हैं कि मात्र 11.67 प्रतिशत महिलायें ही प्रतिदिन समाचार पत्र पढ़ती थीं। समाचार पत्र पढ़ने वाली महिलाओं में अधिकांश 20-30 वर्ष आयु वर्ग की एवम् अधिकांश उच्च जाति, उच्च आय वर्ग तथा शिक्षित थीं। अध्ययन से प्राप्त तथ्य लगभग (1988) द्वारा भारत में जनसंख्या नियंत्रण और परिवार नियोजन के सम्बन्ध में किये गये अध्ययन से साम्यता रखते हैं। परिगणित काई स्क्वायर मूल्य तथ्यों की सार्थकता को इंगित करते हैं। इस सम्बन्ध में यह उल्लेखनीय है कि मात्र 11.67 प्रतिशत ग्रामीण महिलाओं ने प्रतिदिन समाचार पत्रों का अवलोकन करना स्वीकार किया था जबकि 88.83 प्रतिशत ग्रामीण महिलायें समाचार पत्र नहीं पढ़ती थीं। युवा आयु वर्ग (20-30 वर्ष) की 57.69 प्रतिशत महिलायें और 30-40 वर्ष आयु वर्ग की 60 प्रतिशत महिलायें क्रय करके समाचार पत्र पढ़ती थीं जबकि अन्य पड़ोसियों से माँगकर पढ़ती थीं। 40 वर्ष से अधिक आयु की 75 प्रतिशत महिलायें पड़ोसी से माँगकर समाचार पत्र पढ़ती थीं।

उच्च जातियों की 69.57 प्रतिशत महिलायें क्रय करके तथा पिछड़ी जाति एवम् अनुसूचित जातियों की क्रमशः 66.67 प्रतिशत महिलायें और 83.33 प्रतिशत महिलायें पड़ोसी से माँगकर समाचार पत्रों का अध्ययन करती थीं। अधिकांश शिक्षित महिलायें क्रय करके समाचार पत्रों का अध्ययन करती थीं। पड़ोस से माँगकर समाचार पत्रों का अध्ययन करने वाली महिलायें प्रायः सभी संवर्गों में पायी जाती हैं।

पत्र-पत्रिकाएँ परिवार नियोजन एवं जनसंख्या नियन्त्रण से सम्बन्धित कार्यक्रम का एक विशिष्ट प्रचार माध्यम है। अधिकांश ग्रामीण महिलाओं ने स्वीकार किया कि वे पत्र-पत्रिकाओं का अध्ययन नहीं कर पाती हैं जबकि 36.00 प्रतिशत ग्रामीण महिलाओं ने बताया कि वे पत्र-पत्रिकाओं का अध्ययन करती हैं। जनसंख्या नियन्त्रण से सम्बन्धित सूचनाओं के प्रचार-प्रसार हेतु विभिन्न पत्र-पत्रिकाओं में विज्ञापन दिया जाता है। केन्द्र एवं राज्य सरकारों

द्वारा अपनी नीतियों के विस्तृत प्रचार-प्रसार हेतु विभिन्न विज्ञापनों को रेडियो के माध्यम से प्रसारित किया जाता है। 28.00 प्रतिशत ग्रामीण महिलाएँ प्रतिदिन दूरदर्शन पर प्रसारित होने वाले कार्यक्रम देखती थीं जबकि 32 प्रतिशत महिलाओं का कहना था कि वे कभी-कभी ही कार्यक्रम देख पाती हैं। परन्तु 40.00 प्रतिशत महिलाएँ ऐसी थीं जिन्होंने अभी तक दूरदर्शन पर प्रसारित होने वाले कार्यक्रमों को नहीं देखा है। उच्च और पिछड़ी जाति की अधिकांश महिलायें सामाजिक कार्यकर्त्ताओं की उपादेयता को स्वीकार करती थीं। समस्त स्थिति उच्च आय वर्ग की महिलाओं के सम्बन्ध में ही पायी गयी है। उच्च आय वर्ग में अधिकांश महिलायें ऐसी थीं जो सामाजिक कार्यकर्ताओं की उपादेयता परिवार नियोजन से सम्बन्धित सूचनाओं के सम्प्रेषण माध्यम के रूप में स्वीकार करती हैं।

अधिकांश ग्रामीण महिलाओं की दृष्टि में सरकारी कर्मचारी सरकार द्वारा प्रायोजित परिवार कल्याण कार्यक्रमों का कुछ-कुछ भाग ही क्रियान्वित करते हैं जबकि 24 प्रतिशत महिलाओं का कहना था कि सम्बन्धित कार्यक्रमों का पूर्णतः क्रियान्वयन किया जाता है। सामाजिक और धार्मिक बाधाओं के कारण परिवार नियोजन के कृत्रिम साधनों का प्रयोग ग्रामीण क्षेत्रों में सीमित पाया जाता है। परिवार नियोजन का परम्परानुसार विरोध भी किया जाता है। परम्परागत मान्यताओं और विश्वासों के कारण लोग न केवल परिवार नियोजन के कार्यक्रमों की उपेक्षा करते हैं अपितु उनका विरोध भी करते हैं। स्पष्टतः ग्रामीण महिलाएँ परिवार नियोजन से होने वाले लाभ के प्रति सचेष्ट हैं परन्तु परिवार नियोजन के साधनों को स्वीकार करने में परिवार के अन्य सदस्यों के कारण उन्हें कठिनाई होती है। अधिकांशतः महिलाओं के पति भी आधुनिक साधनों का उपयोग करते हैं लेकिन यह स्थिति भी सीमित परिवारों में पायी जाती है।

प्रमुख उपलब्धियाँ

वाराणसी जनपद के हरहुआ ब्लाक के तीन गाँवों, मुर्दहा, बेलवरिया, चौका (भुसौला) के चयनित परिवारों में विवाहित महिलाओं से प्राप्त किये गये तथ्यों के आधार पर यह कहा जा सकता है कि ऐसे परिवार जिनमें महिलायें शिक्षित थीं और जिन परिवारों में आधुनिक संचार माध्यम तथा दूरदर्शन की सुविधा उपलब्ध है, उन परिवारों में महिलायें परिवार नियोजन के प्रति अधिक जागरूक पायी गयी हैं, पति और पत्नी की आयु का परिवार नियोजन की प्रविधियों को अपनाने और शिशु जन्म के अन्तराल से उच्च सह सम्बन्ध पाया गया है। युवा

महिलायें प्रौढ़ महिलाओं की अपेक्षा परिवार नियोजन की प्रविधियों को अपनाने के प्रति अधिक जागरूक पायी गयी हैं।

परिवार नियोजन की प्रविधियों को अपनाने और परिवार के सदस्यों की संख्या को सीमित बनाये रखने में शिक्षा को प्रमुख अभिप्रेरक पाया गया है। व्यवसाय का परिवार नियोजन से सहसम्बन्ध नहीं पाया गया है। आय भी परिवार नियोजन की प्रविधियों को अपनाने की स्वीकृति पर प्रभावी चर के रूप में अभिव्यक्त नहीं हुई है। बड़े आकार के परिवारों में परिवार नियोजन की उन्मुखता अधिक देखी गयी है। ऐसे परिवार जिनमें विवाहित महिला पुत्रवती थीं, उनमें परिवार नियोजन की प्रवृत्ति ऐसी महिलाओं की अपेक्षा अधिक पायी गयी है जिनके केवल पुत्रियाँ ही थीं। महिलायें अपने स्वास्थ्य के प्रति जागरूक पायी गयी हैं।

दूरदर्शन का प्रभाव परिवार नियोजन की प्रविधियों की स्वीकृति में अधिक पाया गया है। उच्च जाति की महिलायें परिवार नियोजन के प्रति अनुसूचित जाति एवं पिछड़ी जाति की महिलाओं की अपेक्षा अधिक सकारात्मक दृष्टिकोण रखती हैं।

सुझाव

भारत के पिछड़े राज्यों में जनसंख्या वृद्धि की समस्या के निदान के लिये यह परम आवश्यक होगा कि एक ओर जनसंख्या वृद्धि पर नियन्त्रण लगाया जाये और दूसरी ओर देश के उत्पादन को बढ़ाया जाये।

जनसंख्या वृद्धि के कारण उत्पन्न होने वाली समस्या के समाधान हेतु देश की कृषि में तेजी से विकास किया जाना चाहिये ताकि खाद्यान्न समस्या का समाधान हो सके। इसके लिये आधुनिक पद्धति से कृषि, सिंचाई के साधनों का प्रसार, बंजर भूमि को कृषि योग्य बनाना, चकबन्दी, सहकारिता का विकास, कृषि वित्त उपलब्ध कराना तथा अन्य आधुनिक वैज्ञानिक साधनों और तरीक़ों का प्रयोग आवश्यक है।

भारत ग्राम्य प्रधान बहुल निर्धन जनसंख्या वाला देश है जहाँ के लोगों की आर्थिक प्रस्थिति और जीवन-स्तर वर्तमान विश्व के अन्य देशों की तुलना में अत्यन्त निम्न स्तर पर है। देश में पूँजी निर्माण की धीमी गति होने के कारण सस्ती दर पर पर्याप्त मात्रा में पूंजी का बहुत अधिक अभाव है। ऐसी स्थिति में वृहद् उद्यमों के साथ-साथ देश की उपभोक्ता वस्तुओं के उत्पादन को बढ़ाने तथा अतिरिक्त जनसंख्या को रोज़गार प्रदान करने के लिये लघु एवं कुटीर

उद्योग-धन्धों का विकास करना अति आवश्यक है। देश में बेरोज़गारी, निर्धनता और निम्न जीवन स्तर की समस्या को हल करने के लिये बड़े पैमाने पर उद्योगों का विकास आवश्यक है ताकि देश में उलपब्ध प्राकृतिक साधनों का पूर्ण व उपयुक्त दोहन हो सके और देश का उत्पादन भी आवश्यक मात्रा में बढ़ाया जा सके। इसके माध्यम से कृषि भूमि पर जनसंख्या के बढ़ते हुये दबाव को कम किया जा सकता है। साथ ही साथ लोगों की आर्थिक स्थिति में सुधार लाकर जनसंख्या वृद्धि दर को नियोजित किया जा सकता है।

देश में शिक्षा का तेज़ी से प्रचार और प्रसार करना भी जनसंख्या वृद्धि की समस्या के समाधान का एक आधारभूत उपाय होगा। इससे जहाँ एक ओर जनसंख्या नियन्त्रण में मदद मिलेगी, वहीं दूसरी ओर देश के उत्पादन को बढ़ाने में भी मदद मिलेगी। शिक्षित होने से देश के नागरिक जनाधिक्य के दुष्परिणाम को भलीभाँति समझ सकेंगे और वे स्वयं जनसंख्या नियन्त्रण के साधनों को अपनाकर समस्या समाधान में अपेक्षित सहयोग दे सकेंगे। इस क्षेत्र में स्त्रियों की शिक्षा अधिक महत्त्व रखती हैं।

देश की जनाधिक्य की समस्या तथा उत्पन्न दुष्परिणामों के समाधान के लिये जनसंख्या वृद्धि पर सामाजिक अभिकरणों के माध्यम से नियन्त्रण एक अपरिहार्य उपाय है। भारत एक धर्मप्रधान परम्परावादी देश है जिसमें अनेक ऐसी सामाजिक और धार्मिक मान्यताएँ रही हैं जो जनसंख्या नियंत्रण को स्वाभाविक बना सकती हैं। ब्रह्मचर्य, अधिक आयु में विवाह, एक पुत्र या पुत्री का पिता बनने की आकांक्षा, उच्च शिक्षा आदि कुछ ऋग्वैदिक मान्यतायें रही हैं जिन्हें पुनर्जीवित करने की आवश्यकता है। सामाजिक प्रतिबन्ध इस दिशा में अधिक सकारात्मक परिणाम दे सकते हैं।

मध्यकालीन भारतीय समाज में सृजित कुरीतियाँ व प्रथायें ग्रामीण क्षेत्रों में प्रचलित हैं जिनसे जनसंख्या वृद्धि को प्रोत्साहन मिलता है। जैसे विवाह की अनिवार्यता, बाल-विवाह, अधिक से अधिक सन्तान की चाह, सम्पत्ति का उत्तराधिकार, पुत्र की अवधारणा, सन्तान को ईश्वर की देन मानना, जन्म नियन्त्रण के कृत्रिम साधनों के प्रयोग को धर्म विरोधी व अनैतिक समझना आदि। जब तक इन धारणाओं का उन्मूलन नहीं होगा और जनमानस में आधुनिक परिस्थितियों के अनुकूल सामाजिक और राष्ट्रीय चेतना का विकास नहीं होगा, तब तक जनसंख्या नियन्त्रण का कार्य यदि असम्भव नहीं तो

अत्यन्त कठिन अवश्य होगा। अभी तक इस क्षेत्र में प्राप्त अनुभव इसके ज्वलन्त प्रमाण हैं।

भारत में जनवृद्धि के समाधान के लिये ग्रामीण क्षेत्रों के विशेष रूप से अति पिछड़े क्षेत्रों में कम आयु में विवाह करने की प्रवृत्ति को समाप्त कर विलम्ब विवाह को प्रोत्साहित करना एक कारगर उपाय होगा। इसके लिये केवल विवाह की आयु सीमा सम्बन्धी कानून बना देना ही पर्याप्त नहीं है बल्कि उसका व्यावहारिक क्रियान्वयन उससे कहीं अधिक आवश्यक है। अभी देश में कानून द्वारा विवाह के समय लड़की की न्यूनतम आयु 18 वर्ष तथा लड़के की 21 वर्ष कर दी गयी है। उसमें अधिक वृद्धि की जानी चाहिये क्योंकि उससे प्रजनन की अवधि कम हो जायेगी।

देश में अविलम्ब जनसंख्या नियंत्रण के लिये परिवार नियोजन कार्यक्रमों को अधिक कारगर और उन्नत तरीक़ों से लागू करना परम आवश्यक होगा। परिवार नियोजन की आवश्यकता और महत्ता का भरपूर प्रचार किया जाना चाहिए। इसके लिये अख़बार, पत्र-पत्रिकायें, सिनेमा, रेडियो, टेलीविजन, पोस्टर, वार्ता, गोष्ठियाँ और भाषणमाला आदि को माध्यम के रूप में प्रयोग करना लाभदायक होगा। जन्म नियन्त्रण के साधनों में सुधार तथा प्रचार की दिशा में संगठित प्रयास की आवश्यकता है। परिवार नियोजन के प्रति हर सम्भव साधनों से स्त्रियों में रुचि पैदा की जानी चाहिये।

परिवार नियोजन से सम्बन्धित डाक्टरों, नर्सों और सामाजिक कार्यकर्ताओं को प्रशिक्षण दिया जाना चाहिये। यौन शिक्षा का प्रचार किया जाना चाहिए। गर्भपात को यद्यपि कानूनी मान्यता दी जा चुकी है पर सामाजिक मान्यता के अभाव में इसका प्रयोग नहीं किया जा रहा है। अतः इसे सामाजिक मान्यता दिलाने का प्रयत्न किया जाना चाहिये। शासकीय कर्मचारियों को देर से विवाह करने, कम सन्तान उत्पन्न करने आदि की स्थिति में पदोन्नति व करों में छूट की व्यवस्था की जानी चाहिये। शिक्षा, सामाजिक एवम् धार्मिक तथा नैतिक शिक्षा के माध्यम से लोगों को ब्रह्मचर्य और संयम के साथ वैवाहिक जीवन व्यतीत करने की प्रेरणा दी जानी चाहिए।

देश में जनसंख्या की समस्या के समाधान के लिए जनसंख्या स्थानान्तरण भी एक उपयोगी उपाय होगा। विद्वानों द्वारा यह सुझाव दिया गया है कि जनसंख्या समस्या के समाधान के लिए संसार के जिन भागों या देशों में

जनाधिक्य है, वहाँ से कम जनसंख्या वाले देशों में जन प्रवास की अनुमति दी जानी चाहिए। ताकि जनसंख्या का अन्तर्राष्ट्रीय सन्तुलन भी दूर हो सके और जनाधिक्य वाले देशों की जनसंख्या भी कम हो सके। पर अन्तर्राष्ट्रीय उत्प्रवासन की सम्भावनायें अत्यन्त सीमित हैं। निकट भविष्य में आर्थिक और परिवार नियोजन ही इसका हल है। इस परिप्रेक्ष्य में यह सुझाव दिया जा सकता है कि जनसंख्या समस्या को अन्तर्राष्ट्रीय स्थानान्तरण के द्वारा भी एक सीमा तक हल किया जा सकता है अर्थात् जिन राज्यों में जनाधिक्य की स्थिति है वहाँ से जनसंख्या उन राज्यों को स्थानान्तरित कर दी जानी चाहिए जहाँ जनसंख्या कम है और जहाँ विकास के उत्तम अवसर उपलब्ध हैं।

नगरीय क्षेत्रों में जहाँ शिक्षित लोगों की संख्या अधिक है, वहाँ जनसंख्या वृद्धि को रोकने के लिए अधिक सन्तानों पर कर लगाया जाना चाहिये। औद्योगिक श्रमिको को आवश्यक प्रशिक्षण दिया जाये और उनमें विशेषीकरण के आधार पर श्रम विभाजन किया जाना चाहिए ताकि उत्पादन में तेजी से वृद्धि हो सके। कास्ट्रो एवं डबुल डे के अनुसार जैसे-जैसे आहार की किस्म में सुधार और प्रोटीन की मात्रा बढ़ती जाती है वैसे-वैसे मनुष्य की प्रजनन क्षमता घटती जाती है। इस दृष्टि से जन्म-दर को कम करने के लिये आहार की किस्म में सुधार भी एक सफल उपाय हो सकता है, लेकिन पूर्वी उत्तर प्रदेश के वाराणसी जनपद में बिना निर्धनता को दूर किये यह उपाय सम्भव न होगा।

निष्कर्षतः यह स्वीकार किया जा सकता है कि जनसंख्या की समस्या और उसका निराकरण भारत की तात्कालिक समस्याओं में सबसे महत्वपूर्ण एवं गम्भीर समस्या है। इसके निराकरण के बिना हम सुनहरे भविष्य की कल्पना नहीं कर सकते हैं। इस दिशा में विभिन्न क्षेत्रों में निम्नतर लघु और बृहद् स्तरीय शोध की आवश्यकता है।

संदर्भ ग्रन्थ

BIBLIOGRAPHY

ACNM, (1984), Manual for the Training of Traditional Birth Attendants, Washington, D.C.

Agrawal, S.N. (1985), India's Population Problems, third edition, Tata McGraw Hill Publishing Co. Ltd., New Delhi, pp. 233-237.

Agarwal, S.N. (1960), *Fertility Control Through Contraception:A Study of Family Planning Clinics of Metropolitan Delhi,* Directorate General of Health Services, Ministry of Health, Government of India, New Delhi.

Agarwala, S.N. (1962), *Age at Marriage in India,* Kitab Mahal, Private Limited, Bombay.

Agarwal, S.N. and Sinha, U.P. (1967), *Population,* National Book Trust, New Delhi.

Agarwal, S.N. (1970), *A Demographic Study of Six Urbanising Villages,* Institute of Economic Growth. Occasional Papers 8; Asia Publishing House, Bombay.

Agarwala, S.N. (1974), *India's Population Problems,* Tata McGraw Hill Publishing Company Limited, New Delhi.

Alam, S. Manzoor; (1969), *The Hyderabad Metropolitan Research Project Final Report,* Osmania University and Institute of Asian Studies, Hyderabad.

Al-Naser, F. (1996), Development of Family Studies in the Eighties in Quwait *Marriage and Family Review,* 23, 1-2, 417-432.

Al-Obeidy, I.M., (1996), Types of Families in City of Riyadh, *Journal of the Gulf and Arabian Peninsula Studies,* 21, 81, 33-60.

Amritmahal, G.R. (1969), *Communication and Motivation for Family Planning to Married, Couple,* Central Family Planning Institute, New Delhi.

Appenzeller, O., (1988) : "Nutrition for Physical Performance", in Appenzeller, O. (ed.), Sports Medicine, Baltimore Munich : Urban and Schwarzenberg.

Arthur, J., (1997), Psychological After effects of Abortion : The Rest of the Story, *The Humanist,* 57, 2, Mar.-Apr. 7-9.

Astrand, P.O., (1979) : "Diet and Exercise- How to Secure an Adequate Intake of Essential Nutrients", Intem. Med., Vol. 1, pp. 23-26.

Aulette, J.R. (1998), The Ideas of Family Values, *Contemporary Sociology,* 27, 3,235-237.

Baghel, K. (1996) Demography and Public Health in India, Puspraj Prakashan, Rewa.

Bahadur, K.P. (1971), *Population Crisis in India,* National Publishing House, New Delhi.

Baharudin, R. and Luster, T. (1998), Factors Related to the Quality of the Home Environment and Children's Achievement, *Journal of Family Issues,,* 19, 4, July, 375-403.

Balakrishna, S. (1971), *Family Planning Knowledge,* Attitude and Practice. National Institute of Community Development, Hyderabad.

Banerjee, Cumanta, (1979), *Family Planning Communication? Critique of the Indian Programme, A Family Planning Foundation Book,* Indian Publishers, New Delhi.

Barclay, George W. (1958), *Techniques of Population Analysis John* Wiley and Sons. Ins., New York.

Barnet, H.C. (1953), Innovation:*The Basis of Cultural Change* McGraw Hill Publishing Company, New York.

Bayles, M.D. (1980), *Morality and Population Policy,* The University of Albama Press, Luscaloosa.

Beck-Gernsheim, E. And Wean Scheidung (1997), Normal World: When Divorce Becomes Normal, *Padagogik,* 49, 7-8, July-Aug, 21-25.

Berthiaume, M. *et. al,*(1996), correlates of Gender Role Orientation during Pregnancy and the Postpartum, *Sex Roles,* 35, 11-12, Dec., 781-800.

Berelson, Bernard et. al. (eds.) (1996), Family Planning and Population Programes. The University of Chicago Press, Chicago.

Barelson, B. Anderson R.K., Harkary, O., Mair, J. Mauldi, W.P. and Segal, S.J. (eds.) (1996), *Family Planning and Population Programme-A review of World Development.* The University of Chicago Press, Chicago.

Bonavalet, C. (1997), Sociology of the Family, Sociology of Housing:A Redefined Relationship, *Scoetieis Contemporaines,* 25 , Jan, 25-44.

Bordy, G.H. and Flor, D.I. (1996), Coparenting, Family Interactions and competence among African American Youths : *New Directions For Child Development,* 74, Winter, 77-91.

Bose, Ashish, Desai, P.B. Mitra Asok, Sharma, J.N. (ed.) (1974), *Population in India's Development* 1947-2000, Vikas Publishing House, New Delhi.

Bose, Ashish, Desai, P.B. and Jain S.P. (Compiled) (1970), *Studies in Demography,* George Allen and Unwin London.

Bose Ashish, (1970), Eleven Myths of Family Planning *Sought Asian Review,* Vol. 3, (323-30).

Brockington, C.F., (1954) : The Health of the Community, London : Churchill.

Brozet, J., Grande, Fe. *et. al.,* (1957), "Change in Body Weight and Body Dimensions in Men Performing Work on Low Calorie Carbohydrate", Journal of *Appl. Physical,* Vol. 10, pp. 412-18.

Burlcroft, R.A., Carmody, D.C. and Burlcroft, K.A. (1998), Family Structure and Patterns of Independence Giving to Adolescents : Variations by Age, Race and Fender of child, *Journal of Family Issues,* 19, 4, July 404-435.

Bulley, M., (1984) : "Early Childhood Marriage and Female Circumcision in Ghana", SMOH & NGO Working Group.

Business India, October, 1988.

Caircross, S., Carruthers, J., Curtis, D., (1980) : Health in Evaluation for Village Water Supply Planning, Chichester: Willey, p. 75.

Call Vaughn, R.A. & Heaton Tim. B., Religious Influence on Martial Stability, *Journal for the Scientific Study of Religion ,* 1997, 36, 3, Sept., 382-392.

Cassen, R.H. (1975), Welfare and Population : Notes on Rural India Since 1960, *Population and Development Review,* Vol. I, No. 1, pp. 33-70.

Census Report, 1981, 1991, 2001, 2011, Delhi : Government of India.

Chabot. H.T.J., and Eggens, K.H., (1986), "Antenatal Card for Il-Literate Traditional Birth Attendants", *Tropical Doctor* ,Vol. 16, No. 2, pp. 75-78.

Chambers, J. (1997), Values and Families : *Integenerational*, Sociental and Professional Perspectives, *Sexual and* Martial *Therapy,* Vol. 12, No. 2, pp. 173-179.

Chandra, R.C., (1986), A Geography of Population, Concept, Determinants and Patterns. Kalyanai Publishers, New Delhi.

Chandrasekhar, S. (1967), *India's Population :* Facts, Problems and Policy, Meenakshi Publications, Delhi.

Chidambaram, V.C., Mcdonald, J.W. and Bracher, M.D., (1985), "Infant and Child Mortality in the Developing World : Information from the World Fertility Survey", *International Family Planning Perspectives,* Vol. 11, No. 1, pp. 17-25.

Chugh, R.L. (1975), Population Growth in India, in Uppal J.S., ed., India's Economic Problems, Tata McGraw Hill, New Delhi.

Cohen, P.N. (1998), Replacing Housework in the Service Economy : Gender, Class and Race – Ethnicity in Service Spending, *Gender and Society,* 12, 2, Apr. 219-231.

Collard, C. (1977), Preference and the Limits of Preference : The Marriage of two Brothers to the Two Sisters in Charievoix County, Quebec, 1900-1960, *Social Anthropology,* 5, 2, June. 127-140.

Cutting, W.A.M. and P. Howkins, (1982) : "The Role of Water in relation to Diarrhoeal Disease", *Journal of Tropical Medicine and Hygiene,* Vol. 85, pp. 31-39.

Danda, A.K. (1983), Family Planning an Adaptive Strategy Inter India Publishing, New Delhi.

Dandekar, V.M. (1959), *Demographic Survey of Six Rural Communities,* Gokhale School of Politics and Economics Poona.

David Field (1976), The Social definition of Illness in David Tuckett An Introduction of Medical Sociology, Tavistack Publication, London.

Davis, N.J. and Robinson, R.V., (1998), Do Woves Matter? Class Indentities of Wives and Husbands in the United States, 1974-1994, *Social, Forces, 76, 3,* Mar., 1063-1086.

Desai, A.R. (1990), Urban Family Planning in India, Popular Prakshan, Bombay.

Duraiswamy, P.K. (1969) : Swasth Hind, Vol. 13, p. 21.

Dutt, F.D., (1965) : "Rural Health Services in India", Central Health Education, India.

Dyson, T. (1979), A Working Paper on Fertility and Mortality estimates for the states of India. National Academy of Science, Washington.

East, E.M. (1923), Mankind at the Crossroads, New York.

Elliot, H. (1998), A Critique of Ayberg's *The Argument* from Overpopulation, *Population and Environment,* 19, 5, May 427-430.

Fairchild H.P. (1944), Postwar Population Problems, *Social Forces,* XXIII (October) 1-4.

Fall, I., (1974) : Traditional Birth Attendants and Rural Maternity in Senegal, *Carnets de l' Enfance,* Vol. 28, pp. 17-28.

Fallon, B.J. (1997), The Balance between Paid Work and Home Responsibilities : Personal Porblems or Corporate Concer? *Australian Psychologist,* 32, 1, Mar., 1-9.

Family Planning and Status of Women. The report of the Seminar Aug. 10-14, 1969 Central Institute of Research & Training in Public Co-operation, New Delhi.

Family Welfare Programme (2010), A Statement of Policy, Ministry of Health and Family Welfare, Government of India, New Delhi.

Family Welfare Programme in India Year Book, 2010-11, Government of India, Ministry of Health and Family Welfare Department of Family Welfare, New Delhi.

Fieldman, R. & Clark, K. (1996), Women Religious Fundamentalism and Reproductive Rights, Reproductive Health Matters 8, Nov., 12-20.

Fingerman, K.L. (1997), Being more than, a daughter : Middle – ages women's conceptions of Their Mothers, *Journal of Women and Aging,* 9,4, 55-72.

Finlaly , A. (1996), Teenage Pregnancy, Romantic Love and Social Science : an Uneasy Relationship, Chpt in Health and The Sociology of Emotions, James, Verconica, & Gabe, Jonathon, [Eds.], Oxford, England : Blackwell, pp. 79-96.

Finnas, F. (1997), Social Integration, Heterogeneity, and Divorce:The Case of the Swedish – Speaking Population in Finland, *Acta Sociological,* 40, 3, 263-277.

Flowers, A.F., Schneider, H.G. and Ludtke, H.A. (1996), Social Support and Adjustment in Mothers with Young Children, *Journal of Divorce and Remarriage,* 25, 3-4, pp. 69-83.

Forsova, V.V. (1997), Orthodox Christian Family Values, *Sotsiologicheskie Issledovaniya,* 24, 1, 64-72.

Freedman, Donald , (1967), "Application of the Behavioural Sciences to Family Planning Programmes." *Studies in Family Planning,* 23:5-9, the Population Council, New York.

Garcia B. & De Oliveria, O., (1997), Motherhood and Extra domestic Work in Urban Mexico, *Bulletin of Latin American Research,* 16, 3, September, 367-384.

Garner, P.W. Robertson, Shannon & Smith, G. (1997), Preschool Children's Emotional Expression with Peers : The Roles of Gender and Emotion Socialization , *Sex Roles,* 36, 11-12, June, 675-691.

Gerson, Kathleen, (1998), Dismantling the Gendered Family : Breadwinning Gender, and the Family Values Debate, *Contemporary Sociology,* 27, 3, May. 228-230.

Goldstein, Joshua Robert (1997), The *Mography* of Family and Kinship in Age of Divorce and Remarriage, Dissertation Abstracts International, A : the Humanities and Social Science, 58, 2, Aug. 591-A- 592B.

Gomel, J.N., Tinsely, B.J., Parke, Ross D. Clark, K.M., (1998), The Effects of Economic Hardship on Family Relationships among African American, Latino and Euro-American Families, *Journal of Family Issues,* 19, 4, July, 436-437.

Goode, William, J. And Hatt, Paul, K. (1952) *Method in Social Research,* McGraw Hill, New York.

Goode, William, J. (1955), *World Revolution and Family Patterns:* The Free Press, New York.

Gorden, J.E., Singh, S. And Wyon, J.B., (1965) : "Causes of Death at Different Ages, by Sex and Season, in a Rural Population of the Punjab, 1957-1959 : A field Study", *Journal of Medical Research,* (Ind.), Vol. 53, No. 9, p. 906.

Gorden, J.E. and Wyon,. J.B. (1959) "A Field Study of Motivation for the Family Planning" Report of the Proceeding of the Sixty International Conferance of Planned Parenthood, New Delhi.

Gosh, B.N. (1985), Fundamental of Population Geography, Sterling Publishers Pvt. Ltd., New Delhi , pp. 17-173.

Grabill, Wilson, T. Kiser, Clyde, V. And Whelpton, Pascal, K. (1958), *The Fertility of American Women, John Wiley and Sons,* Inc., New York.

Guilbert, E. & Roter, D., (1997), Assessment of Satisfaction with Induced Abortion Procedure, *The journal of Psychology,* 131, 2 March. 157-166.

Gupta, S.K., (1996), Young People : Their Values and Beliefs, concerning Marriage and the Family in India, *Guru Nanak Journal of Sociology,* 17, 2, Oct., 37-60.

Hacker A. (1997), The War over the Family, *The New York Review of Books,* 44, 19, 4, Dec. 34-38.

Hantrais, Linda nd Letablier, Marie- T. (1997), Families and Family Politics in Europe : The Temporal Stakes, *Social Science Information,* 36, 1, March., 117-140.

Harker, H.B. (1997), Family Profile : Development of Family Assessment tools for Family life Education and Clinicians, *Humanities & Social Sciences,* Vol. 58, No. 2, p. 597.

Harrison, K.A., (1979) : "Approaches to Reducing maternal and Prenatal Mortality in Africa", in : Philpott, R.B. (ed.) Maternity Services in the Developing World : What the Community Needs, London : Royal College of Obstetricians and Gynaecologists, pp. 52-69.

Harrison, K.A. Rossiter, C.E., Chong, H., Lister, U.G., Bano, Q., Briggs, N.D., Ekwempu, C.C. and Member, M.T., (1985), "The Influence of Maternal Age and Parity of Child-bearing with Special reference of Primitive aged 15 years and under". *British Journal of Obst. And Gynae.*

Hardin, G. (1970), "Carrying Capacity as an Ethical Concept" In G.R., Lucas, Jr. And T.W. Axletree (eds.) Life (Boat) Ethics , "*The Moral Dilemmas of World Hunger",* Harper and New York.

Hasan, K.A. (1967), The Cultural Frontier of Health in village of India, Mankathala, Bombay.

Hasan, K.A. (1971), Medical sociology of Rural Indian, Sachin Publication, Ajmer.

Haurin, R.J., Harurin, D.R., Hendershott, P.H. & Bourassa. S.C. (1977), Home or Alone : The Costs of Independent Living for Youth, *Social Science Research,* 26, 2, June, 135-152.

Helzner, J.F. (1996), Men's Involvement in Family Planning, *Reproductive Health Matters,* 7, May 146-154.

Henry, A. And Piotrew, P.T., (1979) : "Age at Marriage and Fertility", *Population Reports,* No. 4, p. 56.

Henr, C.S. et. al., (1997), Adolescent Social Competence and Parental Satisfaction, *Journal of Adolescent Research,* 12, 3, July 389-409.

Hilto, J.M. & Macari, D.P. (1997), Grandparent Involvement following Divorce:A Comparison in Single Mother and Single Father Families, *Journal of Divorce and Remarriage,* 28, 1-2, 203-224.

Hirst, M.A., (1997) Variations in Take up of the Family Fund, *Child Care:Health & Development,* Vol. 23 No.2, pp. 157-171.

Hoodfar, H., (1996), Bargaining with Fundamentalism : Women and the Politics of Population Control in Iran,, *Reproductive Health Matters,* 8, Nov. 30-40.

ICMR Report, 1968, New Delhi.

India, Office of the Registrar General, *Registrar General's News Letter,* Vol. III, No. 4, Oct. 1982, pp. 4-8, New Delhi.

India 2010-11, A Reference Annual, Government of India, New Delhi.

India Family Health Foundation, (1981) : Self-instructional Module on Care During Pregnancy. New Delhi.

Jagannadhan, V. (1973), [ed.], Family Planning in India, Policy and Administration, New Delhi.

Jain, S.P. (1975), Demography: A Study on Population Research in India, Vol. 2, Tata McGraw, Hill, New Delhi.

Jain, S.P. (1975), *A Status Study on Population Research in India,* Vol. II, *Demography,* Tata McGraw Hill Publishing Company, New Delhi.

Janowitz, B., Higgins, J.E., Rodeigues, W., Aruda, J.M. Smith, J.B., and Morris, L., (1985), "Sterilization in the Northeast Brazil", *Social Science and Medicine,* Vol. 2o, No. 3, pp. 215-221.

Jelliffe, D.B. and Maddocks, I., (1964), "Notes on Ecologic Malnutrition in the New Guinea Highlands", *Clinical Pediatrics,* Vol. 3 (7).

Jelliffe, D.B., (1966) : "The Assessment of the Nutritional Status of the Community", W.H.O., *Monography Series,* No. 53, Geneva.

Joshi, M.S. and Maclean, M., (1997), Maternal Expectations of Child Development in India, Japan and England, *Journal of Cross Cultural Psychology,* Vol. 28, No. 2, pp. 219-234.

Jurado. G.T. and Nandini, M., (1996), Is the South So Different? Italian and Spanish Families in Comparative Perspective, *South European Society & Politics,* 1, 3, Winter, 42-66.

Katz, R. (1997), Employed Mothers and Their Families : the Israeli Experience. New York, Garland, pp. 99-121.

Kaufman, G. (1997), Men's Attitudes towards, Parenthood, *Population Research and Policy Review,* 16, 5, Oct. 435-446.

Keening, M.A. Fauveau, V., Chowdhury, A.I., Chakraborty, J. and Khan, M.A., (1988), "Maternal Mortality in Matlab, Bangladesh : 1976-85", *Studies in Family Planning,* Vol. 19, No. 2, p. 38.

Kellner, R., (1988), "Physical Health, Mental Health, and Exercise", in Appenzeller, O. (ed.) Sport Medicine, Baltimore Munich:Urban and Schwarzenber, pp. 73-84.

Kettlitz, R.E., (1977), The Influence of Social Expectations Interactions and Bonding on Marital Quality, *Humanities and Social Science,* Vol. 58, No. 3 pp. 1110-a.

Khasiani, S.A., (1985), Adolescent Fertility in Kenya with Special reference to High School Teenage Pregnancy and childbearing, p. 105.

Klame, D. et. al., (1996), Attitudes about Abortion among second year Medical Students, *Medical Teacher,* 18, 4, Dec. 345-346.

Kuznets, S. (1998), Population Income and Capital, *International Social Science Journal,* 3 (157), Sept. 329-334.

Lakshmana, M. (1988), Population Control and Family Planning in India, Discovery Publishing House, Delhi.

Lampers, J.D. & Clark, L.D.S. (1997), Economic Family Relationships, and Adolescent Distress : An Evaluation of Stress-Distress Mediation Model in Mother Daughter and Mother son Dyads, *Adolescence,* 32, 126,. Summber, 339-356.

Lartson, L.I, Sodipe O.A. Ebrahim, G.J. and Abel, R., (1987), "The Trained Traditional Birth Attendant : A Study of her Role in Two Cultures", *Journal of Tropical Pediatrics* Vol. 33, No. 1, pp. 29-34.

Lauterback, W. : Multilocality in the Later Phases of Family Life, (Generational Proximity and Distrance), *Zeitschrift Fur Soziologie,* 1998, 27, 2, Apr., 113-132.

Lawson J.B. and Stewart, D.B., (1967), Obstetrics and Gynecology in the Tropics and Developing Countries , London :Edward Arnold. P. 630.

Le Grand, T. (1998), Croissance de la Population Growth and the Environment : The Issues, Cahiers Quebecois, *de Demograathie,* Vol. 27, No. 2, pp. 221-252.

Leslie, J. And Gupta, G., (1988), "Utilization of Formal Services for Maternal Nutrition and Health Care", Int. *Centre for Research on Women,* p. 89.

Lester, David (1996), The Impact of Unemployment on Marriage and Voice , *Journal of Divorce and Remarriage,* 25, 3-4, (151).

Lyons –Lee, L., (1998), The Graduate Women Phenomenon:Changing

Constructions of the Family in Singapore, Sojourn:*Journal of Social Issues in Southeast Asia,* 13,2 , Oct. 309-327.

Macleod, Colin M. (1997), Conceptions of Parental Autonomy, *Politics and Society,* 25, 1, Mar. 117-140.

Mahadevan, K. and Namboodiri, D.N. (1972), "Caste, Studies and Fertility in Rural Areas of Tamil Nadu", *Bulletin GIRH* and F.P., Vol III, No. 1, Gandhigram.

Majumdar, T.N. and H.R. Chaturvedi (1967), "Religion and illness in Hindu Society, *Journal of M.S. University of Baroda,* 15 & 16 (2), pp. 45-52.

Majumdar, D.N. (1947), *Problems of Population the Matrix of Indian Culture,* Universal Publishers Limited Lucknow.

Malthus, T.R. (1958), A Summary View of the Principle of Population, in Three Essays on Population, Oxford and IBH Publishing Co., Calcutta.

Malthus, T.R. (1978), An Essay on Population, Everyman's Library Edition, E.P. Dutton and Co., New York.

Malthus, T.R. Huxley, Julian and Osborn, Fredrick (1960), Three Essays on Population Mentor Books, New York.

Mana, R.S. (1967), "Concept of disease and change in Delhi Village, Indian Journal of Social Work, 17 (4), pp. 353-360.

Marshall, L.B.N. (1985) : "Influence on the Mantental Clinic Attendance of Central Province Women in Port Moresby, PNG", *social Science and Medicine,* Vol. 21, No. 3, pp. 341-350.

Mass, M. : "The Determinants of Parenthood : Power and Responsibility, *Human Relations,* 1997, 50, 3, Mar. 241-260.

Matakar, R.K. (1967), Social Customs and Health, in Bhave et. "You and Your Health", G.Y. Rane Prakashan, Poona.

Matheson, C., (1998), Observational Adequacy as desired from the truth about observables, *Proto Sociology,* Vol. 12, 225-233.

Maxwell, Rose, A. Lundgren, D.C, and Lansky. L.M. : Maternal Role Behaviour and Androgyny (1996), A Comprison of Divorced and Married Mothers, *Journal of Divorce and Remarriage,* 25, 3-4, 61-68.

McAdoo, H.P. (1997), Upward Mobility across Generations in African American Families, clip in Black Families (3rd edition), Thousand Oaks, CA : Sage, pp. 139-162.

McKittrick. M. (1997), Reinventing the Family : Kinship, Marriage and Families Northern Nambibia, 1948-1954, *Social Science History,* 262, fall, 265-295.

Mehta, A. (1978), India's Population : Aspects of Quality and Control, New Delhi, Abhinav Publications.

Mendelson, M.J., de Villa, E.P., Fitch. T.A. & Goodman, F.G. (1997), Adult's Expectations for Children's Sibling Roles, *International Journal of Behavioural Development* 20, 3, Feb. 549-572.

Miller, F.D., (1984), "Problems of Water Storage in Rural Village Home : The Egyptian Zir", *Journal of Tropical Medicine and Hygiene,* Vol. 87, pp. 53-59.

Ministry of Health and Family Welfare, (1975), Family Welfare Programme in India 1974-75, Government of India, New Delhi.

Ministry of Health and Family Welfare, (1979), Family Welfare Programmes in India Year Book 1976-77 and 1977-78, Government of India, New Delhi.

Mitra A. (1978), India's Population : Aspects of Quality and Control Abhinav Publication, New Delhi.

Monteith, R.S., Warren, C.W., Stanziola, E., Urzua, R.L., and Oberle, M.W., (1987), "Use of *Maternal* of Child Health Services and Immunization Goverage in Panama and Guatemala", *PAHO Bulletin.* Vol. 21, No. 1, pp. 1-15.

Morely D., Bicknell, J., and Woodland, M., (1968), "Factors Influencing the Growth and Nutritional Status of Infants and Young Children in a Nigerian Village", *Transactions of the Royal Society of Tropical Medicine and Hygiene,* Vol. 62, No. 2, pp. 164-195.

Mukherji, D.P. (1958), Diversities, People's Publishing House, New Delhi.

Murphy-Lewless, Jo & McCarthy, J. (1999), Social Policy and Fertility Change in Ireland : The Push to Legislate in favour of Women's Agency, *European Journal of Women's Studies,* 61, 1, Feb. 69-96.

Murthy. N. (1982), "Reluctant Patients – The Women of India", World Health Forum, Vol 3, No. 3, pp. 315-316.

Naik. S. Sharma, A.K. (1985), "Social Structure and Family Planning : A case study of two Tribal Villages", *Journal of Family Welfare,* Vol. 32, No. 1, p. 50-58.

Neff, K.D. (1988) Reasoning about Right and Duties in the Bontext of Indian Family Life, Dissertation Abstracts International, A:The Humanities and Social Sciences, 58, 8, Feb. 3318-A.

Neher, L.S. & Short, J.L. (1998), Risk and Protective Factors for the Children's Substance Use and Antisocial Behaviour Following Parental Divorce, *American Journal of Orthopsychiatry* 68, 1, Jan. 154-161.

Neville, Brian and Parke, R.d. (1997), Waiting for Paternity : Interpersonal and Contextual Implications of the Timing of Fatherhood, *Sex Roles,* 197, 37, 1-2. July. 45-59.

New Internationalist Publications, (1985), The Status of the World's Women, United Nationis : Oxford.

Nock. S.L. (1998) , Too Much Privacy? *Journal of Family Issues,* 19,1, Jan. 101-118.

Nortman D.L., (1978), India's New Birth Rate Target : An Analysis, *Population and Development Review, June.*

Oddens. B.J. (1997) Determinants of Contraceptive Use among Women of Reproductive Age in Great Britain and Germany H Psychological Factors, *Journal of Biosocial Science,* 29,4, Oct., 437-470.

Olivas, S.T. & Stoltenberg, C.D. (1997), Post-Divorce Father Custody : Are Mothers the True Predictors of Adult Relationship Satisfaction? *Journal of Divorce and Remarriage,* 25-1-2, pp. 119-137.

Ong, H.C., (1974), "Anaemia in Pregnancy in an Aborigianal Population", *Journal of Tropical Medicine and Hygiene,* Vol. 77, pp. 22-56.

Pam, A. & Person, J. (1996), When Marriage ends in a Love Triangle : Jealousy, Family Polarization Effects on Children, *Journal of Divorce and Remarriage,* 1996, 25, 3-4. 175-199.

Patnaik, K.C. (1966), The Geographical Pathology of India, New Delhi : Central Bureau of Health Intelligence.

Paxson, Heather, (1997), Demographics and Diaspora, Gender and Geneaology Anthropological Notes on Greek Population Policy, *South European Society & Politics,* 2,2, autumn.

Population Council (1981), India : Population growth in the 1970s, *Population and Development Review,* Vol. 7, No. 2.

Population Reports, (1988), "Mother's Lives Matter : Maternal Health in Community", *Issues in World Health, Series* L. Hopkins University.

Post, D. (1997), Why Marriage should be Abolished, *Women's Rights Laws Reporter,* 18,3,Springh, pp. 283-313.

Potts, M. and Bhiwandiwala, P. (1981), Meeting the Family Planning of the Urban Poor, International Fertility Research Programme, North *Carolona.*

Potucheck. J.L. : Who Supports the Family? Gender and Breadwinning in Dual Earner Marriages, Standford U Press.

Prabasi, S., (1977), Statistical Profile of Children and Youth in India, New Delhi:UNICEF.

Prasad R.K., (1990), Population Planning. Policy and Programme, Deep and Deep Publication, New Delhi.

Pratinidhi. A.K., Shrotri, A.N., Shah, U., and Chavan, H.H., (1985) : "Birth Attendants and Prenatal Mortality", *World Health Forum,* Vol. 6, No. 2, pp. 115-117.

Prema, K., (1980), "Effect of location on maternal Nutrition and Fertility", *Proceedings of the Nutrition Society of India,* Vol. 26, pp. 48-51.

Premi,M.K., (1982), The Demographic Situation in India, East West Centre, Hawaii,

Premi,M.K., et al., (1985), An Introduction to Social Demography, Vikas Publishing House Pvt. Ltd. New Delhi.

Presidential Address by Mrs. Indira Gandhi Delivered on October, 22, 1971 at the Annual Meeting of HPA, New Delhi.

Price, D. (1998), of Population and False Hopes : Malthus and His Legacy, *Population and Environment,* 19, 3, Jan. 205-219.

M.S.A. (1978), *Urbanization and Social Change,* A Study of a Rural Community of Metropolitan Fringe, MacMillan, New Delhi.

Ray, S.K. Mukhopadhyay, B.B., Das, R., Ganguly, M.M., Mandal, A., and Roy, S.C., (1984), "Extent of Utilisation of Maternal Care Services and PHC by the Families of Rural Area", *Ind. Jr. of Public Health,* Vol. 3, No. 28, pp. 122-127.

Report of the World Population Conference held at Bhucharest, Romania, From 19 to 30 August, 1974.

Richardson, N.J., Koornhof, H.J. and Hayden-Smith, S., (1966) : "salmonellae and Shigellae in a Group of Urban South Africa Bantu School Children", *Journal of Hygiene, Cambridge,* Vol. 64, p. 245.

Rigveda, 2/17/10.12.

Ringheim, K., (1996), Whither Methods for Men Emerging Gender Issues in Contraception, *Reproductive Health Matters,* 7, May 79-89.

Risley- Curtiss, Christina, (1997), Sexual Activity and Contraceptive Use among Children Entering Out of Home Care, *Child Welfare,* 74 (July-Aug.), 475-499.

Romans, P. (1992), Daring to Pretend? Motherhood and Lesbianism, Chpt in Modern homosexualities : Fragments of Lesbian and Gay Experience, Plummer, Ken (ed.) London, Routledge.

L.E., (1977), Mate Selection Preferences among African American College Students, *Journal of Black Studies,* 27, 4, March.- 554-569.

Ryberg, J. (1988), The Argument form Over Population-Logical and Ethical considerations, *Population and Environment,* 19,5, May, pp. 411-426.

Sax, Karl, (1961), *Standing Room Only* The Perennial Press, Bombay.

Sadlar, M.T., Quoted by Thompson and Lewed (1965), The Study of Population, P. 38 and Dyson, T. (1979), A Working Paper on Fertility and Mortality estimates for the states of India. National Academy of Science, Washington.

Salisbury, P.S. (1998), Factors Affecting Birth Rates among White Women 20-24 Years of Age : A Trend Analysis (January 1972-March 1992), *Social Indicators Research,* 43, 3, March, 261-289.

Shah, K.P., DeSouza, J.M., Sawardeker, D., and Aphale, R.V., (1971), "Comparative Study of Maternal Mortality in Rural Community and City Teaching Institution", *Indian Journal of Public Health,* Vol. 15, No. 3, pp. 83-91.

Sharma, P., (1989), Family Welfare Programme in India, Deep and Deep Publication, New Delhi.

Sharma, N. ampersand Bali, P., (1989), "Traditional Birth Attendants : Present Status of Delhi", The Journal of Family Welfare , Vol. 35, No. 4 pp. 49-54.

Shaver, L.G., (1982), Essential of Exercise Physiology, Delhi:Surjeet Publication.

Simons, R.L. & Chao, Wei, Coduct Problems, Chpt. In Understanding Differences Outcome, Simons, Ronald L., & Associates, Thousand Oaks, CA : Sage 1996, pp. 125-143.

Simpson-Hebert, M., Piotrow, P.T., Christie, L.J. and Streich, J., 1980: "Traditional Midwives and Family Planning", *Population Report,* Series, J., No. 22, p. 54.

Sinha, V.C. (1979), Dynamics of India's Population Growth', National Publication, New Delhi.

Speidel, J., (1983), "International Health and Family Planning", *International Health News,* Vol. 4, No. 4, p. 2.

Srinivasan, K. (1983), India's Family Planning Programme, Its Impact and Implication, *The Journal of Family Welfare,* Vol. XXX, No. 2, Dec. pp. 10.

Srivastava, A. (1990), Family Planning in India, Classical Publishing Company, New Delhi.

Stack Steven (1998), Marriage, Family and Loneliness : A Cross National Study, *Sociological Perspectives,* 41, 2, Summer, 415-432.

Statistical Abstract, India, Government of India, New Delhi.

Sukhatme, P.V. (1980), Nutritional Policy : Need for Reorientation, *Economic and Political Weekly,* Vol. 15, No. 26, pp. 1101-1105.

Tahzib, F. And Daniel, S.O., (1986), Traditional Medicine and the Modern Medical Curriculum, *Lancel,* 2, pp. 203-204.

Tayman, J., Schafer, Edward, & Carter, L. (1998), The Role of Population Size in the Determination and Prediction of Population Forecast Errots : An Evaluation Using Confidence Intervals for Subcountry Areas, *Population Research and Policy Review,* 17, 1, Feb. 11-20.

The Cultural Frontier of Health in Village of India, Mankatala, Bombay, 1967.

Thompson,W.S., (1915), Population : A Study in Malthusianism, New York.

Thompson, W.S., (1920), Danger Sports in World Civilization, New York.

Two Billion People, Fortune (Feb. 1944).

Villar, J. And Rivera, J., (1988), "Nutritional Supplementation during two Consecutive Pregnancies and the Interim Lactation period : Effect on Birth Weight", *Pediatrics,* Vol. 81, No. 1, pp. 51-7.

W.H.O., Technical Report, Series, No. 21, 1950.

Wadia, Avabai B. (n.d.) *Population Education of the Younger Generation,* Family Planning Association of India, Bombay.

Waite, L.J. (1996), Social Science Finds : Marriage Matters, *The Responsive Community,* 6,3, Summer, 26-35.

Walker, A.R.P. and Walker, B.F., (1978), "Pure Water and Infection in Africa : Correspondence", *Lencet II,* 639.

Wisensale, S.K. and Khodair, A.A., (1998), The Two-Child Family:The Egyptian Model of Family Planning, *Journal of Comparative Family Studies,* 29, 3, autumn, 503-516.

Wrong, Dennis (1961), *Population and Society,* Random House,, revised Edition, New York.

Wolia, (1979), "Challenge of Infant Mortality in India", *Health and Population Perspective & Issues,* Vol. 2, No. 1, pp. 26-31.

Women, Population and Development, Population Profiles, No. 78, p. 10.

Zangari, M.E.C. (1997), Family Members' Experiences of Saturation, Bonding and Leisure : A Feminist Perspective, Dissertation Abstracts International, *The Humanities and Social Sciences,* 58, 3, Sept. 1114-A.